长白山学术文库
The Academic Library of
Changbai Mountain

第一辑

中华一体的历史轨迹

张博泉 著

吉林人民出版社

出品人：常　宏
选题策划：吴文阁　赵　岩
统　　筹：李相梅　孟广霞
责任编辑：田子佳　刘子莹
装帧设计：尤　蕾

图书在版编目（CIP）数据

中华一体的历史轨迹 / 张博泉著. -- 长春：吉林
人民出版社, 2022.8
　（长白山学术文库. 第一辑）
　ISBN 978-7-206-18811-4

　Ⅰ.①中… Ⅱ.①张… Ⅲ.①中国历史—研究 Ⅳ.
①K207

　　中国版本图书馆CIP数据核字(2021)第234154号

中华一体的历史轨迹

ZHONGHUA YITI DE LISHI GUIJI

著　　者：张博泉
出版发行：吉林人民出版社
　　　　（长春市人民大街7548号 邮政编码：130022）
咨询电话：0431-85378007
印　　刷：长春第二新华印刷有限责任公司
开　　本：710mm×1000mm　1/16
印　　张：35.75
字　　数：470千字
标准书号：ISBN 978-7-206-18811-4
版　　次：2022年8月第1版
印　　次：2022年8月第1次印刷
定　　价：130.80元

与大师们学海重逢

2020年7月，雨后天凉、清风送爽的一天，我与其他专家学者应邀出席吉林人民出版社组织的座谈会，讨论编辑出版《长白山学术文库》事宜。短短一年后，《长白山学术文库》首批的书稿清样摆在案前：《哲学与主体自我意识》《中国奴隶社会史》《中国文学》等。这套书的作者包括高清海、金景芳、杨公骥等。承蒙错爱，吉林人民出版社总编辑吴文阁先生盛情邀请我，为《长白山学术文库》作序。寅夜秉笔，阅卷思人，心潮澎湃，思绪万千！

《长白山学术文库》的作者都是新中国成立70多年来吉林省人文社会科学研究的学术代表人物。他们在国内久负盛名，影响深远。高清海先生是国内首批博士生导师，首届国务院学位委员会学科评议组成员，我国著名哲学家，优秀的教育家。金景芳先生是吉林大学教授，国内首批博士生导师，国务院古籍整理出版规划小组顾问、著名历史学家、文献学家、易学大师、国学大师。杨公骥先生是东北师范大学教授，国内首批博士生导师，首届国务院学位委员会学科评议组成员。此外，其他作者也都是国内各领域知名学者、专家、大家。

首批书稿的作者分属新中国成立前后两代学人。金景芳、林志纯、杨公骥等先生出生于清末民初，在民国时代完成教育并开始学术研究，新中国成立后即成为吉林省中国古代思想史、世界史和文学研究的开拓者与代表性学者。邹化政、高清海等先生均生于民国，新中国成立

1

后完成教育，改革开放后在全国产生学术影响，成为西方哲学史、马克思主义哲学等领域的开拓者或代表性专家学者。他们的学术轨迹，集中体现了吉林省人文社会科学从开拓开创、历经坎坷到繁荣发展的辉煌历程。

首批出版的这些著作，都是他们学术思想的代表作，研究领域涉及马克思主义理论、哲学、文学、历史学、经济学、地理学和民族学，研究视域从世界、中国到东北地方，研究对象从思想、历史到田野，充分展示了吉林学人博大的学术视野、精深的学术素养和脚踏实地的治学态度。高清海先生的《哲学与主体自我意识》，根据改革开放的时代变革，运用马克思主义哲学的精神，对哲学与人的主体自我意识的关系、内在逻辑与发展趋势、时代精神与思维方式变革进行了系统阐述，是国内研究哲学变革的开拓性与代表性著作。邹化政先生的《黑格尔哲学统观》，首次以人的存在和意识还原了绝对理念和绝对精神在黑格尔哲学中的本来含义，提出绝对理念作为黑格尔哲学的本体，是有关世界本质和规律的辩证法，是一个共相和精神活动性，其逻辑先在性就是黑格尔说明世界的原则，充分肯定了黑格尔的辩证法思想的深刻性。杨公骥先生的《中国文学》，运用马克思主义历史唯物主义和马克思主义文艺理论，研究了从中国原始社会到春秋战国时期的文学发展进程，探索了中国文学发生发展的规律和特点。

这些学者，或是我的授业恩师，或曾对我耳提面命，或曾学坛相会共同切磋，或久仰盛名与其传人为友。高清海先生是我的硕士生导师和博士生导师，我追随他求学治学凡26年。作为身边弟子，几近朝夕相处，情同父子。先生教诲，于今犹记："治学为人，其道一也！"从本科到研究生，一直聆听邹化政先生教授德国古典哲学。邹先生是山东海阳人，身材高大，头发蓬乱，不修边幅。他嗓音洪亮，一口浓浓的胶东话，把"人"读成"印"，把"黑格尔"读成"赫哥儿"。他讲课总是富有激情，讲到激动时，常常伴有板书，且十分用力，粉笔经常被折断。因其激动，难免字迹潦草，以至于难以分辨。放下粉笔，他又因激动，手臂不停地挥舞，以至于头上、襟前，挂满粉笔尘末，弄得灰头土脸。他是我所遇到的老师中，讲课最投入、最富激情的人。做学生时，曾听过金景芳先生的报告，金老治学严谨，记忆力超强，诸多古籍，如数家珍，信手拈来，一字不差。1997年金老九五寿辰时，我代表学校出席致贺。金老嗓音洪亮，高声宣布："我还要看到21世纪！"他真的看到了21世纪的来临。作为东北人，我对东北史感兴趣，拜读过张博泉先生的著作，并登门求教过。张博泉先生一口浓重的辽宁口音，"嫩江在通古斯语族读音就是青嘠儿（色）的河"。受他的中华一体论启发，我从文化社会学的角度提出了文化复合论的理论。

　　我曾长期担任吉林省社会科学院院长和吉林省社会科学联合会党组书记，与田子馥、林志纯、孙中田、陈才、富育光诸先生多有交往。1987年，吉林省召开专家咨询会议，时任省长王忠禹出席，我作为青年学者代表亦出席。就在那次会上，陈才先生建议，根据有关边界条约，中国拥有图们江通海航行权，应以此为契机，推动图们江流域及东北亚国际合作开发。他的建议引起吉林省委、省政府和国务院的高度重视。这些学者中，只有杨公骥先生无缘谋面。大三暑假，我因发表过短篇小说，参加了长春市作家协会组织的青年作家创作班，在班上结识了东北师大中文系78级的青年女作家杨若木，还是我的中学师姐。从此，我们成为常有联系的好朋友。她是杨公骥先生的女儿，所以，我与杨公骥先生也算间接有缘吧！

星光璀璨，往事如烟。斯人虽去，雁过留声。这些学者的音容笑貌，历历在目。彼此交往，恍如昨日。为作此序，重温名著，如晤其人，百感交集！感谢吉林人民出版社在庆祝中国共产党成立100周年的喜庆之际，支持学术，承传经典，编辑出版《长白山学术文库》，延续吉林文脉，弘扬学术精神。吉林人文荟萃，还有更多的学术著作有待汇集，期待第二批、第三批，乃至更多的著作入库出版。希望把吉林当今在世的学者，在哲学和社会科学领域更年轻、更有建树的专家作品出版面世，更体现时代意义和特征。

吉人有文，鸿著成林。

2021 年 6 月 28 日晨

张博泉

　　金史学家、东北史大家，吉林大学教授，中国20世纪末叶金史研究的集大成者。著有《金代经济史》《金史简编》《女真新论》《中华一体的历史轨迹》《金史论稿》（合著）等，均体现了他与时俱进、不断创新的学术思想和风格，在金史学界，乃至海内外学界，产生了重要影响，并为新时期的金史学研究提供了有力的范式。他的这些金史专著，对金史进行了全面系统的研究，奠定了新时期金史研究的框架和体系，并提出了一系列值得重视的新观点。

目　录

第一编　导论

第三编　中华一体与北方民族政权

第四编　中华一体丛谈

第一编　导论

第一章　对当前中国马克思主义史学研究的几点看法

世界上所有的民族和国家，都有着一部民族和国家的历史。我们的民族和国家历史悠久，有着丰富的文物典籍和光荣的革命传统。老一辈马克思主义史学家，在把马克思主义同我国的历史实际相结合的过程中，为我们开辟了一条宽阔的马克思主义史学的发展道路。

马克思主义史学，在我国有它开创和发展的过程。过去的开创和发展是今天史学创新和发展的前提和基础，而今天的创新和发展又是未来的再创新和发展的前提和基础。只有把当前中国的马克思主义史学发展放进这一全过程中做出新的思考和研究，才能从过去的研究中再发现、再研究，推动马克思主义史学在中国的创新和发展。

史学研究严格地讲，是对自己民族和国家的不同时期的族情和国情所进行的研究。族情和国情是通过不同历史时期的政治、经济、文化综合表现出来的，既要研究过去，也要研究当前，更要预测未来；既要从大系统结构研究，也要从小系统结构研究；既要研究普遍的规律和特点，也要研究具体的规律和特点。民族和国家的历史，是民族和国家的革命、改革、进步的知识宝库。因此，无论在什么时候、在什么条件下，都不能离开历史这面镜子。下面着重对当前中国马克思主义史学的研究讲几点看法。

一、理论问题

对马克思主义史学理论必须全面理解，它包括指导史学研究的马克思主义的基础理论，指导学科研究的史学理论和构成专业研究的主体思想。

史学研究必须以马克思列宁主义、毛泽东思想为指导，这是由我们国家的社会主义性质所决定的。但是在史学的研究中，能够从基础理论上掌握和运用马克思列宁主义、毛泽东思想是个长期学习和实践的过程。我认为应当自觉地从三个层次学习和掌握。第一个层次是认真学习马克思列宁主义、毛泽东思想的经典著作，从中掌握立场、观点和方法。第二个层次是经常不断地学习和掌握党在社会主义时期的理论、方针和政策，特别是要认真学习邓小平同志提出的重大理论问题，从思想和实践中认同。学习和掌握马克思列宁主义、毛泽东思想与我国当前实际相结合的理论原则和方法，强化史学研究和我国国情相结合，建立具有中国特色的马克思主义史学的信心和意志。第三个层次是通过学习和掌握，自觉地把理论运用到史学研究的各个领域中去。这三个层次是有机的结合，是使自己的学习和对马克思主义理论的理解不断深化的过程，使学习同自我反思，以及所生活的社会主义社会的现实和所从事学科结合起来。不堪设想，作为一个信仰马克思列宁主义、毛泽东思想的历史工作者，对当前党的理论、方针和政策漫不经心，而认为结合现实斗争研究历史的问题是适一时之需，而离开理论指导和现实斗争的单纯的史事考辨是永久有用的。这种轻理论重史料的倾向还是存在的，是在史学研究中造成对马克思主义理论淡化的原因之一，也可以说是在史学研究中搞和平演变者可能利用的土壤，应当引起史学界研究者的重视。

马克思主义理论必须深入到学科的研究中去，全面系统地学习和掌握马克思主义对史学的论述，从学科体系、结构、具体内容和研究的方法上掌握马克思主义史学的全部理论。现在忽视马克思主义理论学习的现象是存在的，在课题上如果不开设马克思主义的史学概论、马克思主义史学的评述，而相反的是介绍西方史学和流派，如果讲授者又是西方史学的崇拜者，很缺乏马克思主义史学理论的基础和鉴别能力，这实际上是削弱和取消马克思主义的阵地，把它让给西方史学。我们现在的年轻史学工作者，其中有的缺少系统地对马克思主义理论原著的学习，没有经过对资产阶级史学的批判，其甚者有的在研究古代思想家的人本思想时，不用马克思主义理论和观点进行分析和研究，一味地用西方的资产阶级的人本主义美化古代思想家，类似这样的问题不能不引起深思。史学的研究，允许对当前国外史学进行了解，但决不能削弱和放弃马克思主义史学研究的理论基础和阵地。

在史学理论的研究中应当提倡大有作为的思想，强化为建立发展具有中国特色的马克思主义史学的自强心和自信心。现在有这样的一种思想，认为马克思主义发展和解释权属于党和国家的领袖人物，个人不能在学科中发展。我认为应当转化这种意识。孟子说得好，"圣人"亦人，我亦人，人皆可以为"圣人"。在学科的发展中很需要有学科的领袖人物出现。在学科的研究中，应当以马克思列宁主义、毛泽东思想为指导，结合我国历史的实际，经过理论的升华，形成研究的主体思想，建立具有中国特色的史学研究体系和结构。在过去的研究中，老一辈马克思主义史学家，就曾以马克思主义的社会发展阶段学说为主体，系统地建立了中国通史的体系、结构。在史学研究中以马克思主义理论为指导，结合历史的实际，经过理论的升华，提出专业研究中的主体思想，推动史学在一元思想指导下的多家的发展，是繁荣学科所必需的，这是当前发展具有中国特色的马克思主义史学一个值得思考的问题。

二、国情问题

　　把马克思主义理论同我国的历史实际相结合，创造性地研究历史的问题，这是史学研究的最基本的原则，也是史学发展和创新的一个系统工程。我国古代社会的实际是什么，由一个什么样的实际构成？它经过了什么样的发展过程和特点？由于立场、观点和方法的不同有着不同的回答。在历史上长期存在着"华夷正闰之辨"与反"华夷正闰之辨"的斗争；在近代历史上又有帝国主义反动御用史学反对中国统一，鼓吹分裂，宣扬"南北对立论"，"少数民族不是中国"，和我国的马克思主义史学进行针锋相对的斗争。这种斗争在今天还在进行，只是由过去在帝国主义军事侵略与反侵略中进行，转变为在和平演变与反和平演变中进行。斗争的根本点就是从对我国历史的国情认识上产生的。

　　多元一体和一体多元是我国历史的最大实际和特点，也是史学研究的最大实际和特点。多元是一体的多元，一体是多元的一体，一体是研究历史的最大的前提和基础。我国是由一体中的多元的民族和文化，向黄河中下游辐辏，其先进部分经过接触和交融发展为一个统一的民族和文化，并以此为主体以与四周的民族与文化的内向辐辏与外向联系结合为一体，这就是"天下国家一体"的构成，并由一体内的内中环的王畿与诸侯国为中国九州地区；由一体内的四海（四裔）的民族为四海夷狄地区。在"天下一体"时分中外、分华夷，中外与华夷不同域、不同制，由同服而结成一体的关系，这就是内中环（中国）的同服同制与内外环（四海）的同服不同制。君天下，国诸侯，家大夫，边四夷，是"天下一体"国家构成的全部内容。天下在古代是国家的政治概念，是一体的最大和最高的系统。在这个最大系统中包括不同层次的诸系统，由一体内的内中环与内外环以及与一体外的外外环的邻族和邻国发生关系。由"天下一体"发展为"中华一体"。辽、宋、金、西夏是以南北朝为重心的多中国王朝、列国、列部并存的时期，在此基础上元朝统一为一个统一的多民族的"中华一体"

的国家，明朝是对这一统一的继承、发展和巩固，从历史上消除了过去春秋、战国、三国、五胡十六国、南北朝、五代十国、辽、宋、金、西夏时多中国王朝、列国、列部不同形式和类型所构成的一个时代的分裂，这样的时代在元以后不再出现。一体是我国古代国家的民族、政治、经济、文化和区域的整体观念，统一是一体内的诸事物的统一，分裂也是一体内诸事物的分裂。统一与分裂是就一体内的诸事物的合与分而言的，不管是统一还是分裂，都不能改变一体的性质。"华夷正闰之辨"出现在中原华夏族形成以后，用人禽观念看一体内的中外、华夷之分，并把它看成是天经地义和不可改变的，宣扬"裔不谋夏、夷不乱华"，夷狄入居中国就是乱华，所谓"五胡乱华"，无非是乱了在中原汉族的华，因为在中原的多民族的华，在中原的民族和政权，都是中国的民族和政权。从"华夷正闰之辨"的传统观念看这个时期的历史，只有宋是中国、华夏和正统，辽、金、西夏等不是中国、华夏、正统。实际上这是由"天下一体"时中原的中国、华夏，向全国的中国、华夏发展的重要时期。宋是中国、华夏，与宋对峙的辽、金，也是中国、华夏。就是宋也承认辽、金是北朝，与其为一家两国。西夏是中国的王朝，在西部的黑汗王朝，自称桃花石（大国华人）是一体内的西方的中国。西辽是辽的继续，如南宋与北宋合称"两宋"，则西辽与辽应合称"两辽"。元就是在这一基础上合全国为统一的多民族的"中华一体"国家。外国帝国主义和资本主义的一些反动史学家，他们不管提出什么样的理论，都有一个共同的特点，就是否定中国历史上的一体这个最大的实际。

三、创新问题

有人提出历史是客观存在，不以人们的意志为转移的，因而史学不存在更新的问题。史学是研究历史发展的规律和特点，有它普遍的运动规律和特点，也有它不同历史阶段运动的具体规律和特点，而且史学自身也在发展变化，就是马克思主义史学也不是停留在一点上永远不发展变化的，它也要不断地发展和创新。

马克思史学的发展如果不能正确评析过去的模式、成果和它在发展中已取得的成就，以为其停滞不能再发展和创新，或者就发出马克思主义史学发展的"危机"论调来，提出要以什么"新观念""新方法"来代替，都是行不通的。不能把创新理解为代替，也不能把创新理解得非常肤浅。马克思主义思想发展创新的前提是继承，是在继承发展的基础上取得超越过去和跨时代的发展与创新。马克思主义是人类最先进思想的精华荟萃，它在发展中从来不拒绝对进步的新知识、新方法和新手段的运用，以指导各个学科的发展，甚至可以把那些唯心主义研究的新学科，经过革命的批判和改造，建立具有中国特点的新学科，而绝不是拿来主义，照搬照用，更不是在马克思主义的幌子下，贩卖唯心主义的私货。

笔者认为马克思主义史学的发展和创新有两个途径和三个层次。两个途径是综合独创和批评出新，三个层次是从新、立新和创新。综合独创是发展马克思主义史学一个具有普遍意义的途径，从约到博、从博到专，最后集诸精而达到通，汇诸精通而独创。批评出新与综合独创是相辅为用的，批评就是对过去的研究持批评的态度，也就是去伪存真，去粗取精，吐故纳新，促进学科的研究，增强活力，在认识上有新的发现、进步和升华。从新、立新和创新，是史学研究向新发展和新开阔的有机联系的三个层次，而这两个层次立足于史学人发展的蓝图之上，是为在发展中开创具有中国特点的马克思主义史学的体系、结构而提出的，这是当前马克思主义史学在我国发展的需要。比如过去以马克思主义为指导，结合我国历史的最大实际和特点，提出我国自古是个多民族的国家，而自秦以后又是个统一的多民族的国家，这个理论是符合我国的实际的，它不仅成为史学研究的一个重要的理论，而且在维护民族和国家的统一中也有实际的意义。对于这样一个重大的问题是否就不容再思考和再完善了，我国历史发展变化的实际，是检验理论是否完善的客观标准。

从我国历史的最大实际的一体构成看不是一个模式，在"天下一体"时的一体构成的内部是分中外、分华夷，以人禽的观念看中外和华夷，占着主要地位的是隔中外、隔华夷的"天下为家"的一体思想。秦朝的统一是统一的多民族的分中外、分华夷的一体国家。辽、宋、金、西夏已开始发生重大的变化，出现了不分中外皆是中国，不分华夷皆是国人，以人的观念代替了过去的人禽观念，反对在一体中分华夷，分中外，主张有着同一的文脉、道统的民族和地区都是中州（中国）。元朝统一是不同于秦统一的"中华一体"的统一的多民族的国家，这两种不同的格局和模式的统一的多民族国家应当区别开来。如果不加区别，仍视宋为中国、为华夏、为正统，而辽、金、西夏等王朝不是中国、华夏、正统，再加上把反抗帝国主义入侵的理论用之于一体内的民族与政权中去，必然造成研究中的是非混乱。从史学研究的实际来看，不区分这种变化，也容易出现汉化与华化的应用混乱。汉人作为一个民族的名称始于汉，大约到北朝时汉族这个名称才在中原作为与在中原的其他族的一个对等的名称出现，而华在中原已上升为在各族以上的一个称谓，汉是华，在中原的鲜卑等族也是华。后来又由中原的华发展为全国的华，华成为全国各族及文化的共称，是在同华中存不同的族及其文化。至于民族间交融，有的交融为汉族，但汉族也有的交融于其他族。

在"天下一体"时，由于少数民族的自强自树的能力还有限，往往是进入中原后与汉族交融，但到辽、宋、金、西夏时不同了，他们的自强自树能力加强，创造本族文字、保本族制度、为本族办学校、开科举，要求在同华中保本俗，与汉族同华而不同汉。因此这个时期华文化是包括各族文化在内的华文化。从发展的总趋向看，不是各族汉化于一个单一的民族，而是华化为一个全华的由多民族组成的一体的中华民族大家庭。

马克思主义史学的创新，应当是在本学科研究的整体或者某一领域的体系与结构的创新，创新的前提是从新，创新的基础是立新。从新是从时代之新、观念之新、资料之新、方法之新、手段之新，并以此作为起点对本学科进行新的思考、探索和研究，这是史学研究所必备的素质和前提。从新的思考、探索和研究在于立新，立新是一个个地立，这样的立新的东西多了，就会达到诸新的汇聚，最后才能达到学科的整体或一个领域的体系和结构的创新。这是马克思主义的一代大师发展的道路，他的成就是继往开来的，影响是跨时代的。作为一代大师者不一定出自当时学问最博大的，而往往是那些学问不太大，而在从新、立新、创新的全过程中做出伟绩来的人。这是有期于史学界的年轻一代，在为发展马克思主义史学中做出新的贡献，负担起马克思主义史学在新的一代中发展的重任。

四、批判问题

马克思主义史学研究，必须以马克思列宁主义、毛泽东思想为指导，结合我国历史实际进行研究，沿着马克思主义史学的发展道路不断进行思考、探索和创新，这是具有中国特点的马克思主义史学的发展的根本原则和方向。史学的发展从来都是在批评和批判的过程中发展的，没有批评和批判也就没有史学的进步和创新。当前马克思主义史学面临着资产阶级史学对马克思主义史学的渗透与和平演变的危险，捍卫马克思主义史学阵地并发展和占领史学研究的新领域，批判资产阶级自由化，是时代赋予马克思主义史学研究的使命，是在史学领域中的两条路线、两种思想、两种命运的斗争。

当前在史学领域中坚持对资产阶级自由化的批判，在思想认识上还是有差距的，并成为批判的思想障碍。有的人认为批判就是政治，不是史学，因而热衷于所谓纯学术研究，把批判和史学研究看成是截然对立和不相容的。在实践上也往往是这样，坚持在史学领域中的批判被单纯看成是政治任务，而不是被看成是搞学问的人所应做的事，因而视批判为赶政治浪头。从历史上看，史学本身就是批评的、批判的史学，批判与史学理论、史学研究、史学的发展和创新没有分割的关系。在史学研究中没有批判，也就没有史学理论的发展，没有批判也就没有史学的破旧创新，因而批判必须与史学自身的发展结合起来，脱离史学自身发展的批判不是史学批判，也不是批评的、批判的史学传统。马克思主义史学工作者的岗位就是巩固和发展马克思主义史学的理论阵地，就是开阔对历史实际的精湛研究，就是促进马克思主义史学的创新。作为一个史学工作者既能够自我批判，也能够对在史学中出现的错误和导向进行批判，这样才能对当前企图以和平演变的方式，搞资产阶级自由化、以资产阶级反动史学代替马克思主义史学动向进行无情的认真的批判。

在马克思主义史学领域中是否存在着资产阶级自由化与和平演变、反和平演变的斗争呢？要看到国内外的反动势力千方百计地想在我国搞和平演变，他们叫喊的口号最响亮的是超阶级的人性、人权、民主、自由。而我们决不允许把马克思主义的历史唯物主义和辩证唯物主义曲解为人性的理论。应当把那些热衷于以和平演变为宗旨的在史学领域中搞资产阶级自由化的人，同在史学研究中有一般的学术思想观念和错误的人严格地区别开来，但不能因此而抹杀在史学领域中存在着资产阶级自由化和反资产阶级自由化的斗争。

当前马克思主义史学的研究，应当是坚持以马克思列宁主义、毛泽东思想为指导，坚持四项基本原则，坚持马克思列宁主义、毛泽东思想与我国国情相结合，坚持马克思主义史学的发展和创新，坚持在马克思主义史学的发展中的批判，批判是为巩固和发展马克思主义史学，这个根本的宗旨是不能改变的。在当前改革开放中，史学的研究同样是不能关着门研究，要立足本国，放眼世界，吸收世界人类的一切进步的东西，吸收和引进科学的研究手段，因为我国历史学在许多领域已成为国际性研究的课题，与国外学者加强这种在学术上的来往，互通信息，交流成果，都是必要的。史学研究，不仅在国内，也要在国外有影响并做出贡献。

第二章　"中华一体"构成概观

"中华一体"就是我国历史统一的国家结构体制提出的一个学术研究的课题。一体是多元一体和一体多元的发展过程，它包括中华社会史中的各个领域。民族是多元一体和一体多元的发展过程，区域和政治、经济、文化也是多元一体和一体多元的发展过程。"中华一体"作为一种新的思想，是在同"华夷正闰之辨"的对立和斗争中发展起来的。新中国成立后史学界较普遍应用的是"统一的多民族国家"这个理论性的概括，"统一"就是一体，"多民族"就是多元，"中华一体"只不过是把这种思想的认识深化，作为史学研究的一个课题而提出，并作为史学研究的主体思想和系统结构而进行研究。

一、研究"中华一体"的依据和标准

"中华一体"作为一个研究课题，有它的前提、依据和标准。"中华一体"是中华历史的统一的整体概念，它在不同历史时期用不同称谓的术语来概括，由指中原的"中华一体"发展为指全国的"中华一体"，同是一体有不同时期和阶段的一体格局。而这种不同的一体格局及其称谓的变化，是提出"中华一体"这个整体概念的前提和依据。

一体的本义就是指由多事物的统一而构成的一个完整的整体。古时国家不是最大的概念，而"天下"是最大概念，即家大夫、国诸侯、君天下，君是最高的统治者。作为一个最大的整体的天下，可以以一个家庭内的关系来概括，称之为"一家"；或者是以人体的构成的身与四肢关系来概括，称之为"一体"。《礼记·礼运》称原始社会为"天下为公"的"公天下"，阶级社会为"天下为家"的"家天下"。《尚书·大禹谟》："奄有四海为天下君"。这种"天下一家"是由家、国、天下三个层次所构成的，因之称为"天下国家一体"①。荀子以人体结构的身与四肢②；贾谊以首与足比作天下中的中国与四夷的地位关系③，因而一家和一体内的华夷、中外，是个统一的整体关系。这个时期强调人禽、华夷、中外之分而存一体，到后来则强调人禽、华夷、中外在人格、族类、区域上的同一的一体，这是在观念发展史中的一个重大转变，前者是分人禽、分华夷、分中外的"天下一体"，后者是不分人禽、不分华夷、不分中外的"中华一体"，也就是"一统中国"。

"一统中国"的全国性的新观念形成之后，把不同的族、不同的区域都看作是中国人和中国的统一关系，它被后来所继承和发展，赋予不同阶级和社会制度的内容。中国共产党领导所建立的中华人民共和国，是"统一中国"，统一的"中华民族大家庭"。在过去的历史上是由"天下一体"发展为"中华一体"，也就是"一统中华""一统中国"。现在我们称这样的国家为"中华民族大家庭"，"统一多民族国家"。今天的社会主义的"中华一体"，既不同于"天下一体"，也不同于封建社会后期和近代社会的"中华一体"，而是新型的民族统一、制度统一、国家统一的"中华一体"。

"中华一体"是就历史上的统一而提出的一个课题，这个课题的提出有它理论的、历史的和现实的基础，也是有历史的和现实的思想针对性，它是批判地继承和发展，而不是因循，是在对传统文化虚无主义和国家虚无主义的批判中发展的。

"中华一体"研究的理论基础是马克思主义哲学的对立统一的规律，也就是矛盾律。把历史上我国看作是一个包括诸种矛盾事物的大系统的统一整体，这个整体中的诸种事物既矛盾又联系在一起，因此在历史上客观存在着诸种事物间的对立、矛盾和斗争，也存在着诸种事物间的联系、一致和同一。以同一性和斗争性的理论为指导，研究这个大系统的诸种事物的同一与斗争，及其在一定条件下转化和发展变化的历史。

一体即同一、统一；多元即多种事物间的对立和并存、发展、转化和联系。多元共存于一个大系统的统一体中，又互相依存和转化，诸种事物间的矛盾斗争是绝对的，它在一体中贯穿始终，同一是暂时的、发展的、变化的，由旧的一体转化为新的一体。在一体中的诸种事物的对立和矛盾历史地形成对立着的诸种观念。与此同时诸种事物的联系、交融和统一，也历史地形成同一的诸观念。这种对立和同一的历史事物和观念，要以马克思主义哲学理论为基础进行研究。日本白鸟库吉提出的"南北对立论"成为"征服王朝论"的理论支柱，他认为在我国历史上对立是常态，统一是变态。这种用常态和变态表述对立和统一的关系与马克思主义的对立统一规律理论是不相关的，其用意是为说明我国历史的对立分裂是正常的状态；联系和统一是不正常的状态，目的是把我国历史歪曲为一部分裂的历史，为帝国主义对我国的分裂和侵略服务。

"中华一体"不仅以矛盾律研究历史上的对立与同一的事物和观念的发展和转化，而且还要用矛盾律研究其普遍性和特殊性，研究其普遍的规律和特殊的规律。既要研究整体的发展过程和层次，也要研究各矛盾着的事物发展的过程和层次，要研究其主要矛盾也要研究次要矛盾，研究其主体事物也要研究非主体的事物，用事物发展不平衡的规律研究"中华一体"内部的发展不平衡，及其地位的发展和转化。这样的研究既从整体上把握也从整体内各个领域的发展变化中把握，把多元和一体有机结合起来。

"中华一体"在历史上不仅客观存在而且是发展变化着的，由旧的一体发展为新的一体。"天下一体"时期的中国、中华是指中国九州的地区和民族，那时期的"中华一体"是中国九州的一体，不包括四海地区和四夷在内，而包括四海、四夷在内的是"天下国家一体"。在奴隶时代是家大夫、国诸侯、君天下的一体，在封建制的前期是家编户、国郡县、君天下的一体。那时积家为国或郡县，积国或郡县为天下。到后来先在中国九州地区出现多政权、南北朝和多民族的中国、中华，进而发展到封建社会的后期，便在全国范围内出现与南北王朝并列的中国王朝、列国和列部，及至全国统一则为一个统一的中国、中华，由统一的"中华一体"代替了统一的"天下一体"中原九州的"中华一体"，由多地区的"中华一体"统一为一个"中华一体"。

在历史上从元朝开始形成统一的中国和中华，多元是在统一中国内的多元，全国各族都是中国，都是中华，虽然朝代的取名发生变化但还没有取消以朝代称国，但它确实已与过去不同，中国、中华已与朝代的整体称谓一致了。这同封建王朝制度尚存是分不开的，一旦王朝的名称从历史上被废除，中国、中华的称谓便取而代之。

"中华一体"不仅是历史的问题，也是现实问题。用不同的理论和思想研究历史会得出不同的看法。

用传统的"华夷正闰之辨"的理论和思想来指导，就会坚持区域分中外，民族分华夷，"内诸夏而外夷狄""裔不谋夏，夷不乱华""尊王攘夷"的传统看法，否定历史上曾出现的"统一中国"，强调分隔、不统一。用"征服王朝论"的反动观点则强调分裂是常态，统一是变态，否定历史曾出现"天下一体""中华一体"的不同形式的统一。历史的发展由"中国一统"代替"春秋大一统"之后，便由"天下一体"的秦、汉、唐式的统一发展为元、明、清式的统一，这是两种不同时期、不同内容和不同形式的统一。现在的中国便是对这一统一的继承和发展，也就是新的社会主义制度下的"中华一体"的统一。

　　"中华一体"的现实基础，与历史不是分割的。中国共产党把马克思主义的理论与我国的实际相结合，在历时党的文件中提出和坚持"统一中国"这个合乎我国实际的提法，并把它作为中国革命的基本任务。马克思主义与我国历史一体多元的实际结合，提出解决我国现实的理论和方针政策，依据一体多元的民族关系提出"统一的多民族国家"。依据历史上多民族的一家、一体的关系，提出"社会主义的中华民族大家庭"；依据历史上存在中原与边境民族地区在政治上的一体而民族有自理权的关系，提出"民族区域自治"；特别是"一国两制"的提出，在一个统一国家中实行不同制，把"统一中国"作为当前的重要任务。研究历史上的"中华一体"不仅是探讨历史中的重要课题，也能对现实的国家统一、民族统一起到认同的作用。

　　"中华一体"的研究是以马克思主义理论为指导，以我国的历史实际为基础的，因而"中华一体"的研究就是对马克思主义的认同，对现实的社会制度的认同，对现实的政策的认同。"中华一体"研究的标准自然也在理论、历史、现实的基础方面寻求认同。理论的标准是马克思主义的指导，是研究的思想标准。史实的标准是我国的国情，是理论与我国古代的实际相结合。这是研究的学术和现实的标准，也是研究的方向标准。"中华一体"这个符合我国历史特点和实际的理论，是从学术研究的领域、从中华历史的各个方面和内容对"统一的多民族国家"进行整体的研究和概括的。

二、"中华一体"结构

"中华一体"是对历史系统结构和体系的研究，是以社会史的内容为框架，进行多领域的、多元的、多层次的研究，对历史上的旧传统、旧观念以及新传统、新观念进行有鉴别的研究和总结。

对于"中华一体"的内容结构，重点讲以下三个方面的内容。

（一）"中华一体"的环境结构

环境，是一体周围客观存在的情况和条件，与人类活动和生存有着不可分割的联系。人类的历史，在一定自然环境和社会环境的特定情况和条件的促进和制约中发展。研究"中华一体"的历史必须注意对环境的分析和研究，注意环境的结构及其变迁的历史同人类历史发展变化的关系。环境包括自然环境和社会环境两个方面。马克思主义非常重视系统地、周密地研究周围环境的重要性。毛泽东同志在《中国革命和中国共产党》一文中首先是从分析中华民族的周围环境开始的。

在历史上，我国所处的自然与社会的生存环境的结构，随着人类的进步和历史的发展不断地发生着变迁。历史的环境由内中环、内外环和外外环三个层次所构成。内中环指一体中的中国（中原）地区，其中心区是京畿，是中国中的中国，京畿外为四方诸侯国，后来为郡县和州县地区，最后是边郡地区，边郡是中国（中原）边境，不是一体边境。内外环指一体内的中国（中原）以外的四海（边境）地区。一般地讲在观念上中国之外分四海、八荒两个层次，而《淮南子》分八寅、八纮、八极三个层次。这只是依远近及文化发展不同讲的，实际上只有中国九州与四海地区。但随着中原王朝在四海由无设制到有设制，变外为内，内中环与内外环之分也就变成一个中国的中原与边疆之分了。外外环指一体之外相邻地区，即"荒外"。

不同层次环境的文化发展是不同的，内中环的京畿地区是文化发展的中心，是当时政治、经济、文化发展的核心，对其他地区起着影响、制约和规定的作用，是"天下国家一体"的最高统治者君主所在地，并以此为中心构成其四方诸侯国（后来是郡县、州县）的文化区，由京畿、四方构成一个共同文化发展的中国（中原）。内外区是与中国（中原）不同制而同服地区。接近中原的较发达，而愈远其文化愈落后，甚至长期处于原始社会的不同历史阶段。由于文化发展的水平和质的不同，因而各种文化所能发出的能量也不同，互相间所起的作用和地位也是不同的。这就产生在文化上的吸引、汇聚和交融，民族的迁徙，四周的民族向心于中原。表现多元一体内的中外的差别是不同制，而表现为多元一体的一致性是同服，同服把一体内的中外在服事关系上结成一体。

地方受制于中央，接受中央的领导。但地方的发展不是消极和被动的，如地方政治、经济、文化的发展，民族的兴盛和社会形态的变化，对自然的利用和改造都会使环境的结构发生变化，使整体结构的环境的文化景观发生变化。地方的发展不仅会改进地方的环境结构，也改变一体内的中外结构。春秋时的楚强了，并成为地方发展的先进的核心部分，虽然自己和中原均称之为"蛮夷"，但其周围的诸蛮夷则视其为华夏。匈奴在北方兴起与大汉为南北，为一家，在一体内形成南北两个大的统一体，加速了后来北方民族发展的步伐。拓跋鲜卑进而入主中原建立北朝。由中外一家的两大统一体发展为在中国内的两个中国的统一体，又发展为以南北朝为主的多中国的统一体。地方民族发展和进步，改变了地方的坏境格局，重新再组织，再结合，变夷为夏，变外为内，变分华夷、分中外的多元一体为不分华夷、不分中外的多元一体，由于变内外环为内中环，也改变了与外环的关系，促进了中国的内环与外环邻国的关系。社会环境的变迁与自然环境的文景改观是分不开的。

（二）"中华一体"的观念结构

"中华一体"的观念结构，是在思想意识的领域，以对立统一规律的理论，研究历史上客观存在的矛盾与同一诸概念所囊括的史事，有系统、有层次、有结构地探讨"中华一体"观念的整体结构。属于矛盾对立的诸观念，尚少有人系统地研究它的内容，而同一的观念范文澜研究秦统一的民族形成时加以运用和探讨过，这是系统研究历史上同一观念和用这种观念囊括历史客观存在事实的开始。"中华一体"观念结构就是由历史上客观存在过的矛盾，以及诸同一观念和历史内容所构成的。是从观念上、史实上对统一和一体的认同，因而观念论是"中华一体"研究的内容之一。从历史的发展变化中研究旧观念也研究新观念，研究旧观念结构的内容，也研究新观念结构的内容。

在历史上形成的统一体内不同领域事物间的矛盾和对立观念，在阶级社会中无不赋予阶级的意识，如产业类型结构系统的农与牧的对立观，不把农牧看成是一体内不同产业类型，不同的职业分工；不把农牧看成是以农为主和以牧为主的不同经济类型的不同部门，和占有不同地位的经济部门的分工；不把农牧看成是农中有牧，牧中有农，农牧结合，互相为用，而且是可变的，以中原的农业和北方游牧的绝对排斥和对立的观点，宣扬中原汉族农业与北方民族牧业南北对立论。文化人类系统的人与禽的对立观，不把人类看成是人，在统治阶级与被统治阶级中分人禽。族类系统的华与夷的对立观，也用人禽观念，视统治民族华夏（汉）为人，四方民族为禽。区域系统的中与外的对立观，视中原九州区域为中国，是礼乐之邦，视边境为四海，是蛮貊之域。人类文明系统的文与野的对立观，视统治阶级、华夏（汉）、中国为文，而被统治阶级夷狄、四海为野。中原王朝承受系统的正与闰的对立观，视中原华夏（汉）的中原王朝为正，其他族为闰。这些观念是变化的，由人禽观变成统一的人道观，由华夷观变成统一的华夏观，由中外观变成统一的中国观，由文野观变成统一的文脉观，由正闰观变成统一的道统观。

历史上的同一观念也是发展变化的，由分人禽、华夷、中外、文野、正闰的"天下多元一体"发展为不分人禽、华夷、中外、文野、正闰的

"中华一体多元"。因而要研究系统结构的统一体的同一观念，如一体观、一统观、一宇观、一家观、同轨观、同文观、同风观、同伦观等，探讨统一体中的多元的一体发展变化的历史规律和特点。同一的观念在历史上是客观存在的，就我国历史看，是一个大系统统一体的结构，在我国历史上把这种同一概括为一体、大一统，成为历朝所继承和发展的观念。就国家统一的时间长短来说，统一的时间占2/3，分裂的时间仅占1/3。而且统一是一体内的统一，分裂也是一体内的分裂，分裂是在统一体中暂时的分解、平衡、并存和相持，在分裂中孕育着更大的更高级层次的统一，当然在统一中也有不统一的因素，并可能再发展为新的分裂，统一不是一种形式和一个层次，有奴隶制时代王权制的"前天下一体"的统一王国，有封建制时代前期的"中华一体"的统一，也有封建制时代后期的"中华一体"的统一。分裂有多政权在中原的分裂，有两个王朝在中原南北的分裂，也有多王朝在中原和边境同时出现的多中国王朝的分裂。这是不同层次的分裂，南北王朝以及多王朝也是在统一中出现的，而后南北朝在发展中又高于前南北朝。统一是历史发展的主流，一体或同一不管是统一或者是不同形式的分裂，统一体是其最高的层次。这样的观念是天下多元一体或中华一体多元的观念，也就是"全天下"和"全华"的观念。

（三）"中华一体"的系类结构

系类结构主要是指一体系统、系列与类型的结构。一体是多元一体和一体多元，它的结构不是单一的，是多系统、多系列和多门类的多种类型的结构。"天下一体"和"中华一体"是不同时期两个大系统的整体结构，是最大的系统的统一体，在这个大系统统一体中又可分为不同层的统一体。我们这里主要讲民族系统、区域系统、经济系统、政治系统和文化系统。在系统中又分系列和类型。对于一体结构内部的诸系统、系列和类型的研究，也存在着两种不同的历史观：一种是夸大对立、分裂、否定统一和一体，认为在历史上不存在统一的和一体的国家，一直是分裂的，这是没有统一和一体的分裂，离开统一、一体来研究历史的对立分裂。一种是根据马克思主义对立与统一的理论，研究一体中的诸种事物矛盾对立，和由诸种矛盾对立着的事物结合而成的统一体，诸种矛盾对立着的事物存在于一体之中，是互相矛盾又互相联系，是不可分割的关系。

1. 民族系统、系列与类型

民族是国家构成的实体。我国自古以来就是个多民族的国家，从秦统一开始是个统一的多民族的"天下一体"国家，从元朝开始又是个统一的、多民族的"中华一体"国家。古代把民族的族类系统分为华与夷两大类，即华夏与夷狄，后来又分为汉与藩两大类，但华夷仍不废。华夏（汉）被视为中华、中夏、中国，而夷狄被视为四夷、四海。在历史上夷狄是以四方的方位不同分为东夷、北狄、西戎、南蛮。而在方位的系统中又分为多系列，如东方（包括东北）分为东夷系（是华夏来源之一）、肃慎系、秽貊系。东胡系是介于北方的狄与夷之间而形成的一个族系。北狄（包括西北）分为北狄（丁零）系、匈奴系、回纥系。西戎（包括西南）分为氐系、羌系、叟系、西南夷系；南蛮分为南蛮系、百越系等。由华夷构成一个大的民族系统结构，由大系统又分为华系统与夷系统，由夷系统又按四方分为东夷系统、北狄系统、西戎系统、南蛮系统。每一系统中又分出不同的族系。

系统与系列划分的基准是区域与族类，是一个以华（汉）为中心的"内诸夏而外夷狄"的环状结构。在发展中先是东西两大文化系统和体系的接触、对峙和交融，如东夷系的夷与商，西戎系的夏与周。后来出现南北两大文化系统的接触、对峙和交融，如北方的匈奴与汉的接触、对峙与交融，以及后来的拓跋、契丹、女真建立的北朝与南朝的南北接触、对峙和交融。东西两大系统和体系经过接触、对峙、交融而融合为中国九州一体华夏，南北两大系统和体系接触、对峙、交融而融合为不分中外的"中华一体"的中国、中华。民族的系统、系列和类型是由一体内的中国（中原）与四海（边境）而分为中国（中原）型民族与四海（边境）型民族。

2．经济系统、系列与类型

经济系统、系列与类型的结构是政治、文化结构的基础。从经济系统、系列与类型与产业的区域格局看，有以农作物为主而兼容手工业、畜牧和商业的系统、系列和类型的结构；有以畜牧业为主兼容手工业、农业和商业的系统、系列和类型的结构；有农牧并举的系统、系列和类型的结构；有以渔猎为主的系统、系列和类型的结构。

不管哪一系统、系列和类型都是多种产业种类的结构，不是单一的结构。从社会经济形态看，有以农为主的原始氏族制、奴隶制和封建制，而无以渔猎为主的奴隶制和封建制。由产业不同的经济和社会经济形态，构成地方的小的统一体，最后结成最大系统的"天下一体"和"中华一体"的一体。不同系统、系列和类型的经济，分别属于一体中的中国（中原）型和四海（边境）型。

3．政权系统、系列与类型

政权系统，一般地讲是指政权的传授系统。作为政权的系统传授而不间断的主要是中国政权，是王朝不断更替出现的，而中国以外的边境地区的政权，就缺乏这种连续不断的系统条件，但它的发展从整体上看也是有系统、有层次的发展过程。

例如由地方的与中国不同型的政权，发展为地方的与中国同型的地方政权，再进而发展为在南北朝之外的中国型的王朝。地方的政权存在于"天下一体"和"前中华一体"时，到统一的元朝出现后，它只能在"中华一体"中作暂时分裂政权出现。不构成一个历史时代，而是"中华一体"中的统一的中央之下的地方政治设置与机构。中国的政权系统，由分中外的中国王朝，发展为不分中外的中国王朝，由汉族一个族的王朝承受系统，发展为各族均可承受的系统。

政权系列是多方面和多民族的，不同方面都有其发展的系列，而在方面上建立王朝也不只有北方的民族，也就是说只有南北朝，在辽金与宋为南北朝时，西方有西夏王朝、黑汗王朝和西辽王朝，而黑汗王朝自视为中国西部，辽为中国中部，宋为中国东部④，其实还有东西之间的西夏王朝。

南方民族没有建立在中原和地方的王朝，因早已被纳入郡县。在古代王朝是东西兴起和更替的，第一个统一全国为分中外的"天下国家一体"的国家秦，其族兴起于西。五胡十六国建政权的有北方的族，有西方的族，也有西南的族，只有出现两次南北朝的北朝建立者都是兴起于北方和东北的族。辽、北宋先后亡后，都从其中分出王朝，宋南迁为南宋，耶律大石西迁为西辽。

政权类型的系列划分不是以南北对立为准的，在"天下一体"时是从区域上分的中外，而分为中国的政权型和边境的政权型，在中国的可据实分为不同型，而在边境的也先后出现非中国型和中国型。在边境上出现中国政权和中国王朝，是变外型政权为内型政权的发展的必要的条件和基础。元朝就是在这个发展基础上形成统一的"中华一体"的中国、中华。

4．区域系统、系列和类型

区域，是一体地理空间的有机构成。区域的构成与民族、经济、政权等的系列、类型的划分有着不可分割的关系。在历史上区域是以京畿、内地和边境构成一个完整的系统和体系。由最初的"前天下一体"的中国、四方、四海的结构与类型发展为统一的"天下一体"的京畿、地方和边境的结构与类型，再进而发展为"中华一体"的腹地、地方和边疆的结构与类型。

从区域系统、系列看，开始是中土（中国）与四方、四海（四夷），后来发展为北、西、南三个方面向中心的辐辏，东部的夷已变成中国，南也由边地郡县发展为内地郡县，余下只有北、西两个方面。因而区域的一体结构到此也不是单以南北二方为特点，还有西、西南的不同的经济类型、不同的民族和不同层次部落、政权存在。从区域的经济结构看，北方都不是单一的游牧经济。由于区域的系统系列的发展变化，区域的类型最后发展为中央、地方和边疆的"中华一体"的整体结构和不同区域结构的类型。边境变成不同设制与不同发展类型"中华一体"内的边疆。

"中华一体"的结构是从"天下一体"时的结构发展而来的,即由"天下一体"时中原的中国发展为全中国。

三、"中华一体"结构特点

"中华一体"结构具有以下一些重要的特点:

1. "中华一体",是由"天下一体"时中国、中华发展成一个统一的全中国、全中华的一体。"天下一体"和"中华一体"都是多元构成的一个国家的统一体,在"天下一体"时是"天下多元一体",在中华一体时是"中华多元一体"。

2. 在"天下一体"和"中华一体"中,都存在一个主体和核心。这个主体和核心对非主体和非核心的部分有着影响、催剂和制约的作用,对非主体和非核心部分有着极大的吸引和凝结力。而非主体非核心部分对主体与核心也有向心和附集力,这是主要的,当然也有排斥和离心力,形成一体内诸矛盾着的事物既同一又矛盾的关系。主体与核心不因发展变化而在地位上有所改变,如华夏(汉)族与华夏文化在整体中永远是居于主体和核心地位,但在局部则不一定如此。主体地位与统治者地位是不同的,居于主体的民族不一定都是统治民族,居于统治地位的民族不一定都是主体民族。统治民族是可以变的。

3. 中华一体结构分"天下一体"和"中华一体"两个时期以及分"前天下一体""天下一体""前中华一体""中华一体"四个层次发展。"前天下一体"与"天下一体"是与奴隶制和封建社会前期相适应的："前中华一体"与"中华一体"是与封建社会后期相适应的。

4. 一体是由低级向高级，由分华夷、分中外的一体向不分华夷、不分中外的一体发展。一体是不可分割的，即使一体中出现分裂，也是一体内的分裂。

一体也不是静止不变的，就其外限来说有伸有缩，有时一体内部分地分离出去，与一体外的外结合，有时一体外部分迁入与一体内结合成不可分割的关系。对一体的外限研究既不能以今天国界为据，也不能以外国资本主义入侵前的清版图为据，而应以不同历史时期为据进行研究。

注:

①［汉］荀悦撰、龚祖培校点：《申鉴》卷1《政体》，辽宁教育出版社，2001年。

②［唐］杨倞注：《荀子》卷8《君道》，上海古籍出版社，2010年。

③《汉书》卷48《贾谊传》，中华书局，1964年。

④马合木·喀什噶里：《突厥语词汇》"桃花石"条释义中以黑汗王朝统治下的喀什噶尔为下秦，契丹为中秦，宋为上秦。参见马合木·喀什噶里：《突厥语词汇》，影印原抄本，安卡拉，1941年。

第三章　中华史论

中华是由"天下一体"的中华到"中华一体"的中华。中华最初是由多元的民族融合而成的华夏族（汉族）在中原的称谓，进而为在中原多民族的称谓，最后才发展为四裔各民族在内的全国的称谓。这中间是经由变外为内和变夷为夏的长期历史过程才完成的。

一、释华夏

夏与华在观念上不完全相同。夏、华初不连称，到后来华夏方成为一个总的称谓，但仍单称为夏、为华，而内容与含义也逐渐相关联。

夏之初义为人，是部落内部的自我称谓，即有着血缘关系的同一群体内的为人，而把其群体以外的人视为"禽兽"。西方之人自称为戎、为夏，戎与夏之本义为大。《说文·夊部》："夏，中国之人。从夊、从页、从臼。臼，双手；夊，两足也。"夏之本形象人，其义为大，大即人。因此，禹被称为大禹、戎禹或夏禹。

27

　　夏字随着地域观念的加强，便由群体内的人的自我称谓发展为地域的称呼。这种大变化应从颛顼时开始。《礼记·月令》，《疏》引服虔："自少昊以上，天子之号以其德，百官之号以其征。自颛顼以来，天子之号以其地，百官之号以其事。"这是由氏族部落的血缘向部族地缘的重大变化。《左传》昭公元年，高辛氏"迁阏伯于商丘，主辰，商人是因。迁实沈于大夏，主参，唐人是因，以服事夏、商"。是证在高辛氏时，大夏之名已出现。《左传》定公四年，晋唐叔初封，"命以《唐诰》，而封于夏虚"。夏虚即高辛氏时的大夏，乃夏之故都，亦即尧之故都唐。《左传》僖公二十七年，晋赵衰："《夏书》曰：'赋纳以言，明试以功，车服以庸'。"此所引文本出自《尧典》，而却称之为《夏书》，因疑唐、虞、夏之部族均曾称为夏①。唐为西方夏人，唐地即大夏、夏虚。《孟子·离娄》："舜生于诸冯，迁于负夏，卒于鸣条，东夷之人也。"其逼尧为"天子"，当即史书中的"元后""后王"。《舜典》："帝曰：皋陶，蛮夷猾夏，寇贼奸宄，汝作士，五刑有服，五服三就，五流有宅，五宅三居，惟明克允。"是证出自东夷的舜为"天子"，亦自称为夏，而视其他为蛮夷。夏为地域之称，实为尧、舜、禹所因。

　　由地名的夏变为国名、族称，当与人的观念和地域观念的变化有关。在夏王朝出现以前就有作为部族的夏人观念，主要是指尧、舜、禹时部落联盟的核心部族和相近的诸部族，也即舜肇十二州内的人，而不包括此外的蛮夷在内。夏的观念后来发展为统一的夏民族观念，地域名称的大夏到后来则成为王朝的称号。族称与国称是一致的。在历史记载中禹与夏相关，郭沫若举出二例：《齐侯镈钟》："虩虩成唐（汤），有严在帝所。敷受天命。刻（翦）伐颛司（夏祀），败其灵师，伊小尹（伊尹）惟辅，咸有九州，处禹之堵。"此"翦伐颛司"与"处禹之堵"相条贯。《秦公簋》："秦公曰：'丕显朕皇祖受天命，鼏宅禹责。十又二公在帝之坏，严恭寅天命，保业厥秦，虩事蛮夏'。"上言禹，下言夏，则禹与夏确有关系，此"蛮夏"亦与《舜典》"蛮夷猾夏"相印证②，是在夏王朝前已有蛮夷与夏的观念。鲧与禹曾先后为"崇伯",《国语·周语》称"崇伯鲧",《逸周书·世俘》称"崇禹"。崇即嵩,《后汉书·郡国志》作"嵩高",《汉书·地理志》作"崈高"。《世本·帝系篇》谓"鲧生高密","高密禹所封国"。《吴越春秋·越王无余外传》,禹"产高密"。高密当即"高密",亦即"崈高",禹嗣鲧为"崇伯",乃是嵩山一带的地方部落联盟酋长。《史记·夏本纪》:"夏禹,名曰文命。""禹于是遂即天子位,南面朝天子,国号曰夏后,姓姒氏"。这里说的"即天子位",实是即元后或后王之位。《正义》引《帝王纪》谓于嵩高之地,即是先封为夏伯。可见禹嗣舜后初都大夏,复由夏伯进而为夏后,变原来大夏之地名为国名。如果认为禹嗣舜后仍在崇为"崇伯",于理不通。从历史看应是虞舜、夏禹相嗣,而不是虞舜、崇伯相承。以夏为国后,夏之含义已包括三个层次,一是夏都(京师);二是夏邑(直接统治区);三是诸伯国(即九州之地)。四海蛮夷是不包括在夏之内的。

夏之义又由朝代名进而发展为具有相同礼义制度的国家均可称夏。《左传》定公十年《疏》:"中国有礼仪之大,故曰夏,有服章之美,谓之华。华夏一也。"夏已与华相结合称华夏,包括了中原大国(夏)和礼义制度文明两个方面的内容。由是而区分中外、华夷的主要标志是礼,这就更加严格了一体内的中外、华夷之分,夏为中,裔为外,华居在中国,夷居在外裔。

夏与裔对言,夏是中国,华与夷对言,华指中国义明发达的民族,夷指四海文明不发达的民族。《左传》襄公十四年,戎子驹支说:"我诸戎饮食衣服不与华同,贽币不通,言语不达。"这是从饮食衣服的习俗和语言不同来分华夷的。在对夏与华的研究中,特别是在对夏的研究中,会涉及历史上的重大问题。

在夏朝以前,是多元的民族的结合还是单元的民族发展?是五帝的帝的部落联盟长制还是政治体制的元后王制?有人认为唐尧、虞舜、夏禹、弃、契、皋陶、伯益都是同一祖先黄帝的后裔,因而夏、商、周族是同血缘祖先的黄帝子孙，这是一元的同源同流说，实际上不是一元的同源同流，而是多元的异源同流。在原始社会中放射出的文明曙光起源于我国的各地，由各地向黄河的中下游辐辏，他们不是出自一个祖先，也不是一个祖先的同一个血缘的后裔。夏人出自西方的羌，商人出自东方的夷，周人出自西北方的狄。他们都带着本地的文化进入中原而互相接触、交融和汇聚，由多元的汇聚而结成一个高于原来的诸部族共同体的新的部族共同体的夏。从族属来源说，禹出西戎，契出东夷，稷出西北狄，他们已交融为一个具有大夏的共同心理状态的民族，但仍保有出自不同族属的观念，仍保有他们各自的称谓。同源说是在华夏形成后而出现的，秦、楚本与中原华夏不同源，但说是颛顼后裔。吴非华夏，因周太王之子太伯、仲雍奔荆蛮，到春秋时吴始大，"比于诸夏"，也就找到了吴为"周之胄裔"③的依据。

夏是对虞的继承和发展，史书"虞夏"连称不无道理。《史记》："自虞夏贡赋备矣。"④"虞夏之道，寡怨于民"，"虞夏之质"⑤。儒家以夏、商、周为"三代""三王"，而《墨子》一书以尧、舜；禹、汤；文、武为"三代圣王"。据史书记载，至少到虞夏时已以"后"代"帝"，由"后"代"帝"是历史的一大变革，"后"之义为君，"后"是新确立的官长之称，最高为"元后"（即后王），其下为"群后"（即君公）。在元后之下地方有四岳的"四时官，主方岳之事"⑥。据记载当时有掌管平水土的司空，有掌管林、牧、渔、猎的虞，有掌管邦教的司徒，有掌管五刑的士。还有秩宗、典乐、纳言等官。这些官均称后。当时是由元后、群后组成的最高的贵族权力机构，它具有部落奴隶制的特点，还保有贵族议事会的组织形式。群后各有分职，各有专门的职称。夏建国仍称后，基本是这种制度的继承和发展。它肇始于尧，形成和发展于虞、夏。"后"不是原始社会部落联盟长和部落长的称号，而是以部落为特点的奴隶制时代的"后王"和"君公"的统治者的称号。

夏代虞以后，始以夏名族名国，不称华。殷人建国，既不称夏，也不称华。周人灭商，以周名族名国。这是在华夏族形成前的民族与国名更替时期，到西周始孕育着高于虞、夏、商、周的统一的华夏的称谓。有人说华族或华夏族始于夏朝，这与当时族称和朝代称的更替历史是不符合的。

二、由夏族到华夏族

华夏作为共同的统一的民族和国家观念的提出，孕育于西周，形成于春秋，发展于战国。华夏族的形成、发展，是以诸夏或诸华的出现而形成的一个统一的华夏观念，并使夏、商、周更替的历史发展为诸华夏国并存的历史。这是变原来的民族格局为诸华夏民族的格局，是民族的大发展和大交融的新时期。华夏是高于夏、商、周民族和国家的观念，是民族意识的大觉醒时代，是后来统一的中国华夏形成的历史前提和基础。

（一）华夏雏形孕育于西周

华夏作为一个统一的称谓始于西周，但西周仍以周名族名国，只能视为华夏族形成前的孕育期，还不能说是华夏族形成的开始时期。夏、商、周是三个异源同流的不同的统一的民族共同体和国家。他们长期有着接触、影响、联合乃至交融的关系，并成为华夏族形成的三个主要来源。这种由异源同流的关系而形成的文明制度，是以华夏作为共同的民族称谓，以及产生共同祖源的共同心理愿望的依据，于是便编出一个"少昊受黄帝，黄帝受炎帝，炎帝受共工，共工受太昊，故先言黄帝，上及太昊"⑦的不真实的世系谱。由夏、商、周的统一民族的名称更替建立王朝，说明还没有形成一个以华夏为称谓的共同观念，只是到西周时才在夏、商、周的不同族称和国称之上加强了华夏的共同观念。西周为此做出了重要的贡献。

1. 西周首先提出了统一的完整的"华夏"的新概念来。《尚书·周书·武成》："予小子既获仁人，敢祗承上帝，以遏乱略，华夏蛮貊，罔不率俾。恭天成命，肆予东征，绥厥士女，惟其士女，篚厥玄黄，昭我周王，天休震动，用附我大邑周。"这里把华夏与蛮貊作民族的两大分类而对称，已具有"内而华夏，外而蛮貊"[8]的思想，这种思想的提出是以华夏为中国的基础，形成中国（京师）与四方（诸侯国）为中国以及以四裔为四海的"天下一体"的观念。当时领土是王土，"溥天之下，莫非王土；率土之滨，莫非王臣"[9]。这种政治体制是君天下、国诸侯、家大夫的"天下国家一体"的体制，天下包括土中（京师）、四国（四方）和四裔（四海）在内，是同服不同制，由同服而一体的臣服关系。

2. 周人自视为夏，把夏的观念提高到本族称和国称之上。周人并不否认自己系出自"天鼋"的西北狄，也不否认自己是周。《左传》昭公九年，周人说："我自夏以后稷"，认为自己是夏的继承者。《诗·周颂·思文》："思文后稷，克配彼天。立我烝民，莫匪尔极。贻我来牟，帝命率育，无此疆尔界，陈常于时夏。"时夏即兹夏。《尚书·周书·康诰》："王若曰：'孟侯朕其弟小子封，惟乃丕显考文王，克明德慎罚，不敢侮鳏寡，庸庸，祗祗，威威，显民，用肇造我区夏'。"周人视其祖后稷为夏人，又有夏之土地，自然可以称夏。

3. 西周为把诸夏的概念推广于先帝先王之后裔，封黄帝之后于蓟，尧之后于祝，舜之后于陈，禹之后于杞，并封纣子武庚于邶，微子于宋，以奉其诸祀，又封一部分姜姓为诸侯，称洛阳以东原商地为"东夏"。《尚书·周书·微子之命》："庸建尔于上公，尹兹东夏。"《穆天子传》："自阳纡西（在陕）至于西夏氏。"在阳纡以西则有西夏。周人的华夏观念是包括夏人、商人、周人等在内的，华夏观念高于诸族和诸国称的观念。

（二）华夏族形成于春秋

统一的华夏观念以及这种观念高于当时的诸族称和诸国称，是华夏族形成的重要标志，它以周礼把各诸侯国统一到华夏之中。一般地讲，夏是地域的观念，华是文明的观念，合之为华夏，分之为夏、华。夏与华是多元形成的过程，在华夏族形成时还是诸国林立，因此称"诸夏""诸华"。夏主要是指地域，如"区夏""禹域"；华主要是指族类，如"非我族类，其心必异"。《左传》定公十四年："裔不谋夏，夷不乱华。"就是从这个意义讲的。裔之义为边陲、边地，指夏以外的地区。夏指中国，华指居于中国的族；裔指四海，夷指居于四海的夷狄。夏与裔指中国、边境的中外地域不同，华与夷指居于中外的族类不同。

作为区域观念的夏与裔，主要是从区域格局上维护京师、四方、四海的划分。《春秋公羊传》："《春秋》内其国而外诸夏，内诸夏而外夷狄。王者欲一乎天下，曷为以内外之辞言之？言自近者始也。"这里讲的"自近者始"，既有地域上的远近之义，也有内外亲疏之义。从中外、贵贱、尊卑、亲疏、上下之义出发，在诸夏与四夷之间划一道人类与禽兽的不可逾越的界限。《左传》闵公元年："狄人伐邢。"管仲对齐桓公讲："戎狄豺狼，不可厌也；诸夏亲暱，不可弃也。"对内要柔之以德，对外则要威之以刑。确定诸夏、夷狄同服不同制的统属关系，夷狄"服事诸夏"，"蛮夷"不能"猾夏""乱华"。这就是在区域上的夏与裔的界限和在政治上的贵贱、尊卑、上下的界限。

别华夷在于从经济生活、礼俗、语言和共同的心理素质上强化诸华夏与夷狄的不同，而这种不同是用人禽来划分的。《左传》襄公四年："无终子嘉父，使孟乐如晋。因魏庄子纳虎豹之皮，以请和诸戎，晋侯曰：'戎狄无亲而贪，不如伐之'。魏绛曰：'诸侯新服，陈新来和，将观于我。我德则睦，否则携贰，劳师于戎，而楚伐陈，必弗能救，是弃陈也，诸华必叛。戎，禽兽也。获戎失华，无乃不可乎！"此以华与戎对言，戎狄无中原之礼，被视为"禽兽"。《国语·周语》："夫狄无列于王室，郑伯南也，王而卑之，是不尊贵也。狄，豺狼之德也，郑未失周典，王而蔑之，是不明贤也。"诸夏与夷狄不同在于列王室还是未列王室，而周礼、周典是区别华与夷的最基本的标准。

夏之区域观念与华之礼典观念合起来，就是华夏的完整观念，合于此者为"诸夏""诸华"，也就是华夏族。春秋时华夏族的形成可概括为以下几点：

1．华夏的形成，是分散的多国分裂的华夏，因称"诸夏""诸华"。它是在西周的孕育和西周分解后而形成的。

2．华夏的形成，更加强化了华夏与夷狄的界限，提出区分华夷的依据和标准。

3．华夷之分主要表现在区域上的中外之分，社会发展的文野之分和人类文化观念上的人禽之分，由此而产生在华夷问题上的贵贱、尊卑、亲疏以及"利内"还是"利外"的问题。

4．华夷的形成，促进了民族的共同心理和意识，促进了诸华夏的内部团结和一致对外，树立了华夏的自尊感和蔑视夷狄的观念，提出了"安内攘外""尊王攘夷"的思想。

5．在华夏形成的过程中，又涌现出新的变夷为夏的诸侯国，但由于华夷的界限并不承认他们为"诸夏""诸华"。华夏是形成于诸华夏国之上共同的族称和国称，因而它的产生并不排斥仍以其本族和国家的称谓名族、名国。

春秋诸华夏的形成，经由战国的发展、扩大和变革，为统一的中国华夏的形成做好了准备。

（三）由诸华夏到中国统一的华夏

春秋战国之交是由奴隶制向封建制急剧的变革时期，华夏作为一个族称也随着发生新的变化。在春秋华夏的形成中，诸华夏内部及诸华夏之间都朝着一个统一的华夏趋向发展，变其国内的夷狄为统一的华夏。在春秋时，虽在实际上已成为华夏的秦、楚、吴、越等，仍被看是蛮戎之国。由于其内部的统一，变其周围的蛮戎为华夏，到战国时秦、楚已被视为华夏，中山也被视为中国。在各国的发展中，一方面是礼下庶人，另一方面是变其所辖地区内的蛮戎夷狄为华夏，到战国的诸国间已无夷狄相间，诸华夏国在区域上连成一片，四夷环于诸华夏国之外。东方的夷已融合于齐、鲁，变夷为夏，只有北方的狄，西方的戎，南方的蛮，尚在诸夏之外，而与之发生一体内的中外、华夷的关系。

战国初，大国有楚、越、赵、齐、秦、燕、魏、韩八国，越被楚所亡，是为七国。小国有宋、鲁、郑、卫、莒、邹、杞、蔡、郯、任、滕、薛等。由夷狄所建立的国有巴、蜀、中山、义渠、大荔、绵诸、獂等。诸部族有匈奴、东胡、楼烦、林胡、氐、羌、百越等。诸小国先后被大国兼并；巴、蜀、义渠、大荔、绵诸、獂等为秦所并，中山最后为赵所并，七大国形成连毗之势。燕东有秽貊，北有东胡，赵东北有楼烦、林胡，秦西为氐、羌，楚南为百越。这样就形成了以七国为中国华夏，以与北、西、南三个方面的夷、狄、戎、蛮相连的"内诸夏而外夷狄"的新格局。经春秋到战国，基本上改变了西周时华夷错居，在诸夏之国中有夷狄，在夷狄之国中有华夏的情况。

战国改革，推行郡县制，统一文字、风俗，加强了地域性的华夏一体的步伐。秦朝就是在七国发展的基础上，在中国九州之内推行郡县，统一制度和文字，改革风俗，形成一个统一的中国九州华夏。

三、由中国单一民族的华夏到中国多民族的华夏

秦统一六国，把诸华夏统一为一个华夏族，在中原主要是由统一的华夏族所构成，拒四夷于中原之外。但这种统一只能说形成一个比较单一的中国华夏，华夏族主要居住在京畿和郡县地区，而边郡仍属华夷杂居地区。由中国九州的华夏族（汉族前身）发展为一个与其他族相等的族称——汉，并在中原同为中国、华夏，有一段较长的发展变化的过程。

（一）中国统一的华夏族的诸称谓

秦、汉、三国、西晋，是统一的多民族"天下一体"国家发展的第一个阶段。在这段历史中，中原地区称中国、华夏、中夏、中华，同时仍以朝代称秦人、汉人、晋人。这些不同的称谓应从地域和族类两个方面理解。地域的含义指当时中原王朝所建立的所有郡县地区，而族类的含义指郡县地区内的不同族。

中国是就四裔与中原郡县地域的不同而言，在中国郡县地区居住的皆为中国人。中国与四裔之分主要是地域之分，由于地域的变化，也可以由裔变为中国，由中国变为裔。《路史·国名记》："《春秋》用夏变（于）夷者，夷之；夷而进于中国者，中国之。"四裔地区变郡县后，其夷狄即变为中国人，四裔民族入居郡县地区，即变为郡县内中国人。这是就地域而言，还不是就民族而言。就地域而言，中国又称中夏、中华，都是指中原郡县地区。《后汉书·班固传》载《东都赋》："目中夏而布德，瞰四裔而抗棱。"注："中夏，中国。"中夏与四裔对言，中夏为地域之称。中夏在统一时指中国，分裂时也指中国，《晋书·习凿齿传》："魏文帝功盖中夏。"中华一词出于魏晋间，《晋书·刘乔传》："今边陲无备豫之储，中华有杼轴之困。"此中华与边陲对言，中华即中夏，指中国郡县地区。夏之本义为大，即中原大国，故中国被称为"大国"。《晋书·慕容廆载记》："吾先公以来，世奉中国。且华裔理殊，强弱固

别，岂能与晋竞乎。"此华裔亦指中华（中国）和四裔，即指晋为中华（中国）。

中国，有人认为是当时王朝的自称，其实也是中国以外四裔对中原的他称。匈奴、鲜卑等都称中原王朝为中国、夏或华，自视为裔、夷。匈奴称汉为中国，冒顿使使遗高后书："愿游中国。"⑩后来向高后使使来谢亦称汉为"中国"⑪。匈奴中行说在与汉使辨匈奴与中国之俗时，亦称汉为"中国"⑫。呼韩邪单于在其死前遗言给其子："有从中国来降者，勿受。"⑬南越赵佗也称汉为"中国"⑭。在汉时，中国既是自称，同时也是四裔对中原之称。

汉自称汉、大汉，四裔也称其为汉、大汉、汉家⑮。汉有几重意思：就中原王朝承受系统来说，汉是朝代称，即中国王朝之称，就这个意义讲，汉人指汉朝的中原郡县之人。但就族类的系统来说：汉也是族称，即指华夏族。在中国与四裔之间分华夷，而在中国郡县的内部也有夷汉、羌汉、胡汉、越汉之间的区别。这样汉人，一方面是指汉朝中原郡县的人，以与四周的夷狄相区别；另一方面又用以区分中原郡县内的汉（华夏）与夷、羌、胡、越等族的不同。汉人之称始于汉，他与夷、羌、胡、越对言，因此已具有汉族称谓的内容。这时的汉人基本与华夏人是相等的，还没有发展为华夏称谓之下的与其他族称对等的汉族，也就是作为华夏中的一个专用民族名称而出现，这样的汉民族的形成大约是在后来的北朝时期。

（二）由中国单一民族的华夏到中国多族的华夏

到东晋、十六国及南北朝时，中国由比较单一的华夏（汉）族一体进入以多民族为中国华夏一体的新时期。在这次大变化的过程中，汉的称谓与地位，逐渐不再与华夏的名称和地位相等，华夏观念又上升到中国各族称谓之上，汉与在中国的其他族均为中国、华夏的一个族，即由汉时的朝代与族兼称发展为以汉作为一个族称而出现的新时期。由华夷之分发展为蕃汉之分。五胡十六国时，在中国的民族及其所建立的政权，变外为内，变夷为夏，其民族和政权都是中国、中华的民族和政权。因此，这个时期的中国、中夏、中华的含义是中国多民族华夏的含义，而朝代的名称和以朝代称其国内的郡县地区的人，仍继续存在。十六国是中国的十六国，北朝也是中国的北朝。各族在中国建立的政权或王朝均以其政权或王朝称。如北魏自称为魏、大魏，四裔也称其为魏、大魏或大国。这个时期在中国各族的共称是中国、中夏、中华，以郡县地区为中国，以边境地区为四裔。当时国家的整体结构仍是"天下国家一体"的体制。国家，指国郡县，家编户；天下，指"外及四海"。《礼记·曲礼》："君天下为天子。"郑玄注："天下谓外及四海也。今汉于蛮夷称天子，于王侯称皇帝。"在统一时期，最高统治者君，既是中国九州的皇帝，也是四海夷狄的天子。当五胡十六国在中原割据时，便在中原出现多民族的中国皇帝，到南北朝时，又出现南北两个中国的皇帝和南北两个四裔的天子。《魏书·宕昌传》："东接中华，西通西域。"中华即指魏之中国地区。同传又载："高祖顾谓左右曰：'夷狄之有君，不如诸夏之亡也'。宕昌王虽为边方之主，乃不如中国一吏。"北魏自视为诸夏、中国，而宕昌虽有君，仍是魏之边方之主，不能与诸夏相比。

汉人之称始于汉，既是汉朝的中国人之称，也是族称，即指华夏族。汉人这个名称后来被沿用，到南北朝时，便成为与当时胡夷对言的汉民族的专称。自东汉以来，入居中原的各族人民成为中原编户，在文化上已逐渐与汉相等，但在中原仍保其本俗和语言。其政权称其本族人为国人，对原中原的编户齐民以其政权名称之。又进而分胡汉，称汉人语言为汉语，其族为汉族。这样便出现胡语、虏语与汉语的不同，诸胡夷人与汉人不同，华夏的称谓便上升到胡汉名称之上，在中国的胡汉皆为中国、中夏、中华。

（三）由中国华夏向中外一体华夏的孕育

隋、唐是"天下一体"发展的最后和最盛的阶段。隋把中国、中华由原来的南北朝发展为统一的多民族的"天下一体"国家。隋朝的统一，在"天下一体"内仍分中外、分华夷，它没有改变君天下、国郡县、家编户的一体格局。《周礼·秋官·大行人》："九州之外，谓之蕃国。"蕃指中国九州以外的"天下一体"之内的四夷，也泛指一体之外的民族和国家。由于中国、中夏、中华、华夏已成为在中原各族的共同称谓，汉人成为中原一个民族的专称，在北朝时即以四裔的族为蕃，隋因之，而到唐时蕃汉对言已很普遍。

隋称中原为中国、诸夏、华夏，由于对南北的统一，空前扩大了中国华夏对外的影响。我国北方的突厥兴起，"抗衡中夏"，称隋为大国，称中国为华夏，自称是隋之臣民，与隋为一体。"乞依大国，服饰法用一同华夏"[16]。特别是西突厥在这方面的对外传播，使中国、大国、华夏对外影响更加扩大。隋时与西域、南海、日本交通更加发展，胡商往来或居中国者很多，极称中国之富。隋为显示"中国之盛"，向西蕃人大摆排场，"又令三市店肆，皆设帷帐，盛列酒食，遣掌蕃率蛮夷与民贸易，所至之处悉令邀延就坐，醉饱而散。蛮夷叹嗟，谓中国为神仙"[17]。中国为大国、华夏，西方史学家在其史书中记载隋事时便以"桃花石"称中国。"桃花石"的名义，国内外都有研究，有"拓跋""大唐""大魏""大汗"诸说，依我所见桃即大，花即华，石即人，其全称是"大国华"或"大国华人"。这正是当时以大国、华夏的名称对外影响的结果。称中国为"大国华"与后来西方称中国为"大国契丹"[18]同。

唐继隋又有很大发展，但仍分中外、分华夷，谓中原州县地区为中国、中华。"中华者，中国也。亲被王教，自属中国，衣冠威仪，习俗孝悌，身居礼义，故谓中华。非同夷狄之俗，被发左衽，雕体文身之俗也。[19]"由此可见，中华有两重意思：一是指中国、中夏，其标准是在中国"新被王教"；二是指在衣服、习俗、礼义上与汉族同，并为中华。唐太宗认为中华与夷狄都是人，没有两样。他反对"贵中华，贱夷狄"，提出天子与夷狄如同父母与赤子的关系，把人与禽的观念变为人与人的观念，这是民族意识和民族关系在思想上的一大进步，它的进步如同消除国人与野人、君子与小人的人禽关系一样，将展示不分中外，不分华夷的中外皆为中华的历史到来。在唐朝以前，在边境地区就已出现变夷从夏、变外从内的民族和政权，如宕昌和高句丽，而到唐朝便出现实际上与中国并存的地方华夏的民族和政权，如渤海是最为典型的，行唐制，是与唐"车书本一家"的中国型的地方政权。唐朝实行中原与边境的两种府州制，是由过去的羁縻部落、政权向全国的州县制的一种过渡的形态，展示着向全国的中国、中华发展的一种趋向，但唐还没有形成不分中外、不分华夷的国家。

四、由中原的中国、中华到全国的中国、中华

历史的发展是由"天下一体"的中华发展为"中华一体"的中华。辽、宋、金是一个重大的变化时期，由我国的封建社会前期进入封建社会的后期，也是由"天下一体"进入"前中华一体"时期。从辽、宋、金到元、明、清，是由多中国的"前中华一体"向统一的多民族的"中华一体"的重大发展。这一重大的发展和变化，只有消除历史上的传统的"正闰华夷之辨"的影响才能看得清楚。

（一）多中华的并存

在辽、宋、金以前，四裔地区的民族是以氏族部落、部族和地方政权臣服于中原王朝，同时也出现地方的中国型政权，但在四裔地区还没有出现中国的王朝。正因为如此，中华仍指中原。在当时，华夷皆是人的

思想和"华夷无隔""混一戎夏"[20]的思想已经被提出和发展，特别是统一南北，变边境为府州，视边境府州人为"编户"（是同中原不同的一体内的两种府州制和编户），是"前中华一体"形成的历史前提和基础。辽、宋、金时期就是在这一前提和基础上进一步发展起来的，并形成以南北朝为中心的多中国王朝、列国和列部的新时期。它既不同于秦统一前的战国分裂时期，也不同于隋统一前的南北朝时期。战国是在中原的诸夏国并存，秦统一是合诸夏为一个统一的华夏，没有改变"内诸夏而外夷狄"的区域与民族整体结构。隋以前的南北朝是南北对等的两个王朝，没有第三个王朝在四裔地区与之并存，因此称之"前南北朝"，而辽、宋、金的南北朝不是对等的，南朝臣服于北朝，不是两个王朝而是多中国王朝的并存。元统一不同于秦统一，是合多中国王朝、列国和列部为中国、中华。

　　"前中华一体"时期，先后并存的中国王朝有辽、宋、金、西夏、黑汗朝和西辽。辽、宋、金都是中国王朝，耶律楚材说："辽家遵汉制，孔教祖宣尼"[21]。辽自视为中国，行中国教。《松漠纪闻》记载辽道宗："吾闻北极之下为中国，此岂其地邪？"又："吾修文物彬彬，不异中华。"金朝自称是中国王朝的合法嗣承者，主张统一天下者皆可为正统。西夏自称大夏[22]，自视其与宋为中国东西两个王朝。西辽是从辽分出，行辽制，可称为两辽，自属中国王朝。黑汗朝与辽、北宋并存，是属于新兴的中国王朝的一个类型。黑汗朝诸汗自称是"中国之君"，在王号之上冠以"中国"的名称。把中国分为上秦（宋），中国东部；中秦（契丹）；下秦（黑汗朝），中国西部[23]。这个时期的地方政权和部族，已不同程度地中国化或直隶于诸王朝，司马光就已提出，不能以"僭伪"视之，应同视为列国[24]，因此当时与中国王朝并存的地方政权和部族，亦应以列国、列部对待。

　　这个时期的中国王朝、列国，都各自形成一个统一的权力下的中国政权，不分民族同是国人，改变了过去"天下一体"的中国与四裔的格局。因此，这个时期的中华是多中华的并存，宋是中国、中华，辽、金、西夏、黑汗朝、西辽也都是中国、中华。

（二）全国中华的开创

在"天下一体"时期，中华主要指中原诸侯国和郡县地区，诸侯国和郡县以外被称为四裔、四海。辽、宋、金进入多中国王朝、列国和列部并存时期，为后来的元朝实现统一的全国的中国、中华创造了条件。元统一的特点，不是统一中外为"天下一体"，而是统一中外为"中华一体"，更确切地说，是统一多中国王朝、列国和列部为统一的多民族的"中华一体"国家。这样的统一的多民族的"中华一体"的中国，不同于秦统一的多民族的"天下一体"的中国九州的中国，这是在历史上出现的两种不同的统一的多民族的一体国家。但不能因此就认为秦不是统一的多民族的国家，而是不同于元的统一的多民族国家。就一体而言是相同的，就分中外、分华夷与不分中外、不分华夷而言是不同的，秦是一体中的九州中华，元是一体中的不分中外的中华。

华夏是随着历史而发展变化的，当华夏的称谓高于各民族的称谓时，中原的汉族和其他民族都是华夏，都是中国人。其在中原所建立的政权和王朝也是中国的政权和王朝，特别是在四裔地区出现多中国王朝和政权时就更不同了，华夏、中国、中华便向全国的方向发展。秦人在春秋时还被视为戎，秦不是以戎的身份统一六国，而是以华夏的身份统一六国，而且自己已成为华夏。元是由北方的蒙古族建立的，蒙古也是变夷从夏，作为华夏的一个成员的蒙古族而统一全国，变全国为中国、中华。

自从汉作为一个民族的专称以后，汉便成为多民族的一个族与其他民族共存于一体之中，而华夏则成为多民族的共同称谓，因此不能再用传统的"正闰华夏之辨"看待华夏，应重新看华夏的民族与区域结构的新变化。在华夏已成为高于各民族的称谓之后，仍把汉人、中国、中华划为一个等号，拒各民族及其区域于华夏之外，已成为不合时宜的陈腐观念。正因为如此，就要严格区分汉化与华化的不同，就要重新思考和认识"民族融合"这个概念的提出与实际应用问题。民族融合是互相的，但不是等同的。各民族在发展中融合于汉族，同时汉族也融合于其他民族。从历史上看，在中国九州主要是华夏（汉）族的时期，其他民族的自树能力还很弱而往往是走与华夏（汉）族相融合的道路，即变夷狄为汉人。在前北朝时，这种自树能力也是弱的，北魏孝文帝所采取的便是本族汉化的方针，到后北朝的辽、金时则不同了。契丹人、党项人首先表现出在作为一个华夏中发展本民族自树能力，以各民族共有的华夏文明为核心创制本民族文字和学校，培养本民族的文人，使之成为华夏文化的一部分。金代女真族更为本民族设科举，找到了既保存本民族作为华夏的一个成员，又可与汉人等齐步发展和繁荣的道路。这样的发展不是汉化为汉族的方针，而是不走融合于汉族而共同为华的方针。元朝所建立的不是使本民族为汉人的国家，而是以本民族为统治民族，以汉族为主体的民族，包括各民族在内的"中华一体"国家。元朝灭亡西夏、金、南宋，不是外来民族入侵而灭亡了中国、中华，相反地，是空前跨进全国为中国、中华的历史时期，分裂的中华变成统一的中华。

（三）全国中华的发展与巩固

明、清是对元朝统一的多民族的"中华一体"国家的继承、发展和巩固。明是以汉为统治民族建立的王朝，是作为全国的统治民族而更替出现在元与清之间。元自称其统治下的全国为中国，把统一中国之外的邻国称外，这样就在全国消除一体内的中外、华夷之分，中外变成中国内的中原与边疆之分，华夷变成中国内的诸民族之分，不分地域和民族同是中国、中华。元消除一体内的外，只存在一体外的外，并把"天下一体"内的"天下一家"思想扩大为与邻国的和睦关系，确立与外国的"亲仁善邻"的友好外交政策，而四邻的国家也仍沿旧称称元朝为大国、上国和天朝。"王者无外""以四海为家"[25]。把中国与四海的观念扩大到邻国中去，其国制是"官僚士庶：凡衣冠典礼风俗一依本国旧制"[26]。到明、清则更以全国的中国加强了与国外的关系，不仅自称中国、中华，外国也称之为中国、中华。从历史上看，中国、中华有两个方面的名称同时存在，既以中国、中华自称，也以不同时期的朝代称，已改变了它的内容和含义。只待封建的王朝被推翻，中国、中华便成为唯一的名称。"中华一体"便由封建帝国的一体变成民主共和的一体，最后则变革为人民共和的一体，这是不同性质的"中华一体"。

对"中华一体"之史的考察，应当研究它具体发展和变化的过程，研究它经过什么样的历史过程，而最后发展为一个统一的多民族的"中华一体"的国家。在"天下一体"时分中外、分华夷，甚至在中原地区也出现过多政权的分裂。从元朝起，不仅形成一个统一的全国中华，还从历史上消除了像战国、三国、五胡十六国、五代十国那样的时代重演，应当从实际出发，而不能再用"同室藩篱，一家尔汝㉗"观念看一统中华的问题。今天研究"中华一体"之史发展的根本点，对内改革，对外开放，自强于世界之林，同各国建立和睦的亲仁善邻的友好关系，为人类的发展和进步做出新贡献。

注：

①束世澂：《中国通史参考资料选辑》，新知识出版社，1955年，第151页。

②郭沫若：《中国古代社会研究》，人民出版社，1955年，第337~339页。

③［周］左丘明：《春秋左传》卷14《昭公三十年》，清雍正刊本。

④《史记》卷2《夏本纪》，中华书局，1963年。

⑤［汉］郑玄、［唐］孔颖达撰，吕友仁整理：《礼记正义》卷54《表记》，上海古籍出版社，2008年。

⑥《史记》卷1《五帝本纪》，《集解》引郑玄。

⑦《汉书》卷21下《律历志下》。

⑧［宋］蔡沈注：《书经》，上海古籍出版社，1987年。

⑨程俊英译注：《诗经译注》小雅《北山》，上海古籍出版社，1985年。

⑩⑪⑫《汉书》卷94上《匈奴传上》。

⑬《汉书》卷94下《匈奴传下》。

⑭《史记》卷113《南越列传》。

⑮《史记》卷110《匈奴列传》；《汉书》卷94上《匈奴传上》，《汉书》卷94下《匈奴传下》。

⑯《隋书》卷84《匈奴传》，中华书局，1982年。

⑰⑳《隋书》卷67《裴矩传》。

⑱张博泉：《"桃花石"的名与义研究》，《北方文物》，1991年第4期。

⑲［唐］长孙无忌等：《唐律疏议》附录《唐律释文》，中华书局，1983年。

㉑［元］耶律楚材：《湛然居士文集》卷12《怀古一百韵寄张敏之》，商务印书馆，1937年。

㉒［宋］田况：《儒林公议·卷下》，商务印书馆，1937年。

㉓张广达：《关于马合木·喀什噶里的（突厥语词汇）与见于此书的圆形地图》，《中央民族学院学报》，1987年第2期。

㉔［宋］司马光：《资治通鉴》卷69，魏文帝黄初二年四月丙午条，中华书局，1956年。

㉕《元史》卷208《日本传》，中华书局，1976年。

㉖《元史》卷209《安南国传》。

㉗［元］家铉翁：《题中州诗集后》，载［元］苏天爵：《元文类》卷38《题跋》，商务印书馆，1958年。

第四章 "桃花石"的名与义研究

    "桃花石"一词的汉字书写，始见于元初李志常撰《长春真人西游记》卷上。近代学者在我国古代民族和中亚、西欧的文献中，发现对"中国"名称的记载与"桃花石"有关，因而引起中外学者的注意和研究。其中有日人白鸟库吉、法人伯希和的"拓跋"说，德人夏德、日人桑原骘藏的"唐家"说，德人德基尼的"大魏"说，在我国则有章巽等人的"大汗"说，或"天可汗"说。对"桃花石"的研究，大约已有80年历史，它同对中华历史的研究有不可分割的关系。

一、对诸说的辨析

    从6世纪末，东罗马史学家席摩喀塔把"中国"名称以Taughas记载起，到元初以汉字书写"桃花石"止，其间所书写的"中国"名称均出自同一语源，已为中外学者所公认，但对同出自一语源的词的诠释，尚存在着很大分歧，说法不一。

（一）白鸟库吉的《东胡民族考》[①]伯希和的《支那名称之起源》[②]，在立论上先后达到一致，同认为Tabghač是"拓跋"（Tat-bat或Tak-pat）的音译。"拓跋"是北魏皇室之姓，北魏据有中国北部后，在中亚是以其土姓而著称的，遂有"拓跋"这个名称以称中国。我国的史学家也多承此说，认为Tabghač源自"拓跋"，这个称呼最晚延到察合台汗国时期，以后衍为对中国、内地和中国人、汉人的称呼[③]。

此说提出后，从史实和语义来说，都有不尽符合的地方。桑原骘藏就曾批评说："白鸟之拓跋说，亦有倾听之价。然拓跋魏虽于塞外有相当之势，尚不能以拓跋一部名，为华人及中国代表之称，记录上无可证也。通观五胡十六国南北朝时期，拓跋部人通用鲜卑之总名，外人亦目彼等为鲜卑，纵称拓跋Tabgač亦未必推而广之，称当时受彼支配之华人Tabgač。即令拓跋之称，广播异国，其音与Tabgač（Taugas）亦未尽符也。"[④]考《魏书》，当时我国北方民族及西域诸国，称北魏为魏、大魏、魏家、魏天子，此系以朝代名称之，然时亦称中国或大国（即中国、华夏）。北魏既以朝代称，亦以中国、中夏、中华、华夏称。魏高祖顾谓左右曰："'夷狄之有君，不如诸夏之亡也。'宕昌王虽为边方之主，乃不如中国之一吏"[⑤]。北魏时，华夏之称已上升到中原汉人以及其他族人的称谓之上，拓跋姓乃鲜卑族称均不能代表中国华夏，而在我国中原以外的民族和外国，亦不以拓跋称中国，以为拓跋后来衍为对中国、中国人之称史无可稽，是凭空推想出来的。"桃花石"一词出现在6世纪末的隋初，此前不见记载，从时间上看亦与拓跋不相干。此说在我国虽有较大影响，是由于未加详审和盲目地接受而造成的。

（二）夏德认为Taughas为"唐家"的音译[⑥]。桑原骘藏认为："Tamghaj、Tabgač、Taugas等称，皆'唐家子'之音译唐代华人之称也。"他的主要理由是历史曾称唐为唐家，"与称中国无异"[⑦]。

"唐家"说的弱点主要表现在：我国在历朝中的自称和他称沿着两个方面发展，一是以在中原所建立的朝代自称，并成为在中原以外的我国民族和外国对中国之称，如汉自称汉，而在中原以外的我国民族和外国，也称之为汉，或大汉、汉家。北魏自称魏，而在中原以外的我国民族和外国亦称之为魏，或大魏、魏家。唐亦如是。此系指我国各时期的朝代名称，而不是不分朝代的直接具有中国自身含义的名称。只要有王朝在，朝代的称谓就在不同时期与中国自身的称谓同时并存，两者既有联系又有区别。二是中国自身的称谓，自西周特别是春秋时华夏族形成后，把"天下一体"的区域分为中外两部分，即"内诸夏而外夷狄"，由王畿、诸侯国和四海三个层次构成。到秦统一后，仍然是"内诸夏而外夷狄"，但"内诸侯"已被内郡县所代替，中原郡县地区称中国、华夏、中夏、中华，而四周夷狄所居地区为四裔。中国、华夏、中夏、中华指"天下一体"内的中原地区。中国之称与华夏是统一的，《尚书》《疏》云："华夏，谓中国也。"《左传》《疏》云："华夏一也。"《说文》："夏，中国之人也。"由此可见，华夏是中国自身的称谓。因为当时是朝代制，亦以朝代名之，而中国的直接称谓为华夏。汉时不仅自称中国、华夏，与汉南北为一家的匈奴亦称中原为中国，视中原为华夏，或称大国。朝代称虽在朝代亡后，仍被沿称，但终究是朝代称而不是中国自身之称。中国自身之称的华夏，既不会被朝代建立者姓或族称所代替，也不会被朝代之称所代替，它是直接由华夏之称来表示的。

另外，"唐家"说与Taughas一词出现的时间也不符。桑原骘藏对此不得不辩解说："有谓Taugas之称，唐以前即有之者，此未必然。"他推断在撰述中提出Taughas的席摩喀塔，当生存至公元630年，以此为由说向以"唐家子"释Taughgas"无甚不合"[⑧]。其实断定Taughas所应用的历史时期并不以席摩喀塔的卒年为限定，应以他生时记载中国事的时间为限定。席摩喀塔在其所著《莫利斯皇帝大事记》（公元582—602年，即隋文帝开皇二年至仁寿二年）中，记载中国隋朝事时提到了这个Taughas的中国名称。其大意是：陶格司（Taughas，指中国）国君号为上天的儿子。国内安宁无乱事，因为权威都归国君一家世袭，无人争夺的缘故。陶格司崇拜偶像，法律严明，公正不枉。人性温和，技巧异常，物产丰富，善于经商，多有金银财帛。黑衣国渡河灭红衣国（指隋灭陈）后，国家统一，户口众多，天之下，地之上，没有一国能和它为敌。国中有蚕，丝就是蚕吐出的[9]。根据这些对当时中国史事的记述，找不出有"唐家"的影子，因为作者是在写东罗马《莫利斯皇帝大事记》时，记载了与之同时中国隋朝的事，不是记隋以前和隋以后的唐朝事。记隋事如果用当时的朝代名称应是"隋家"，而不应是"唐家"。唐始建于公元618年，"唐家"只能指唐当时及其以后，而不会在唐尚未建立前的隋时称为"唐家"。《莫利斯皇帝大事记》对中国不称"隋"或"隋家"，因Taughas与"隋家"是不相干的，这个名称应指朝代名称以外中国的名称。因此，释Taughas为"唐家"，纯属讹误。

（三）德基尼谓Taughas为5世纪至6世纪初占有中国北部的"大魏"（拓跋魏）之音译[10]。此说因在对音上论据薄弱，其说早已被遗弃。桑原骘藏为否定此说则谓："且诸外国间似未闻以大魏为代表之称也"[11]。此亦未必然。因北魏时在中原以北的民族和西域诸国，均曾称其为"魏"或"大魏"，但这不足以证明"大魏"说之有据。

（四）"桃花石"的名称源自"大汗"或"天可汗"之说系后出。葛方文在《"桃花石"的名称考释》一文中对此说有所议，认为"汗"是"可汗"的缩写。公元402年柔然领袖社仑自号"可汗"，后来的突厥、回纥诸族，亦都沿用"可汗"这个称谓来尊称他们的君主。他们与南方的中原皇朝接触频繁，同时也称中原皇帝为"汗"或"可汗"，又因为中原皇朝的强大，所以就在"汗"的前面冠以"大"字，以表示尊称。"大汗"的古音更合于"桃花石"这一名称。以后便渐渐用作对"中国"和"中国人"的称谓。"桃花石"即由"大汗"一名衍变而来[12]。

"大汗"或"天可汗"说，其立论同样不能自圆其说，其探讨问题的方法没有超出前人的老路。其一，"天可汗"说在时间上与"桃花石"不符。岑仲勉对此曾指出："近人有证天可汗本自Tabghač者；按此名亦拼作Taghač Tawghač（蒙古时译作桃花石）。突厥人用此名以称中国，早在598年（隋文帝开皇十八年）以前，下去贞观初，逾三十载，与太宗称天可汗何涉，学人缺乏历史时间性，此其一著例也。"[13]其二，后汉蔡邕《独断》："天王，诸侯之所称。""天子，夷狄之所称。"《旧知录》则云："《尚书》但称王，《春秋》则称天王，以别当时楚、吴、徐、越之僭王。"天王即指中原王朝的王，后来称皇帝。当时中国称皇帝，而四裔则称天子。当时是家编户、国郡县、君天下的"天下国家一体"的整体构成，当时的最高君主既是中国皇帝，也是四裔天子。就中国郡县来说，从不自称可汗，而是四裔的民族和国家尊中国皇帝为"圣人可汗""天可汗"。其义表明中国皇帝也是他们的可汗。中国皇帝对中国（中原）不称可汗，因而可汗不能成为代表中国和中国人的称谓。其三，"天可汗""大可汗"不是对中国皇帝的专称，也没有成为后来用作中国、中国人的称谓。唐回纥牟羽可汗时，称中国为"桃花石"，而牟羽等自称"天王（天可汗）"[14]。五代时，张奉自号"金山白衣天子"，尊称回鹘可汗为"天可汗"，"可汗是父，天子是子"[15]。突厥可汗衔有tanritag，义为似天，又有Tanrida，义为由天，即天生或天子，唐译作登里或登利，天可汗之义即本于此[16]。隋以前突厥沙钵略为突厥大可汗，隋时都蓝自称大可汗。唐时西突厥肆叶护、咄力皆被拥为大可汗。特别是在突厥称中国为"桃花石"的同时，则自称"天可汗""大可汗"，可见"天可汗""大可汗"不会衍为对中国、中国人之称，而在历史上直接具有中国、中国人之称的是与之同时存在的称谓"桃花石"。

二、"桃花石"的语词疏证

对"桃花石"的研究，应当注重对其语词自身的探讨。对"桃花石"的语词研究，不是单纯从历史中某一名称与之音近便可求得。对"桃花石"语词研究，是探其音值的必要前提和基础。对此，可以提出："桃花石"的语源，是源于具有中国含义的词，还是源于非直接具有中国含义的词；是以汉字书写的音和义作为基准，还是与之不相关的词作为基准；"桃花石"的名称出现的时间及其应用的特定区域特点；"桃花石"与中国名称对外影响和传播的历史条件。对这些问题的正确答案，乃是研究"桃花石"的前提和基础。

（一）"桃花石"的语源和基准。"桃花石"的中国名称，是中原以外的我国民族和外国，把具有中国、中国人的名称直接音译过去的，它直接源于具有中国、中国人含义的名称。到元初，公元1221年，长春真人丘处机去西域，在伊犁河东的阿里马城仍听见："桃花石诸事皆巧。桃花石，汉人也。"这是对中原以外我国民族和外国文献中记载的"桃花石"的汉字书写与对"桃花石"含义的记录，成为研究"桃花石"语词和含义的唯一正确的依据与所应遵循的基准。

过去对"桃花石"的研究，离开了这个依据和基准，单纯从语音相近的名称中采用两个层次的方法抉择。先在"桃花石"以外找到某一词与之对音，称"桃花石"为某一名称的译音；然后再提出立论的依据和理由。前一层次研究的结果，是某一族的姓、某一朝代和北方民族最高统治者的称谓，都不与具有中国含义的名称相符。因此，便以后一层次的研究作为补充，谓其所提出的某名称是代表中国、中国人，或者是后来衍为中国、中国人的名称。其特点是同具有中国、中国人含义的本源的词相分离，同汉字书写的原音与语义相分离。因此，探求"桃花石"的依据和基准不应从汉字书写的语音和语义以外去寻找，而应从"桃花石"的音义自身求得，也就是以"桃花石"的汉字译音和含义作为依据和基准，探求具有中国、中国人含义的名称，以与"桃花石"在对音和含义上求得一致。

（二）"桃花石"的真正含义是中国、中国人的称谓，这点是所有研究者公认的，只是用语略有不同。主张"桃花石"源自"拓跋"者，则认为东罗马史学家把中国称为Taughas，最早的汉字书写见《长春真人西游记》，译为"桃花石"。"桃花石"是指"中国内地汉人"。一般认为此称源于拓跋，以后衍为对"中国王朝""内地"和汉人的称呼。主张"桃花石"源自"唐家"者，对此称作了历史的考察，认为最早见于东罗马史学家席摩喀塔的撰述中，中世纪的伊斯兰教徒、唐突厥人、北宋回鹘人、元之西域人，称"华人"为此称。此称"时指华人，时指中国"，并谓"诸国以唐家为中国之代表称号"。[17]主张"大汗"说者，认为大汗更合于古代"桃花石"名称，以后便渐渐用作对中国和中国人的称谓。[18]

综合诸家对"桃花石"语义的见解可概括为这样几点：其一，诸说的共同特点是，与"桃花石"本身的语义来源是分离的，是由不同源的名称而衍为或代表为"中国""中国人""内地""华人"或"汉人"的。其二，他们尽管用"衍为"或"代表为"以证"桃花石"为"中国""中国人""内地""华人""汉人"，但他们却同认为"桃花石"是指当时我国的中国（中原）地区和中国（中原）人。其三，他们不是以中国名称的本源和含义为准，也就是说"桃花石"不是本源于具有中国、中国人含义的词。

（三）"桃花石"一词有地域性的特点，它是对"天下一体"中的特定地区与居住在特定地区的人的称谓。在我国的古代分华夷、分中外，以"天下一体"中的中国为内，称华夏；居住在中原的人为中国人，称华夏。以"天下一体"中的四裔地区为外，称四海；居住在四裔的人为四夷。"桃花石"义为中国、内地、中国人、华人，就是由这个特定的地域和特定的族类的人划分而决定的。

西周时，已孕育出以中原为华夏的雏形。西周以王畿、诸侯国为中国，其最高统治者称王，同时王又是"君天下"的天下四海的最高统治者天子。西周称中原为中国、为华夏，华夏即中国，其居住在中国的为中国之人。到春秋时华夏族已形成，但尚不统一，由于华夏族的形成，使明华夷、隔中外的意识增强。秦把诸夏统一为一个华夏，此后称中原郡县地区为中国、华夏、中夏、中华。后来少数民族入居中国，建立政权，亦为中国人和中国政权，自称华夏。华夏、中国、中夏、中华便成为在中原的各民族的共同称谓。五胡十六国的国君皆为中原主，北朝的皇帝也为中原主。如是，中国、华夏、中夏、中华成为各族在中原居住的特定区域的称谓，中国人、华人也成为这个特定区域内的各族人的称谓。"桃花石"的名与义即直源于此。中国这个名称从汉朝起，就已影响到中原以外的民族和国家，如匈奴、鲜卑、柔然、突厥，皆称中原为中国、华夏、大国，作为中国称谓的华夏，已影响到中原以外的地区。这是中国已为中原郡县以外的民族和国家所知和以中国称之的历史原因。

（四）作为中国名称的"桃花石"，是因为中国名称对外影响和传播而扩大其声价的，这种对外影响的名称莫过于大国、华夏。夏，古训为大。《尚书·周书·武成》："华夏蛮貊，罔不率俾。"《疏》云："夏，大也。故大国曰夏。华夏谓中国也。"《左传》定公十年："裔不谋夏，夷不乱华。"《疏》云："中国有礼仪之大，故称夏；有服章之美，谓之华。华夏一也。"夏为大国，大国之称源自夏。夏与裔对言，其分于礼义。华为"服章之美"，其分在于服章。华夏即中国。"桃花石"的名称见载于突厥及西方史册，即由于大国（夏）和华美富丽的文明（华）对外影响的结果，而"桃花石"这个名当源于此。

东罗马史学家在记载隋文帝开皇二年至仁寿二年的隋朝事时，称中国为"桃花石"，突厥人用此名以称中国在隋文帝开皇十八年前。突厥被认为是这个名称向西方的传播者。突厥到北齐、北周时已很强大，接受中原大国和文明的影响。突厥佗钵可汗时派使到北齐求得"《净名》《涅槃》《华严》等经"[19]，佛教由北齐传入突厥。在北周武帝前，突厥在长安"衣锦食肉者常以手数"；到武帝娶突厥木杆可汗女为后以后，

"突厥锦衣肉食，在长安者且以万数"[20]。北齐、北周与突厥通婚，用大量财物（缯、絮、锦、彩）贿赂突厥，为防突厥的寇掠，"亦倾府藏以给之"[21]。佗钵可汗骄傲地对其部下说："我在南两个儿（北齐、北周）常孝顺，何患贫也"[22]。突厥称中国为"大国""华夏"。北周时"愿通中国"贸易，大统十一年遣使至突厥。"其国人皆相庆曰：'今大国使至，我国将兴也'。"[23]后突厥降隋，与隋视为一体，贡乌牛羊，"遣使请缘边置市，与中国贸易"[24]。东突厥启民可汗时，"率领部落保附关塞，遵奉朝礼，思改戎俗。频入谒觐，屡有陈请。以毡墙毳幕，事穷荒陋，上栋下宇，愿同比屋"。炀帝令于万寿戍置城，造屋以居之，"其帷帐床褥以上，随事量给，务以优厚"[25]。启民可汗"乞依大国服饰法用，一同华夏。"[26]西突厥处罗曾上寿给隋炀帝说："自天以上，地以下，日月所照，唯有圣人可汗千岁万岁常如今日也。"[27]同时中原贵族官吏也到突厥，如杨政道，在突厥一依隋朝制度设百官。[28]

在以"桃花石"记载中国名称之前，中国已早为西方人所称述。亚美尼亚国史学家摩西著《史记》，其中记载中国事情，说中国是世界最东的国家，人民富裕，文化灿烂，民性温和，不但称为"和平之友"，而且称为"生命之友"。此国产丝甚多，自上至下，都有丝衣。同时还记载其国有中国人。[29]《大唐西域记》记载，石国怛逻斯城南10余里，有小孤城300余户，原是中国人，衣服礼节同突厥，语言风俗尚保中国人本色。突厥对于中国的名称是了解的，称中原为大国、华夏。在隋文帝以前，突厥与东罗马交好，互派使臣。在隋文帝时，"桃花石"一名见载于东罗马史书及突厥碑文，是与当时的历史背景相吻合的。隋朝常以中国之盛大华美的文物向突厥及西域诸国商人夸耀，中国为其所羡，始有"桃花石"这个符合中国名称实际的称谓，远扬他国，并非偶然。

三、"桃花石"的音值分解

欲研究"桃花石"的音值，必须注意这样相关的问题，即"桃花石"的书写、分组、音值和音读。而研究这几个问题的基准是汉字书写的"桃花石"与释义。

（一）"桃花石"的书写与分组

根据中外学者的研究，可以认定为与"桃花石"有关的中国、中国人名称书写的形式主要有：

东罗马史学家席摩喀塔在《莫利斯皇帝大事记》中，称中国为Taugas；隋唐突厥碑文称中国为Tabgač；北宋回鹘人称中国为Tapkač或Tapgač；中世纪伊斯兰教徒称中国为Tamghaj、Tomghaj或Toughaj。

以上诸式的写法录自桑原骘藏《蒲寿庚考》，均与"桃花石"名称有关，只是书写微有不同，如Taughas，此为Taugas；Tabghač，此为Tabgač，其他相类似的几式与此同。这些不同的写法，一般认为同出自一语源，但仔细研究尚可分为两组，而这两组的写法是属于出自语义相同的两个具有中国含义的词，即以词中的U与b来分。

"U"型组：Taugas，Toughaj。

"b"型组：Tabgač，Tapkač，Tapgač，Tamghaj.Tomghaj。

"b"型组中的b与p在译音上相通。ш，据研究"西北语n，m常互转，m又可变为b，例如桃花石之Tabghaz又作Tamghaj，金殿之Khumdan亦作Khubdan"[30]。因之此诸词可列为一组。

（二）U与b的音值

U与b在全词中所占的地位非常重要。由于有汉字书写的"桃花石"作为基准，便知Taughas，Tabgač是由汉字的三个字音组成。这就涉及U与b（P、m）是Ta的收音字，还是ugha、bga的发声字，此即U与b所占的地位问题。

我认为"桃花石"的"花"字的音读，是决定U、b与Ta连读，还是与gha连读的基准和条件，而U、b音值的求得主要是依据唐宋时据隋陆法言的《切韵》增补的《唐韵》《广韵》，以突厥文中的U、b的音值来决定的。

U，通常音读为乌或兀，但据突厥与唐的音读又读为古、户。如回纥，隋唐前汉字译音为袁纥、韦纥、乌鹘。唐又译音为回纥，继循回纥之请改为回鹘。均出自"Uighur"的同一语源。袁、韦与回为一音之转。现已发现的于阗文中常言及回纥人，作Hvaihura、Hvehvura、Hvehvara，其回字的发声为Hu[31]。彭大雅《黑鞑靼事略》有乌鹘，鹘与欲同音，乌鹘音读为"Huiur"，韩儒林据藏文认为应读为Hunagan，蒙古文言"Unegen"，13世纪则读为Hunegen[32]。是U亦读Hu。《广韵》：回，户恢切。是证Uighur之发声U，唐读为户，Taughas之U亦应读为户（Hu）。u是ugna的发声字，而不是Ta的收音字。

Tabgač，出自突厥的碑文，亦写作Tabghač。b（p、m）在Tabgač一词中不能成为Ta的收音字。韩儒林对此曾指出："我国音韵学家把汉字分为两类，凡以鼻音m、n、ng收尾的字，称为阳声字。韵母中无鼻音成分的叫阴声字。与m、n、ng的阳声字相应的入声字，收声为p、t、k，我们研究西北民族史进入勘同工作时，首先引起我们注意的就是这些收声p、t、k的入声字及m收尾的阳声字。根据《广韵》，入声收声P的有缉、合、盍、叶等九韵，唐代西北民族文字的音节收声b及p的，必选这九韵中声音相近字对音，如突厥官名Yabghu音译为叶护，用汉文叶（Yieap）字与Yab对音，突厥文官名Aip义为英雄，汉文音译用'合'（hap）字对音"[33]。Tabgač之Ta今音译为"桃""大"，《广韵》"大"字属去声泰韵，与上述入声的九韵中的字无关，因此b、p、m在这里不应成为Ta的收音字。b、p、m与ga或gha应连读为一汉字音，而且是此字的发声字。

（三）音读与含义

根据对"桃花石"的书写、分组与U、b音值的分析，则属于"U"型组的中国名称应音读为Ta—uga—s、To—ugha—j。

Ta、To即汉字书写的"桃花石"的"桃"字及"大"字的音译，应统译为"大"字为是，Ta、To即汉字的"大"的对音。uga的u应音读为"户"，ga或gha应音读为"花"。《前汉书》的厨城，《西域录》作"蒲华"（Bokhara），《元史》作"蒲华""不花剌"，《明史》作"卜花儿"。《成都蒙文圣旨碑》达鲁花赤（darughas）的花字作gha。g与k二字有时通用，kha与gha皆为"花"字的译音。ugha是户花切"华"字的对音。S、j司译音为"子"。按子字犹云人。《荀子·王霸》："谁子之与也。"注："谁子，犹谁人也。"《北齐·魏兰根传》："何物汉子，我与官不肯就。"此"汉子"乃是胡人称呼汉人之词。北方胡人称汉人为汉子、汉儿。大之义为"大国"，华之义为中国，子之义为人。其义即"大国华""大国华人"，亦即中国、中华、中国人、华人之义。

属于"b"型组的应音读为"Ta—bga—č"，"Ta—pgha—j，其他读法同。

Ta、To译音为大，已如前所言。bga或bgha的b应音读为普，ga、ka、gha均音读为"加"。巴字，《唐韵》伯加切。gha亦译音为花，或鸦，其收音与加字同。"bga"或"bgha"是普巴切"葩"字的对音。《说文·艸部》训葩为华。《文选》嵇康《琴赋》："若众葩敷荣耀春风。"注引郭璞云："葩，古花字。"《一切经音义》引《声类》："秦人谓花为葩。"花本作华，凡物之极为盛丽华美为葩，是突厥、回鹘则以"葩"称中国为华。突厥称中国盛大华美，欲改戎服完全华化，其以葩称华是可以想见的。č、j应译音为"子"，即人。"Tabga"当是"大葩"二字的对音，其义为"大国华""大国华人"，亦即中国、中华、中国人、华人之义。

依上对与"桃花石"有关中国名称的分析，可以概括为以下几点：

1. "桃花石"是中原以外的我国民族和外国，根据具有中国含义的"大国""华"及"华人"，音译而为Taughas和Tabgač，并把其译音又译回为汉字"桃花石"。用汉字书写的"桃花石"是研究"桃花石"音值的重要依据。离开"桃花石"的音读和含义，而另求其他的名称以释"桃花石"的含义，便脱离"桃花石"的本源与语义。

2. "桃花石"是汉字书写，有理由以"桃花石"的汉字音节，以与Taughas、Tabgač 对音，并通过对其语词、音值的分析，以恢复其名称的语源。"桃花石"的音译要比"陶格司"等的音译更接近于其名称的本源。在"桃花石"的汉字书写中，"花"字在全词中占有重要地位。

3. "桃花石"的书写有两个格式，一是"大—华—子"；二是"大—葩—子"。大之义为"大国"，华之义为中国、中华，子之义为人。其总称应是："大国华"，即中国、中华；"大国华人"，即中国人、华人。此与后来西方国家称中国为"大国契丹"是同一格式。

4. 长期以来，对"桃花石"的研究，没有把"桃花石"看作是具有中国名称的"华夏"来对待，而是从"华夏"以外不直接具有中国的名称以求解决，因而往往是凿空的。

5. 由对"桃花石"的音读与含义的研究，就更加清楚了早在6世纪末，"大国"与"华"的名称就已为中国外的民族和国家所知，中国、中华的名称不是后来明朝才被外国知道的。

四、"桃花石"与"中华一体"

　　"桃花石"的名称见载于隋到元之间，它在不同历史时期所指中国的含义和区域范围是不同的。大致可分为隋唐，辽、宋、金和元三个时期。

　　隋唐是统一的多民族的"天下一体"国家发展的最后阶段，既是对过去"天下一体"的继承和发展，又是向"前中华一体"发展的孕育和准备。隋唐乃把天下分为中国与四裔两个不同区域。以中原州县地区为中国、中华，其人为中国人。这个时期作为中国名称的"桃花石"，是指中原州县地区，以中国为中，四裔为外，中外为一体。《唐律疏义》卷3《名例》："中华者，中国也。亲被王教，自属中国，衣冠威仪，习俗孝悌，居身礼义，故谓之中华。非同夷狄之俗，被发左衽，雕体文身之俗也。"而当时居于四裔地区的民族和国家仍称之为外，视为夷狄。中华与夷狄的观念，在隋唐时已发生很大变化，不以"人禽"的观念分华夷，而同以人的观念分蕃汉。隋唐时在地方出现了中国型的地方民族政权，如渤海与中原车书一家，但唐与渤海仍是分中外的。当时的中华仍指中原，但作为朝代称的唐却把外看成一家的。突厥接受中原文明的影响，学习中原文化，视中原为中国，而西方也把被突厥所领的属部称中国，突厥视其地为天下之中国，但突厥与唐的关系仍为外，并没有形成与中原王朝并存的两个中国，但在中原以外的四裔地区变夷从夏和称中国这种变化的趋向却出现了。

　　辽、宋、金时期是由分华夷、分中外的"天下国家一体"向"中华一体"发展的重要时期，辽与北宋、金与南宋为南北朝的同时，在中原还出现第三个王朝西夏，而在原中原以外的西部先后出现黑汗和西辽王朝，我国进入了中原与四裔多中国王朝并存的新时期。与此同时，地方的民族与政权，也逐渐变成列国和列部，这样中国的概念变了，包括了原不属于中原的地区，就是实行可汗制的黑汗朝也自称为中国（桃花石）。"桃花石"的含义已不再单指中原，而且包括了四裔地区的民族和政权。

元朝在历史上把在地方并存的多中国统一为一个不分华夷、不分中外的中国。元把全国统称为中国，把原来在"天下一体"内分中外发展为在中国内分中原、边疆，把原来在"天下一体"内分华夷发展为在中国内分民族。元把全国分为四等人，不是建立在"人禽"的观念之上，而是建立在人的不平等观念之上的。后来的明清均称元为统一全国的中国，朱元璋说："自宋祚倾移，元以北狄入主中国，四海内外，罔不臣服，此岂人力，实乃天授"[34]。清也认为："自元之混一区宇，有国百年，幅员极广"[35]。但元时西方对中国的称谓还未搞清，到明时方知道"丝国""东方大国契丹"就是中国，便直称中国为"中国""中华"。在元朝以前，中国的称谓初指中原地区，后来发展为多中国并存，元时始把全国统一为一个中国。元朝是超过汉唐的统一的一个王朝，中国未亡，中华未亡，而是空前的统一了。只有封建制度被推翻，取消王朝的称号，中国、中华方成为单一国家和民族的称谓。过去由于受"桃花石"为"拓跋"说和"唐家"说的影响，便以为西方是以"拓跋""唐家"称中国。重申"桃花石"的名与义之后，似乎应当改变看法了。

注：

①［日］白鸟库吉：《东胡民族考》（上编），商务书局，1934年，第130~132页。

②［法］伯希和：《支那名称之起源》，载冯承钧：《西域南海史地考证译丛》，商务印书馆，1934年，第44~55页。

③贾敬颜：《"汉人"考》，《中国社会科学》，1985年第6期；陈连开：《中国·华夷·蕃汉·中华·中华民族——一个内在联系发展被认识的过程》，载费孝通等著：《中华民族多元一体格局》，中央民族学院出版社，1989年，第137~152页、第72~113页。

④⑦⑧⑪⑰［日］桑原隲藏著，陈裕菁译：《蒲寿庚考》，中华书局，1954年，第105~109页。

⑤《魏书》卷101《宕昌羌传》，中华书局，1974年。

⑥⑩［日］桑原隲藏著，陈裕菁译：《蒲寿庚考》，第104页。

⑨㉙范文澜：《中国通史简编》（第三编），人民出版社，1965年，第298页、第297~298页。

⑫⑱葛方文：《桃花石考释》，《中国历史大辞典通讯》，1989年第4期。

⑬⑯岑仲勉：《隋唐史》，高等教育出版社，1957年，第95页。

⑭《新发现牟羽可汗入教记残本》，转引自冯家升等编著：《维吾尔族史料简编上》，民族出版社，1958年，第38页。

⑮伯希和：《巴黎敦煌经卷》，转引自冯家升等编著：《维吾尔族史料简编上》，民族出版社，1958年，第45页。

⑲㉒㉔㉖《隋书》卷84《突厥传》。

⑳㉘［唐］杜佑：《通典》卷197《突厥上》，中华书局，1988年。

㉑㉓《周书》卷50《突厥传》，中华书局，1971年。

㉕㉗《隋书》卷3《炀帝纪上》。

㉚㉛岑仲勉：《中外史地考证》（下册），中华书局，1962年，第425、433页。

㉜㉝韩儒林：《穹庐集》，上海人民出版社，1982年，第82、215~216页。

㉞《明太祖实录》卷26，吴元年十月丙寅条，台湾"中央研究院"历史语言研究所，1962年。

㉟［清］雍正皇帝编纂，张万钧、薛予生编译：《大义觉迷录》卷2，中国城市出版社，1999年。

第五章　"中华一体"观念论

　　近年来，把中华多元和一体作为一个研究的新课题，从不同研究的领域和角度提出探讨，明显地引起了学术界的特别关注。历史上的"中华一体"观念，便是对这一课题研究的内容之一。它所涉及的方面很广，如从对立的角度看，涉及文化人类系统的"人禽观"、族类系统的"华夷观"、区域划分系统的"中外观"、文明系统的"文野观"以及中原王朝承受系统的"正闰观"等。如从同一的角度看，涉及"人道观""一宇观""文脉观"和"道统观"等。对"中华一体"观念的研究，应分为前后两个不同的历史时期，即"天下一体"时的观念和"中华一体"时的观念，一体是研究"中华一体"观念的首要前提和基准。

一、"人禽观"与"人道观"

　　从文化人类学的观点看，人禽观念和人类的道德观念，在人类最后与禽兽分离的时候就已出现。"人禽观"的内容主要表现在两个方面，即人与禽的观念和华与夷的观念。区分人禽的观念标准是礼，即人类的原始礼俗和规范化了的礼制。礼之义在于分别人禽。《帝王世纪》记载："礼理起于太一，礼事起于遂皇，礼名起于黄帝。""礼事起于遂皇（人皇）"，即人类最后与禽兽脱离的礼俗出现，《拾遗记》记载，伏羲"始嫁娶以修人道"，即是对人类与禽兽区别的观念性的概括。到后来又有祭神、祭祖先的"礼名"出现。[①]在原始社会中，由于以血缘的亲属关系维系群体的存在，在原始的部落中把同属于自己血缘亲属的视为人，从自己的部落是人的道德观念出发，把本部落以外的人视为"禽兽"。露丝·本尼迪克特在《文化模式》一书中说："所有的原始部落对外来者这一范畴持有相同的看法。那些外来者不仅不受那限制一个部落的自己人的道德准则的诸规定的制约，而且一般说来，也被剥夺了任何一种作人的地位。很多部落的名称用的都是很一般的字，如祖尼、丹尼、基奥瓦，等等，都是些原始部落用以自我认识的名称，可也都只是他们的土语中用以表'人类'——即他们自己的专门术语。在这封闭的群体之外便无人类存在"[②]。恩格斯对原始的部落间的关系就曾指明："凡是部落以外的，便是法律以外的"，"无论对于别一部落异族人或对于自身部落都是人的一种限界。"[③]这种以部落作为人禽限界的观念，在人类历史上却曾普遍存在过的。

从氏族部落的血缘亲属群体的"人禽观""人道观"，到地缘群体的"人禽观""人道观"，是随着部落制和统一的民族出现而确立和发展起来的，它是以一个作为核心的俗，把各部落融合为一个共同体，对其他的部落群体仍以人禽的观念对待。夏是由多地区、多元文化的精华交融汇聚而成，夷、狄、戎、蛮是尚处于文化发展落后的诸群体。根据当时在不同地区的不同群体，都把自身看作是人这个事实来看，夷、狄、戎、蛮原也都是自身的人的称谓，特别是在北方诸族的称谓中都含有"大"的意思，并附加以其群体的主要文明的标志。《说文》，大"像人形"，徐曰："本古文人字。"夷字从大从弓，其本字为夶、𡕥，大即人字，弓像其群体尚弓。狄字《唐韵》徒历切，狄是"狄历"的简称。其字所从之火，疑本是大。大、天古实是一字。④从狄字本义讲，亦是北方之人的称号。《大戴记·千乘》："北辟之民曰狄。"《诗·旄邱》，《疏》："狄者北夷之号。"犬字像狄人的群体尚犬。戎义为大，大即人，戈像戎人尚戈。蛮、苗字当与民有关，民苗双声，苗裔即民裔或人裔，民义为人，蛮、苗当是南方部落自称为人的专门术语。夷、狄、戎、蛮其初都是其群体自称，用以表示自己的人类的专门术语，后来才成为中夏人对其贱称。夷、狄、戎、蛮在中原有一个接触、交融和发展的过程，由诸部族融合而形成的统一的夏族、商族、周族，是高于夷、狄、戎、蛮的称谓的民族共同体。夏、商、周均是地名，《左传》昭公元年，子产说："昔高辛氏有二子，伯曰阏伯，季曰实沉……迁阏伯于商丘，主辰，商人是因；迁实沉于大夏，主参，唐人是因，以服事夏、商。"是商、大夏于高辛时即已出现，但成为统一的民族和国称则是后来的事。夏是以西方的羌为主体形成的，商是以东方的夷为主体形成的，故称夏为戎夏，商为殷商，即夷商。夷、狄、戎、蛮之称，随着历史的发展逐渐被人（夷）、民（蛮、苗）而统一为"人民"之称，而对那些仍处于落后状态的族继称夷、狄、戎、蛮。

在奴隶制和封建制社会中，人禽与人道观念赋予阶级的内容，而且随着历史的进步人禽与人道观念不断地发生着变化着。奴隶制时代的奴隶主阶级的人禽与人道观念强烈地反映着奴隶主阶级的阶级意识和民族意识。奴隶主把与本族有血缘亲属关系的人看作是人（国人），把被征服的奴隶（庶人）看作是"禽兽"，剥夺了他们的人格。对有着中原礼义制度的诸夏看作是人，而对四夷则视为"禽兽"。当时的人类道德观念是一种阶级和民族的统治观念。当奴隶制被封建制代替以后，"人禽观"和"人道观"在阶级意识上发生了新变化。庶人也被看作是人，由"礼不下庶人"变成礼可以下庶人，庶人由无人格的奴隶变成有一定人格的农民。但是这种变化并没有改变封建地主阶级对四夷的观念，仍称四夷为"禽兽"，人的道德观念只适合用于中国九州。后来少数民族入居中原和在中原建立政权，都被视为中国人和中国政权，而在边境的四夷仍被视为"禽兽"。中国人变成多族的观念，首先是在中原发生的，这一观念的变化，推动了人们的人道观念的发展、扩大，推动了不分华夷的"贵人"思想的发展和变化。到唐太宗时便从自然人的观念出发，提出夷狄也是人这个新的命题。他说："夷狄亦人耳，其情与中夏不殊。人主患德泽不加，不必猜忌异类。盖德泽洽，则四夷可使如一家；猜忌多，则骨肉不免为仇敌。⑤"他主张变过去分"人禽"的一家，为皆是人的"父母"与赤子的一家。⑥把人道观念，由中国华夏扩大到四海夷狄中去。到辽、宋、金时，便进入在同一个王朝内的各民族"皆是国人"⑦的新时期。元朝把全国统一为一个中国、中华，分国内民族为蒙古、色目、汉人、南人四等，把原来金和南宋统治下的民族分别视为汉人和南人，已不是按人禽观念来划分，而是依民族所处的地位和区域来划分，并把汉人、宋人以外的各族分别划人汉人和南人之中。这同当时还主张人禽之分者来说，显然是不能相比的。元朝已在实践上把民族的人道观念扩大到全国各族中去。

封建社会后期是封建社会内部的重大变化时期，是把天子与庶人、华与夷都看作是人的时期。当然还存在用传统的人禽观念看天子与人、华与夷的问题，但在主导方面已被新的人道观念所代替。金世宗反对"天子自有制，不同余人"的说法，他说："天子亦人耳"⑧。早在孟子时就曾说圣人也是人⑨，但在神学观念占统治时代是不能被承认的。在封建社会后期，坚持在民族上分人禽的还有人在，王夫之就是这种旧观念的积极鼓吹者，持有这种观念的人的思想发展到极点，就是封建的种族主义的恶性发作。他们从人禽的观念出发说："夷狄异类，詈如禽兽"⑩"华夷之分大于君臣之义"⑪，"歼之不为不仁，夺之不为不义，诱之不为不信"⑫。以人禽别华夷在封建社会中是对奴隶主旧意识的继承，是一种传统的反动思想。

"人禽观"在阶级社会中，是建立在人与人、族与族的阶级和民族的对立基础之上的，把人类和族类分割为人道与非人道的关系。当这种关系变化为人际和族际的人类观念时，为了维护封建伦理纲常的统治秩序不变，封建统治者虽不再在人际与族际间分人禽，但仍以封建伦理道德为标准把违反封建纲常者称之为"禽兽"，但它已不是华夷区分的标准了。只有推翻阶级统治的社会之后，人民才能成为人类社会的主人，民族才能成为中华民族的主人。尽管如此，在封建社会后期为消除在族际间的"人禽观"，确立新的人道观念，对传统的旧的"人禽观"进行批判和斗争，仍构成由"天下一体"格局转化为"中华一体"格局的一个时代的观念形态的巨大变化。

二、"中外观"与"一宇观"

"中外观"是在一体内的一种区域的观念，中指中国，外指四裔，它同"人禽观""华夷观"是互相关联的问题。批判历史上"华夷之辨"的思想，不能离开对"中外观"的批判，即批判其以一体内的中外不同区域作为别人禽和分华夷的依据。清世宗是具有中华多元一体思想的皇帝，他认为"自古中外一家"，对"华夷之辨"持批判的态度。他从"夷之字样，不过方域之名"，"犹中国之有籍贯"出发，反对斥夷狄为"禽兽"，他认为"不能以地之中外分人禽之别"，"非生于中国者为人，生于外地不可为人也"[13]。清世宗的观念是同传统的"内诸夏而外夷狄"的观念是对立的，是新观念与旧观念不同。从文化人类学的观点看，"人禽观"与"人道观"是互相联系的；从区域结构的观点看，"中外观"与"一宇观"是互相联系的。别人禽、分华夷的一体是"天下一体"，不别人禽、不分华夷的一体是"中华一体"。由"天下国家一体"到"中华国家一体",是由"春秋大一统"到"中国一统"的重大发展和变化。

以人禽分中外或以中外别人禽的观念产生很早,在原始社会的部落制时期就已出现以人禽分中外的观念,以本部落有血亲关系的人为人、为中;以本部落外界的人为"禽兽"、为外。随着历史的发展,由诸部落结合为部族,由此而出现部族与外界的关系,又由诸部族发展为统一的民族,并由统一的民族为统治的民族建立国家。这个国家是由"君天下"的不同层次的区域构成;即王畿(国君所在地)、四方(诸侯国)、四海(夷狄)。以王畿、诸侯国为中,四海夷狄为外,这就是中国与四海的中外观念。由此而构成君天下、国诸侯、家大夫、四海夷狄的"天下为家"的整体的区域格局。到春秋时出现了以华夏称的诸夏国,诸夏国是从"君天下"的"溥天之下,莫非王土"的统一中分裂出来的,当时的诸夏国还没有统一。

在春秋时的诸夏国可分为诸夏与亚诸夏两个不同的类型。当时被视为诸夏的有与周为"同姓"的诸夏国,有"异姓"的诸夏国,当时还有仍被视为蛮夷的亚诸夏国。例如楚自称为蛮,但是其周围的蛮夷已视其为"华",楚亦视其周围的族为"蛮夷"。这时的中外是在诸侯国分裂中的中外。直到战国时楚与秦才被视为诸夏国。战国是封建制的确立时期,也是诸夏国经由分裂而走向统一的华夏的过渡时期。秦在统一六国的基础上,合诸夏国为一个中国九州,并以此为基础形成统一的多民族的包括中国和四海在内的"天下国家一体"的中外格局。

秦汉把分裂的诸夏国统一为以郡县设置为特点的中国,以与四海为中外。由君天下、国诸侯、家大夫的一体国家发展为君天下、国郡县、家编户的一体国家。秦汉称中国(中原)人为秦人、汉人,秦人、汉人都是以朝代的名称称中国人,即秦朝之人或汉朝之人,它包括在郡县的其他族人在内。汉族的称谓源于汉,有汉才有汉人的称谓,其初还不是严格的单一的汉族的称谓,但从"胡汉""越汉""夷汉"并称来看,汉已具有族称的含义。后来有更多的民族入居中原和在中原建立政权，逐渐地汉人与其他在中原的族称，不能不更严格的有所区别。到北朝时，始正式采用汉人以专称在中原汉族人，汉人便由具有族称含义的称谓变成单一的汉族人的称谓。秦汉统一后，承袭了过去对民族别华夷、分中外的观念，而且随着统一更加强了这种观念，"内诸夏而外夷狄"成为当时一种占有主导地位的思想，夷狄不许入居中原，不许为中原主，鼓吹"尊王攘夷"，实行拒四夷于中国之外的方针和政策。

到五胡十六国时，传统的分中外的观念首先在中国（中原）地区被打破，"内诸夏"变成了"内华夷"，华夏的中国变成了华夷的中国。少数民族在中原建立的政权为中国政权，少数民族居住在中原为中国人，中国华夏成为多民族的中国华夏。民族关系所发生的变外为内和变夷从夏的变化，同民族观念在中原所发生的变化是分不开的。其一，入主中原的民族，为证明他们与华夏有着共同的祖源的人格，他们自称是炎黄之后，夏后氏之苗裔[14]；其二，他们从理论上接受了孟子的观点，夷人中若合符节都是圣人，[15]都可以为中国人、中原主；其三，在中原行先王和前朝的制度，这符合于孔子提出的行周礼者为诸夏，不行周礼者为夷狄的明华夷的标准。这样进入中原的族，就在血统上和变外为内、变夷从夏上都找到为中国人的根据。但他们在中原同样视其属下的四海民族为"夷狄"，为"禽兽"。"人禽观"与"华夷观"的中外之分没有因为他们在中原而在对外的观念上有所改变。

隋唐统一与秦汉统一时的历史条件不同，秦汉是把分裂的诸夏统一为中国华夏，而隋唐是把南北两个不同族建立的王朝统一为中国华夏，实际上是合南北多族为中国华夏。隋唐仍是分华夷、分中外的统一的多民族的"天下一体"国家，但随着"人禽观""华夷观"的变化，在"中外观"与"一宇观"上，相应发生有利于向"中华一体"变化的条件和基础。其一，唐太宗仿汉武帝设郡县精神在四海夷狄地区设羁縻州，变过去的羁縻部落、地方政权为府州，出现中外两种不同性质的府州制，加强了中与外的政治上的关系。因此唐太宗在对外的属民观念上也发生一定的变化，他对侍臣说："汉武帝穷兵三十余年，疲弊中国，所获无几；岂如今日绥之以德，使穷发之地尽为编户乎"[16]。岑参诗云："圣朝无外户，寰宇被德泽"[17]。实际上唐还是分中国、四海的，所谓编户应理解为中外两种不同性质的编户。其二，唐在观念上打破了分人禽的中外界限，唐太宗说："自古皆贵中华，贱夷狄，朕独爱之如一，故其种落皆依朕如父母。"[18]不分人禽的中外，是人与人的中外，因此唐太宗才有产生四海夷狄为编户的观念，是把中外的人禽关系变成中外一家的父母与赤子的关系。其三，在唐时的四海地区出现了中国型的民族和政权，由原来中外不同制变成"车书本一家"的中外同制的不同类型的中国，其中最为典型的是中国型的渤海国在地方的出现。

历史发展到辽、宋、金时，便进入多中国王朝、列国和列部的并存时期，不仅从一体的系统结构中发生变化，也从各王朝内发生变化，在王朝内出现了不分华夷、不分中外的统一设制下的不同制，这是变外为内的新时期。元朝统一的"中华一体"的新格局，就是在这个基础上统一后形成的。其一，元朝的中外观念是合一体内的中外为"中华一体"的观念。《元史·外夷传》是把元朝统一境内的地区视为中国，而把邻国视为外（四海）。其特点是把原来一体内的四海观念完全扩大到邻国中去，或者说元代的四海观念基本上是邻国的观念。其二，在元时，在"中华一体"内仍有中外观念，但它不是分华夷、分中外的"内诸夏而外夷狄"的旧观念，而是在统一中国内的内地与边疆的新观念。其三，元朝已形成包括八荒在内中华一宇区域的统一观念。元吴师道诗："今日八荒同一宇，向来边徼不须论"[19]。把原来视为外的地区"比于内地"[20]。明清两代是对元一宇区域的继承和巩固，明清在继承元的一宇中国的观念基础上又有新的发展。清继元明之后，在民族的问题上不分华夷，主张"不分满汉，一体眷遇"，"中外一家"[21]。清朝的版图，"是从古中国疆宇，至今而开廓"[22]，合各族、中外"成一统之盛"[23]的国家。清朝把全国一统看是从元开始的，因而特别称赞元朝"混一区宇"的功业。

由"天下一体"的"中外观"发展为"中华一体"的"一宇观",是由以中原为中国、中华发展为不分中外皆是中国、中华的重大的变化。

三、"文野观"与"文脉观"

"文野观"是依据各族社会的发展阶段和所具有的文化程度而区分为文明和野蛮。华夏的发展阶段高且有着高的文化,因而其所居的中国(中原)地区被视为冠带、礼乐之邦;四夷发展的阶段低,其文化亦低,因而被视为不知礼义的蛮貊之域。从各族的纵向发展看,都有由野蛮到文明发展的历史;从各族的横向关系看,在发展中都是不平衡的,由不平衡到平衡,由后进变先进,停滞不前的永无进步的民族是不存在的,只是在进步的快慢中有不同,发展的阶段有不同。文野在一定的条件下是可变的,由野转化为文,也可由文转化为野。民族居住的地理空间的位置也是可变的,夷狄入居中国则为中国人,中国人入夷狄则为夷狄[24]。孔子明华夷,其区分文野的标准是周礼,行周礼者为诸夏,不行周礼者为夷狄。由人禽观念的文野对立发展为同是人的一体同文观念,主要是由共同的"文脉观"而统一起来的,即不分华夷、不分中外都属于同一文脉的中华文化。在这一系统观念下,中华文化仍有民族和地方的不同特点。

原始的文野观念,在原始的部落时期以本部为人类,而外界为非人类,就已产生了原始的文野观念。在原始时代,起源于多地区和多元的原始文明,在黄河中下游地区汇聚交融而形成一个高于四周的部落文明以后,这里就成为文明兴起的摇篮,而四周的部落相对的落后了。在黄河中下游兴起和发展的文明，后来称之为华夏文明。《夏书·舜典》："蛮夷猾夏。"《传》："夏，华夏"；《疏》："夏谓大也，中国有文章光华礼义之大。"《左传》定公十年："夷不乱华。"《疏》："中国有礼仪之大故曰夏，有服章之美谓之华。"夏为中国之大的称谓，华为中国文明高的称谓。其初，夏只是作为一个族和一个国的称谓，不是所有具有华的文明的族和国都称夏，华指有着"服章之美"的族和国。后来经过不出于夏的周人的努力，到春秋把有着相同的中国礼仪之大的国称之为华夏，华夏便成为出自多地区的族和国的共称。由于有着共同的中国礼仪之大的诸华夏的出现，以华夏为文、以夷狄为野的观念更加强了。

"文野观"，反映在阶级关系上就是"君子"与"小人""国人"与"野人"的对立，反映在民族上就是"华"与"夷"这种民族观念对立的"文野观"，所表现出的最基本特征是：其一，从人禽观念看文野，辱骂夷狄为非人类，"戎狄豺狼"[25]，"夫戎狄冒没轻诐，贪而不让。其血气不治，若禽兽焉"[26]。其二，从社会发展及其经济生活的差异看文野，"无坛宇之居，男女之别，以广野为闾里，以穹庐为家室。衣皮蒙毛，食肉饮血，会市行，牧竖居，如中国之麋鹿耳"[27]。此以中原封建文明看匈奴奴隶制文明，因而抹煞了人类文明与禽兽的界限。其三，从人类的精神文明差异看文野：也就是以中原社会的礼义及道德观念，否定落后于中原民族的礼俗道德所具有的人类属性，以"人禽观"看民族间的礼俗与文野问题。把民族间的不同俗、不同伦、不同制，不看作是人类社会发展的阶段不同及其所具有的文化不同，而是把问题曲解为人禽观的文野不同。其四，"文野观"与"华夷观""中外观"一样，是在"天下国家一体"内分华夷、分中外和分文野，一体依然是了解问题的基本出发点。在封建社会前期的"文野观"，保留了奴隶主的"人禽观"的意识，这种观念随着历史的发展和进步，必然要遭到进步思想的批判，于是人禽的文野观念在民族间便为人际的文野观念所代替。

作为与旧的"文野观"相反的新观念的产生，有利于民族间的文野观念对立的变化和消失，它对加强民族间的联系和由文野对立到民族文化上的"中华一体"，无疑地起了促进的作用。这种新观念的最基本特征是，不是把人禽之分的观念看成是不可变的，在华与夷、中与外之间划一道不可逾越的鸿沟。《孟子·离娄》："舜生于诸冯，迁于负夏，卒于鸣条，东夷之人也。文王生于岐周，卒于毕郢，西夷之人也。地之相去也，千有余里，世之相后也，千有余岁。得志行乎中国，若合符节，先圣后圣，其揆一也。"他说："舜人也，我亦人也，""何以异乎人哉，尧舜与人同耳"[28]。孔子以周礼别华夷，他也不认为夷狄行周礼不为华夏。樊迟问仁，孔子说："居处恭，执事敬，与人忠，虽之夷狄，不可弃也"[29]。其意思是虽然夷狄没有礼义，但就仁来说就不可以弃去不行。孔子的"有教无类"的思想就是包括夷狄在内的。《孟子·尽心》强调中国（中原）文化对于无礼义地方文化的影响、传播和催化的作用，可以变其俗，行礼义。这种变化的功能，一是内向迁徙变夷为夏，二是向外传播变夷为夏。这两种功能可以促使包括中外的不同地区达到向同风、同伦、同制转化的作用。金代元好问的《中州集》就是基于此，从中州一体的宏大思想出发，把不同族和不同地区的文人统一到一个文脉和道统的中州人物上来。[30]

文野在发展中的影响和作用是互相的。但起主导和决定性作用的是在一体结构中的核心部分，也就是中原的先进的华夏文化，它是由多元的精华荟萃而成，它对周围落后的少数民族的文化有着极大的吸引、融合和催化的功能，一般地讲，征服者的落后民族在其自树功能还不足以发展本族固有的文化时，往往被被征服者的先进文化所融合，但也有中原华夏的部分人到周围的民族中去，而被他族的文化所融合，因此在民族间文与野的交融也是互相的，但其地位和作用不是对等的。民族的文化要素，在互相接触和交往过程中是互相吸收和补充的。

在文化上落后的被征服民族，随着历史的发展也不都是被先进民族的文化所融合。其间会出现不同的情况，主要是由文野双方力量的对比以及其变化的情况和程度而定。一种情况是把本族固有的文化，移植到中原并与中原文化并存，如奴隶制文化与中原封建制文化并存。二是在本族文化与中原文化的交流中，由于两种文化的互相作用结合而成一种混合性文化类型，如契丹族的头下军州所具有的混合而成的文化即属此种类型。三是废除本族固有文化，用中原文化的类型。从中原文化向边境的传播和作用看，也有不同的类型。一种情况是把中原文化原封不变地移植到夷狄地区，变蛮貊之域为冠带之乡，主要是通过设置变外为内、变夷为夏来实现的。二是原来本是中原民族而到四夷地区后变内为外、变夏从夷。三是由于中原文化的影响，由当地的民族自己建立同于中原的文化区。在这种不同文化的内向与外向的发展中，形成文化发展的互相交织的网络，你中有我，我中有你。

当历史进入封建社会的后期时，绝大部分的族与地区在文化上都进入不同经济类型的封建社会，有了共同发展的"一道同轨"和"华夷同风"的条件和基础。各族文化已不再是在中外文野之分内发展，而是在统一的"中华一体"内作为不同族和区域的文化发展，相同的文脉把各族结合为一体，使不同的俗在一体中开放出奇异的花朵，丰富祖国文化的宝库。

中华民族是历史形成的，在不同的历史时期有不同含义和内容，它是由多元而成的一体结构，在多元一体中的族都有自己的属源、族源和祖源。这是三个不同层次的概念，属源是指有着同一族属亲缘关系的系统的族；族源是指统一的民族共同体的族出于同一族属的那一部，祖源是指在统一的民族共同体形成核心家族所能追溯出的始祖。如女真族的族属的属源可以上推到肃慎；女真统一的民族的族源出自靺鞨的黑水靺鞨；女真的祖源可以追溯到其始祖函普。来源于不同的属源、族源和祖源的族，都有自己由野蛮到文明的历史。文野的观念根据马克思主义的理论，由猿到人是人与禽的分野，而从野蛮到文明是人类社会由氏族制到阶级社会的分野。

"华夷之辨"的阶级与民族的文野观念，在奴隶社会中产生，又被封建社会所继承。对文野的研究必须看到文野是民族在社会发展中的不平衡的反映，也就是先进文化与落后文化在发展中的不同，但文野在一定的条件下是可转化的，由野变文，由文变野，文中有野，野中有文，有主有次。文野对于华夷来说不是不变的，中外也不是不变的。正因为如此，就应从华夷社会发展不平衡和文野可变的观点，研究和分析民族间的不同社会形态的文化关系，应当站在华夏文化为各族所向往和为各族所掌握的高度看华夷文化间的关系。特别是到"中华一体"时期，统一的文脉和道统出现后，把各族文化统一到一个文脉和道统之中，再以旧传统的"文野观"分华夷、分中外就为历史所不能容。因此，研究民族的文野，就应是平等地对待各民族自身的进步问题，由野蛮进入文明时代是进步，变夷从夏也是进步，他们所取得的每次进步，对本族和对中华文明都有贡献。

四、"正闰观"与"道统观"

正闰之义为正统与非正统，正闰观也就是对正统与非正统的看法。闰是农历一年十二个月以外的月份，所以闰有非正常的意思，以正为正，以闰为不正。其应用到封建王朝的更替上，便成为对中原王朝的正统的承受系统和非正统承受系统的一种理论。

这种思想源之于邹衍的"五德终始"说，并经过《吕氏春秋·应用》对五德的五帝解说，到汉朝董仲舒加以具体运用和加工在理论上则更加系统。他在五德五帝之上，建立一个统摄五德五帝的"太一"（即至高无上的上天）作为主宰。他提出"三统""三正"来，夏为黑统，商为白统，周为赤统，夏以寅月（农历正月）为正，商以丑月（农历十二月）为正，周以子月（农历十一月）为正。王朝的改换是"三统"的依次循环，只是"改正朔，易服色"的历法和礼仪在形式上的改变，他说："王者有改制之名，无易道之实"㉛。王朝的改变只能在五帝、三王的系统内更替循环，这就是正（正统），反之不在五帝、三王的系统内更替循环，这就是闰（非正统），非正统被认为是僭伪。

作为正统与非正统的"正闰观"，同传统的"人禽观""华夷观""中外观"是不可分的。五帝、三王系统以外的共工虽曾"霸九州"，被视为闰，秦虽以华夏之一统一天下，但由于他出于西戎，仍被视为闰。"膺当天之正统，受克让之归运"㉜已成为当时占主导地位的王朝正统承受的观念。"正闰观"就民族而言，是站在中原汉族的立场上，在王朝承受系统中分人禽、分华夷、分中外的一种观念。就广义而言，凡非正统而取得帝位者皆被视为"闰位"，即"不得正王之命，如岁月之余分为闰"㉝。

"正闰观"在史实上和理论上都是不能自我完善和自我为用的。五帝、三王不同源，黄帝出于西北狄，少昊出于东方夷，颛顼、帝喾出于东北夷，尧出于西方，舜是东夷人。夏出于西方的羌，与神农、共工、蚩尤同为西和西南之羌戎人。商出于东北夷，周出于西北狄。这些不同系统的族，他们先后汇聚于中原更替发展和交融，经过部族融合为统一的夏民族，又由夏族、商族和周族的更替发展和交融，融合为诸华夏族。在五帝、三王以外尚有与之同属的羌、夷、狄、蛮的诸部落。

"正闰观"只不过是把在中原出于不同系统的族编造出一个同祖、同源的系统来，把在中原以外的族列为非正统的系统。同祖同源说，不但没有巩固华夏不变的地位，相反被后来兴起的族所用，他们自视与华夏同祖同源，是先帝先王之后，同祖同源一时被各族接受成为反"正闰观"的思想武器。我国古代的族是由多元构成一体的关系，在多元一体的发展中出现同源同流、异源同流、同源异流、异源异流的分合关系，分是多元并存的基础，合是多元一体的基础，有出有入，有来有往，你中有我，我中有你，结成血肉不可分离的关系。夷变夏，夏亦变夷，这也就成为"正闰观"自我完善的困难，随着变夷从夏、变外为内的发展，"正闰观"也就被新的思想所代替。

由别正闰到不别正闰，同分人禽、分华夷、分中外到不分人禽、不分华夷、不分中外的统一的人性观、华夏观和一统观是分不开的。五胡十六国时，各族开始在中原建立政权，正统与非正统的观念遭受一次实际性的批判，变以汉族为中原正统为多民族在中原的正统。正统的最高观念层次是上帝，上帝授予汉族为中原王朝承受者，而夷狄被排斥在中原王朝承受系统之外，正朔与夷狄无份，少数民族建正朔也被视为闰。入主中原的民族从历史上学到"天命无常"和帝王无常这个思想作为武器。刘元海说："夫帝王岂有常哉！大禹出于西戎，文王生于东夷，顾惟德所授耳"[34]。

这里有几重意思：一是天命无常，上帝不是依族而是德授其为帝王的，神权的天帝变成了道德观念的理性观念。二是司马氏父子已失德，"天厌晋德，授之于我"[35]，因此可以代晋而为帝王。三是正统不分民族，只要有德就可以建正朔为正统。尽管如此，在当时少数民族内部也存在着正统与非正统观念的影响和制约，例如苻融每向苻坚上谏："且国家戎族也，正朔会不归人。江东不绝如缝，然天之所相，终不可灭。"苻坚听后反驳说："帝王历数，岂有常哉，惟德之所授耳。汝所以不如吾者，正病此不达变通大运。刘禅可非汉之遗祚，然终为中国所并"[36]。有德者得天下皆可为正统，这是对神权的只有汉一族承受系统的批判。

从王通到司马光，是对旧的"正闰观"的批判和新观念的建立时期。这个时期已从理论上为新的观念的建立提供了条件。其一，新的观念是以道德史观为标准看正与不正的问题。王通把道德观提高到上帝、帝王之上，以王道作为检验称帝的标准，他认为晋、宋、北魏、西魏、北周和隋可以称中国之帝，"近于正体"，而南朝齐、梁、陈，虽是汉人建立的王朝不能称帝[37]。其二，道德思想的提出和确立，在理论上确立了王道仁政的儒家道统说，提高了道统的地位，因而也就出现有同一道统的均为中国的新思想。其三，随着新观念的出现，对正统作新的解释，凡是能一统天下的，不分华夷、不分中外均为正统。

北宋司马光是对传统"正闰观"批判最有力的人物。宋时的欧阳修作《正统论》，章民表作《明统论》，把秦视为闰，章民表则"以霸易闰"。宋庠"俭约不好声色，读书至老不倦，善正讹缪，尝辑《纪年通谱》，区别正闰，为十二卷"[38]。

司马光站在反传统"正闰观"的立场上，对正统论进行了批判，提出了超前人的新见解。其一，认为汉代学者始推五德生、胜，以秦为闰位的正闰之论，是一种"私己之偏辞，非大公之通论"，他进而分析正闰之论的依据是不足为据的，因此说："若以自上相授受者为正邪，则陈氏何所受？拓跋氏何所受？若以居中夏者为正邪，则刘、石、慕容、苻、姚、赫连所得之土皆五帝三王之旧都也。若以有道德者为正邪，则蕞尔之国，必有令主，三代之季，岂无僻王！是以正闰之论，自古及今，未有能通其义，确然使人不可移夺者也。"其二，反对正统与僭伪的提法，他说："臣愚诚不足以识前代之正闰，窃以为苟不能使九州合为一统，皆有天子之名而无其实者也。虽华夷仁暴，大小强弱，或时不同，要皆与古之列国无异，岂得独尊奖一国谓之正统，而其余皆为僭伪哉！"其三，提出了处理的标准和办法，主张"据其功业之实"为据，如周、秦、汉、晋、隋、唐，都曾混一九州，"全用天子之制以临之"；"其余地丑德齐，莫能相壹，名号不异，本非君臣者，皆以列国之制处之"。这样"彼此均敌，无所抑扬，庶几不诬事实，近于至公"。其四，在天下离析之际，"不可无岁、时、月、日以识事之先后"，如此不属"尊此而卑彼"[39]。

司马光所论还是指"天下一体"时的中原九州地区的统一和分裂，但后来出现辽、宋、西夏、黑汗王朝、西辽的多中国王朝与地方政权的分裂，已不是"天下一体"时分裂的格局，而是多王朝、多列国并存的新格局，因而司马光所说的列国也就包括了多中国王朝、列国和列部在内，进而被统一为全国的中国和中华。元修三史，定辽、宋、金皆为正统，作为正统承受的政治标准是道统，文化的标准是文脉，区域的标准是一统，民族的标准是同为国人。这样的中国就是全国各民族、各地区统一的中国，也就是统一的多民族的"中华一体"的中国。

注：

①《礼记·祭法》："黄帝正名百物。"参见〔汉〕郑玄、〔唐〕孔颖达撰，吕友仁整理：《礼记正义》卷46《祭法》。徐灏笺："礼之名起于祀神。"参见〔清〕徐灏笺，徐樾编：《说文解字注笺》第1《乙尾一》清光绪二十年（1894）刻本。

②〔美〕露丝·本尼迪克特著，王炜等译：《文化模式》，生活·读书·新知三联书店，1988年，第9~10页。

③〔德〕恩格斯著，张仲实译：《家庭、私有制和国家的起源》，人民出版社，1954年，第93页。

④李白凤：《东夷杂考》，齐鲁书社，1981年，第23页。

⑤〔宋〕司马光：《资治通鉴》卷197，唐太宗贞观十八年十二月甲寅条。

⑥〔宋〕司马光：《资治通鉴》卷192，唐高祖武德九年九月丁未条。

⑦《金史》卷88《唐括安礼传》，中华书局，1975年。

⑧《金史》卷8《世宗本纪下》。

⑨⑮㉘〔战国〕孟轲著，天瑜译注：《孟子》卷8《离娄下》，陕西师范大学出版社，2010年。

⑩⑪⑬〔清〕雍正皇帝编纂，张万钧、薛予生编译：《大义觉迷录》卷1。

⑫〔清〕王夫之：《读通鉴论》卷4，载《船山全书》第10册，岳麓书社，1996年。

⑭北魏太武帝自称是黄帝之子昌意的后裔，得伏牺、神农的正统。匈奴自称是夏后氏之苗裔。

⑯⑱〔宋〕司马光：《资治通鉴》卷198，唐太宗贞观二十一年五月庚辰条、唐太宗贞观二十二年二月辛酉条。

⑰此"无外户",仍指"天下一体"内的户。

⑲［元］吴师道:《闻危太朴王叔善除宣文阁检讨》,载［元］吴师道:《吴礼部集》卷8《闻危太朴王叔善除宣文阁检讨四首》,续金华丛书本。

⑳《元史》卷58《地理志一》。

㉑《清世祖实录》卷72,顺治十年二月丙午条;《清世宗实录》卷83,雍正七年七月丙午条,中华书局,1985年、1986年、1987年。

㉒㉓［清］雍正皇帝编纂,张万钧、薛予生编译:《大义觉迷录》卷2。

㉔［唐］韩愈著,马其昶等校注:《韩昌黎文集校注》卷1《原道》,古典文学出版社,1957年。

㉕［周］左丘明:《春秋左传》卷4《闵公元年》。

㉖［周］左丘明:《国语》卷2《周语中》,上海古籍出版社,1978年。

㉗［汉］桓宽:《盐铁论》卷7《备胡》,上海人民出版社,1974年。

㉙杨伯峻译注:《论语译注》第13《子路》,中华书局,1980年。

㉚［元］家铉翁:《题中州诗集后》,载［元］苏天爵:《元文类》卷38《题跋》。

㉛［汉］董仲舒著,［清］凌曙注:《春秋繁露》卷1《楚庄王》,中华书局,1975年。

㉜［汉］班固《典引》,载［梁］萧统编,［唐］李善注:《文选》卷48《封禅文》,上海古籍出版社,1986年。

㉝《汉书》卷99下《王莽传下》。

㉞㉟《晋书》卷101《刘元海载记》,中华书局,1974年。

㊱《晋书》卷114《符融载记》。

㊲［隋］王通:《文中子中说》卷5《问易》,上海古籍出版社,1989年。

㊳《宋史》卷284《宋库传》,中华书局,1977年。

㊴［宋］司马光:《资治通鉴》卷69,魏文帝黄初二年四月丙午条。

第二编　中华一体论薮

第一章　"中华一体"论

研究北方民族政权史，首先碰到的一个重大问题，就是我国是否长期以来是个统一的多民族国家？据我国封建社会的发展，可分为前、后两个时期，而每个时期又可分为两个阶段，即"前天下一体""天下一体"；"前中华一体""中华一体"。"前天下一体"是指秦以前，"天下一体"是指秦、汉到隋、唐；"前中华一体"是指辽、宋、金，"中华一体"是指元、明、清。历史是有规律的发展过程，是互相衔接的，后一阶段的诸因素发生在前一阶段之中，前一阶段的某些因素又残留到后一阶段之中。不管是"天下一体"，还是"中华一体"，都包括以汉族为主体的各民族在内。各民族的发展有先进，有后进，也有地区、条件和远近的不同，因而不能说今天国内各民族和民族区域都是在同一时间纳入"天下一体"的中国（中原）和"中华一体"之内的。各民族都有自己的发展历程，而这个历程无不与中原的历史结合在一起，并受中原历史发展的影响和制约。我国民族历史的真实，就是他们长期互相结合的感情和互相依存的血肉关系。

现在按历史发展的层次和它的内容的变化分以下几个阶段论述。

一、"前天下一体"

　　"前天下一体"是指我国封建社会的统一的多民族国家形成以前的历史，也就是"天下一体"的思想产生和孕育阶段。

　　"天下"二字之用于国家，是个多民族的政治概念。《礼·曲礼》："君天下曰天子。"注："天下，谓外及四海也。"天子所管的区域，海内为中国、华夏，四海为边境、夷狄。《尔雅·释地》："九夷、八狄、七戎、六蛮，谓之四海。"因此，《礼·中庸》说："是以声名洋溢乎中国，施及蛮夷。"《孟子·梁惠王》："欲辟土地，朝秦楚，莅中国，而抚四夷也。"这种由中国、四海而构成的"天下"，有它历史的原因。我国至少从夏朝开始进入多民族的国家，它是由家变国有天下，形成包括四海民族地区在内的服制。《竹书纪年》：夏后芬时"九夷来御"。御即指对夏王服事劳役。《诗·商颂》："肇域彼四海"以及"自彼氐羌，莫敢不来享，莫敢不来王，"也是这种关系的记录。由中国、四海而构成一个统一的政治体"天下"，是我国各民族自古成为一个大家庭成员的政治基础。研究我国民族史，如果不从"天下一体"出发，只以中国为域，将四海排斥在"天下一体"之外，是不符合我国的历史实际的。

　　孔子是我国奴隶社会末期民族思想的奠基者，后来历史的发展曾长期受他的思想影响。孔子的民族思想贡献主要表现在：

　　第一，孔子把当时民族分成两大类：一是"诸夏"，二是"夷狄"。孔子区分诸夏与夷狄的标准是周礼，也就是典章、制度、仪节和习俗。用周礼的是诸夏，不用周礼的虽秦、楚、吴、越也被视为夷狄。

　　第二，孔子在政治上也以周礼来确定君臣等级、民族贵贱。他说："夷狄之有君，不如诸夏之亡也"[①]。其意是：夷狄虽有君，但不行周礼，因而卑贱；诸夏行周礼，即使无君也是高贵的。民族的地位之分在于行不行周礼，这就成为民族间宗主与臣服、受贡与纳贡的政治关系确定的依据。

第三，孔子初步明确了"天下一体"的多民族思想，他说："四海之内皆兄弟也，君子何患乎无兄弟也。"②孔子欲居九夷，他说："君子居之，何陋之有？"③他的"四海为家"思想，对后来有积极的影响，《汉书·高帝纪》："且夫天子以四海为家，非令壮丽，亡以重威。"张衡《西京赋》："方今圣上同天号于帝皇，掩四海而为家"④。

第四，孔子并不把天子之尊看成是一成不变的，孔子编《诗》，把《黍离》入《国风》，与诸侯无异。朱熹《诗集传》卷四："……平王徙居东都王城，于是王室遂卑，与诸侯无异，故其诗不为雅而为风，然其王号未替也，故不曰周而曰王。"

第五，从孔子的民族思想中已看到民族意识的自觉，他说："微管仲，吾其被发左衽矣。"⑤他不仅从被发左衽与束发右衽区别华夏与夷狄，而且自觉地称颂捍卫华夏的先进礼俗。当"华"的观念出现，它就成为我国文化的精华，将春秋前的夏、商、周三代的民族融合在"华"的概念之内，既不断地融合兄弟民族于一炉，又不断地包括进入中原的民族为中华，华也就成为以中原汉族为主的包括各族在内的华。区分华、夷在礼，而礼不隔华、夷，此即所谓"中国失礼，求之四夷"⑥。

孔子的民族思想是古代民族发展的结果。在孔子以前及其所生的时代，已为他民族思想的产生提供了历史条件。经夏、商、周三代的发展，逐渐出现华夏与夷狄的区别。《尚书·尧典》："蛮夷猾夏。"《疏》："夏，训大也，中国有文章光华礼仪之大。"《尚书·武成》："华夏蛮貊，罔不率俾。"《传》："冕服采章曰华，大国曰夏。"《疏》："华夏为中国也。"《左传》襄公十四年，戎子驹支说："我诸戎饮食衣服，不与华同，贽币不通，言语不达。"由此可见，华夏与夷狄、中国与边境为古代区分民族与地域的依据，《禹贡》与《周礼·职方氏》的五服、九服制，便是这种划分在政治上的反映。这种被系统化了的五服、九服制，当然不可能产生在夏及西周时期，是经后人整理而系统化了的。但在孔子前的"天下"包括这些内容无可疑义，而《禹贡》又可能为孔子编入经典。孔子的民族思想，正是以他所处的时代为背景，以当时已出现的思想为依据而产生的。

"华"是指中原的民族，夏、商、周不是一个民族，三代同源论固不可信，但夏、商、周三族融合为华夏则是事实。华夏是多源的，秦、楚、吴、越初不被视为诸夏国，后融合于华夏，甚至徐戎、姜戎、淮夷、蜀人、庸人也被包括在华夏之中。鲜虞本众狄之国，《谷梁传》称之为中国。正因为如此，华夏非源于一族，国亦非一族所建，共同的华夏就要影响到共同的民族心理状态的产生，其入居中原为华夏、为中国的各民族，都要找出一个同源的祖先来，这只能说明各族间共同心理状态的加强和民族意识的转化。中国与四海的划分随着社会制度的变化而变化，战国建立郡县后，郡县内成为中国，郡县外的边境民族地区成为四海。这个变化引起两个方面的积极进展：一方面是对过去的民族疆域进行理论的系统研究，总结出一个共同的发展的模式；另一方面则对现实的民族疆域进行新的理论探讨，对"天下一体"进行全面的阐述，为实现一个统一的多民族封建国家创造条件。在这方面的研究最有成效的是当时的伟大思想家荀子。

荀子从"天下为家"着眼，总结了过去诸夏、夷狄及其制度的不同，并适应时代的需要发展了孔子的"天下一体"思想。他说："汤、武者，至天下之善禁令者也。汤居亳，武王居鄗，皆百里之地也，天下为一，诸侯为臣，通达之属，莫不振动从服以化顺之，曷为楚、越独不受制也！彼王者之制也，视形势而制械用，称远迩而等贡献，岂必齐哉！故鲁人以榶，卫人用柯，齐人用一革，土地刑制不同者，械用备饰不可不异也。故诸夏之国同服同仪，蛮夷戎狄之国同服不同制。封内甸服，封外侯服，侯卫宾服，蛮夷要服，戎狄荒服。甸服者祭，侯服者祀，宾服者享，要服者贡，荒服者终王。日祭，月祀，时享，岁贡，夫是之谓视形势而制械用，称远近而等贡献，是王者之制也。彼楚，越者，且时享岁贡终王之属也，必齐之日祭月祀之属然后曰受制邪？是规磨之说也，沟中之瘠也，则未足与及王者之制也"⑦。

荀子依据服制的理论，系统地勾画出一个五服制的模式，把它看作汤、武"天下为一"的一个民族构成的统一形式。它是由诸夏、夷狄组成的，其区别的原则是根据礼的观念，定出五种不同服制。五服的区别依民族的划分为两种：一是"同服同仪"的诸夏之国，一是"同服不同制"的蛮夷戎狄。这就是说，在服事于国君上是一致的，而制有不同，这就是古代"天下一体"的多民族国家的特征。

荀子在总结过去历史的基础上，继承孔子的"天下一体"的思想，确立了他为统一的多民族封建国家服务的"天下一体"观。荀子的"天下一体"观，归纳起来有以下几点：

第一，荀子的礼在于"分"，"以贵贱为文，以多少为异"⑧。他以礼来分贵贱等差，"是夫群居和一之道"⑨。他从这点出发，继承了孔子将民族分为诸夏与夷狄两大类。

第二，荀子也将"天下一体"分为中国与四海两部分，他说秦国"威动海内，强殆中国"⑩。又说："敌国不待服而诎，四海之民不待令而一。夫是之谓至平。《诗》曰：'王犹允塞，徐方既来'。此之谓也。"⑪

第三，荀子将"天下一体"的"大神（治）"，看成是中国与四海的经济联系。他说："北海则有走马吠犬焉，然而中国得而畜使之。南海有羽翮、齿革、曾青、丹干焉，然而中国得而财之。东海则有紫紶、鱼盐焉，然而中国得而衣食之。西海则有皮革、文旄焉，然而中国得而用之。故泽人足乎木，山人足乎鱼，农夫不斩削、不陶冶而足械用，工贾不耕田而足菽粟，故虎豹为猛矣，然君子剥而用之，故天之所覆，地之所载，莫不尽其美、致其用，上以饰贤良，下以养百姓而安乐之。夫是之谓大神（治）"⑫。这是讲在"天下一体"中社会经济分工的不同，物产的不同，互通有无以达到天下的大治。"天下一体"的经济联系是政治上一体的基础，这正如荀子所说："王者之法，等赋，政事，财万物，所以养万民也。田野什一，关市几而不征，山林泽梁，以时禁发而不税。相地而衰政，理道之远近而致贡，通流财物粟米，无有滞留，使相归移也，四海之内若一家，故近者不隐其能，远者不疾其劳，无幽闲隐僻之国，莫不趋使而安乐之。夫是之谓人师，是王者之法也。"[13]。

第四，民族联合是"天下一体"的一个重要原则，因此对"天下一体"中各族，主要是清明政治，减少民族间的仇视和敌恨，以达到自愿地归附和联合。荀子说："故古之人，有以一国取天下者，非往行（夺取）之也；修政其所，天下莫不愿，如是而可以诛暴禁悍矣。故周公南征而北国怨，曰：'何独不来也！'东征而西国怨，曰：'何独后我也！'孰能有与是斗者欤！安以其国为是者王。"[14]

第五，荀子从理论上完成了包括中国、四海在内的统一的多民族封建国家的学说，他讲："此君义信乎人矣，通于四海，则天下应之如欢，是何也？则贵名白而天下愿也，故近者歌讴而乐之，远者竭蹶而趋之。四海之内若一家，通达之属莫不从服，夫是之谓人师（人君）。《诗》曰'自西自东，自南自北，无思不服'。此之谓也。"[15]又云："故天子不视而见，不听而聪，不虑而知，不动而功，块然独坐而天下从之如一体，如四肢之从心，夫是之谓大形。"[16]

二、"天下一体"

我国从战国起进入封建社会，从秦朝起出现封建的统一的多民族的"天下一体"国家，从秦、汉到隋、唐是"天下一体"的统一多民族国家。这个时期基本上是经孔子开创、荀子完成的"天下一体"理论的应用，它同后期"中华一体"有着不同的特点，因而我们称它为封建社会前期的"天下一体"时期。

秦朝开创的以汉族为主的民族统治时期，同过去奴隶制时代相比有不同的特点，这主要表现在中原的郡县制与从奴隶制残留下来的分封朝贡制上面，分封朝贡制是作为封建制度的从属而存在的，这是考察中国与四夷制度的基本线索。从发展的趋势看，是郡县制胜分封朝贡制，郡县制即将成为"天下一体"中的主要形式。不管是主张郡县制的，还是主张分封朝贡制的，他们的共同前提是"天下一体"。因而围绕这两个问题的争论，是在"天下一体"这个大前提下展开的。

"天下一体"这个理论是荀子完成的，这个理论既为中国（中原）汉族所掌握，也为在北方建立割据政权的其他民族所掌握。当时虽有中国与边境、华夏与夷狄之争，但都不违反"天下一体"这个多民族的理论。把中国与边境、华夏与四夷断然分割开来，不是我国古代两派之争的观点，恰恰相反，它是近代帝国主义御用学者，旨在分割我国领土和进行侵略而制造出的一种反动观点。从秦、汉到隋、唐，我国曾多次对这个问题进行过讨论，而在争论中都坚持和贯彻"天下一体"这个准则。

汉昭帝始元六年二月，朝廷召开一次盐铁会议，在讨论盐铁国营和酒类专卖等问题中重点涉及了这个问题。问题争论的焦点不是要不要"天下一体"，而是如何对待和实现"天下一体"的问题。双方的代表有政府方面的大夫，有来自民间的文人等，争论很激烈，但是他们有着共同的思想基础，即同把当时天下分为中国与四海两个部分，是分中外的，中即中国（中原），外即四夷，而中外同为一体。如大夫一方说："故王者之于天下，犹一室之中也。"[17]"中国与边境，犹支体与腹心也"[18]。文学一方亦云："今九州同域，天下一统。"[19]"王者博爱远施，内外合同，四海各以其职来祭。"[20]"故君子敬而无失，与人恭而有礼，四海之内皆为兄弟也。"[21]争论的实质是坚持秦朝开创的封建一统天下，推行郡县制，还是用过去奴隶制时代的方法维护"天下为家"？是郡县制与分封制两种不同的"天下一体"之争。在"前天下一体"时，孔子在总结奴隶制时代"天下为家"之后提出"四海之内皆兄弟"；荀子适应封建制发展为统一的要求又提出"天下一体"。西汉盐铁之争，一是治边安内的思想，一是治内安边的思想；一是用武备安边，一是以德政安边；一是以荀子的"天下一体"思想为据，称颂霸业，一是以孔子的"天下为家"为据，赞扬三王，各执一端，实际都不反对由中国、四海组成的天下。

西汉昭帝盐铁会议的两派之争，一派主张秦皇、汉武式的统一，一派否定秦皇、汉武式的统一。这种争论一直延续到唐朝。唐朝仿汉武帝于北方民族地区设府州，灭亡高句丽后设安东都护府，裂地为郡县，复"夷貊"为"冠带"之域。狄仁杰强烈地批评秦皇、汉武之所行，实际上是批评当朝，是分封与郡县之争。狄仁杰在对待高句丽问题上，是属于西汉盐铁之争中的文学一派的，但也同样不否定"天下为家"而发表他的见解。《资治通鉴》卷206《唐纪》则天皇后圣历元年，狄仁杰说："王者以四海为家，四海之内，孰非臣妾，何者不为陛下家事！君为元首，臣为股肱，义同一体，况臣备位宰相，岂得不预知乎！"同上书神功元年狄仁杰上疏云："天生四夷，皆在先王封略之外，故东拒沧海，西阻流沙，北横大漠，南阻五岭，此天所以限夷狄而隔中外也。自典籍所纪，声教所及，三代不能至者，则三代之远裔，皆国家之域中也。若乃用武方外，邀功绝域，竭府库之实以争不毛之地，得其人不足增赋，获其土不可耕织，苟求冠带远夷之称，不务固本安人之术，此秦皇、汉武之所行，非五帝、三王之事业也。"

狄仁杰的思想要点是：第一，他认为"王者以四海为家"，中国、四海皆王之"臣妾"，同属皇帝"家事"，君臣是"义同一体"的关系。第二，他认为华夏与夷狄应有中、外之分，中即中国（中原），外即四海，被臣服夷狄地方。第三，狄仁杰已看到当时华夏与夷狄，中与外，已非三代之旧，"则三代之远裔，皆国家之域中也"。就是说三代时是远裔，现在不少已变为中国。第四，他以三王"四海为家"作为"天下"的政治规范，主张分封，反对在四海的夷狄地区设郡县，废除都护府，使高句丽

"继绝世"，恢复以前的分封朝贡关系。狄仁杰也没有把高句丽排斥在"天下一体"之外。中国的民族含义，是包括进入中原的各族和各族在中原建立的政权在内的，华夏与夷狄是"天下一体"中的华夏与夷狄，中外也是"天下一体"中的中外。

从秦汉到隋唐"天下一体"时民族关系以及政权关系的特点如下：

第一，秦、汉是统一的多民族封建国家疆域的奠定和巩固时期，而隋、唐是空前扩大和发展时期。这个时期不同于"前天下一体"的时期，北方的民族空前地有所发展，主要表现在过去以单纯的民族存在而依附于中原为主的形式先后被打破了。在被视为四海的夷狄地区出现了地方民族政权（如夫余、高句丽、渤海）；在汉族建立政权的中国之内，有更多的民族建立割据政权，进而出现由少数民族建立的北朝。这就使"天下一体"中民族和政权发展的层次和系列发生了新的变化。

在中国之内除汉族的政权系列之外，又有少数民族建立的政权系列；在四海之内又增添了受中原文物制度的影响而建立的政权的系列。这些发展和变化，没有导致"天下一体"的破坏和"天下一体"的中断，而是在发展变化中向一个更大的统一发展。在中国内建立了政权的民族都已掌握了"天下一体"的理论，并在"天下一体"中，取得在四海和中国建立地方和割据政权乃至北朝的资格。过去在北方是通过汉族政权维系中国与四夷的联系，现在是通过这些少数民族政权维系中国与四夷的联系。在北方建立的民族政权，是对中原制度的继承，是"内向"于华夏之中，而不是游离于"天下一体"之外，他们正在如秦、楚、吴、越步入中原先进的行列。

第二，在"天下一体"时期，从民族的统治地位的变化上看与此后不同，这个时期虽然出现在中原北部的民族割据政权和北朝，但是还是以汉族的王朝为主的统治时期，统一的多民族封建国家是以"天下一体"来体现的。这时的南北朝是分疆划界，南北对等，还没有产生谁从属于谁的问题。南北朝出现于"天下一体"之中，终究又为汉族建立的王朝所统一。南北朝是同一的天下分为两家。此时的南北朝与汉、匈奴时的南北不同：

第一，汉与匈奴约为兄弟，"使两国之民若一家子"[22]，而南北朝无兄弟相约。第二，匈奴立国在长城以北，属边境之地，汉政权在长城以内的中原地区，而南北朝同在"中国"之内。第三，匈奴是"引弓之国"，汉是"冠带之室"[23]，而南北朝均行中原的制度。正因为如此，汉与匈奴同属"天下一体"中华夏与北狄的一家两国，而南北朝是"天下一体"中的中国分为两国。至于在中原北部诸族建立的政权，是中国中之国，族是中国之族。旧的传统史学把五胡十六国的历史以"五胡乱华"概括之，其主要错误是将五胡排斥在中国之外，若论"乱华"莫过于晋。王通说氏君苻坚"举大号而中原静"，有人斥"苻秦逆"，不应南侵，王通辩道："晋制命者之罪也，苻秦何逆？三十余年，中国士民，东西南北自远而至，猛之力也。"[24]

第三，历史在前进，民族要发展，他们都有着发展本民族的强烈愿望和意识。在"天下一体"中的北方各族，都沿着自己的历史进程，在前进，在飞跃。他们不甘落后，不断改变生活的方式，在反对民族压迫与剥削以及民族的抗衡中，接受汉族的影响和支持，增强共同的民族意识与感情，因而在民族意识上发生重要的变化。他们从思想上、历史上找到依据，少数民族同样地可以为帝王。

刘元海说："帝王岂有常""顾惟德所授耳"[25]。高瞻随众降于慕容廆，廆署为将，高瞻称疾不起，廆敬其恣器，数临侯之，抚其心曰："君之疾在此，不在余也。""奈何以华夷之异，有怀介然"[26]。慕容廆常言："吾积福累仁，子孙当有中原。既而生儁，廆曰：'此儿骨相不恒，吾家得之矣。'"[27]略阳人权翼也以此道理对苻坚说："有德者昌，无德受殃，""愿君王行汤、武之事，以顺天人之心"。苻坚深以为然，纳为谋主[28]。石勒也造出当为帝王的神意来，勒"尝佣于武安，临水为游军所因，会有群鹿傍过，军人竞逐之，勒乃获免。俄而又见一父老谓勒曰：'向群鹿者我也，君应为中州主，故相救尔'"[29]。过去的理论，少数民族"非我族类，其心必异"，只能作名臣，不能为帝王，现在提出能否作皇帝不因华、夷而异，只要是有德者皆可受天命为皇帝，皆可为"中国"

和"正统"。王通就是在总结这段历史的基础上，大胆地冲破民族的传统观念，以天德和仁政为标准肯定中原北部的民族政权和北朝为中国正统，为中国的政权和王朝。他说："乱离斯瘼，吾谁适归，天地有奉，生民有庇，即吾君也。且居先王之国，受先王之道，予先王之民矣，谓之何哉！"③⁰

王通所论，是就当时"天下一体"中之中国民族政权而言之，其要点有五：其一，这些政权的建立符合天命（"天地有奉"）；其二，行仁政（"生民有庇"）；其三，政权在先王疆域之内（"居先王之国"）；其四，遵承中国的制度和道统（"受先王之道"）；其五，族是先王之族，民是先王之民（"予先王之民"）。有此五者，"天下一体"之任何族入主中国为君，均是中国和正统。

第四，在"天下一体"时期，尽管在中国和四海之内出现地方和封建割据的民族政权以及北朝，但是"贵中华，贱夷狄"的传统思想仍占着绝对的支配地位。《盐铁论》卷47《世务》，大夫曰："《春秋》不与夷狄，中国为体，为其无信也。匈奴贪狼，因时而动，乘可而发，飙举电至。而欲以诚信之心，金帛之宝，而信无义之诈，是犹亲跕、跻而扶猛虎也。"其以武存手足、边境的四海地区，目的在于使"支体"不废、"内国无害"③¹。

同上书卷38《备胡》，贤良曰："匈奴处沙漠之中，生不食之地，天所贱而弃之。无坛宇之居，男女之别，以广野为闾里，以穹庐为家室。衣皮蒙毛，食肉饮血，会市行，牧竖居，如中国之麋鹿耳。"其皆以礼别华夏、夷狄，这便成为"贵中华，贱夷狄"的重要依据。苻坚对于少数民族落后而被歧视的状态欲加以改变，他企图对各族能够平等对待，他说："今四海事旷，兆庶未宁，黎元应抚，夷狄应和，方将混六合以一家，同有形于赤子。"③²北魏孝文帝常说："人主患不能处心公平，推诚于物。能是二者，则胡、越之人皆可使如兄弟矣。"③³这是各民族发展所共愿的，具有民族先进思想的汉人亦无不向往于此。前秦尚书郎裴元略也向苻坚谏道："敦至道以厉薄俗，修文德以怀远人。然后一轨九州，同风天下。"③⁴唐太宗的民族思想和政策有积极因素可以批判继承，他反对"贵中华，贱夷狄"，主张平等对待"天下一体"中的各族。他说："自古皆贵中华，贱夷狄，朕独爱之如一，故其种落皆依朕如父母。"[35]这种思想是我国古代民族思想中的民主性精华，它是由"天下一体"向"中华一体"的发展中所不可少的基本思想。

第五，由中原的郡县制与少数民族地区的分封朝贡制的并存向统一的府州制发展，也是"天下一体"时期发展的一种必然趋势。这方面的发展和变化是靠各族的共同努力来实现的。由汉民族首先在中原建立的郡县制度，一方面是汉族的王朝不断发展和扩大它，变过去的"蛮貊之乡"为"冠带之域"；另一方面也必须有各民族的努力，不断地接受中原先进制度，经本民族的艰苦奋斗建立与中原相同或近似的政权，逐渐地将府州制发展到各地区。这个时期在"天下一体"中的中国和四海之内出现的封建政权，就做出了这方面的贡献。在唐时北方出现的各民族地区府州即在这一基础上形成的。

唐太宗时在各民族地区设府州，他说："汉武帝穷兵三十余年，疲弊中国，所就无几；岂如今日绥之以德，使穷发之地尽为编户乎！"[36]以府州的形式将各族改为国家的编户，确实是一项重要措施，它的发展是承前启后的，为由"天下一体"向"中华一体"的发展奠定了国家统一的多民族行政的最初始的基础。

三、"前中华一体"

"前中华一体"是在"天下一体"之中，继承此前有利于中国和华夏向多民族发展的诸种因素的基础上形成和发展起来的。"前中华一体"，即还未发展为一个统一的"中华一体"。南北两朝相持发展，南朝臣服于北朝，"中华一体"的诸种因素已孕育在其中，它是后来统一的"中华一体"的准备阶段。它把中国的概念在民族和疆界上空前地扩大，以同一个道统将各族、各地区维系在"中州"文化之中。因此，称其为"前中华一体"时期。

在"前中华一体"时期，天下仍作为各族的政治体的概念被继续使用，把国家的统一叫作"定天下"。但是天下越来越与中国、中华这个概念相一致起来，成为各民族共同的称谓。这种变化的趋势既与北方民族统治地位的变化分不开，也与此前各族共同心理和意识的发展分不开。各族发展的新趋势，一方面是有更多的族融合于华夏这个大熔炉中；另一方面是有更多的族先后进入中华的历史行列。

历史发展到辽、金时期，在民族关系和民族意识上发生了重大的转折性的变化，不仅华夷不能从"天下一体"中分割，而各族在中国中亦不可分割。当各族先后步入中华的行列时，均以中原华夏文化为其文化的精华，并通过各族共同发展华夏文化。如果说在"天下一体"时华夏文化还主要是在汉族内部不同地区发展并显现出不同风格和特点，那么现在是以同一道统在不同民族和不同地区，经过各族共同发展而形成不同的风格和特点。这种风格和特点不仅在汉族中表现出来，也在各族中表现出来；是以华夏文化为核心、各族文化的共同发展，组成中华文化的灿烂之花。

宋是中国，辽、金也是中国，在辽、金统治下的中国正在朝着有利于"中华一体"的体制发展。

第一，辽、金时在民族的统治地位上发生了新的变化，由"天下一体"时以汉族为主统治中原的历史，转变为以北方少数民族为主统治中原的历史。这时虽辽与北宋为南北朝，金与南宋为南北朝，但它不同于此前的南北朝，是以辽、金为两朝的盟主，两朝南北对峙，同属一家。《资治通鉴》辽太宗大同元年《责问汉刘知远书》云："汝不事南朝，又不事北朝，意欲何所俟耶？"《续资治通鉴长编》辽兴宗重熙十二年《答宋仁宗书》："今两朝事同一家。"《宋会要·蕃夷》："二国敦一家之睦，阜安万宇及百年"。《契丹国志》卷20《致宋帝商地界书》："虽境分两国，克保于难知，而义若一家，共思于悠永。"《大金吊伐录》卷1："虽贵朝不经夹攻，而念两朝通和，实同一家，必务交欢。""和好之后，义同一家"。南北朝是"天下为家"中的两个家邦，而两个家邦中的不同民族又同为一家。《金史·卢彦伦传》："契丹、汉人久为一家。"《金史·唐括安礼传》："猛安人与汉户，今皆一家，彼耕此种，皆是国人。"金在熙宗前制分南北，刘筈说："今天下一家，孰为南北㊲"。"皇朝奋有天下，混一四海，天德建议令兹，尽以辽、宋旧地合为一家"㊳。各族同为"一家""国人"，但不等于说再无民族的划分。

随着民族统治地位的变化，辽、金自视为中国，是中国正统的合法继承者，他们不仅是中国皇帝，而且是南朝的盟主。辽刘辉在寿隆二年上书说："宋欧阳修编《五代史》，附我朝于四夷，妄加贬訾。且宋人赖我朝宽大，许通和好，尽得兄弟之礼。今反令臣下妄意作史，恬不经意。臣请以赵氏初起事迹，详附国史。"

第二，过去由于正统观念的支配，只有中原汉族政权被称为中国，对少数民族政权是排斥的。辽、金时对过去所奉行的传统的"正闰观"展开批评，这种批评来自不同民族的人物，颇具有时代的特点。北宋司马光分析了"正闰"之论的兴起，他说："及汉室颠覆，三国鼎峙。晋氏失驭，五胡云扰。宋、魏以降，南北分治，各有国史，互相排黜，南谓北为索虏，北谓南为岛夷。朱氏代唐，四方幅裂，朱邪人汴，比之穷、新，运历纪年，皆弃而不数，此皆私己之偏辞，非大公之通论也。"接着说："臣愚诚不足以识前代之正闰，窃以为苟不能使九州合为一统，皆有天子之名而无其实者也。虽华夷仁暴，大小强弱，或时不同，要皆与古之列国无异，岂得独尊奖一国谓之正统，而其余皆为僭伪哉！"又说："若以自上相授受者为正邪，则陈氏何所受？拓跋氏何所受？若以居中夏为正邪，则刘、石、慕容、苻、姚、赫连所得之土，皆五帝、三王之旧都也。若以有道德者为正邪，则蕞尔之国，必有令主，三代之季，岂无僻王！是以正闰之论，自古及今，未有能通其义，确然使人不可移夺者也。"㉟他反对尊此卑彼的"正闰观"，主张均以"列国"相待，给予纪年。

司马光的不分华、夷皆为正统的思想，反映了各民族趋于一个统一的中国的倾向。王安石是北宋具有先进思想的改革家，他在《明妃曲》中对"正闰观"也作了更为严厉的批评："家人万里传消息，好在毡城莫相忆。君不见咫尺长门闭阿娇，人生失意无南北。""汉恩自浅胡恩深，人生乐在相知心。可怜青冢已芜没，尚有哀弦留至今。"此诗引起不同民族思想的人的争论，黄山谷赞此诗："词意深尽无遗恨矣。""先生发此德言可谓极忠孝矣。然孔子欲居九夷曰：'君子居之，何陋之有。'恐王先生未为失也。"王深父以为："孔子曰：'夷狄之有君，不如诸夏之亡也。''人生失意无南北'非是。"至于"汉恩自浅胡恩深"更为范仲淹所诋諆，谓其"无父无君，坏天下人心术"㊵。王安石的民族思想是个开创，表现出他对旧的传统观念极为大胆的抨击。

金朝统治者从历史上继承了统一多民族的一统思想，反对"贵中华，贱夷狄"，认为天下非一人之天下，统一天下者皆可为正统，使中国之道不坠，使中国王朝得以在北方继续存在和发展。

第三，"天下一体"时，刘元海自以为是汉甥，可以称"汉"，但尚未对"汉"做出新的解释。到金朝，大文学家赵秉文开始对什么是"中国"？什么是"汉"？做出了新的纠正和解释。他在《蜀汉正名论》中写道："仲尼编《诗》，列《黍离》于《国风》，为其王室卑弱，下自同于列国也。春秋诸侯用夷礼则夷之，夷而进于中国则中国之。西蜀僻陋之国，先主、武侯有公天下之心，宜称曰汉。汉者，公天下之言也，自余则否。"㊶

其义有三：其一，王室的地位是可变的，天子可以下降为列国，自然列国亦可上升为天子。其二，民族的属性也是可以转化的，诸夏与夷狄之间没有不可逾越的鸿沟，汉族到夷狄地方可变为夷狄，夷狄进入中国也可以变为中国。这个论断并非完全出于主观臆测入居中国的女真人等为中国人，女真族建立的政权是中国政权，更重要的是有其充实的历史依据。从少数民族进入中原看，有的是作为个人加入中国的，有的是成部族地加入中国的，有的是被融合在汉族之中，有的是作为族人而进入汉人同一行列。因而中国就成为多民族的中国，汉也就成为多民族的汉。元时统称北方的女真人、契丹人、渤海人、高丽人、西夏人以及金朝北边的诸群牧等皆属汉人，即说明这个问题。其三，由于对中国、汉做了新的订正和解释，衡量政权也不单纯从民族的概念出发。赵秉文提出"有公天下之心，宜称为汉"。只有这样的民族思想上的共同变化，才能将"天下一体"发展为"中华一体"。

第四，我国伟大文学家元好问所编撰的《中州集》，是适应当时包括各民族在内的"中国"的时代要求而开创的一部断代史诗的佳作。《中州集》的重要价值不仅表现在文学上，更重要的表现在它的社会价值上。《中州集》不因民族、地域的不同而有区别，它将同一道统继承的文人都看成中州人物。家铉翁《题中州诗集后》："世之治也，三光五岳之气，钟而为一代人物，其生乎中原，奋乎齐、鲁、汴、洛之间者，固中州人物也；亦有生于四方，奋于遐外，而道学文章为世所宗，功化德业被于海内，虽谓之中州人物可也。盖天为斯世而生斯人，气化之全，光岳之英，实萃于一方，岂得而私有哉。迨夫宇县中分，南北并壤，而论道统之所自来，必曰宗于某，言文脉之所从出，必曰派于某，又莫非盛时，人物范模，宪度之所流衍。故壤地有南北，而人物无南北，道统文脉无南北，虽在万里外皆中州也。"又："盛矣哉，元子之为此名也；广矣哉，元子之用心也。夫生于中原，而视九州四海之人物犹吾同国之人，生于数十百年后，而视数十百年前人物，犹吾生并世之人。"家铉翁最后感慨地说："呜呼！若元子者，可谓天下士矣，数百载之下，必有谓予言为然者。"家铉翁通过读《中州集》，概括《中州集》之要旨在于"视九州四海人物犹吾同国之人"，这就是"中华一体"的必然趋势，今皆应以其言为然也。

《中州集》是将金代文化作为中国北方文化的一脉相承的关系进行考察的，致力于提高北方文化发展的历史地位。元好问在《自题中州集五章》中充分地表达了他的思想。他以"邺下曹、刘"与"江东诸谢"对比，认为南北诗人各有专长，"若从华实评诗品，未便吴侬得锦袍"，北人不逊于南人。《中州集》卷首收显宗、章宗的诗，以示金为女真所统，他为以少数民族为统治民族、包括各族在内的中州王朝，著书立说。因而他的思想无华、夷种族之别，凡人仕于金或留金的均视为金人。

第五，"中华一体"需要有统一的地方行政设置，将各民族、各地区用同一的制度统一起来。辽、金特别是金，上承唐之府州在其统治的区域内普遍设京、府、州、县制度，将边远的民族纳入路的管辖之下。金末于各地设行省、行六部，开我国省制的端绪，为后来元朝普遍在全国设行省创造了条件。金朝从各方面朝着一个统一的"中华一体"的方向发展，过去只是将中原视为"内地"，现在则"辽金崛起，遂为内地"[42]。中原和少数民族聚居的边境地区皆为"内地"，这就是统一的中国出现的基础。金时将原辽境内的汉人、渤海人、契丹人等称为汉人或燕人，将河南、山东等地之人称南人，统为金人。金为北人，而复称南宋为南人。南宋称北方金人为北人，称奥海之人为南人。无论是北人、南人，都是包括各民族在内的中国人。这就是统一的各民族的中国人出现之必要的历史前提。

一个包括各地区在内的中国，一个包括各民族在内的中华民族即将出现。由"天下一体"到"中华一体"是历史发展的必然过程，历史的发展已进入"前中华一体"时期，依然用"天下一体"时的传统观念称宋为中国，辽、金非中国，恐怕失之千里了。

四、"中华一体"

元和秦一样是个具有重大历史意义的开创性的朝代。秦朝的建立,标志着统一的多民族"天下一体"的开始,元朝的建立,标志着统一的多民族"中华一体"的开始。

中华,随着历史的发展而发展,随着历史的变化而变化。中华之初指中原华夏,后来不断发展和扩大包括进入中原的民族在内,而原属"四夷"边境地区也渐被纳入"中华"之内。渤海国远在东北的东北部,与唐"车书本一家","留句在中华",行中原制度,可视为中华的一部分。及至元朝,在南北发展的基础上统一全国,实行统一的汉制,全国各族便被纳入"中华一体"之中。

元朝并没有因为灭金亡宋,而使中国、中华灭亡,相反它空前的统一成为一个包括各族在内的中国和中华。中华越来越成为多民族的,因此不管是哪个民族成为统治民族都是中华。中华民国的五族共和,是对元、明、清历史的继承,是将中华之国变成中华民国。

元朝是中国、中华的历史的新开端,主要表现在以下诸方面:

第一,从国号的建立看是对历史的一次重要因革。《元史·世祖纪》:"岁甲辰,帝在潜邸,思大有为于天下,延藩府旧臣及四方文学之士,问以治道。"岁庚申,建元中统,其诏云:"建元表岁,示人君万世之传,纪时书王,见天下一家之义。"至元八年十一月建国号为"大元",国号的建立是按"事从因革,道协天人"这个基本精神而定的。从因的方面讲,是"肇从隆古,匪独我家"。从革的方面讲,过去建国号"不以义而制称","为秦为汉者,著从初起之地名;曰隋曰唐者,因即所封之爵邑",是"要一时经制之权宜",非经久之长策。元朝"四震天声,大恢土宇,舆图之广,历古所无","取易经乾元之义",建国号为"大元"。因革之义在于"道协天人",即以中原的道统协天人,"见天下一家之义"。元是乾元一统的中国称号,天下一家的各族便成为一体的中华民族。

第二，元继辽、宋、金之后统一全国，视全国为"内地"，即中国。《元史·地理志·序》："自封建变郡县，有天下者，汉、隋、唐、宋为盛，然幅员之广，咸不逮元。汉梗于北狄，隋不能服东夷，唐患在西戎，宋患常在西北。若元，则起朔漠，并西域，平西夏，灭女真，臣高丽，定南诏，遂下江南，而天下为一。""汉、唐极盛之际，有不及焉。盖岭北、辽阳与甘肃、四川、云南、湖广之边，唐所谓羁縻之州，往往在是，今皆赋役之，比于内地；而高丽守东藩，执臣礼惟谨，亦古所未见"。元于绝大部分地区设行省、路、府、州、县，变"蛮貊之乡"为"内地"，即纳入"中华一体"之中，中国包括中原、边境的各民族在内。

第三，在我国历史上，无论是汉族还是其他少数民族，往往是开始时族称不定，不断地更替其名称，而最后发展为固定的名称存在于后来的历史上。作为我国主体的华夏——汉族，在其取得固定的名称之前，也是不断地更替其名称的，此既与同一族属内部发展不平衡有关，也与取得统一的全国地位有关。如华夏族之前有夏族、商族、周族等，直至秦、汉统一后，汉族才逐渐成为固定的称谓而存在于后来的历史。其他少数民族在元朝以前也是不断更替其名称的。元朝统一，将各族纳入"中华一体"之中，为各族名称的逐渐固定奠定了有利的基础，使各族在"中华一体"中同呼吸，共命运。

中华民族是历史长期发展而形成的，它的渊源很久。《尚书·梓材》有"中国民"，主要是指中原诸夏人民。《史记·货殖列传》有"中国人民"，此"中国人民"是指当时郡县境内人民，包括入居郡县的各族人民在内。随着边境人民的不断内徙，"中国人民"的民族成分就越来越扩大；随着各民族的汉化以及掌握中原的文明，华夏的民族含义也就越来越广。元统一全国，设行省，比于内地，各族皆为"中国人民"，而掌握中原文化的各族人亦皆被视为"汉人""中国人民"和"中华民族"构成一体。

第四，在封建社会中有两种民族观，一种是"非我族类，其心必异"，将少数民族排斥在"中华一体"之外，以汉族的中原政权为中国，以汉族为华夏，"绝夷于夏"视为"万世守之而不可易，义之确乎不拔而无可徙者也"[43]。另一种是不分华、夷，其在中原者皆中国，其在中原建立政权者即中国皇帝。元朝是以蒙古族为统治民族建立起来的包括各族人民在内的中国。元初许衡向忽必烈建议："考之前代，北方之有中夏者，必行汉法，乃可长久。故后魏、辽、金，历年最多，他不能者，皆乱亡相继。史册具载，昭然可考。使国家而居朔漠，则无事论此也。今日之治，非此奚宜。夫陆行宜车，水行宜舟，反之则不能行；幽燕食寒，蜀汉食熟，反之则必有变。以是论之，国家当行汉法无疑也。"[44]徐世隆也说："陛下帝中国，当行中国事。"[45]元为中国帝，行中国事，其民为中国人，族为中国族。

明太祖朱元璋提出"驱逐胡虏，恢复中华"，不过是恢复以汉族为统治民族的中国。他说："朕既为天下主，华夷无间，姓氏虽异，抚宁如一"，[46]"人君视天下犹一家"[47]。他更提出不分中外的思想，"四海内外，皆为赤子"[48]。"无间远迩，一视同仁"[49]。清朝统治下的各民族"无分中外"[50]，"与中华一道同轨"[51]，"向在中华皇帝道法之中，不敢妄行"[52]，"无自外于中华皇帝"[53]。

包括全国各族人民在内的中国或中华民族，经历了一个长期发展的历史过程。有的人认为从明朝开始，有的人认为从中华民国后的五族共和开始，实始于元，发展于明、清，定名于民国。"前天下一体"时的中国与华夏，是以诸夏为主兼容一些华夏化的秦、楚、吴、越等而形成的，其特点一经华夏化后即融合于中国、华夏之中。"天下一体"时的中国与华夏，是以汉人为主包括进入中原的民族和政权在内，是中原的各族和政权的共同称谓。

"前中华一体"时的中国与"华夏"，包括南北两朝内的中原与边境的民族在内，是向统一的中国、中华的过渡。"中华一体"时的中国与华夏，是以汉族为主体包括各族在内的统一的中国和中华民族的确立、发展时期。今天的中国和中华民族是在长期历史发展中有层次地发展而来的。今天的中国和中华民族是在伟大的中国共产党领导下，不同于过去任何时期的中国和中华。伟大的祖国，伟大的中华民族，是属于各族人民的，光大历史的灿烂文明，发扬历史的爱国传统，为振兴中华而献身是各族人民的神圣职责。

注：

①杨伯峻译注：《论语译注》卷3《八佾》。

②杨伯峻译注：《论语译注》卷12《颜渊》。

③杨伯峻译注：《论语译注》卷9《子罕》。

④〔汉〕张衡：《西京赋》，载〔梁〕萧统：《昭明文选》卷2，上海古籍出版社，1986年。

⑤杨伯峻译注：《论语译注》卷14《宪问》。

⑥《后汉书》卷85《东夷传》中华书局，1973年。

⑦〔唐〕杨倞注：《荀子》卷12《正论》。

⑧〔唐〕杨倞注：《荀子》卷13《礼论》。

⑨〔唐〕杨倞注：《荀子》卷2《荣辱》。

⑩〔唐〕杨倞注：《荀子》卷11《强国》。

⑪⑯〔唐〕杨倞注：《荀子》卷8《君道》。

⑫⑬⑭〔唐〕杨倞注：《荀子》卷5《王制》。

⑮〔唐〕杨倞注：《荀子》卷4《儒效》。

⑰⑲〔汉〕桓宽：《盐铁论》卷2《忧边》。

⑱㉛〔汉〕桓宽：《盐铁论》卷8《诛秦》。

⑳〔汉〕桓宽：《盐铁论》卷9《险固》。

㉑〔汉〕桓宽：《盐铁论》卷8《和亲》。

㉒㉓《汉书》卷94上《匈奴传上》。

㉔〔隋〕王通：《文中子中说》卷4《周公》。

㉕《晋书》卷101《刘元海载记》。

㉖《晋书》卷108《高瞻载记》。

㉗《晋书》卷110《慕容儁载记》。

㉘㉜㉞《晋书》卷113《苻坚载记上》。

㉙《晋书》卷104《石勒载记上》。

㉚〔隋〕王通：《文中子中说》卷7《述史》。

㉝〔宋〕司马光：《资治通鉴》卷142，齐东昏侯永元元年四月条。

㉟㊱〔宋〕司马光：《资治通鉴》卷198，唐太宗贞观二十一年五月庚辰条、唐太宗贞观二十二年二月辛酉条。

㊲《金史》卷78《刘筈传》。

㊳〔金〕刘晞颜：《创建宝抵县碑》，载〔清〕张金吾编：《金文最》卷69，中华书局，1990年。

㊴〔宋〕司马光：《资治通鉴》卷69，魏文帝黄初二年四月丙午条。

㊵〔宋〕王安石：《明妃曲》，载〔宋〕王安石著，〔宋〕李壁笺注，高克勤点校：《王荆公诗集笺注》卷6，上海古籍出版社，2010年。

㊶〔金〕赵秉文：《闲闲老人滏水文集》卷14《蜀汉正名论》，商务印书馆1937年。

㊷〔元〕许有壬：《至正集》卷36《先施堂记》，书目文献出版社，1985年。

㊸〔清〕王夫之：《读通鉴论》卷14。

㊹《元史》卷158《许衡传》。

㊺《元史》卷160《徐世隆传》。

㊻《明太祖实录》卷53，洪武三年六月丁丑条。

㊼㊽㊾《明太祖实录》卷117，洪武十一年二月辛未条；卷134，洪武十三年冬十月丁丑条。

㊿《清圣祖实录》卷191，康熙三十七年十一月丙戌条。

(51)［清］温达等：《亲征平定朔漠方略》卷7，康熙二十九年七月己酉条，中国藏学出版社，1994年。

(52)《清圣祖实录》卷147，康熙二十九年秋七月壬寅条。

(53)《清圣祖实录》卷137，康熙二十七年十一月甲申条。

第二章 "中华一统"论

　　"中华一统"，不仅是中国古史研究的一个重大问题，也是现实政治生活的一个重大问题。对"中华一统"的研究，曾受到来自各方面的干扰和阻碍。从国内讲，有旧传统观念的影响和束缚；有"批儒扬法"的法家统一和儒家分裂，儒法政治斗争贯穿历史始终的双线论的严重干扰；近来又有否定文化传统，否定一统的民族虚无主义的思想。

　　一统的前提是一体，即荀悦在《申鉴·政体》中所说的"天下国家一体也"。一统是在一体中的一统，分裂也是在一体中的分裂。统一与分裂是在一定条件下可以转化的，统一转化为分裂，分裂又转化为统一；在统一中有分裂的因素，在分裂中又孕育更大的统一。统一是主要的，分裂最终又归于统一。探讨问题的立足点是一体，掌握问题的变化是条件，审理问题的基准是统一。一统有不同历史时期的一统，大致可分为两个时期、四个阶段。两个时期即"春秋大一统"与"中国一统"时期，四个阶段即"前春秋大一统""后春秋大一统""前中国一统""后中国一统"阶段。两个时期和四个阶段是有机联系而又互相区别，是由低级层次向高级层次发展的过程，是有规律可循的，是新与旧的不同。

一、"前春秋大一统"

"春秋大一统"，是根据孔子作《春秋》所体现的思想提出的。首先提出的是何休《公羊传》，由董仲舒加以引申为"前春秋大一统"时的封建统治的重要思想。"春秋大一统"思想发起于孔子作《春秋》，当时王室衰微，华夏族已经形成，诸侯争霸，政在私门，"南夷与北狄交，中国不绝若线"①。原来的君天下、国诸侯、家大夫，以及都鄙、国野的奴隶制统治的模式被打乱了，要求再现统一，集中地提出尊王，明华夷，"内诸夏而外夷狄"②，"裔不谋夏，夷不乱华"③。实际是要求建立"君天下"的以华夏为中国、四夷为四海的新的统一，实现新的君天下、国郡县、家编户的体制以代替旧的君天下、国诸侯、家大夫的体制，实现以"春秋大一统"代替旧的王权的一统。

《公羊传》依据孔子在《春秋》中书"春王正月"作了大一统的解释："曷先言王而后言正月？王正月也。何言乎王正月，大一统也。"意思是说，是因为周天子以建正月而总统天下政教，才写"王正月"，"王正月"是为体现"君天下"的一统思想。陈立《公羊 义疏》引《汉书·王吉传》王阳语："'《春秋》所以大一统者，六合同风，九州共贯也'。《礼·坊记》曰：'天无二日，土无二王，家无二尊，以一治之也'。即大一统之义也。"这里有两点：一是天下要一治于王，王是天下的最高统治者；二是天下是君所总统的最大的政治概念，它既包括中原的九州，也包括九州以外的六合（四方）。《庄子·齐物论》："六合之外，圣人存而不论。"

圣人所论是九州、六合以内这个区域空间，即属于"溥天之下，莫非王土；率土之滨，莫非王臣"④所辖地区。这就把"君天下"所包括的民族和区域指明了。天下包括中国九州，也包括四海夷狄，即《礼·曲礼》注："天下，谓外及四海也。"九州、四海为一体，"春秋大一统"思想就是这样建立起来的。董仲舒以《公羊传》为据，把"大一统"概括为

"故为人君者，正心以正朝廷，正朝廷以正百官，正百官以正万民，正万民以正四方（即六合），四方正，远近莫敢不依于正，而无有邪氛奸其间者"⑤。包括四海、四方在内。并从"春王正月"进而引申到神学和政治学的领域，他说："春秋大一统者，天地之常经，古今之通谊。⑥对"春秋大一统"作了形而上学的千古不变的解释，成为后来倡"春秋大一统"者的依据。

"前春秋大一统"，包括秦、汉、三国、西晋时期，即由孔子发起、由董仲舒而引申的"春秋大一统"时期，是以中原汉族为中原统治民族时期。"前春秋大一统"的思想和内容主要由以下诸方面所构成：

1. "前春秋大一统"，是依据《公羊传》对《春秋》"春王正月"的解释提出的，其思想的本质是尊王，是"君天下"的一统。主张"贵中华，贱夷狄"，"夷不乱华"，"尊王攘夷"。其一体是"天下国家一体"的"天下一体"，不是"中华一体"。一统有两种：一是包括九州、六合、中国、四方在内的"春秋大一统"；二是在一统之内的九州一统。《史记·秦始皇纪》："今陛下，……平定天下，海内为郡县，法令由一统，自上古以来未尝有，五帝所不及。"这里的天下是包括九州、六合在内的天下，如《李太白诗》二《古风之三》："秦王扫六合，虎视何雄哉。"但"海内为郡县，法令由一统"的一统是中国的一统。秦并六国为郡县，其一统的规模是自古所不曾有的。秦定天下的一统是"春秋大一统"。

2. 统一"天下一体"的一统是分华夷的。把"天下一统"内的民族分为两大类，即华夏与夷狄，区分华夏与夷狄的标准是礼义，行礼义者为华，不行礼义者为夷狄。当然还有介于此两者之间的接近中原而染华风的民族，当时称之貊。华夏是大礼乐之邦，而貊只能算是小礼乐之邦，仍属夷狄，不认为是华夏。行礼义的华夏（汉）是人，不行礼义的夷狄被视为"禽兽"。以人禽的关系区分华夏（汉）与夷狄。

3. 由于华夷不同，在"天下一体"内分为中外两个区域，即中国与四方，也就是"内诸夏而外夷狄"。中外是"天下一体"内的中外，不是一体之外的中外。董仲舒在讲"春秋大一统"时，"正万民以正四方"的四方即是外，万民是中。对中实行统一的郡县制，对外实行"德教之被四海"的政策。但中外远近都得"依于正"⑦，即奉王者的正朔，臣服于王。

4. 由于"春秋大一统"在一体内分华夷、分中外，体现在服事与制度上，就是有"同服同仪"与"同服不同制"的区别，这也就是"春秋大一统""六合同风，九州共贯"之义。服，即指对"君天下"的最高统治者的臣附服事，是属于政治、经济上的臣附关系。仪、制，指制度，即中原华夏族制度还是四方夷狄制度。就服事来说，不分华夏、中外是相同的，即"同服"；就制来说是不同的，华夷不同制。这在古代都是存在的。《尚书·益稷》："弼成五服，至于五千，州有十二师，外薄四海。"又《周官》："六服群辟，罔不承德。"五服指甸、侯、绥、要、荒。六服指《康诰》中的侯、甸、男、邦、采、卫。蔡沈注："六服诸侯之君。"古制分王畿、四方（诸侯国）、四海（夷狄），则六服属四方诸侯国，不包括畿内之服与四夷之服在内。《周礼·夏官职方氏》中侯、甸、男、采、卫、蛮、夷、镇、藩九服，皆属畿外，其中以《康诰》验证则少邦服，而蛮、夷、镇、藩当是四夷的四服。

《荀子·正论》对服与制的记载："故诸夏之国同服同仪，蛮夷戎狄之国同服不同制。封内甸服，封外侯服，侯、卫宾服，蛮、夷要服，戎、狄荒服。甸服者祭，侯服者祀，宾服者享，要服者贡，荒服者终王。日祭，月祀，时享，岁贡，终王，夫是之谓视形执而制械用，称远迩而等贡献，是王者之至（制）也。"依此封内（土畿内）甸服（王田）；封外（畿外）侯服，侯、卫宾服。侯指侯圻，卫指卫圻，由侯圻到卫圻，其间凡六圻，（据《康诰》即侯、甸、男、邦、采、卫；一说五圻当误）。总谓之宾服。蛮、夷、戎、狄各为一服，即《周礼》之蛮、夷、镇、藩。章诗同《荀子简注》谓"侯、卫是侯服之外中国以内地带"，当即"诸侯之君"，在王畿外，四夷之内的中国地带，即《康诰》中的六服之地。按王畿地方千里，即所谓"邦畿千里"。畿内以五百里为一服应有二服，即封内甸服（畿甸）、侯服（侯畿）。畿内二服，诸侯国六服，四夷四服，是得十二服。这种同服、不同制及共同臣服朝贡制是"春秋大一统"内容之一，与分封、朝贡制的遗留是分不开的。

5.尊王攘夷是为维护"春秋大一统"的一种方策，是"春秋大一统"分华夷、中外所需要的。

"前春秋大一统"，明显具有这个时期的特点，主要表现在：

1．"前春秋大一统"，是继奴隶制之后的封建制之初出现的。在战国时确立了封建制度，封建制度取得了在社会发展中的主导地位，但伴随着封建制的确立和发展，奴隶制的私人所有制也随着土地国有制解体而出现和得到发展，出现奴隶制与封建制并行发展的情况，经过对奴隶制的限制、打击，特别是东汉初光武帝刘秀废除奴隶制，奴隶制由与封建制并行转化为封建制的辅助形态而存在。由于奴隶制的残存以及封建制自身的役使关系带有农奴制的某些特点，直接影响到"春秋大一统"带有严重的奴隶主的意识。封建贵族统治者，继承了奴隶主贵族的意识，继续用人禽关系看华夏与夷狄，即不把夷狄看成是人，看成是无礼义的"禽兽"。与此同时，奴隶制时代的分封朝贡关系经过改造而被保留下来，"同服同仪"与"同服不同制"依然存在。对待中国以外的四方少数民族，依然以服事关系使之臣服于中原王朝，这种臣服有的以氏族部落形式臣服，有的以地方政权形式臣服，是这个时期"春秋大一统"的一个明显的特点。

2．"前春秋大一统"，是把神权与封建专制主义、中央集权制结合而建立起来的。马克思主义史学家前辈吕振羽对此已有深刻论述，他说："董仲舒一方面从神学上说明君权神授说与君权高于一切的神学根据，一方面则转入到政治论中，同样从神学上去申述其'大一统'的见解，然而董仲舒却又以《春秋公羊传》作依据而申说的。……从'春王正月'一语，一面引申到神学的领域，一面又引申到政治学的领域，以致曲述其政治之神权的内容。从而归结到'大一统'的专制主义的结论。"⑧把"春秋大一统"引申到神学和政治学以及与君主专制和中央集权制结合进行封建的政治说教，是这个阶段"春秋大一统"的特点。

3. "前春秋大一统"，严分华夷、中外，"贵中华，贱夷狄"。不许少数民族入居中国，更不许为中原主，强调攘夷，即使入居中原，也主张徙其于中国之外居住，敌视夷狄的思想表现特别强烈，维护以汉族为中原王朝统治的地位。这时的一统与正统密切结合，只有华夏汉族为正统，就是"变夷为夏"而且已统一天下的秦也不被视为正统，只有华夏（汉）才是正统，少数民族不能成为正统，更不许在中原一统天下。这也是此时"春秋大一统"所表现的重要特点。

4. "前春秋大一统"，与旧儒学密切联系在一起，更与董仲舒的儒学相关联，更确切地说是对董仲舒"春秋大一统"思想的继承，伴随着董仲舒儒学的地位而发展变化，富有浓厚的神学色彩和种族的色彩。

"前春秋大一统"阶段，随着民族关系的变化，民族意识在变化，少数民族入居中原，汉族在中原统治的民族结构发生了新的变化，特别是入居中原的民族相继兴起，"前春秋大一统"的思想、内容都在发生新的变化。于是"前春秋大一统"便进入"后春秋大一统"阶段。

二、"后春秋大一统"

"后春秋大一统"始于五胡十六国，经北朝，而发展于隋、唐。"后春秋大一统"代替"前春秋大一统"，是与当时历史的发展变化相适应的。五胡十六国在中原的出现，是当时民族在意识形态上的一次大觉醒，是对"前春秋大一统"统治规范和模式的一次破坏。从"前春秋大一统"的观念看，是"五胡乱华"，实际上是乱了只有汉族为天下主的华，变成多族的华。但这时还只能在北方中国建立封建割据的政权，只能给"前春秋大一统"的思想以有限的破坏。南北朝是在中国（中原）第一次出现两个中国，出现南北两个不同的"春秋大一统"的体系。北朝是在五胡十六国变化的基础上形成以少数民族实现对北方统一的"春秋大一统"的体系，在南朝基本上是对"前春秋大一统"的继承。南北朝是高于战国、三国、五胡十六国的分裂，低于"天下一体"的统一，处于这两者之间的一种过渡形式。

南北走向统一，是由北方统一南方，主要的原因是北方社会的发展和改革更有过于南方。在北朝以前实行限田和制止土地买卖，扩大土地的国有制，按丁收地税，重人头不重田亩，以强制手段收取定额租税。这是受奴隶制的影响。从北魏起，国家在法律上明文规定部分土地的私有权，不受国家干预，自由买卖。[9]北魏时课租的比重缩小，到唐时便演变为单收地税，其发端则在北魏。北魏孝昌二年许百姓"借贷"均田以外公田，是国家所实行的自由租佃。北齐释放奴婢，奴隶制由原来封建制辅助形式变成残余。西魏时苏绰公开提出反对从资荫门阀豪强中选官："今之选举者，当不限资荫，惟在得人，自可起厮养而为卿相，则伊尹，傅说是也。"[10]这是同九品中正制的决裂思想，也是新的科举制思想的孕育。北周已为实现全国的统一打下基础。隋、唐正是在北朝对南朝的统一中出现，它不是秦、汉统一的重演，而是在新的形势下一统天下的再造。

"后春秋大一统"的思想和内容与"前春秋大一统"相比较有新的变化：

1. "前春秋大一统，是孔子站在华夏族的立场上，以明华夷为准，提出"春王正月"，以肯定周天子总统天下政教的资格。依据这个原则，少数民族是绝对不能建正朔而为中原主的。进入"后春秋大一统"的标志，就是建正朔已不限于华夏（汉族），少数民族同样可以建正朔为中原主。这是对"前春秋大一统"的纠正，也是对"后春秋大一统"所出现的新标志的肯定。

（1）当时少数民族建国者从《孟子·离娄》中找到批判的武器，孟子说舜是东夷人，文王是西夷人，"地之相去也，千有余里，世之相后也千有余岁。得志行乎中国，若合符节，先圣后圣，其揆一也"。前赵（原称汉）刘元海说："夫帝王岂有常哉！大禹出于西戎，文王生于东夷，顾惟德所授耳。"前燕慕容廆说："且大禹出于西戎，文王生于东夷，但问志略何如耳。"这就是说不论出自于哪族，都可"君天下"，为圣人。主要看其"德"和"志略"，不因华夷而有所不同。董仲舒所赋予神学的"春秋大一统说"，被批判了。（2）他们依据孟子的思想"若合符节，先圣后圣，其揆一也"，都力行先王先朝的中原制度，以示是中原制度的合法继承人。（3）他们提出了新的"春秋大一统"思想，如后赵陈元达（后部人）对刘聪说："夫天生烝民而树之君者，使为之父母以刑赏之，不欲使殿屎黎元而荡逸一人"[11]。苻坚提出："今四海事旷，兆庶未宁，黎元应抚，夷狄应和，方将混六合于一家，同有形于赤子。"[12]这是不同于"前春秋大一统"的具有新内容的"春秋大一统"（"混六合于一家"）的思想发端。"后春秋大一统"不同于"前春秋大一统"的要点之一，就在于由华夏（汉）一族实现的"春秋大一统"变成由多族实现的"春秋大一统"。

2. "后春秋大一统"仍是分华夷的，即在中国（中原）的为华，在中原外的民族为夷狄，正因为如此，"后春秋大一统"没有超越"春秋大一统"的范畴。但同"前春秋大一统"相比发生了重要变化，这种变化表现在华夷两个方面。从华方面讲，当时入主中原的民族均是华，他们接受了《国语·周语》："皆炎黄之后也"的族属来源的思想，把本不属于华夏族的族，也自称是"夏禹之后""有熊氏之苗裔""有扈之苗裔""有虞之苗裔"，用以说明出自先圣先王之后。这虽属无根据的符合，却反映了各族在心理状态方面所发生的变化。说明这个时期的少数民族还没有发展为以本族自树而入中华之林的历史时期。从对中原以外的少数民族讲，苻坚提出要以一家的"赤子"关系对待各族。北魏孝文帝说："人主患不能处心公平，执诚于物。能是二者，则胡、越之人皆可使如兄弟矣。"⑬
苏绰是从"至公之理"讲人的问题，他说："天地之性，惟人为贵，明其
有中和之心，仁恕之行，异于木石，不同于禽兽，故贵之耳。"苏绰所讲
的是自然的人，生来"有性有情"。到唐太宗则公开提出夷狄也是人的思
想来⑭。从根本上与"前春秋大一统"夷狄为"禽兽"的陈腐观念区别出
来，对后来产生不可估量的影响。

3. "后春秋大一统"与"前春秋大一统"，在民族区域上都是分中
外的，即进入中原建立政权和北朝的统治者，仍把在郡县之外地区视为四
海，把中原视为中国。但从区域的内容看，特别是中原地区发生的变化很
大。中原的地区成为多族的地区，多制的地区，实际上它成为后来建立
"中华一体"政权和在全国实现"中华一体"政权的雏形。从四夷的地区
看也在发生变化，即变原来的氏族部落和地方政权的区域为羁縻州制度。
唐时在全国设两种府州制，即中原府州制和四方的府州制，视四方地区的
民族为国家新的编户⑮。

4. "后春秋大一统"，基本上还保留"同服同仪"和"同服不同
制"的特点。对少数民族主要实行臣服朝贡制度。

5. "前春秋大一统"由于以"非我族类，其心必异"的观念看待民
族问题，实行"尊王攘夷"的方策，攘夷狄于中国之外，"贵中华、贱夷
狄"，征战和亲，以安中国。"后春秋大一统"，这种方策仍被一部分人
所积极主张。但由于民族关系的变化，民族心理状态的变化，对"尊王攘
夷"问题也发生了变化，反对传统的"非我族类，其心必异"和"贵中
华、贱夷狄"的旧观念，主张"不必猜忌异类，盖德泽洽，则四夷可使如
一家""爱之如一"⑯。认为过去"征战和亲，无闻上策"，主张"各守
尔境，无相抄犯"，互不负约，"中国既安，四夷自服"，通过和解方式
解决民族争端，变原来的羁縻氏族部落和地方政权为羁縻州，减少割裂，
增强统一。"前春秋大一统"变成了新情况下的"后春秋大一统"。

"后春秋大一统"的特点是：

1. "后春秋大一统"，不是从原来奴隶制灭亡和封建制确立后发展起来的，而是在"前春秋大一统"内部发生了变化，出现了多民族为中国后发展起来的。在极大程度上，消除了奴隶制的影响和封建制的奴役制关系，发展了新的租佃关系，因而"后春秋大一统"在"大一统"内部的思想和内容方面都发生了新变化。虽然仍分华夷、分中外，没摆脱"春秋大一统"的规范，但已把四夷看成是人，把外看成是同属府州的不同部分。

2. "后春秋大一统"中的神学观念破产了，形成了一种新的意识，如德与仁的观念成为一种超过神的主宰的观念。与"春秋大一统"相结合的君主专制与中央集权制也在发生变化，由神主宰的天之子，变成以德武装起来的黎民与夷狄的父母，变成父母与赤子的一家关系。中央集权制发展为新的三省制，又开始把"春秋大一统"从神学中解脱出来。

3. "后春秋大一统"在严分华夷、分中外的方面发生新变化，由人禽关系变成人与人的关系，由此而构成的中外观念已不再是"前春秋大一统"时的观念。

4. "后春秋大一统"时的旧儒学已从各方面被批判，与"后春秋大一统"结合的是新出现和正在发展的新儒学。申述"春秋大一统"的旧儒学代表者董仲舒的思想，在五胡十六国时就已遭到严重的冲击，他的"春秋大一统"的神学和政治学说，已被各族皆可"君天下"的思想否定，特别是王道、德治、仁政的思想和"一轨九州，同风天下"[17]的思想，对后来都有重要的影响。

道统说的确立有两个方面：一是同佛、道斗争中抬高儒家地位，如北魏太武帝尊孔崇儒灭佛和北周武帝崇儒灭佛；二是从理论上提出道统雏形的是王通。仿佛教的法统说提出儒家道统说的是韩愈。在李翱复性说和援佛入儒前有西魏的苏绰和王通。而对旧儒学的神学观进行清算的是苏绰、王通。王通并首次系统提出王道、德治、仁教决定国家兴亡和社会变迁的思想。新儒学萌于王通前，成于王通，发展于唐中叶韩愈、李翱。"后春秋大一统"是与新儒学思想的孕育形成分不开的。如果说"前春秋大一

统"与汉代夫子董仲舒儒学有密切关系，那么"后春秋大一统"则与隋代
夫子王通儒学有密切关系。后者是对前者的批判而产生的。董仲舒"春秋
大一统"思想源于《春秋》之"春王正月"，而王通则源于《元经》。他
提出"《春秋》抗王而尊鲁，其以周之所存乎！《元经》抗帝而尊中国，
其以天命之所归乎！"⑱《春秋》是尊华夏，而王通则说："夷狄之德，
黎民怀之，三才其舍诸。"⑲

　　"后春秋大一统"与"前春秋大一统"，是发展中的一个时期的两
个不同阶段，由"前春秋大一统"到"后春秋大一统"都属于"春秋大一
统"的范畴。再进一步发展，便进入"前中国一统"的时期，其变化要比
此前更深刻得多，不仅表现在一统观的不同，更重要的反映封建社会内部
已发生局部的质变，由此而分为封建社会的前期与后期的不同。

三、"前中国一统"

　　"中国一统"，是与"春秋大一统"不同的一统。一般地讲，"春
秋大一统"是与"天下一体"时期相适应的，"中国一统"是与"中华一
体"时期相适应的。"前中国一统"是指元以前尚未实现全国性的一统，
是由"后春秋大一统"向"后中国一统"的过渡时期。因称之为"前中国
一统"。

　　"前中国一统"与"后春秋大一统"相比，从社会的各个方面都发生
重大变化。唐朝是"春秋大一统"发展的最后一个王朝，也是"春秋大一
统"发展的极盛时期，既是对"春秋大一统"的历史总结，又是对"中国
一统"历史的孕育，因而是个承前启后的时代。"前中国一统"是在唐的

基础上发展起来的，虽然还处于分裂的时期，但是在发展上都超过了唐，而且在分裂中孕育着"后中国一统"的到来。"前中国一统"包括辽、宋、金、西夏时期，它摆脱了封建社会前期旧模式的束缚。其主要内容是：

1. 这时各地区、各民族基本上进入封建制，缩小了中原与地方的民族间的经济发展的距离。国家对于土地的干预以及土地经营的强制削弱，租佃制发展，中小土地的经营发展，已由私人官僚地主代替了士族门阀地主，大有向近代经济推移的趋势。农民对土地的要求和斗争也强烈起来，少数民族的发展进入了一个新的时期。北朝上升为宗主，在中原以汉族为主统治时期被以少数民族为主统治时期所代替。

2. 这时极大地改变了"春秋大一统"时期"天下国家一体"的格局。在全国范围内出现多王朝与列国、列部的时期，在辽与北宋为南北朝时，除辽、北宋王朝外尚有西夏王朝、黑汗王朝的并存。地方政权发展为列国，主张不再以僭伪对待，同视为列国。金与南宋为南北朝时，除宋、金王朝外，尚有西夏及西辽王朝与之并存，列国、列部与之并存。每个王朝都是一个中国。虽然在宋还保有"春秋大一统"但正在变羁縻州为中国之藩篱。或直接变为州县；或设城、寨、堡等驻防军事据点：或任土酋为官，建士兵；或"纳土承赋租，比之内地"[20]。从少数民族社会内部看已不少"衣冠宫室，一皆中国，四民迭居，婚姻相袭，耕桑被野，化为中华"[21]。"政和以来，绪风渐盛，家诗户书，号为礼义之邦"[22]。一些地方民族政权，自唐以来就与中原"车书本一家"，渐染华风，成为中国型政权。

3. 由于统一趋势的发展，势必要强化君主权力，同时也使三省制向一省制发展。三省制发展为以一省制为中心的三省制，到金海陵时便废中书、门下二省，只存尚书省。同时在金朝设的行台省，是为临时军事行动需要而设，是后来在府州以上的一级地方行政机构的雏形。在这时的封建割据性削弱，一是消除了历史上出现的战国、三国、五胡十六国、五代十国那样的分裂，从一国中也消除了像辽那样的南北制度，但是还没有消除南北朝的分裂。在经济、政治、文化发展中出现以中原华夏制度为核心的包括各族经济、政治、文化在内的不分华夷皆是国人，不分中外皆是一家的新情况。

"前中国一统"，不同于"后春秋大一统"，主要表现在：

1. "中国一统"与"春秋大一统"的依据与标准不同。"春秋大一统"是依据《春秋》"春王正月"建立起来的。到王通时则以王道的标准代替"春王正月"的标准，把王道提高到一切标准之上。他所依据的不是《春秋》，而是《元经》，不是以《春秋》一国之书约诸侯以尊周天子，而是以《元经》天下之书，以明神器之有归，在各国各自称帝的情况下，他认为近于王道国家君主的有晋、宋、北魏、西魏和隋，而梁、齐、陈不能称帝，把北朝视为"正体"王朝。这是对"春秋大一统"的尊王思想的纠正，确定了以王道定北朝为"正体"的思想。但实际上还未消除华夷、中外之分。韩愈所提出的道统说，又为"前中国一统"提出了新的依据，特别是北宋司马光反"正闰观"的思想，把一统、道统与正统统一了，确定不分民族、只要以王道仁政一天下，继承同一道统的都是正统，都是华夏，都是中国。这是了解"春秋大一统"与"中国一统"的关键。如果仍以"春秋大一统"的依据和标准研究"中国一统"时的一统问题，必然会导致宋是正统，辽、金不是正统；宋是中国，辽、金不是中国的不正确看法。

2. "前中国一统"时，在对待华夷的问题上继承了夷也是人的思想。这时建立王朝的民族已逐渐摆脱以本族符合为"炎黄之后"的做法，而是直截了当称自己是某一族之后，表现出民族的自树心和在同一中国中求进步的思想。在一国中不以人和"禽兽"分华夷，同是"国人"；但不否定同是中华、中国的同时，在中华与中国之内仍有民族的不同。"华夷一家"，用现代话说就是"中华民族的大家庭"。

3. 政治上的一统则导致区域上的一统，不分中外，一体于中国。辽在全国设五京，把区域统一起来，但在官制上分南北。金朝打破了南北之分，"今天下一家，孰为南北"[23]。同样以五京之制统一全国。在中原有少数民族，在少数民族地区有中原汉人，不同地区、不同的民族皆纳入统一的中央制度之下，形成统一领导下的不同设置。以民族分中外，变成了中原与地方设置不同。

4. "前中国一统"还保留贡纳制，但已以羁縻建置的形式出现并且在转化，被纳入在当地设置机构管辖之下，原来的贡献逐渐变成一种赋租和役使的关系。中外的统属关系变成一个统一国家内的关系。

5. "春秋大一统"的"尊王攘夷"，到辽、金已失去其作用，因为各族同是一家，同是国人，已成为中国内的关系。在宋朝仍沿袭"春秋大一统"的观念，用"尊王攘夷"以拒少数民族入中国，但是也不断失去效用，而是内地州县有夷狄，少数民族地区与汉人交错、环居，且直接纳入当地设置之下。"尊王攘夷"变成了不灵的武器，就是其王朝自身也是事辽、金王朝的。

"前中国一统"是向"后中国一统"的过渡时期。确立了"后中国一统"的发展基础。"前中国一统"具有这个历史阶段发展的特点：

1. "前中国一统"是在过去士族门阀地主转化为官僚地主之后，出现多中国王朝、列国的背景下出现的，在很大程度上消除了过去封建割据状态，加强了新的统一，它已在发展中基本上摆脱了"春秋大一统"的历史范畴。

2. "前中国一统"已不再是与神学相结合。张载提出："民，吾同胞；物，吾与他。大君者，吾父母宗子；其大臣，宗子家相也。尊高，所以长其长；慈孤弱，所以幼其幼。""民，吾同胞"否定了华夷为人禽之分的旧道理。大君有三解，即天子、天帝、长子。在此为天子（皇帝），"吾父母宗子"的父母当是"父母国"之意，即吾所生国嫡长子，此与下句"其大臣，宗子家相也"的意思正合，只有"吾父母"的嫡长子才能为大君（天子）。这就是说，作为政体内容之一的君、臣、民的关系的申述已失去了神的色彩。自王通以来强调的天命道德思想，实际上不是以天命为转移，而是以德为转移；不是以汉族为转移，而是以多族为转移。这种思想正是辽、金时的主体思想。强调以德为准的一统，是"春秋大一统"与"前中国一统"的不同特点。

3. "前中国一统"与"春秋大一统"不同是在于"春秋大一统"在"天下一体"中分华夷、分中外的区域割裂思想，而"前中国一统"是在"前中华一体"内不分华夷、不分中外的区域一体思想。不分华夷并不是说没有华夷不同，而是不分华夷为人禽，拒华夷于中国之外，使华夷、中外一统于一个中国之内。"春秋一统"时期，经由五胡十六国、南北朝最终还是以汉族建立统一的多民族的"天下一体"结束，而"前中国一统"再也没有出现这样的分裂而且最终是以蒙古建立的统一的多民族的"中华一体"而结束，巩固了以少数民族为中国的统治民族地位。

4. "前中国一统"的帝王不是按"春秋大一统"的模式树立起来的，而是按王道、德治、仁政的模式树立起来的，金世宗便是这样被称为"小尧舜"的政治人物，反映了"前中国一统"时的政治特点。当时所要求的君，便是这种不分华夷、不分中外，皆是中华、皆是中国的君。

"前中国一统"虽然脱离"春秋大一统"的范畴，但并没有发展为全国性的"中国一统"，"春秋大一统"还不同程度地被保留。

四、"后中国一统"

"后中国一统"是对"前中国一统"的继承和发展，是在统一"后中国一统"的诸王朝、列国、列部的分裂中出现的。它始于元，发展巩固于明、清。"后中国一统"不同于秦、汉与隋、唐的一统，主要的区别在于

秦、汉、隋、唐是统一的多民族的"天下一体"国家，元、明、清是统一
的多民族的"中华一体"国家。

"后中国一统"在社会发展的整体上已走上统一，比历史上过去任何
一个时期都更彻底地消除经济政治上的分割状态。在研究元朝的一统中，
由于受传统的"春秋大一统"的旧观念的影响和束缚，把研究问题的基准
放在"异民族"的入侵上，强调蒙古族的"落后"和"野蛮"，把元朝统
治下的中国社会归结为自始至终的破坏、摧残、倒退。而忽视了更重要的
一方面，即元朝统治下同样是经过破坏、恢复发展和再破坏的不同阶段；
忽视了元朝统一的历史重大意义。元代是我国历史上第一个统一的多民族
的中国。它不是一体之外的民族灭亡中国，而是一体内的民族担负了变中
外为统一的中国，由过去以中原为中国或以诸王朝分裂的中国，变成统一
的中国，这是了解元朝一统的基准和立足点。

统一的基础有两种：一是"春秋大一统"时分中外的统一；二是"中
国一统"时不分中外的统一。"中国一统"已具有经济、政治上的同属
性，即基本上已经发展为同一经济政治形态。但在同属中仍有类型和发展
不平衡的差别，民族的差别乃至区域的差别。其根本点是统一在一个中华
和中国之内。

"后中国一统"也有开创、发展和巩固的过程。历史的发展既有联
系又有变化。中国有自称和他称的不同，元朝是自称中国的时期，它包
括了"天下一体"内中外的绝大部分。"天下一体"时的外，有一体内的
外，有一体外的外。元时的外是指一体中国外的外，即中国的邻国。元从
历史的传统上把这样的外视为"四海"，而把"春秋大一统"时一体内的
中外均视为中国了。明的统一是不完善的，由于国力与政策的关系，把
元时的部分地区未纳入中国。但较元有了很大发展，既自称中国，邻国亦
称为中国，中国发展为中外的称呼。清朝是统一更加完善和巩固的时期。
它既克服了明朝发展不完善的弱点，又从各方面发展巩固了一统。清朝把
一统的大业并不全归功于自己，而看成是从元朝开始建立的。"如有元之

混一区宇，有国百年，幅员极广。其政治规模，颇多美政，而后世称著者寥寥"[24]。清朝把各族纳入一个中国之内。玄烨《塞上宴诸藩》："万里车书皆属国（在此意为领土），一时剑佩列通侯（意即同为中国内的封爵）"[25]。

"后中国一统"的内容是一个中国的一统内容，对传统的"春秋大一统"的批判是重新深刻的批判。

1. 一统的思想在于尊王，又由尊王而尊帝。王通在对天人感应论的批判基础上提出历史进化和道德史观，把德提高到天命之上，天命无常，不分华夷，归于有德。提出尊道不尊帝和反僭伪思想。这些思想不仅影响了"后春秋大一统"，而且成为"前中国一统"确立的理论基础。"后中国一统"变"前中国一统"为全国的一统。元世祖摆脱了过去"春秋大一统"影响，如秦、汉以初起地名，隋、唐以所封爵邑名，而元则取《易经》"乾元之义"，建国号为元，"称义而名"[26]。这也影响了明清的国号命名。"后中国一统"是对多民族中国的思想的全面继承，清世宗是集大成者，并有新的发展。对"春秋大一统"思想的清算是有力的。

2. 从全国的范围内树立和巩固了"华夷一家"的思想。元世祖立国的宗旨是"天下一家"。朱元璋说："昔胡汉一家，胡为主宰"，"迩来胡汉一家，大明主宰"[27]。"人君视天下犹一家"，"华夷无间"，"一视同仁"[28]。据《明实录》记载，明成祖也具有朱元璋相同的华夷一家，不分彼此，蛮夷与中国无异的思想。在明代也是一种主要的思想。清世宗反对当时汉族中固守"春秋大一统"的旧观念，主张"自古中外一家"[29]。他反对以人禽分华夷，"不能以地之中外分人禽之别""非生于中国为人，生于外地者不可为人也"[30]，他认为中华与夷狄没有两个天地，不管是"中国之人"和生于中国（中原）之外的人，从伦理道德上讲，都有人禽之分，就是"中国之人"有不知君臣之义的，则是"汉人之禽兽"。他以伦理道德观代替陈腐的人禽观，以封建唯心主义的伦理道德观对带有奴隶主残余的旧的封建唯心主义意识进行清算。

3．"后中国一统"在全国范围内树立和巩固不分中外同是中国的思想。"内诸夏而外夷狄"与分华夷一样，都是"春秋大一统"的正统观念，从这种思想出发，在"后中国一统"时产生了极为反动的种族主义思想。王夫之有他的进步思想，但在民族问题上是个守旧者，他提出对国内的少数民族，"歼之不为不仁，夺之不为不义，诱之不为不信"[31]。在区域上由于过去在一体内分中外到一体内不分中外，皆是中国，这是历史发展的趋势。不分中外，是"后中国一统"时的主要思想。中华各族人民是向往中华的，不仅各民族自己经常表述其渴望，就是汉族王朝出使者也看得很清楚。我国是"中外久一家"的，"天下一体"时是分中外的"华夷一家"，"中华一体"时则是不分中外的"华夷一家"。在历史上夷有二义，写作"夷"是指族类，写作"裔"是指地域，即边疆地区。《文献通考》改四夷为四裔，即变族类之称为地域之称。清世宗则进一步提出"然则夷之字样，不过方域之名"，"本朝之为满洲，如中国之有籍贯"[32]。

4．从隶属关系看，已不再是分华夷、分中外的服事之关系，而是"中华一体"中的中央与地方的关系。

5．"尊王攘夷"是"春秋大一统"的思想支柱，历朝的"春秋大一统"论者都是站在华夏族立场上主张"尊王攘夷"，但是到"中国一统"时已经失去了它的号召力，也失去了它实际存在的意义。元世祖不讲《春秋》讲《易经》"乾元之义"。实际是为"后中国一统"立意。清世宗则以《春秋》反"春秋大一统"，他认为孔子作《春秋》其旨义不在"尊王攘夷"，而是为"君臣、父子之大伦，扶植纲常，辨定名分，故曰：孔子成《春秋》，而乱臣贼子惧"[33]。"后中国一统"对"尊王攘夷"的批判，没有超出封建时代的意识，只不过是由过去尊华夏的君，变成尊各族的君。但由分华夷分中外到不分华夷不分中外看，毕竟还是反映了"春秋大一统"与"中国一统"的变化。

从"后中国一统"的内容看，是由过去的一统发展而来的，但与"春秋大一统"和"前中国一统"相比较，都有不同的特点。其与"春秋大一统"的关系是彻底决裂；与"前中国一统"是继承发展。这表明一统在封建时代已发展到最后阶段。

1. "后中国一统"，不仅是对"前中国一统"的继承和发展，也是对封建时代前期和后期发展的最后总结。我国历史的发展并没有停留在"春秋大一统"时期，它最终在发展中冲破种种旧意识的影响和制约，而重新选择，由新的一统代替了旧的一统。合一体内的中外各民族于一家，合一体内的中外制度于"一道同轨"，形成"中国成一统之盛"㉞。我国老一辈的史学家运用马克思主义的唯物史观结合我国的历史实际概括为"统一的多民族的国家"。

这样统一的多民族中国，不始于秦统一，也不始于鸦片战争前，而是始于元。在历史上虽出现"春秋大一统"和"中国一统"，它并未改变社会的封建性质。同今天的统一有本质的区别。有人把今天的统一视为历史上的"春秋大一统"是种族思想上的反动。"春秋大一统"与"中国一统"同今天的一统以及同近代统治阶级所主张的一统，都是根本不同的。统一有不同阶级的统一，毛泽东同志曾指出："统一必以团结为基础，团结必以进步为基础；唯进步乃能团结，唯团结乃能统一，实为不易之定论"㉟。

在历史上有以华夏族为中国的"春秋大一统"的统一，有以不分华夷为"中国一统"的统一，前者是建立在一个民族的团结、进步之上的，后者是建立在各族的团结、进步之上的。因在阶级社会中不可能有真正的民族和人民团结、进步的统一，只有今天共产党领导下才有各民族和人民真正团结和进步的统一。这是了解"后中国一统"时代的特点的精神所在。

2. "后中国一统"不仅从历史上消除中外的分割、五胡十六国、五代十国的分割，也消除了南北朝的分割，进入了合则强、分则亡的新的历史时期。统一是历史发展的必然趋势。维护民族团结、人民团结、民族进步、人民进步是统一的基本要求。

3. "后中国一统"，是全国范围内不分华夷、不分中外，同是中华，同是中国，这是历史一大进步，而不是历史的倒退。而主张重新恢复到"春秋大一统"时的统一才是倒退。

4. "后中国一统",是建立在新儒学兴起和发展后的理论指导之上的。思想的从新,是"后中国一统"得以发展的思想基础。用旧儒学看"后中国一统"是格格不入的。"春秋大一统"和"中国一统"是历史的产物,都在不同时期起过它所应起的作用。没有"春秋大一统",不可能有后来的"中国一统"。没有华夏族的觉醒和统一,不会有"春秋大一统"的局面,没有各族的觉醒和统一,没有以汉族及其文化的主体和核心,也不会出现"中国一统"的局面。董仲舒把"春秋大一统"说成是天经地义、不变的;而实际变了。后来的统治者何曾不把"中国一统"看是不变的;但是也变了。在中国共产党领导下的统一,各族人民团结和进步的统一,是真正的统一。今天是各族人民共和国的统一,不是把统一再交给旧统治者的统一;是独立自主的统一,不是作他国的附庸的统一;是以马克思主义为指导的统一,不是形形色色的唯心主义的统一;是社会主义的统一,不是资本主义的统一。这就是今天的一统不同于过去任何历史时期的一统。

注:

①〔汉〕何休注,〔唐〕徐彦疏:《春秋公羊传注疏》卷10《僖公四年》,上海古籍出版社,1990年。

②〔汉〕何休注,〔唐〕徐彦疏:《春秋公羊传注疏》卷15《成公十五年》。

③〔周〕左丘明:《春秋左传》卷11《定公十年》。

④程俊英译注:《诗经译注》小雅《北山》。

⑤⑥⑦《汉书》卷56《董仲舒传》。

⑧吕振羽:《中国政治思想史》,生活·读书·新知三联书店,1949年,第258~259页。

⑨《魏书》卷110《食货志》;〔唐〕杜佑:《通典》卷2《田制

下》。

⑩《北史》卷63《苏绰传》，中华书局，1974年。

⑪《晋书》卷102《刘聪载记》。

⑫⑰《晋书》卷113《苻坚载记上》。

⑬［宋］司马光：《资治通鉴》卷142，永元元年四月丙午条。

⑭⑯［宋］司马光：《资治通鉴》卷197，贞观十八年十二月戊午条。唐太宗说："夷狄亦人耳，其情与中夏不殊。"

⑮［宋］司马光：《资治通鉴》卷198，贞观二十二年二月戊午条。唐太宗谓侍臣曰："汉武帝穷兵三十余年，疲弊中国，所获无几；岂如今日绥之以德，使穷发之地尽为编户乎！"

⑱［隋］王通：《文中子中说》卷8《魏相》。

⑲［隋］王通：《文中子中说》卷1《王道》。

⑳《宋史》卷495《蛮夷传三》。

㉑［宋］王象之撰：《舆地纪胜》卷180《南平军》，中华书局，1992年。

㉒［清］杨庚、曾秉让纂修：《嘉庆长宁县志》，载《中国地方志集成——四川府县志辑》（第34册），巴蜀书社，1992年。

㉓《金史》卷78《刘筈传》。

㉔㉚㉜㉝［清］雍正皇帝编纂，张万钧、薛予生编译：《大义觉迷录》卷1。

㉕玄烨：《塞上宴诸藩》，载布尼阿林等选注：《承德历代风景诗选》，文化艺术出版社，1987年，第20页。

㉖《元史》卷7《世祖本纪四》。

㉗［明］火原洁、马沙亦黑：《华夷译语·诏阿札失里》，明经厂本。

㉘《明太祖实录》卷117，洪武十一年二月辛未条、卷53，洪武三年六月丁丑条、卷134，洪武十三年十月丁丑日。

㉙《清世宗实录》卷83，雍正七年七月丙午条。

㉛［清］王夫之：《读通鉴论》卷4。

㉞［清］雍正皇帝编纂，张万钧、薛予生编译：《大义觉迷录》卷2。请参看郭淑云：《从〈大义觉迷录〉看清世宗的民族思想》，《北方民族》1988年创刊号。本文写清世宗部分即参考其文。

㉟毛泽东：《向国民党的十点要求》，载《毛泽东选集》（第二卷），人民出版社，1991年，第722页。

第三章　"中华一家"论

　　"中华一家"是就历史上的多民族的一家而提出的，它是由"天下一体"的民族一家发展为"中华一体"的民族一家。一家的含义，就民族来说是多方面、多层次的，有同一族属内的各族，称为一家；有属于不同系统的各族，称为一家；有属于不同族所建立的政权或王朝称为一家；有属于一个中华内的各民族，称为一家。"中华一体"的民族一家是民族一家发展的最高层次，它与"天下一体"的民族一家既互相联系又互相区别，互相联系是民族一家的基础，互相区别是民族差异的依据，其基准是一体。

　　研究中华民族一家的历史，对了解历史的过去和现实都有重要的意义。

一、"前天下一体"的民族一家

　　"前天下一体"，包括奴隶制和封建制确立的战国时期，是由夏、商、周诸族的更替到华夏族的形成时期。从政治体制看，是由奴隶制的王权制的"天下一体"向统一的多民族的君主专制的"天下一体"的发展和过渡。在华夏族形成以前，虽然已是多民族国家，但还没有形成稳定的统一民族的称谓。民族共同体的发展，由最初的原始群发展为氏族部落共同体，又由氏族部落共同体发展为部族共同体。部族共同体高于部落共同体而又低于统一民族共同体，部族制还没有消除氏族部落制的存在，但它已与地域性的村落组织结合，部落变成具有地域特点的部落。在我国历史上，部族制"自颛顼以来，天子之号以其地，百官之号以其事"①开始。"以其地""以其事"，是对"以其德""以其徽"的一次深刻的社会变革。部族制还是分散的不统一的，分散的诸部族经由军事部落联盟结合为一个统一民族，而与国家同时产生。

夏族、商族、周族是相继出现的统一民族，到春秋时，以夏、商、周族为主，融合其他诸族，形成一个更高层次的华夏族（汉族的前身）。华夏族的形成标志着中华民族的新觉醒，民族的自我意识的增强，与此同时华夏与夷狄的分异的意识也强化起来。在西周时，出自西部民族的周，就自觉强化夏的意识，自认是夏的后裔，提出有天下者不依天命而是尚德裕民，"我求懿德，肆于时夏"②。思文后稷，克配彼天。立我烝民，莫菲尔极。贻我来牟，帝命率育。无此疆尔界，陈常于时夏"③。"惟乃丕显考文王，克明德慎罚，不敢侮鳏寡，庸庸，祗祗，威威，显民，用肇造我区夏"④。这种意识的发展有利于华夏的形成。华夏族的形成，要求以华夏为中原的统治民族。在明华夷的原则下，在一体之内分华夷、分中外，构成一体内一家的关系。

"前天下一体"的民族一家，与当时"天下一体"的政体结构是分不开的。主要表现在：

1. 在奴隶制时代，把王所辖的"天下"分割为一个部分，即王畿、四方、四海。王畿是王所在的京城地区，是全国的中心。四方指王畿外诸侯国地区，由王畿、四方构成一个中国。四海指四方诸侯国以外的四夷地区。在王畿、诸侯国内又按照征服民族与被征服民族组成都鄙、国野的不同民族区，征服民族居于都、国，被称为君子、国人；被征服民族居于鄙野，被称为小人、野人。其特点是在中国之内也分民族的不同地区。在奴隶制解体中，都鄙、国野制度破坏，出现新的郡县制以统一中国，拒四夷于中国郡县之外。华夏居中国为华，四夷居四海为夷狄。中国与四海，华夏与夷狄为一家，此即"四海之内皆兄弟"。

2. "前天下一体"民族一家构成的特点，主要表现在两个方面：一是"非我族类，其心必异"的族类划分的原则，华夏族属于一个族类，而夷狄不属于华夏族的族类，于是孔子提出"明华夷"，对华夏与夷狄要严格区别，"裔不谋夏，夷不乱华"。二是"内诸夏而外夷狄"的区域划分的原则，中国是属于华夏族居住地区，四海是属于夷狄居住地区，夷狄不能入居中国，主张"尊王攘夷"。在一家中分华夷、分中外，是"前天下一体"时民族一家构成的基本特点。

3. "前天下一体"的民族一家以分华夷、分中外为特点，因此当时对待一家内的华夷的重点在于分，以分为前提而存合，而不是以合为前提而存分，这是"天下一体"与"中华一体"的民族一家的重要区别。礼的本义在于别，因此以周礼作为分华夷、分中外的理论。人类的发展，起初生活与禽兽差别不大，后来区别人与禽的不同主要是礼，有礼者为人，无礼者为"禽兽"。奴隶社会，不把奴隶当作人，而以人禽的关系区别奴隶主与奴隶。同时把这种人禽的观念应用到民族上，视华夏为人，夷狄为"禽兽"。春秋时一些统治阶级代表人物，充分地表述了他们这种奴隶主的意识，"戎狄豺狼，不可厌也；诸夏亲昵，不可弃也"[5]。"戎禽兽也"[6]。"狄，豺狼之德也"[7]。"夫戎狄冒没轻儳，贪而不让。其血气不治，若禽兽焉"[8]。

孔子从这种奴隶主意识出发，以周礼为区分华夏与夷狄的标准，行周礼者为华夏，不行周礼者为夷狄；行周礼者为人，不行周礼者为"禽兽"。由这个标准出发，强调华夷之别，中外之别以及制度和地位的不同。正因为如此，在民族一家中"贵中华，贱夷狄"，视为天经地义。

4. 华夷尽管在奴隶主看来有人禽的不同，但都在"君天下"的一体之内。华夷是一体中的华夷，中外也是一体中的中外。从礼的不同以别华夷，但又从服上把他们统一在一起。即区别人禽的标准是礼，而华夷同一的标准是服。不分华夷、不分中外对君天下的君来说是同服的，同服是华夷、中外为一家的依据和基础。服表现在经济上是一体内的物产的联系和互相为用。《荀子·王制》：“王者之法，等赋，政事，财万物，所以养万民也。田野什一，关市几而不征，山林泽梁，以时禁发而不税。相地而衰政，理道之远近而致贡，通流财物粟米，无有滞留，使相归移也。四海之内若一家，故近者不隐其能，远者不疾其劳，无幽闲隐僻之国，莫不趋使而安乐之。夫是之谓人师，是王者之法也。”从服制看，“理道之远近而致贡”是包括四海在内的。中国与四海、华与夷为一家，是建立在王者的“大神（大治）”的经济联系之上的，“北海则有走马吠犬焉，然而中国得而畜使之。南海则有羽翮、齿革、曾青、丹干焉，然而中国得而财之。东海则有紫紶鱼盐焉，然而中国得而衣食之。西海则有皮革、文旄焉，然而中国得而用之”。荀子把天下看成是人体与四胑（肢）的关系，“四海之民不待令而一”⑨。“四海之民”，即四夷之民，与中国为一家，接受王封，服事于王。由于服事与中国同，使“天下一体”内的华夏与夷狄成为一家，即“四海之内若一家”。

在“前天下一体”时，由于奴录制的解体，以及从奴隶制向封建制的变革，构成民族一家的内部关系也在各方面发生新的变化。由于奴隶制时代的都鄙、国野的破坏，因而君子与小人、国人与野人的关系变化了，奴隶变成一般编户或被封建关系役使的农民，征服民族与被征服民族的居住界限消除了。与此同时，华夷与中外的结构也在变化，由奴隶制的君天下、国诸侯、家大夫变成君天下、国郡县、家编户，“内诸夏而外夷狄”的关系并未因此而改变，但也在重新进行组合。这时各国经过改革，变奴隶制为封建制，变世卿制为官僚制，变中央为君主集权制，变地方为郡县制，并不断地融合国内各族于华夏族之中。那些原来不被视为诸夏的民族也被视为诸夏，不被视为诸夏的政权也被视为诸夏政权。这些多国的割据，是后来统一为一个中国的基础，秦统一六国的过程也就是由割据的多中国走向一个空前扩大的中国过程。中国的华夏族与四海的夷狄又在新的历史条件下重新组合，由"前天下一体"的民族一家发展为"天下一体"的民族一家。

在由"前天下一体"的民族一家向"天下一体"的民族一家变革中引起了思想意识的新变化。这种变化增强了贵民的意识，消除在人之间的自然属性中有不同的差别。孔子说："三军可夺帅也，匹夫不可夺志也。"⑩孟子说："圣人之于民，亦类也。""圣人与我同类者。"⑪孔子、孟子以礼别君子、小人及华夏、夷狄，但并未把华夏、夷狄看成有不可逾越的鸿沟。孔子欲居九夷，说："君子居之，何陋之有。"⑫孟子认为即使是西戎、东夷之人，其行政于中国，合符节，都是圣人。⑬这些思想是在社会变革中产生的，但在当时的历史条件下，并没有给社会带来民族一家不分华夷、不分中外的变化，相反地，仍是依据这个信条来稳定封建的"天下一体"的民族一家的关系。

二、"天下一体"的民族一家

秦汉统一，把天下的华夷、中外结成一个统一的多民族的"天下一体"的民族一家。《晋书·王导传论》："萧曹弼汉，六合为家"，形成统一的以中原华夏（汉）族为统治民族、四海夷狄为臣服民族的一家结构。从秦汉到隋唐，都是统一的多民族的"天下一体"的民族一家时期，大致可分为三个阶段，而在这三个阶段中，民族一家的内容和结构，随着历史的发展都发生不同程度的变化，但始终没有改变分华夷、分中外的格局。

　　第一个阶段，是从秦统一到西晋。一般地讲，这个阶段是以统一的多民族国家为主的时期，但也出现过分裂，分裂主要出现在华夏的内部，还没有出现华夏与夷狄在中原的大分裂。

　　这个阶段表现在"天下一体"中的民族、民族政权的类型与结构，以及民族的整体结构。具有以下的特点：

　　1．从民族类型的结构看，首先是在"天下一体"中把民族分为中国类型的民族与边境类型的民族。中国（中原）的民族，主要是指居住在中原郡县地区的民族，最初主要是华夏族，"至于始皇，遂并天下，内兴功作，外攘夷狄"⑭。秦分天下为三十六郡，后平百越，设闽中、南海、桂林、象郡四郡，共四十郡。所设郡有两种情况：一是设在原来诸夏国的设郡县地区；二是设在新扩展的少数民族地区。秦发五十万人守五岭；北击走匈奴，取河南，筑四十县城，徙内地罪人居住。在这样的郡县地区，是中原华夏人与当地的少数民族杂居。由此可见，中国郡县地区除华夏人外，仍有少数民族居住，特别是边郡。西汉武帝时设郡县的范围更向外扩展，设郡与属国，把边境民族不断纳入郡县地区，另外也有边境民族入居郡县。这样中国民族除华夏（汉）族外，还包括郡县内的其他兄弟民族。在郡县以外的边境民族，属于氏族部落、部族和统一民族的不同类型共同体的民族。由中国民族和边境民族构成统一的多民族的"天下一体"的民族一家。

　　2．从民族政权类型的结构看，此时在中国郡县地区还没有出现少数民族建立的政权，由少数民族建立的政权主要在郡县外的边境地区，不管是据地一方，还是与汉为南北，都属于地方性质的民族政权。中国的民族政权与边境的民族政权的区别是区域的不同，如匈奴与汉形成南北两个政权对峙的形势，但匈奴与汉不是对等的南北朝，匈奴政权不是建立在中原，而是建立在中原郡县以外的边境地区，即使匈奴政权曾使汉王朝臣服，但也不是中原政权，与后来在中原出现的南北朝在性质上是不相同的。地方民族政权与中原王朝在"天下一体"中为一家，匈奴在地方与汉为南北，是一家中的南北，民族也是一家中的南北民族。多民族不仅是中原王朝的特点，也是地方政权的特点。匈奴是多民族一家的国家，"诸引弓之民，并为一家"。匈奴与汉同样是一家内的两国关系，"先帝制：长城以北，引弓之国，受命单于；长城以内，冠带之室，朕亦制之"。"使两国之民若一家子"[15]。及至匈奴呼韩邪单于附汉，相约"自今以来，汉与匈奴合为一家"[16]。这就是说由一家两国变成一个国家内的一家。

3. 从民族的整体结构看，也就是以"天下一体"的整体民族结构看，是由上述的诸民族、诸政权而构成一个整体，即在一体内分华夷、分中外的结构。由多民族结成地方的四夷，由多民族结成地方政权；由多民族结成中原的中国民族，又由多民族结成中原王朝，并由地方的民族、民族政权一家与中原的民族、王朝结成一个统一的一家的整体结构，这就是天下一家。

第二个阶段，指五胡十六国、东晋到南北朝时的民族一家，是由统一的民族一家变成分裂的民族一家。这个阶段的民族分裂与以前战国、三国时的分裂不同，与春秋时多民族的分裂有相似的地方，但也不尽相同。五胡十六国是在中原的少数民族和进入中原郡县的少数民族在中原建立政权，在中原北部出现的多民族的封建政权割据，而南方是西晋王朝延续的东晋。这个阶段的民族类型、政权类型以及整体的民族结构发生了新的变化，这种变化有利于在中国（中原）朝着多民族的中国转化。

1. 从民族类型的结构看，这个阶段在中原郡县地区出现了汉族与进入中原的民族，共同组成中国民族的新时期。在北方出现两个不同层次政权下的多民族结构的类型。一是五胡十六国时多民族封建割据政权下的民族结构；二是北方统一的北朝下的民族结构。前者是分裂为多政权下的民族一家，后者是统一的北朝的民族一家。他们具有以下的特点：

其一，无论是多政权的封建割据还是北朝，都是由多系统的民族类型构成一家。由匈奴建立的前赵（先称汉），除汉族、匈奴人外，还有"六夷"的其他族人。由羯族建立的后赵，主要是羯人、汉人、鲜卑人，还有"六夷"及氐羌。由鲜卑族建立的诸燕、前凉、西秦，以前燕为例，除鲜卑人外，主要有汉人、丁零人、夫余人、乌桓人等。由氐族建立的前秦，除氐人外，还有汉人、羌人、屠各匈奴、鲜卑、丁零、夫余、杂夷、胡（西域人）、南蛮（巴蜀人）。由羌族建立的后秦，除羌人外，还有汉人、"六夷"。北朝则以拓跋为统治民族，包括北方汉人等各个民族在内的一个王朝。

其二，在北方出现了以少数民族为中原统治民族的新时期。在过去原出自少数民族而在中原建政权者有之，但他们多是变夷从夏，取得了诸夏资格之后而据中原，不是作为统治民族在中原出现。这个阶段，他们是以少数民族入主中原，成为中原的统治民族。

其三，这个阶段的中原民族结构，仍是以汉族为主体的民族，汉族在各族中占多数，只是汉族由统治民族变成了被统治民族。

其四，一般地讲，五胡十六国与北朝，并没有打破分华夷、分中外的民族一家，仍以中国和边境两个民族类型构成"天下一体"的民族一家。

2. 从民族政权类型的结构看，在这个阶段中，不只有汉族在中原建立多政权和王朝，又增加了少数民族在中原建立多政权和王朝。在中原北方由少数民族建立的政权，分封建割据与北朝两个类型，而在封建割据的政权中又分为不同的类型：一是两台省并存的类型，主要是前赵、后赵。刘渊设统治汉人的尚书台和统治六夷的单于台。后赵石勒以皇帝身份管汉人，称汉人为赵人；以石虎为单于元辅，都督禁卫诸军，统治六夷，亦是两台省之制。二是魏晋制的类型，主要是燕与前秦，是对魏晋封建制的继承和延续。三是州郡与军镇并存的类型，主要是后秦。由司隶校尉领州郡；中部都尉领军镇。四是军镇类型，主要是夏国。"芟郡县之名，尽归城主"[17]。军镇的特点有州牧之名，而无州县之实。它很类似后来辽之头下军州，但由于时代不同，在形成中有不同的特点。

从不同的类型分析也有相同的地方，州郡制是对中原汉制的继承，而具有本族特点的军事性的组织，也不同程度受魏晋以来中原坞堡组织的影响。

3. 从民族的整体结构看，因为这个阶段处于一体的分裂与南北朝时期，民族一家的构成与统一的"天下一体"时有所不同。在类型的划分上仍是分中外的两个大类型的民族，从中国类型看，出现了以汉族为主体的多民族为统治民族的中国。从北中国看，是由多民族为统治民族结合为民族一家，在民族的思想意识上发生很大变化，是对传统的"春秋大一统"的破坏。从南中国看，基本上是对过去汉族建立的王朝的继续，仍是汉族为统治民族，思想意识的变化也远不如北朝。在中国以外的四海地区的民族，因为在中原政权的变化，他们分别隶属于不同的政权和王朝，并以此保持与中国的民族一家的关系，分别属于不同的氏族部落、部族和统一民族的类型。

由于一家内的民族关系的变化，民族思想素质的提高，民族间的平等联合的意识加强，民族的觉醒意识加强，以华夏为核心的共同的意识和心理要素加强，孕育着更高于秦汉的大一统的民族一家的构成的欲想诞生了。苻坚是个有志于统一全国的民族政治家，他说："今四海事旷，兆庶未宁，黎元应抚，夷狄应和，方将混六合以一家，同有形于赤子，汝其息之，勿怀耿介"[18]。这是他根据苻融上疏的话讲的。苻坚认为出自戎族也可因有德而为帝王，帝王不因族而有常，是可改变的，也不能把不属于本族的少数民族看成是"禽兽"，应当把中国九州和边境四海的族合为一家，这个一家不是人禽的关系，而是在一家内的父母与赤子的关系。这是新的"天下一体"内的民族一家，是对把夷狄视为"禽兽"的传统观念的批判。

第三个阶段，是由南北朝发展为一个高于秦汉大一统的阶段，是"天下一体"的民族一家发展的最后阶段。隋唐结束南北朝后，在新的历史条件下，重建历史上的一个大一统王朝，它虽然没有超越分华夷、分中外的民族一家的时代，但却发生前所未有的变化。

1. 从民族类型的结构看，当时仍把统一的天下分为华夷、中外两个部分，但没有因为统一而改变中国为多民族的性质，当时在中原州县的中国人，是包括居住在中原各族在内的，他们已成为中国一家内的民族。从民族的类型看，不是对秦汉的一统的恢复，而是在五胡十六国、南北朝后依据当时已发生了的变化适时再建。在中原有汉族，也还有汉化程度不同类型的其他族。在边境地区，有同于中国类型的族，也有不同于中国类型的族。从边境各族的发展看，有统一民族类型，也还有部族、氏族部落的类型，而有相当多的民族已发展为不同经济类型的封建民族，这是后来向"前中华一体"发展的重要历史条件和基础。

2. 从民族政权的类型看，隋唐时期对当时存在着的各种民族政权的类型，仍是依据分中外来划分的，即分政权为中国与边境两个类型。到唐时，政权的系统和结构，出现了中国与边境两种不同的府州制，中原的府州是对郡县制的继承和变革，而在边境少数民族地区设府州则是开创。唐太宗仿汉武帝建郡县的精神，在边境少数民族地区设羁縻府州，即把历史上的羁縻部落和政权发展为具有自治内容的府州制，它在一定程度上加强了中原与地方在设制上的一致性，加强了"天下一体"内的政治联系，更加促进了各民族间的一家关系的发展。

随着历史的发展变化，地方的民族政权的类型也在发生变化，把各种不同类型的民族与民族政权，统一在中央之下的羁縻州制的系统之中。唐时地方政权发展的一个重大变化是，不同经济、政治和文化类型的地方民族政权，大多同步于一个封建形态之中。在地方有中国式的政权，如渤海与唐"车书一家"；有本族制度与中原制度糅合的高句丽政权；有半华风的地方政权，如吐蕃，陈陶《陇西行》："自从贵主和亲后，一半胡风似汉家。"[19]开元十七年尺带珠丹上表给唐玄宗："外甥是先皇帝舅宿亲，又蒙降金城公主，遂和同为一家，天下百姓，普皆安乐。"[20]西城高昌的官号、刑法、政令、文字、婚姻等与内地略同。回纥渠领共言："生荒陋地，归身圣化，天至尊赐官爵，与为百姓，依唐若父母然。"[21]也把自己看成是与唐为父母赤子的一家。

3．从民族整体结构看，隋唐仍属于统一的多民族的"天下一体"民族一家的类型。它同秦汉王朝的不同主要表现在：秦汉的统一，反对在中国的区域内有夷狄，是"内诸夏而外夷狄"，尊王攘夷，"贵中华，贱夷狄"的，还严重地残存着奴隶主的旧意识。隋唐则已发生变化，入居中国的民族就是中国，是内华夷而外夷狄的。反对"贵中华，贱夷狄"，反对视少数民族为"禽兽"，强调一体内的民族间共处和联合，奴隶主的残存意识已被封建的民族意识所代替，按照中外不同设两种不同的府州制。在唐时更多的在地方出现中国式的民族和政权，在史书编写中承认南北朝的对等地位。从民族一家的整体构成看，是统一的一家结构，已结束了一家内的民族分裂的结构。隋唐的民族一家，是从分裂时的历史中吸收了新的民族意识，新的民族的心理，新的民族结构和民族关系，在整体上再创了更高于秦汉统一的民族一家。

这个阶段的整体的民族一家，从中原王朝看，顺应了历史发展的潮流，采取了一系列有利于促进民族交往的措施，加强了内向的聚集力，也加强了外向的交流和联系。从边境的民族看，向心中华、请汉官、接受中原封赐、学习中原制度、吸收和模仿中原建制的能力加强，并通过他们在地方强化周围的民族，使民族一家的共同素质和因素增多，有利于向"中华一体"的民族一家发展。分华夷、分中外的民族一家的结构正在向一个不分华夷、不分中外的民族一家推移，中国式的民族和民族政权的出现便是一个极为鲜明的例子。

三、"前中华一体"的民族一家

继唐之后，在一体内又出现一次大分裂，即五代十国。这次分裂与五胡十六国不同，五胡十六国主要发生在北方，而南方则是晋王朝的延续，五代十国是北方与南方同时分裂。这种分裂一方面要看到它对统一的破坏性，同时也要看到在分裂中有局部的恢复和发展，为后来出现新时期的南北朝，也就是更高于过去的南北朝创造了条件。

"前中华一体"是在结束五代十国之后，而出现的一个新的南北朝时期，出现了一个南北朝与多中国王朝、列国、列部并存的时期。这个阶段的最大特点，不是一个王朝，也不是南北两个王朝，而是多王朝。在同一个时期多王朝的出现，是唐以来一个王朝与地方中国式政权并存和更高发展的结果。说明历史的发展不仅在地方出现中国式政权，更在地方出现了王朝，并与南北朝并存，这是一个由"天下一体"的民族一家向"中华一体"的民族一家的过渡时期。

民族一家与民族环境、民族观念和整体结构的变化是分不开的。其变化主要表现在：

1. 历史进入封建社会后期之初，民族环境的变化，突出表现在民族构成与分布的环境的变化上，这种变化反映了封建社会后期与前期不同的特点。在"天下一体"时是由分华夷、分中外而构成一个民族居住的大环境，现在则变化为不分华夷、不分中外的新的居住环境与民族的分布格局。这种变化不仅表现在原来的中国地区，也表现在原来的边境地区。

以金朝为例，变其兴起之地为"内地"，把汉人由中原向女真内地迁徙，女真族及其他族人也大批向中原迁徙，形成诸民族在中原与边境的相互杂居，改变了民族居住的环境，也改变了民族分布的格局。因而在一个政权之中虽有中原与边疆的不同，但已不是过去"内诸夏而外夷狄"的情况，是把各族都纳入一个中国和一个中华之中。辽时"契丹、汉人，久为一家"[22]，金代女真猛安人与汉人为一家，而且"皆是国人"[23]。金比辽更加发展，消除了在一个国内分中外、分南北的割裂，民族不分中外、南北都是中国，把原来被视为四海的地区均统一为中国，这是在多中国王朝分裂中出现的"中华一体"的民族一家的类型。

2. 适应民族关系的变化，民族间的位置与居住环境的变化，在思想意识上也都发生重大的变化。由"内诸夏而外夷狄"的观念变成"皆是国人"的观念；变外为内的观念；变夷从夏的观念；变人禽的观念为人与人的观念；变"非我族类，其心必异"的观念为不分民族皆可称汉的观念。总之这是一次重大的民族思想的变换时代，是了解新的历史条件下民族一家的思想依据。

3. 民族政权地位的变化也是当时出现的一个突出的变化。辽金与宋为北朝、南朝，这是与唐以前出现的南北朝的不同情况的南北朝。唐以前的南北朝为前南北朝，辽金与宋的南北朝为后南北朝。前南北朝与后南北朝的共同点，都是由少数民族在北中国建立的王朝，但反映了前南北朝与后南北朝的民族统治地位和王朝的地位是不同的。前南北朝是对等的，各守疆域，没有谁臣服于谁的问题。后南北朝是不对等的，南朝臣服于北朝，在南北朝的对峙中，北朝是盟主，南朝向北朝称臣纳贡。前南北朝分华夷、分中外，在四海的边境地区没有出现南北朝以外的中国王朝与之并存。后南北朝在中原以外出现了中国王朝，与辽、北宋并存的有西夏、黑汗王朝；与金、南宋并存的有西夏、西辽王朝。多中国王朝的出现，标志着民族的发展与地位的提高，在四海地区已由地方民族政权发展为中国王朝，这就改变了全国政权的结构的内容，使中国王朝扩大到四海地区。

4. 由各民族和民族政权构成的整体，也就是民族一家和政权一家。"前中华一体"时的一家观念，已不是过去分华夷、分中外的一家，是把本政权内的民族、区域都看成是一家，把南北朝也看成是一家中的两个王朝。从历史发展看，开始只以华夏（汉）族为中国，后来中国包括在中原的民族和政权，最后是把四海内的民族统一到一个中国中，在一个中国中不许有第二个政权出现。这样的中国是包括华夷、中外的"中华一体"的民族一家，在"前中华一体"时还是分割的出现，进而便统一为一个中国的民族一家。

"前中华一体"时，是多中国的民族和民族政权的结构，这种多中国的民族结构是有层次的，即以南北朝的对峙为主，并存着中国王朝、列国和列部。对这个问题的提出，必须从当时的民族思想的变化中把握。在此以前主要是以"华夷正闰之辨"的传统观念看天下的民族问题，少数民族不能成为中国人，不能入主中原，不能建正朔和称帝，建正朔称帝被视为"僭伪"。司马光是反传统正闰说的，他认为应作为列国同等看待。[24]列国就是中原的诸夏国，金代王若虚就是赞同司马光的正闰观的。[25]这种思想应看成是一个时代的变化。列国即中国王朝之外的地方政权，列部即地方的诸部族。当时的各民族就是结构于这种不同层次和类型的南北朝、中国王朝、列国和列部之中。

1. 南北朝的民族一家，是当时民族一家的最高政权的结合形式。南北朝出现在中原，即统一的中国分裂为南北两个王朝，也就是由一个统治的中心分裂为南北两个统治的中心。虽然南北分为两个中国、两个中华，但仍是一家的关系，是从一家内分裂为两个中国。由于南北发展情况不同，具有不同的特点，从发展的总趋向看，是由唐分中外的两种府州制向一个统一的方向发展，与此同时也以唐制作为一种补充而保存，并在发生变化。

从北朝看，辽金主要是通过五京制把其统治下的民族纳入中华一家之中，五京制具有内向和外向两个方面的作用，它的内向作用，是把不同地区统治中心集聚到京城所在地，并通过东西南北四个方面的京城设置集聚其所辖地区，这样在地方便加强了联结的中心以与全国的中心在政治上结成一体。它的外向作用明显起着变边境为内地的作用。其特点是：其一，通过道或路的设置，把北边和东北边的民族纳入道或路的管辖之下，下分府州与边境民族的羁縻制的设置，已与唐时分中外的两种府州制不同，成为统一的道或路制下的不同制。金朝把女真族地方猛安谋克变成与地方州县相等的组织，从而加强了地方的统一性，但也同时具有地方设置两重体系的特点。金废除辽的南北面制，使民族一家的关系更加强了。部族节度使及边境的军事设置是统一的政令下的特别设置，是同为中国内的不同设置。

从南朝看，宋在其管辖的区域内普遍设路，在同一的路制下，对内地和少数民族地区实行不同制，羁縻州是唐制的遗留，成为一种补充形式，而且不断变其制为内地设置，被视为是一国内的"藩篱"，性质也在发生变化。

南北朝通过京制、道制或路制，把各族纳入一家之中，政令统一于中央，形成在地方的一国内的不同制，这是南北朝发展变化出现的新的一家的格局。

2. 在这个历史阶段，除南北朝之外，还出现与之并存的中国王朝。西夏是由党项族建立的一个王朝，臣服于辽金，在形势上形成与辽金宋鼎立的局面。西夏统治者自称是西朝，称契丹为北边，宋东朝或南朝。[26]西夏是属于中国的王朝，富弼说："拓跋自得灵夏以西，其间所生英豪皆为其用；得中国土地，役中国人力，称中国位号，用中国车服，行中国法令。"[27]根据王通所讲，其为中国王朝的条件是完全符合的。[28]黑汗王朝是我国北部回鹘西迁葱岭后，从10世纪半到13世纪初建立的一个王朝。《宋史》卷490称为黑韩王。其诸汗自认为是"中国之君"，远在巴格达的哈里发在颁赠封号时，也称其为"东方与中国之君"。黑汗王朝学者马合木·喀什噶里的《突厥语词汇》，在"桃花石"条的释文中，把中国分三部分，上秦为中国东部，即宋朝；中秦为契丹；下秦为中国西部，即黑韩王统治下的喀什噶尔。西辽如同南宋，都是由中原的王朝中分出建立，南宋是宋的延续，属中国的一个王朝。

3. 列国是指当时地方的民族政权。这些政权自唐以来就逐渐发展为地方的中国式政权，它们在地方结合为一家的关系，如沙州百姓上回鹘天可汗书说，沙州本是大唐州县，而今又遇天可汗居住在张掖，"事同一家",曹义金上回鹘众宰相状说:"两地社稷无二,途路一家。"㉙吐蕃自唐以来即与唐"有同一家"㉚。大理是个中国式的地方政权,"从中国教令",其俗"略本于汉"㉛。

4.当时北方不在京、道或路辖下的部族为列部,是历史上以部落臣服中原的一种遗制。后来蒙古统一诸部,亦先后纳入统一的设制之中。

以南北朝为主并与中国王朝、列国、列部并存的整体结构,不是个统一的结构,而是个一体中分裂的结构。它是继"天下一体"的民族一家之后而出现的一个多中国、列国、列部的"前中华一体"的民族一家,是向统一的中国民族一家发展的聚集和准备时期。

"前中华一体"仍处于分的时期,在分中有合,它的构成已与"天下一体"时有所不同。从整体缔构看,国与国间,民族与民族间,朝贡制还是一种重要的联系,而在一个国内由于制度的统一,则转变为统一的赋税关系,或者是向这种关系转化。这是一个新的民族一家的产生和发展时期,成为后来元朝统一的重要基础。

四、"中华一体"的民族一家

"中华一体"的民族一家,是在"前中华一体"的民族一家发展的基础上及其对"前中华一体"分裂的统一之后而出现的,是古代中华民族发展的最高阶段。"中华一体"的民族一家主要是在全国范围内消除了分裂的时代,把各种类型的中国政权和民族统一到一个中国和中华之中,在全国基本上实现不分华夷、不分中外,同是中国、同是中华的历史新时期。这并不意味着,在全国范围内已没有民族的不同,没有中原与地方区域的不同，没有制度的不同，而是说民族、区域和制度的不同，已不是体现在分华夷、分中外的旧模式中，而是体现在一个统一的中国和中华中。"中华一体"的民族一家，是以汉族为主体包括各族在内的中华民族一家，是以华夏文化为核心包括各族文化在内的中华民族一家，是以中原制度为主要内容包括地方的制度在内的中华民族一家。这样的中华民族一家，始于元，发展于明，巩固于清，元、明、清是统一的中华民族一家时期。"中华一体"的民族一家的依据和标准表现在：

1. 民族分布在社会的一定环境中。环境包括自然环境与社会环境，自然环境对民族的发展有着影响和制约的作用，但是作为民族发展的主要依据是社会环境内部矛盾的斗争引起的。"中华一体"民族一家的环境变迁，主要表现在民族与区域的位移上，这种位移是观念上位置的移动，即夷狄位移于中华之中，四海位移于中国之中，合华夷为一个中华，合中外为一个中国。这是研究统一的中华民族形成的依据和标准，所以说它是依据和标准，因为它是形成统一中华民族不可缺少的条件和根基。

2. 民族是社会的主体，社会是由民族构成的。社会包括社会形态，即政治、经济、文化方面的综合发展和变化。从社会形态各方面的发展和变化，特别从其发展变化的导向来看，是研究"中华一体"的民族一家的依据和标准。

从社会经济形态看，大多是以农业经济为主的中国类型的社会，有着本族、本地区的明显特点。从政治形态看，不断在政治上消除历史上的五胡十六国、五代十国和南北朝的分裂时代。从文化形态看，由过去文化分中外，到不分中外，不分民族；以华夏文化为核心的包括各族文化在内的中华民族文化在不断孕育之中。到元朝统一前，这三个方面的发展已具备向统一的中国发展的条件，构成统一的中华民族形成的历史依据，同时也是判断"天下一体"的民族一家和"中华一体"的民族一家的标准。

3. "中华一体"的民族一家民族思想和观念的孕育和准备，是研究统一的中华民族一家的依据和标准。从历史发展看，"天下一体"时以礼义别一体内的华夷、中外，"中华一体"时以一统、道统、文脉合一体内的华夷、中外，前者是分华夷、中外的一体天下国家，后者是不分华夷、不分中外的中国。这就成为判断"天下一体"的民族一家和"中华一体"的民族一家的依据和标准。

"中华一体"的民族一家结构，也就是统一的中华民族的大家庭结构。根据以上所讲的依据和标准认为，元朝统一不是秦汉和隋唐统一的再建，而是新的历史条件下出现的一个新的统一的类型，是对统一的中国、中华的创建，是统一的中华民族一家的创建，它是长期民族发展、进步的结果。"中华一体"的民族一家结构，主要表现在：

1. 民族类型的构成，从大的方面看表现在两个方面：一是民族区域类型的划分，在"天下一体"时把民族区域分为中外两个区域，由这两个区域构成一个整体的结构。从元朝统一开始把过去分中外变成一个统一的中国，在全国范围内变外为内，形成一个统一的中国，在统一的中同内分不同的地区，分中原与边疆，这就是不分中外的"中外一家"，也就是把一体内的中外（中国与四海）合为一个中国。二是民族类型结构的划分，在"天下一体"时把民族分为华夏与夷狄两大类，由华夏、夷狄不同的民族构成一家，构成民族的整体结构。

从元朝统一开始在全国范围内出现不分华夷皆是中华的新的民族结构。华夏不单指汉族，成为各族最高的统一称谓，然后在统一的华夏之中分不同的民族。元朝把其统治下的宋人称南人，而原来金朝统治下的北方各族统视为汉人，赵翼《廿二史札记》卷28说："金、元取中原后，俱有汉人、南人之别。金则以先取辽地人为汉人，继取宋河南、山东人为南人。元则以先取金地人为汉人，继取南宋人为南人。"元朝从统一出发，分全国人为四种：蒙古人、色目人、汉人、南人。其中的汉人包括汉、契丹、女真、高丽、渤海以及金朝统治下的北边诸虬、诸群牧等在内的各族人。南人除原南宋统治下的汉人外，还包括其统治的各族人。蒙古人、色目人，是局于汉人、南人的统治者，也是中国人。元把全国人分为四等，反映了阶级的统治和压迫的关系，这是从民族在政治中的地位不同划分的，已不是依人禽关系划分。

另外从民族地位划分看，可以看出民族结构的特点，即把其统治下的各族统视为华夏，华夏成为各族结构中的最高层次。中间的层次，即把统一的华夏又分为四种：蒙古人、色目人、汉人、南人。最低的层次是每种所包括的各族人。明清时的整体民族结构，是这种中华一家的民族结构的继承和发展，明朝主张华夷无间，不分彼此，同为中华赤子。清朝主张满汉一家、中外一家。这个一家不是天下一家而是中华一家。

2. 我国是个多民族国家，从政权类型结构的发展变化看，元、明、清不同于"天下一体"时期，也与"前中华一体"有所区别。在"天下一体"时民族政权分中外两个大的类型，在中原有三个发展的层次和类型：封建割据政权、南北朝和统一的王朝。在地方有地方民族政权，及其与中原王朝并列的中国王朝。统一中外，"内诸夏而外夷狄"的国家，是"天下一体"的统一国家；不分中外，合中外为一个中国的国家，是"中华一体"的统一国家。

元朝统一全国，既有对本族发展和改革的任务，也有对全国发展和改革的任务。元朝是对历史的继承同时也是对历史的开创，它继承了金代的一省制和在地方设置的行省制，行中书省的设置空前地扩大到原唐的羁縻州的地区。变"天下一体"中的外制为内制，变四海为内地。把对边境民族统治的羁縻制改为土司制，对辽代头下制度的继承也有自己的特点。对宗教和吐蕃的管理，设宣政院，把金代的猛安谋克继承为千户百户的制度。同时也广泛吸收地方设置的经验，如吸收维吾尔的亦都护、断事官制度。元朝是个统一的政权结构，"内设都省，以总宏纲，外没总司，以平庶政"[32]。在全国范围内政令划一。元朝把各民族、各地区统一到一个中华中，刘琨《南中杂说》记载，自元世祖到明高祖"云南之纯乎为中华"，明时杨慎《滇载记》："华风沃泽，同域共贯。"[33]

3. 元、明、清时统一中国的整体结构，基本上是属于一个类型，由于发展的过程不同也有所区别，但不是统一的中国、中华与非统一的中国、中华的区别。整体结构的特点是：把"天下一体"的分中外，变成一个中国内的中原与边疆的不同；把"天下一体"的分华夷，变成一个中国内民族间的不同；把"天下一体"的分中外、分华夷的不同制，变成一个中国内的不同制；把"天下一体"的朝贡制，变成一个中国内的赋税制，朝贡只作为一种补充存在。从这些重要方面研究元、明、清时的整体结构，可以说是一个统一的中国、统一的中华的结构。

从整体的结构看，中间的明朝，由于受传统的"华夷正闰之辨"的影响有些变化，但从主要方面看，对元没有根本的改变，仍属于统一的中国。统一的中国与中华，是对旧传统的改变，因而受到一些守旧者的反对，但也无法改变历史发展的趋势。

中华民族一家，是合乎历史发展的趋势的，是符合各族人民的共同愿望的。这个阶段是在历史的发展中出现的，是把中华的历史由不同的阶段推向一个更高层次的发展阶段，是对过去历史上出现的分裂、南北朝的否定和总结，是对过去历史上的"华夷正闰之辨"传统观念的批判，是用新的民族思想观念武装起来的，再想重复分裂、南北朝的时代已为历史所不允许。在中华民族一家中，合则强，分则弱；合则胜，分则败，这是历史的共同经验和教训。正因为如此，研究中华民族一家的历史，不仅是历史的问题，也是现实的问题。

注：

① ［汉］郑玄、［唐］孔颖达撰，吕友仁整理：《礼记正义》卷14《月令》。

②程俊英译注：《诗经译注》周颂《时迈》。

③程俊英译注：《诗经译注》周颂《思文》。

④ ［汉］孔安国著，［唐］孔颖达正义：《尚书正义》卷14《康诰》，中华书局，1980年。

⑤〔周〕左丘明:《春秋左传》卷4《闵公元年》。

⑥〔周〕左丘明:《春秋左传》卷10《襄公四年》。

⑦⑧〔周〕左丘明:《国语》卷2《周语中》。

⑨〔唐〕杨惊注:《荀子》卷8《君道》。

⑩⑫杨伯峻译注:《论语译注》第9《子罕》。

⑪〔战国〕孟轲著,天瑜译注:《孟子》卷3《公孙丑上》,《孟子》卷11《告子上》。

⑬〔战国〕孟轲著,天瑜译注:《孟子》卷8《离娄下》。

⑭《汉书》卷24上《食货志上》。

⑮《汉书》卷94上《匈奴传上》。

⑯《汉书》卷94下《匈奴传下》。

⑰〔清〕洪亮吉:《十六国疆域志》卷1,商务印书馆,1958年。

⑱《晋书》卷113《符坚载记上》。

⑲〔唐〕陈陶:《陇西行》,载〔清〕彭定求:《全唐诗》卷746《陈陶》,中华书局,1960年。

⑳《旧唐书》卷196上《吐蕃传上》,中华书局,1975年。

㉑《新唐书》卷217上《回鹘传上》,中华书局,1975年。

㉒《金史》卷75《卢彦伦传》。

㉓《金史》卷88《唐括安礼传》。

㉔〔宋〕司马光:《资治通鉴》卷69,魏文帝黄初二年四月丙午条:"虽华夷仁暴、大小强弱或时不同,要皆以古之列国无异,岂得独尊奖一国谓之正统,而其余皆为僭伪哉。"

㉕《滹南遗老集·议论辨惑》:"正闰之说,吾从司马公。"参见〔金〕王若虚:《滹南遗老集》卷30《议论辨惑》,商务印书馆,1936年。

㉖〔宋〕田况:《儒林公议·卷下》。

㉗〔宋〕李焘:《续资治通鉴长编》卷150,宋仁宗庆历四年六月戊

午条，中华书局，1985年。

㉘《文中子中说·述史》记载：不分哪一族的政权，"且居先王之国，受先王之道，予先王之民矣。"这样的政权当然也就是中国政权，其标志是在中原土地上，行中国的制度。参见［隋］王通：《文中子中说》卷7《述史》。

㉙伯希和：《巴黎敦煌经卷》，参见冯家昇、程溯洛、穆广文编著：《维吾尔史料简编（上）》，民族出版社，1985年，第45页。

㉚［唐］白居易：《白氏长庆集》卷40《代忠亮答吐蕃东道节度使论结都离等书》，四部丛刊本。

㉛［明］杨慎：《滇载记》；［元］郭松年：《大理行记》，参见［元］郭松年：《大理行记及其他五种》，中华书局，1985年。

㉜《元史》卷4《世祖纪》。

㉝［元］郭松年：《大理行记及其他五种》。

第四章 "中华一宇"论

　　我国是个多民族国家，自秦朝起是个统一的多民族的"天下一体"的国家，入元以后又是个统一的多民族的"中华一体"国家。作为统一的多民族国家的最大实际，就是包括华、夷和中国、四海在内的"天下国家一体"。在历史上把这种一体的疆域格局称之为"一宇"。一宇，有"天下一体"时的分华夷，分中外的"一宇"，也有"中华一体"时的不分华夷、不分中外的"一宇"。"一宇"是领土和疆域的完整观念，不管是由哪个民族为中原的统治民族，他们都以"天下一宇"和"中华一宇"作为自己的疆域整体。正因为如此，对历代疆域构成、幅员大小的研究，一宇是研究的主体思想和依据。

一、研究"一宇"的依据和标准

　　在对历代疆域的研究中，曾提出应以什么时期的版图作为一宇疆域的依据，和以什么尺度作为处理疆域的标准问题。有的认为应以今天的疆域范围为依据，凡属于今天疆域内的土地和民族都要写，不属于今天疆域内的土地和民族不能写。有的认为应以清朝统一后和外国帝国主义入侵我国领土前的版图范围为依据，凡在历史上属于这个范围内的土地和民族，都属于我国的领土和民族，超出这个范围的就不是我国的领土和民族，不能以古代人的中国观念为依据，也不能以现代的中国观念为依据。

国家疆域是历史的产物，有国家才有国家的疆域。疆域也是发展变化的，在不同历史时期的疆域的构成和体系所表现的形式和内容，以及幅员的大小都不可能是一成不变的。随着一体内的社会的发展和进步，旧的内容与结构将被新的内容与结构所代替。在历史的发展中，由于区域设置的发展变化，由于民族的发展变化，在一体内的外变内，内变外，不同程度地存在着，但从历史的发展总趋向看，是变外为内，变夷为夏。对历代的疆域不能以历史的某一时期的版图作为固定的范围，大也不行，小也不行，伸也不行，缩也不行。

对历代疆域的研究，同对其他事物的研究一样，要尊重历史实际，本着历史发展不同时期的本来面目研究，有多大就多大，既要研究向外伸时的一字疆域，也要研究向内缩时的一字疆域；既要研究"天下一体"的疆域结构与内容，也要研究"中华一体"时的疆域结构与内容；既要研究中国九州的发展变化，也要研究边境四海的发展变化。更重要的是要研究其在一体内的互相联系、互相作用和互相变化的历史，把一字疆域看成是一个发展、进步和变革的过程。只有这样，既不能以古代的中国为依据，也不能以现代的中国为依据；既不能以"天下一体"分中外的疆域为依据，也不能以元朝及其以后的全华的疆域为依据。因为在"天下一体"时，中国是指中原郡县地区，作为国家的整体还应包括四海的少数民族地区在内，它的整体构造是"天下国家一体"。"中华一体"时的中国，是包括中原和边疆在内的"中华一体"的中国。

在"天下一体"时，一字疆域分华夷、分中外，华夷一家，中国与四海一家、最高的统治者称王和天子。后汉蔡邕《独断》云："天王，诸夏之所称，天下之所归往，故称天王。天子，夷狄之所称，父天母地，故称天子。"①这就是说，在实行王制时，一体内的诸侯国称其为"天王"；一体内的诸夷狄称其为"天子"。到秦统一以后，由王权发展为皇权，于是中国郡县称其为皇帝，四海夷狄则称其为天子。后来又由"天下一体"发展为"中华一体"，由于变外为内，变夷为夏，中国与四海混成一体，不分华夷，不分中外，均称皇帝。研究历代疆域的总依据是一体，其根本原则是尊重历史，实事求是，这就是以不同时期的疆域实际为具体研究的依据，既研究当时一体内的中国（中原），也研究当时一体内的四海（边疆）。历史的本来面貌就是如此，并非依现代或清统一后及帝国主义入侵前的版图，才把一体内的土地和民族括进来的。

研究历代疆域，要研究不同时期的疆域构成的体系与内容，要研究它的发展变化的过程与特点，研究它是经历什么样的发展过程和继承关系而有层次、有系统地发展为清统一后的疆域，又经历什么样的变化和过程成为现代的中国疆域。

疆域不仅是个复杂的问题，也是个政治性很强的课题。处理历代疆域问题的标准，主要是要处理好两个方面的关系：一是中央与边疆的关系；二是边疆与邻国的关系。用什么标准处理我国历代疆域的土地与民族归属？只能从我国的历史实际出发，不能把属于当时我国的土地和民族划出去，也不能把当时不属于我国的土地和民族划进来，这是个实事求是的标准，它的根本目的是维护国家和民族的统一，而不是以放弃自己的国土与民族和贪图他国的土地与民族为目的，更确切地说，这是个互相尊重领土完整的准则。

由于我国疆域的特点，在历史上存在着两种不同性质的中外，即内外（在一体内的外）与外外（在内外以外的外），因此就有区分两种不同的外的标准。由于不同的观点，在处理这两种不同性质的中外时，便有不同的标准。有的是受"春秋大一统"旧观念的影响，有的是出于政治的目的妄图分裂我们的国家，两者应区别对待。当前在对我国历代疆域的研究中，主要有：我国的北部边界以长城为界说，中国的疆域以郡县为界说和以民族为界说。

长城是在一体内分中外的民族与政权间的防御工事，长城实际上也不是民族的限界，长城以外有汉人，长城以内也有边境民族。长城以北的民族和政权，是属于一体内的外的地区，不是一体以外的外的地区，其民族属于一体内的地方民族，政权属于一体内的地方政权，是一体内的南北一家的关系。

以中原郡县为中国，实际上是对"天下一体"时以郡县为中国传统观念的继承与表现。在"天下一体"时，以中原郡县地区为中国，以边境为四海，由中国、四海构成一体的"天下国家一体"的观念，那时的中国不是后来不分华夷、不分中外的一体中国。如果到"中华一体"以后，仍以中为中国、外为四裔来认识当时已经变化了的新的一体结构，就势必违反当时的历史实际。如果今天研究历史上的一体内的中外，以郡县为标准处理当时领土的范围，就势必把一体内的民族与政权拒之于一体之外。选择清统一后、帝国主义入侵前和今天的领土范围作为古代的标准，在实践上也是行不通的。

高句丽是我国古代"天下一体"内的东北民族和政权，就清统一后和今天的边境来说是跨国界的，但在"天下一体"时是属一体之内的。高句丽的归属不因政权的迁徙而改变其性质，迁都平壤前是东北的民族和政权，迁都平壤后仍是东北的民族和政权。高句丽兴起于我国东北郡县地区，变郡县为地方政权，其范围没有超出原来郡县地区以外，被视为五服之内的国家。唐灭高句丽后大同江以南部分地区仍属于唐，玄宗时因新罗请求把大同江南土地赐新罗。以高句丽迁平壤后作为一体外的民族和政权处理，是脱离了当时"天下一体"的历史实际，把辽河以东划为一体之外，也是与以清统一和今天的领土为标准不相一致的。

以民族作为处理疆域的标准更是不可取的，因为民族与国家是两个不同的概念，疆域属于国家的概念，国界从来不是以民族来划分的。民族是可跨国界而生存的，在不同的国家分别属于不同国家的民族，因此，国家的疆域是认定民族及其政权归属的限界。因此在研究和处理我国历史上两种不同性质的中外时，一定要把握住一体这个最大的前提和依据，处理好在一宇疆域中的问题。

处理两种不同性质的中外，一定要掌握藩属与受制的标准。历史上的藩属与受制是由我国历代疆域构成的实际所决定的。在历史上有两种不同的藩属：一是一体内的藩属；二是一体外的藩属。一体内的藩属是作为一体内的民族和政权存在，不是独立于一体之外的民族和政权，即使在近代独立，但在历史上仍属一体之内，研究疆域要承认这种变化和事实。作为一体外的藩属，情况也有不同，有的是在政治上曾有臣服关系，但不属于在一体内受制的国家。区分一体内的藩属和一体外的藩属，最根本的标准是受制的不同。

一体内的藩属是依据"天下国家一体"的实际，分中国与四海的不同地区，无论是中国还是四海，对最高统治的天王或天子在服事上是相同的，受制于中央。受制由最简单的贡纳直到征收赋税，由部落和政权的臣服到设官置守，由羁縻的部落、政权到设羁縻府州。贡纳制是一种初级形式的体现国家的领属关系，这种关系中的"受贡国家"，它体现着在财产关系上的"当作直接统治和奴役关系的国家存在"③。把中国诸夏与四海夷狄分为"同服同仪"和"同服不同制"，就体现着这种一体的国家的领属关系。这种观念在古代也同样扩大到一体之外的民族和国家中去，但他们以独立国家而与当时的中国发生关系。如北朝时视高句丽为五服内的国家，而百济、新罗不被视为五服内的国家，就是这种一体内的藩属与一体外的藩属的区别。在研究中应当重视这种区别，防止以民族观念混淆国家的观念。

二、政体、领土与疆域

政体、领土与疆域，是相互联系着的几个问题。我国古代以"天下国家一体"为政体，它同"君天下"，"四海为家"的总体观念相适应。领土是"天下国家一体"的领土，疆域也是"天下国家一体"的疆域。因此，在讲我国历史上的领土、疆域时，应当遵循"天下国家一体"这个总的政治体制和特点。

（一）政体

政体是国家政权构成的最基本形式，从等级结构看，即由君、臣、民而构成的统治者与被统治者、剥削者与被剥削者的关系；从政权组织结构看，即家、国、天下。苟悦在《申鉴·政体》中说："天下国家一体也。"家、国、天下，是不同的概念，《孟子·离娄》云："人有恒言，皆曰'天下国家'，天下之本在国，国之本在家，家之本在身。"家与公在所有制的观念上是对立的，因此"家天下"与"公天下"，是奴隶制社会与氏族制社会更替的重要标识之一。已进入奴隶制国家以后，随着历史的发展，家指诸大夫，国指诸侯城邦。《礼·曲礼》注：天下谓"外及四海"。《尔雅·释地》："九夷、八狄、七戎、六蛮，谓之四海。"在奴隶制时代，不仅把天下分为中国与四海，而诸侯亦依此精神划分国与野，国为征服者所居，野为被征服者所居。家大夫，国诸侯，天下外及四海，最高的统治者是天王和天子。从孔子到苟子所完成的统一的多民族的"天下国家一体"理论，是"天下"区域划分的理论基础。

第一，把天下的整个区域分为中国（中原）与四海（边境）两部分，此即所谓"分中外"或"隔中外"。中是"天下国家一体"中的中，外是"天下国家一体"中的外。中外一体，天下一家，皆在王封之内。这个时期，中国不是我国政治区域的整体，是指中原，天下是整体，故称"君天下"。中国与天下不能等量齐观，不能以中国视为我国的全部，到"中华一体"时，中国才与天下相等，中国是包括中原与边境在内的中国。

第二，把天下民族分为诸夏与四夷两部分，诸夏居中国（中原），四夷居四海（边境），华夷殊俗殊域，中国与四海之分在理论原则上与华夷之分是相等的。因此，主张"夷不乱华"，而"尊王攘夷"是其基本路线。

第三，当时区分华夷及中外的理论依据是礼，中国诸夏行中国制度，四海蛮夷行本族制度，行礼义者为诸夏，不行礼义者为蛮夷，反对变夷为夏。后来，由于民族间的迁徙、调动和融合，于是这个理论开始动摇，由汉族为中国、华夏，变成在中国行中国制度的皆为中国、华夏，甚至在边境行中国制度的也与中国、华夏无异。这样，我国的政体已不再是"天下一体"，而是"中华一体"。不管天下是南北两朝对峙还是分裂为多政权，他们都是一家，是一家中的中国或列国。元朝统一，是把元朝以前的多中国王朝、列国和列部统一为一个中国，标志着统一的多民族的"中华一体"国家出现。

（二）领土

领土是近代用语，是指在一国主权管辖下的区域，在古书中尚未发现"领土"这个词。古时天子所领有的土地称"王土"，《诗·小雅·北山》："溥天之下，莫非王土；率土之滨，莫非王臣。"因此，王土是包括四海在内的最大的领土。在封建制代替奴隶制之后，继承了这种君主是天下领土最高权力所有者的观念。古人讲王封包括四夷在内。因为政体分中外，领土也表现为两重性质：一是中国与四海的领土观念，一是二者包括在内的天下的领土观念。正因为如此，天下不仅是个整体的政治观念，也是个整体区域观念。

第一，天下是有一定的规范和含义的，《礼·曲礼》注："君天下曰天子。"天子是主掌天下的君，而天下也就是指当时天子管辖所及的地方，即从中国外及四海，都属于天下的范围。《孟子》谓"天下国家"，家与国非一义，而国与天下亦非一义。《荀子·正论》就是本着不同义的天下、国、家，提出要依贤能不等而分置统治，"上贤禄天下，次贤禄一国，下贤禄田邑"。由家及国，由国及天下，家、国、天下是天子所辖的整体。

第二，天下是个政治体，是建立在阶级和民族等级关系之上的，维系这种关系的基础是经济上的不可分割联系。《荀子·王制》："王者之法，等赋，政（正）事，财（裁）万物，所以养万民也。田野什一，关市几而不征，山林泽梁，以时禁发而不税。相地而衰政（征），理道之远近而致贡，通流财物粟米，无有滞留，相归（馈）移也，四海之内若一家。故近者不隐其能，远者不疾其劳，无幽闲隐僻之国，莫不趋使而安乐之。夹是谓之人师，是王者之法也。""四海之内若一家"，北海的走马吠犬；南海的羽翮、齿革、曾青、丹干；东海的紫绉鱼盐；西海的皮革、文旄，皆中国得而畜使之、财之、衣食之和用之。天之所覆，地之所载，莫不尽其美而致其用。又《正论》记载，当时规定一整套服事与朝贡制度，"诸夏之国同仪，蛮夷戎狄之国同服不同制"，而且是"称远近而等贡献"。服与贡是一种政治上的隶属关系，制分华夷，而在服事上则是相同的。把四海区域内的诸族，都纳入对中原王朝的服事与贡献关系之中，这就体现了天子对其管辖范围所实行的主权。

第三，传统的奴隶主意识是"贵中华、贱夷狄"，以礼别君子、小人，亦以礼别华、夷，视夷狄为"禽兽"。这种意识被后来封建地主阶级所继承，视中国郡县地区为冠带之乡，夷狄之所居为蛮貊之域，贱事贵是天经地义。同时也据此而定君臣，夷狄臣服中国，其入居中国，只能为臣，不能为君。

第四，隶属关系有两种情况，有"天下一体"之内的隶属关系，有不在"天下一体"之内的隶属关系，要严格地把这两种不同隶属关系分开。在"天下一体"之内分华夷，分中外，但同属一宇、一统，是一家之内分华夷，分中外。由于社会发展的不平衡，在一家之内同样存在异俗异域，这是民族间的一家之内的兄弟关系。

由于以上诸关系而形成的"天下"的王土，就是当时完整的领土概念。

（三）疆域

疆域是领土着重面大小所确定的。疆域有两重意思：一是指领土着重面大小，二是指领土的界限。就"天下国家一体"来说，就是天下的疆界，是依据四海边界的走向而确定其走向，而不是依据郡县边界的走向而确定其走向。及至"中华一体"时，变边境的民族与地区为中国，则中国基本上与天下一致，确定边境的走向主要是当时的设置及边远地区局部的带有民族特点的设置，这些边境设置也多数成为羁縻区域或特别的区域，作为全国的州县的补充形式而存在。

疆域和政治势力范围，国内臣服与国外臣服、历史上的疆域与今天的疆域都有区别。疆域主要是由天下的中国与边境所构成，天子的权限所及的边境地区不是一下子都被纳入的。在历史上被纳入为"天下一体"中的民族和地区，都必须是历朝对中原王朝有着历史的联系和臣服关系，这种历史的联系和臣服关系是构成疆域整体的重要条件和根据。在历史上的边境民族，不管是以氏族部落的形式臣服还是以地方政权的形式臣服，都不曾游离于"天下国家一体"之外，也不曾是一个独立于"天下国家一体"之外的民族和国家，因此他们同是我国历史上的民族和国家。如果臣服关系是暂时的，那只能是历史上曾是势力所及的范围地区，如果已经设制，即使后来发生了变化，撤销其设制，又不为我国民族和政权所据，或者是后来改变了国属关系，那只能是历史上曾经设制地区。

所谓势力范围是指那些短暂的臣服和设制地区，此后即中断，又不曾以任何一种国内的臣服方式而存在于"天下国家一体"之中。区分国内臣服与国外臣服是很重要的，国内臣服是长期作为"天下一体""中华一体"内民族和地区而存在的，不管其发展有何变化，都不改变其国内的性质。国外臣服是指那些在历史上曾发展为一个独立民族和国家，或者是对当时王朝称藩而以后又独立，应作为国外的民族和国家处理。在历史上我国与邻国的边界从来不是以民族划分的，一个民族分布在不同的国度中是常有的事，更不是不顾民族区域的归属，而找出一些族属形成中的渊源关系，就不分国别地判断其民族的区域归属。民族分布的不中止的臣服关系以及其族的主要归属，是判断其族及其所建立政权归属的重要依据。

总而言之，我国古代疆域要以"天下国家一体"中的边境民族及其政权所至来划分，这是由"天下国家一体"的政治体制所规定的。

三、阶段、结构与特点

疆域的构成与特点，是研究历代疆域的依据。疆域由地区所构成，因此，主要是以地域作基础研究构成疆域的各方面内容，从而说明构成的特点。

我国古代疆域构成是以"天下国家一体"作为事实依据，并与长期形成的国土观念分不开。一般地讲，疆域构成是有程序的发展变化过程，是有规律可循的，它的发展变化总趋向是各族、各地区朝着一个统一的中国与中华发展。今天的统一的多民族的中国与中华领土和疆域是历史形成的，绝不是与历史毫无联系地从天而降，也不是用今天的观点强加于过去的历史。

（一）不同时期的不同疆域构成的模式

在我国历史上由于社会形态发展之不同，疆域构成主要有奴隶制与封建制两种不同的模式。从构成的内容看，又在不断地随着历史的发展变化，而对内容的构成进行新的调整与组合，显现出发展的不同阶段来。

奴隶制产生于原始社会的末期，其初始阶段是带有部落特点的奴隶制，即成部落地把被征服者变为征服者的奴隶。随着奴隶制的发展，城邑制度健全和发展起来，便由部落奴隶制进而发展为城邦的奴隶制和种族奴隶制，西周是这种奴隶制的典型。在整体上把天下分为中国与四海，同时中国又按国与野进行区域划分，本族人称国人，居国中；被征服者称野人，居于野。这种疆域构成的方式，与种族统治分不开，是采取以城邦为统治重心而对种族奴隶进行统治的结构。

在奴隶制解体的春秋时期，已由种族奴隶制的国野之分转化为以家族奴隶制为特点的奴隶制。与此同时，孕育着一家一户的个体生产者，向封建制的小农经济转化。战国就是在小农经济普遍发生的基础上进行改革，变奴隶制为封建制。社会性质的变革导致疆域构成的变化，经过重新的调整与组合，形成中国郡县与边境非郡县的新结构。秦朝结束"前天下一体"为统一的多民族的"天下一体"，在中国主要是华夏（汉）族，以及原属蛮夷而已华夏化了的族居住，斥四夷于边境。后来四夷内徙，并在中国郡县内建立封建割据政权，无论是汉族在中国建立王朝还是少数民族在中国建立封建割据政权或北朝，他们都是以中国出现的，并且都分中国与四海。及至唐仍分中外，变边境为羁縻州，在全国范围内出现两种不同情况的府州制。

辽、金兴起与宋为南北朝，这是历史上第二次南北朝的出现，进入了"前中华一体"的历史时期。于是适应历史的发展和变化，对疆域的构成又一次进行调整组合，即不分华夷，不分中外，建立全国性的中央集权制，在统一的制度和号令下实现多种制度并存。元朝结束南北朝，在疆域的构成上实现了比秦、汉及隋、唐更为深刻的统一。明、清基本上继元而发展，都是统一的中国和中华的新的疆域构成。

由上所述，我国的奴隶制的典型时代是分国野，分中外的疆域构成的模式，由秦、汉至隋、唐，基本上是分中外的疆域构成的模式，而辽以后发展为统一的中国的疆域构成的模式。在不同时期以及不同时期的不同阶段，疆域构成的内容都在发生着新的变化。

（二）"天下一体"时期的疆域构成

"天下一体"时期的疆域构成，主要是指由"前天下一体"发展为"天下一体"以后的疆域构成。这个时期主要表现为一体中的中国（中原）与边境（四海）两重体系的构成，而在两重体系的发展中又不断地调整和重新组合，形成其不同的发展层次与类型。

从中国的发展过程看，主要有统一时期的中国疆域构成、分裂割据时期的中国疆域构成以及南北朝时期的中国疆域构成。

统一有秦、汉的统一，西晋的短暂统一与隋、唐的统一。秦统一后，中国的疆域构成较为单纯，主要是由中原华夏（汉）族构成，行政区域设置是郡县，文化是车同轨，书同文，一于礼义，华夷殊俗，疆域有别。汉时在中国境内适应郡县的扩大，变蛮貊之域为衣冠之乡，在郡县内有夷狄，出现了都尉和属国。经魏、西晋到五胡十六国时期，由于民族关系的新变化，在中国内分裂为多民族的封建割据政权，由多民族的政权疆域构成中国的疆域，并由这些中国政权维系其与边境区域的一体关系。

在中国的一些民族政权中出现了新的经济、政治、文化结构，即两种或多种制度的并存，并经过变夷为夏的途径，向统一的中国转化，这就为北魏在北方的疆域统一打下了基础。拓跋鲜卑在北方诸政权的基础上把各自分割的疆域统一为一个统一的中国，出现"天下一体"中的南北朝，两个中国。这个南北疆域构成还没有打破中国与边境的区域划分的两重体系，仍然是明华夷、分中外，但在内容构成上既有汉族也有鲜卑族等，既有中原制度也有与中原不同的制度，中国成为多民族的中国，中华成为多民族的中华，开中国内的多种制度并存的端绪。

隋、唐统一，虽未改变中国与边境的划分，但由于在中国的各族走着与汉族相融合的道路，各族在中国皆系籍州县，因此在"天下一体"时民族间的融合仍是一种主要趋向。

从边境的发展过程看，也是有层次地发展和变化着的。在边境地区的各民族，由氏族部落的区域构成，经由地方民族政权的区域构成，进而发展为羁縻州。

在秦统一前，一些属于蛮戎建立的政权已变夷为夏，成为诸夏国，如吴、楚、秦、中山等皆是。至秦统一斥四夷于郡县之外，更加从地理区域上严格了中外与华夷之分。由于边境民族的发展，这些民族除以氏族部落臣服中国王朝之外，有的民族已在边境地区发展为地方民族政权，以地方民族政权继续臣服中国王朝。地方民族政权的出现，使边境区域构成发生了新的变化。但它们并不独立于"天下一体"之外，而是通过几个途径向以华夏文化为主体的统一制度转化。在发展中经历了不同的发展层次和类型。

现以我国北方出现的地方民族政权为例，匈奴是我国北部边境内的民族，统一了北部边境的大部分地区。《汉书·匈奴列传》记载："长城以北，引弓之国，受令单于；长城以内，冠带之室，朕亦制之。""两国之民若一家子"，形成"一家两国"南北对峙之势。但匈奴与汉不是南北朝，因为匈奴是在北部边境地区，不是在中国地区，匈奴与汉为南北与南北朝相比是两种不同情况的"一家两国"。匈奴实行的是部落奴隶制，由匈奴统治的中心区，被降为奴隶的部落区以及臣服的属同区所构成。与此同时，在匈奴内还出现一些以汉人为主的城邑，这是匈奴内产生的一种特殊的组织。与匈奴奴隶制类型不同的是城邦式的种族奴隶制，如东北的夫余、高句丽，便是仿周朝同野之分而建立起来的。由于地方民族政权的相继出现，在地方便出现政权的设置、领地与疆域，重新改变了边境的疆域构成。

奴隶制与中原封建制，是两种不同社会性质的疆域构成，历史发展的趋向是由奴隶制变革为封建制。在中国（中原）实行郡县制的时期，兴起于边境的民族，由奴隶制的疆域构成向封建制的疆域构成转变有两种可能：一是进入中国后建立封建割据政权，一是在中国封建制的强烈影响下变奴隶制为封建制。高句丽是由种族奴隶制变革为封建制，仍然保留奴隶制的浓厚残余，封建制的变革是不彻底的。尽管如此，这种变革已说明在边境变夷为夏是一种历史发展的必然趋势。

北朝在北方的统治，以及边境政权向封建制转化，为历史的发展提出一个崭新的问题，即中国如何把郡县制向边境推移，边境的地方民族政权如何摆脱本族旧制，全面地照搬中国制度，建立与中国无异的政权。唐仿郡县在边境的民族地区建羁縻州，纳羁縻州于《地理志》中，由过去以中原郡县为内容的《地理志》，发展为包括边境羁縻州在内的新的《地理志》，这是地理观念的重大变化，也是由分中外向不分中外的一个重大的发展。

（三）"中华一体"时期的疆域构成

"中华一体"与"天下一体"的疆域构成，主要区别是不分中外、不分华夷，变边境为内地，变夷为夏。这种变化是长期发展的结果。五胡十六国是民族关系和民族疆域布局的重大变革时期，它冲破了夷狄不能入中国，不能在中国建立政权，不能为"中原主"的旧观念，树立了夷狄同样可以在中国建立政权为"中原主"的新观念。五胡十六国与南北朝时，虽然可作中原主，但没有冲破分中外、分华夷的旧框框，视自己为中国，而边境仍被视为四海、四夷。五胡十六国与南北朝时的另一功绩，即为各族在中国开辟了一条多种制度并存的发展新途径，即在同为中国民族的情况下，由于社会发展的不平衡允许多种制度暂时存在，而在条件成熟时变革为统一的制度。这样的变化具有现实意义，是统一的中国、中华所需要的。"五胡乱华"，乱了以汉族为中华的华，变为以各族为中华的华。

辽、金不分中外、不分华夷，结成"中华一体"疆域新结构，主要表现在以下诸方面：

第一，在辽、金统治时期，为适应"中华一体"疆域构成的需要，变契丹、女真之故土为内地。许有壬《至正集》卷36《先施堂记》："辽、金崛起，遂为内地。"这是对过去分中外、分华夷的疆域构成体系的否定。

第二，随着变边境为中国，变夷狄为华夏，辽、金时的疆域构成与设置，也必须相应地调整与重新组合。于是设五京以辖全域，把不同制的诸部族都纳入统一的国家体制之下，适应民族与区域的不同实行不同的制度。如辽行南北面官制，金初踵之，至金熙宗在全国实行汉官制后，变北面的猛安谋克与州县并存，同置于节镇之下，后又变猛安谋克（千户百户）为封建国家的军事屯田组织，千户百户之制并为元、明所继承。猛安谋克实际已由女真组织变为封建制内的普通的军事组织，失去了女真军事组织的固有性。

第三，疆域由不同的民族与人口的分布所构成，辽、金时视契丹、女真等族与汉人为一家，同是国人。民族及其人口的分布打乱了过去分中外的格局，不分区域，相互杂居，同是中国。不分民族，同是中州人物。不分民族，不分区域，同是中国、中华。这是长期共同的民族心理状态和共同的区域观念发展和形成的结果。各族与中华有着千丝万缕的联系，由向心中华，慕华风，最后行汉制而为中华民族的一员，这是各族走向统一的疆域结构的关键。

疆域构成的变化必然引起与之相关的一系列变化，中国已不再是指中原汉族建立的王朝，汉人也不是单纯地指在中原的汉人，汉人也根据其区域的不同分为汉人和南人。元朝是我国历史上统一的中国与中华形成时期，明、清继元统一而发展，在统一的中国内实行同制或多种制度并存，形成共同的中国疆域，消除了历史上的南北两中国的再现，分裂割据是统一中国内的分裂割据，是暂时出现的，再也没有出现五胡十六国、五代十国那样的时代。在"天下一体"时，进入中原的民族，主要是与汉融合，到"中华一体"时这种互相融合还不能完全消失。但是各族已自觉地为中国，各族在统一的中国与中华中，作为一个民族而存在的自觉性加强。北魏孝文帝时使鲜卑与汉人融合而维系分中外、分华夷的政策，已不符合各族共同存在于"中华一体"中的历史发展要求。进入"中华一体"之后，各民族以汉族为主体，以华夏文化为各族文化发展的核心。在共同进步中促进中华民族的大家庭发展，反对以同化的政策来对待各民族。

四、环境、景观与格局

研究一宇疆域的历史，不仅要研究它的结构，还要研究它的区域环境，研究区域环境中的文化景观，从中探讨一宇疆域的格局，以及这种格局发展变化的必然趋势。

（一）环境

作为国家领土构成的区域，与周围的自然环境和社会环境发生着密切的关系，疆域的构成与区域的划分无不受环境的影响和制约。

我国位于北半球，屹立在亚欧大陆的东端，东濒世界最大的大洋——太平洋；西连世界最大的大陆——亚欧大陆，有喜马拉雅山脉和帕米尔高原；北面沙漠与西伯利亚相连；东北有外兴安岭。在这个广阔的、四周都有自然屏障的大环境成为我国古代各民族活动的场所。古代把这个有统属关系的地区称之为"天下"。

从地理大环境的内部看，有完整的结构体系，其特点是西高东低，自西向东三级阶梯倾侧斜坡。最高一级是西南青藏高原，西北端是帕米尔高原，有"世界屋脊"之称。在高原南部边缘耸立着喜马拉雅山，号称是"屋脊的屋脊"。越过青藏高原北缘的昆仑山、阿尔金山、祁连山和东缘的西倾山、邛崃山、大凉山，地势迅速下降，属第二级地势；由高山、高原和盆地组成。从大兴安岭经太行山、巫山到云贵高原东部边缘一线，由此往东直到大陆东部的海岸线，属第三级地势的平原地区。东北平原、华北平原、长江中下游平原，南北相连。这就形成北、西、南三面向内辐辏的形势。从大环境看，天赋独优，而且在结构中的不同生态环境，有利于各民族的生存和发展，同时也是各民族发展相对稳定的环境。

随着社会的发展和进步，居于各方的民族，不仅早在5000年前后放射出自己的文明曙光，同时也带着自己的文明向内辐辏，以及以中原地区为中心的文明向外延伸，加强了各民族和各区域间的文化交融。在区域的构成中形成王畿、四方诸侯国和四海夷狄的不同环状区域。这种环状的区域与布局，从中国的地区看可分为两个层次：一是从整体看，分王畿的内中环和四方诸侯国的内外环，同为中国。二是从各城邑看，也分国与野两个层次。环状区域布局的形成，自然环境给予不可忽视的影响和制约，但主要的还是在社会内部矛盾斗争中形成，在社会矛盾斗争中发展和变化，自然环境所给予的影响和制约是通过社会内因而起作用的。

（二）景观

景观，主要是指在环境的变迁和改观中社会的文化景观的发展和变化。我国的各民族生活在自然的环境之中，他们对于自然既有依存的关系，也有利用、改造和征服自然的关系，不断改变自然环境的面貌，因而文化景观也不断地发生变化。在我国的历史上曾出现三次大的区域环境的改观，而这三次大改观都明显地显出与一宇疆域的体系结构的变化是密切相关的。

研究一宇疆域文化景观的发展和变化，也就是研究区域环境的变化。既要研究中国（中原），也要研究四海（边境），看它是如何从"天下一体"走向"中华一体"的。

第一次区域环境与文化景观的改观，发生在原始社会向奴隶社会的

166

大变革中。在这期间，进行了一次巨大的治水、治山和治沟洫的改造大自然的工程，与此同时制土田，划分十二州或九州，修建城市和邑落，变部族为统一的民族，变氏族为国家，一个分内外的中国、四方、四海区域肇成。

第二次区域环境与文化景观的改观，发生在春秋战国，也就是由奴隶制向封建制的变革中。土地国有制向私有制推移，对自然的利用和改造随着社会生产工具和技术的进步，使自然环境发生了新变化。城邦制经由大家族制向个体转化，国野破坏，郡县制产生和确立，一个新的社会体系建立起来，华夏族的形成和经过兼并、融合，而把中原土地连成一片。秦对六国的统一，便形成一个新的区域所构成的统一国家。这些区域环境与文化景观是由奴隶变革为封建制。

第三次区域环境和文化景观的改观，发生在前期封建社会向后期封建社会变化之中，早在这以前就已为区域环境和文化景观的改观提供了条件和基础。历史的发展趋势要求，不仅变中国九州地区为多民族的中国、中华，变过去以汉族为中国、中华为多民族的中国、中华，而且要把四海的民族地区，也由原来的不同制向同制变化。在这样历史发展的总趋势下，出现了不分中外、不分华夷的以后南北朝为主的多中国王朝、列国和列部并存的区域格局，在边境地区通过各王朝、列国的领属，在对自然的征服以及对物质与精神文明的创造中，文化景观所发生的变化是空前的。把这些变化的各地区由元朝统一起来，便把历史推向一个全华的发展道路上来。

从一体的区域环境和文化景观的改观中，了解一宇疆域的发展和变化，是对问题思考的一个重要方面。

（三）格局

格局，是就对一体的系统构成而讲的。有一体中的内格局，也有一体中的外格局。对于一体的区域格局的研究要注意它的整体性、共同性，以及在一体中的不可分割的联系。在一体联系中，最深刻的是我中有你，你中有我，血肉相连。在一体的内格局中，有边境民族杂居，有边境民族的制度和文化，有在边境民族区设的郡县等机构。在一体内的外格局中，有中原人居住，有中原城市的封建经济据点，有中原制度，有的在发展中成为半中国类型和全中国类型的社会和区域结构。这种联系不是皮毛的接触，而是一体内的中外地区，都不同程度地有两种制度并存，既存在中原地区，也存在边境地区。

一体的内与外的格局，由同服结成一体，同时内与外是可以转化的，以华夏（汉）为中国九州的内，可变成多民族的内，乃至变成全国的内。外格局可转化为内格局，一是入内，变夷从夏；二是在原边境地区，变夷从夏。这是"中华一体"的区域格局形成的必要前提和基础。由外格局转化为内格局，并不是说都变为州县，可以在统一的中央领导下，在地方建立民族的特别区域。变外格局为内格局，不是变其他民族为汉，也不是再也没中央、地方与边疆的不同，而是同轨中华，在同轨中多民族与多制并存。它是在同华中不同族，在同服下不同制，在统一设置下的不同设置，从最高层次上看是同一的，而在族、制、设置上又是并存的。

一体中的内格局与外格局不仅是联系的、转化的，而其发展与转化的趋势是走向"中华一体"的完整的区域格局，即由以华夏（汉）为中国九州的中华格局发展为以多族多政权、南北朝为中华格局；由以多族、多政权、南北朝为中华格局发展为以南北朝为主的多中国王朝、列国、列部的多中华的格局；最后由以南北朝为主的多中国王朝、列国、列部的多中华格局发展为统一的全国的中华格局。这时的"中华一体"的疆域格局，已不是"春秋大一统"下的格局，而是中国大一统下的格局。在这样的格局下，不仅在一体内的环境变化，而且与一体外的环境也发生变化，由过去的内中环、内外环以与外外环的邻国发生关系，变成同是一体的中国与邻国发生关系。

五、一体与边疆政策

中国的含义与边疆的含义是随时间而发生变化的。在"天下一体"时，把中原郡县地区看成是中国，中国还不是我国的全称，在中国之外的四海地区看成是边境，通过四海边境与我国之外的民族和国家发生毗邻的关系。在"中华一体"时，变四海边境为中国，变夷为夏，中国与边境变成统一中国内的中原与边疆的关系。通过"中华一体"中的边疆以与中国之外的民族和国家发生毗邻的关系，这时的中外不是"天下一体"内的中外，而是中国与中国之外的中外。这两种不同时期的中外性质不同，而实行的政策也有不同的特点。

边疆政策与国家政体以及民族思想意识的变化分不开，就是到"中华一体"时，虽然边境已不限于少数民族居住，已有中原汉人到边境地区，但主要的还是各族的聚居地区，因而历朝统治的民族思想意识与政策，主要还表现在对待边境民族的问题上，也反映在对邻国的问题上。对待边疆的政策，在某种意义上说反映了共同民族意识、共同国家与共同领土观念的加强。

民族意识的不断觉醒，是对待民族区域与边疆政策的思想基础。"天下一体"与"中华一体"是历史上发展的两个不同时期，在不同时期都适时地确定了重要的政策实施的原则。

"天下一体"时政策实施的依据是：

第一，中国与四海、华夏与夷狄是一个政治整体，把奴隶主贵族的贵贱、尊卑观念扩入到民族中去，确定了"贵中华，贱夷狄"的思想，视中国华夏为人，四海夷狄为"禽兽"。

第二，夷狄只能在四海（边境），不得入居中国，反对内徙，主张驱逐入居中国的夷狄于中国之外；反对夷狄有君，建立国家，更不能僭伪犯上，主张"尊王攘夷"，以维护中国与四海以及民族布局的不乱。

第三，依据远近以定服事的关系，主张同服不同制，把不同制的民族与区域共同纳入"天下一体"之中，皆受王封，同是王臣。

第四，划分中外与华夷的理论标准是礼义，中国行礼义是礼乐之邦，是天府大国，夷狄不行礼义是蛮夷之域，是附属小国，以小事大。

由以上诸原则而产生的边疆政策有两端：一是坚持维系中国与边境区域划分的原则，主张存亡继绝，维护边境对中国的臣服与朝贡关系。反对变边境为内地，设置郡县以内安边。二是同样地承认中国与边境之分，主张武力征服，灭其国，变边境为郡县，以边安内。两种政策都是当时统治阶级的政策。从汉对匈奴、唐对高句丽的两派之争看，就是这两种不同政策的反映与体现，而中国与边境同属"天下一体"是他们的共同思想，所不同的是安内攘外，还是攘外安内。

随着民族的兴起与迁徙，不少民族先后以不同方式进入中原，打乱了过去中外民族区域的布局，因而引起民族意识的新觉醒，中国与边境划分的观念发生了新的变化，唐朝是这种变化的重要转折时期，主要表现在：

第一，对过去划分华夷的标准作了重新认识。过去视边境少数民族为"禽兽"，这是旧奴隶主不把奴隶当人的思想在民族上的表现，也是进入封建社会后的旧思想残余。唐太宗与此相反，明确提出夷狄也是人，《资治通鉴》卷197记载唐太宗说："夷狄亦人耳，其情与中夏不殊。人主患德泽不加，不必猜忌异类。盖德泽洽，则四夷可使如一家；猜忌多，则骨肉不免为仇敌。"这是对过去传统观念以及"非我族类，其心必异"的一种批判。

第二，在"夷狄亦人"的思想指导下，进而提出对诸民族一视同仁、不分贵贱的思想。《资治通鉴》卷198唐太宗说："自古皆贵中华、贱夷狄，朕独爱之如一，故其种落皆依朕如父母。""贵中华，贱夷狄"是传统的旧思想，唐太宗主张各族应如一家中父母赤子相处，是想把过去民族上的人与"禽兽"的贵贱关系，变成一家内的地位不平等关系。

第三，唐朝是对过去历史的继承和发展，对边疆的政策上做了新的调整，一方面以"中国既定，四夷自服"作为政策实施的主导思想，尊重边境民族区域的生产以及生活方式、习俗等；另一方面则仿汉武帝建郡县的精神，变边境民族聚居地区为府州，行不同于中原州县的羁縻州制度。用和平方法解决民族间矛盾，立约守境，不相侵扰。《新唐书·突厥传》："各守尔境，无相抄犯，有负约，我自出兵诛之。"使各族臣服于统一的"天下一体"之中。

继唐之后，辽、金相继在北方兴起，建立北朝，进入"中华一体"的历史新时期。辽、金对边疆的政策相应地发生了与"天下一体"时的不同变化，这是了解我国边疆政策变化的重要历史依据。辽、金与宋是一家中的两个中国，两个中华，元统一后则为一个统一的多民族的中国与中华，由统一的多民族"天下一体"国家发展统一的多民族"中华一体"国家。秦所开创的统一与元所开创的统一，是两种不同情况的统一。从辽朝起，对边疆政策的变化表现在多方面，现就其主要方面谈以下几点：

第一，历史进入辽以后，无论是南北两朝还是统一的王朝，在民本思想方面得到一定程度的发展，这种发展要比唐时还深刻。金世宗被称为"小尧舜"，他的声誉超过当时南宋的孝宗，《金史·世宗纪》记载，他大胆提出："天子亦人耳。"这种思想对"天子自有制，同余人"的旧观念是个突破。这种思想影响了后来一些有作为的皇帝，提倡"民贵君轻"，反对以忠君为名在争战中乱丧民命；提倡保民，强调重民思想；在民族意识上强调"华夷同风"，汉与契丹、女真同是一家，同是国人，"华夷无间"，南北为一家，一道同轨于中华。

第二，主张一宇中华，反对彼疆此界。对边境直接由中央设军镇守，把边境统一到全国号令之中，允许统一中多种制度和不同的特殊区划的并存，实行变边境为内地的政策，改土归流和变特别的区域为省制，中国与四海的中外之分变成统一中国内的中原与边境之分。清世宗认为夷"不过方域之名""犹中国之有籍贯"。把夷作为区域的名称看待，它与中国没有贵贱、尊卑、中外之别，乃是同华内的区域不同。

第三，对边境实行实边政策，加强对边境的开垦与屯田，加强对边境的设置，把中原人向边境迁徙，开设由中原通往边境的交通路线，这都是有利于巩固边境所采取的措施，中国的疆域在各方面形成一个完整的整体。

第四，我国是个统一的多民族国家，在封建社会的漫长发展中分前后两期，经历了秦、元两次不同的统一的多民族国家的开创，特别是元朝开创统一的多民族的"中华一体"之后，我国便以统一的中国与国外的民族和国家发生关系。在鸦片战争以前，一是与长期毗邻的国家，在总体上采取友好睦邻的政策；二是对邻邦遭到外来侵略，则采取抗击外来侵略和援助邻邦的政策；三是对外来的侵犯采取抵抗的政策。在历史上也曾经发生过互相不友好的对外政策，对人民来说这从来是不愉快的事。

民族与国家性命攸关，在历史上每一次民族关系的大发展和变化，都在不同程度上引起民族意识的新觉醒，推动各民族朝着统一的中国和中华的方向发展。在发展中以汉族为主体包括兄弟民族在内的各民族，都对我国土地的开发和疆域的缔造做出了卓越的贡献。民族团结、国家团结，民族统一、国家统一，民族繁荣、国家繁荣，民族富强、国家富强，是民族和国家发展中不断展示出的宏图。在历史上，各族人民和进步的力量都为发展统一的多民族的疆域，为中华一统而努力践行，产生了不少可贵的思想，创造了许多业绩、留下了宝贵的遗产，至今仍是学术领域研究的主题。为此，必须肃清历史上传统的旧观念，揭示历史上进步的新观念，批判那些出于侵略我国领土而制造的种种谬论，是当前史学和疆域史研究的重要任务。

注：
①《百子全书》，浙江人民出版社，1984年，影印扫叶山房1924年的石印本。
②［德］马克思：《政治经济学批判》，人民出版社，1955年，第160页。

③［德］马克思：《资本论》（第三卷），人民出版社，1953年，第402页、第1030页。

④［清］雍正皇帝编纂，张万钧、薛予生编译：《大义觉迷录》卷1。

第五章　"中华同态"论

"中华同态"是就我国古代社会形态的发展和变化而提出的，社会形态发展的基础是经济。研究社会形态和经济基础必然要涉及在一体内的各民族的经济类型。在各民族的不同社会形态之间，经济类型可能是相同的，在相同社会形态，经济类型也可能是相同的。因此，既要研究社会形态的发展变化历史，也要研究社会经济类型的发展变化历史。

一、对社会形态与经济类型的研究问题

社会形态与经济类型是互相联系而又互相区别的两个问题。对历史上的社会形态和经济类型的研究，应重视以下三个方面的问题。

（一）应以"一体观"看社会的态与类

我国是个多元一体和一体多元的民族国家，这个国家的社会形态和经济类型也具有多元一体和一体多元的特点。对于多元一体和一体多元的各

民族的社会形态和经济类型研究的前提和基础是一体，也就是要从一体构成的整体看各民族的社会形态和经济类型的发展变化，及其在不同历史时期的结构和特点。

在一体结构中的各民族的社会形态和经济类型的发展是不平衡的。在中原地区，社会经济成分不是单一的，也是不平衡的；就是在一个族和地区的内部，也同样存在着多种经济成分和发展上的差异。因而不平衡是研究各族、各地区的社会形态和经济类型的一条重要规律。因此，要着重以不平衡的理论研究不同时期的社会形态和经济类型的发展变化及其在一体内的关系。

一体是由各民族的不同社会形态和经济类型所构成的，而且是互相联系，互相渗透，互相交融和互相转化的。这种联系不是经济上的单纯来往，而是你中有我，我中有你，由此而结成在经济上的一体。

各民族在发展中有先进，有后进，但研究问题的基点，应当看到各民族都沿着自己的历史而不断地进步。研究他们在每个历史进程上的进步和所发生的重大变革，就会看到在各民族间不断地以自己的进步缩小与先进的距离。同时各民族的社会形态和经济类型都是在一定的历史条件下变革和转化的，不断地改变历史上的社会形态和经济类型的旧格局为新格局。由于这种发展变化，把历史由"天下一体"的社会形态与经济类型的格局，发展为"中华一体"的社会形态和经济类型的格局；由社会不同形态下的经济类型的结构，发展为社会同形态下的经济类型的结构。

（二）对理论观点的提出与认识

就对中原以外和进入中原而同属于一体内的民族的态与类的研究，由于缺乏一体的思想和受历史上的"华夷正闰观"的影响和束缚，以及受"南北对立论"的影响，在无形中出现一些不符合我国古代民族关系的理论观点，并且当作正确的理论观点运用到史书的编写中。其中比较突出的是社会形态落后论和经济类型游牧论。

社会形态落后，就其与中原封建社会比较而言是对的，但以此不研究或很少研究其本族自身的社会形态的发展、进步和变革所取得的社会飞跃，而得出少数民族对中原自始至终是破坏的观点，显然是不对的。持有这种观点的，一是认为他们处于原始社会末期，贪得无厌地向中原掠夺和破坏；二是认为他们处于奴隶制的社会形态时期，以奴隶主的野蛮性向中原掠夺和破坏。于是在思想上完成一个野蛮落后的民族入侵——破坏——再破坏——直到灭亡。这一公式并不完全符合入中原并在中原建立政权的民族历史实际。

一般地讲，进入中原和在中原建立政权和王朝的民族，从社会形态来看不只有原始社会、奴隶社会两种社会形态，也有属于封建的社会形态。在"天下一体"时，进入中原和在中原建立奴隶制的很少见，五胡十六国政权是属于在中原的地方封建割据政权，拓跋鲜卑在北方建立的王朝一开始就不是奴隶制王朝，是封建王朝。在这以前拓跋鲜卑就致力于由原始社会末期的家长奴役制向封建国家发展和建立，是在"同于南夏""变易旧俗"①中，朝着封建制发展和建立起来的。历史进入"中华一体"时，契丹是由游牧封建制向农业封建制变革取得燕云十六州，他所建立的契丹（辽）政权，也不是奴隶社会。蒙古也是由游牧封建制进入中原。女真和满族起初经过奴隶制，但也在进入中原后很快变全国政权为封建政权。他们进入和统治中原之初，不是一种社会形态，而都采取"变夷从夏"的发展道路。这些民族在与中原社会经济交流中给社会经济以严重破坏，但一方面也在破坏中求恢复，他们都有一段恢复发展和不同程度的兴盛时期，自始至终的破坏观点是不合乎这些政权和王朝历史的。

（三）对具体问题要作具体分析

对进入中原建立政权和王朝的民族的经济类型要做具体分析，也不能一概把他们称为游牧民族。要看他们过去是否是游牧民族，即使是游牧民族，那么是什么时期以游牧为主，什么时期已发展为以农业为主，要研究他们进入中原以前和以后的社会经济结构，是以游牧为主，还是农牧兼重，或者是以农为主，不能一概说都是游牧民族。要研究他们在建国前农业与游牧经济的比重，更要研究他们在中原建立政权和王朝后农业和游牧的区域格局以及农业和游牧经济的比重，不能因他们的游牧经济在当时民族经济结构中还占有相当大的比重，或者说还在发展和增加，就说是以游牧为主的民族。

社会形态与经济类型有联系又有区别。奴隶社会形态的民族，其经济类型有两种，即以游牧为主的部落奴隶制和以农业为主的城邦和家族奴隶制。封建社会，其类型也同样有两种，即以游牧为主的封建制和以农业为主的封建制，而封建制还有农奴与租佃制的差别。社会发展的趋势是由不同态为主的分华夷、分中外的一体，向以同态为主的不分华夷、不分中外的一体发展，在不同态中有相同和不同的经济类型，而在同态中也有相同和不同的经济类型。研究一体中的态与类，是了解中华历史的一个重要方面，也就是把对历史的个体研究同对整体的研究结合起来。

二、"天下一体"的态与类

"中华一体"是从"天下一体"发展变化而来的，它经过"前天下一体""天下一体""前中华一体"和"中华一体"四个发展阶段。这两个时期和四个阶段也就是社会形态和经济类型发展变化的全过程。

（一）"天下一体"的结构和态与类的发展过程

"天下一体"的社会形态与经济类型包括"前天下一体"和"天下

一体"。"前天下一体"包括中原的奴隶社会和封建社会的时期,而奴隶制又经过部落奴隶制、城邦的种族奴隶制和家族奴隶制的不同阶段。"天下一体"是从秦统一天下而形成的统一的多民族的"天下一体"的国家,包括秦、汉、三国、西晋;东晋五胡十六国、南北朝;隋、唐。就社会发展的形态来说是继封建确立后的封建社会前期,从中原来看经过奴隶社会和封建社会前期两个不同的社会形态的时期。无论是"前天下一体"还是"天下一体",其一体结构是分华夷、分中外的,因而从社会形态看,有"中国九州"的奴隶社会形态和封建社会形态,但从四海边境来看,情况则更加复杂,有的是与中国九州同态的封建社会,有的不与中国九州同态的奴隶社会和发展不同的原始社会,这就是历史上华夷、中外的不同制而同服的"天下一体"构成的格局。

由中国九州和四海边境构成一体,其社会形态与经济类型的发展大致可按中原社会形态分为奴隶社会和封建社会,而且这两个社会同时与四海边境的社会形态并存,呈现出历史发展的不同时期的态与类的不同情况。

从虞夏到春秋都属奴隶制社会形态,但经济类型有变化。在部落奴隶制时,至少是游牧与农业并举,其社会特点是建国、营部、承家、合族,是以部落制为特点的国家,其土地制度保留了原始农村公社的制度特点,被称为"戎索"②,把各被征服的部落成部落降为集体奴隶。到后来城邦的种族奴隶和家族奴隶,成为农业在社会中占绝对主要地位的经济类型。四海地区其初是处于原始社会或国家雏形阶段的社会及其经济类型,到诸华夏已形成的春秋时,出现还不被认为是诸夏而与诸夏同态的奴隶社会和以农业为主的经济类型国家。

从秦到西晋,中原是中央集权的封建社会,而四海并存的有不同态的部落奴隶制的匈奴,属游牧为主的经济类型;有以城邦为特点的夫余、高句丽的奴隶社会,是以农业为主的经济类型。有与中原同态的西域诸封建国,是以农业为主的经济类型。还有原始社会发展不同阶段的各民族,以农、以牧、以狩猎为主的不同经济类型。

东晋、五胡十六国到南北朝，是各族社会形态的重大变革时期，由于这种变革改变了当时中原与四海的态与类的格局。在中原北部出现多民族建立的封建割据政权，由一个族的中原封建社会变成多族的封建社会，后来南北各自统一为南北同态的社会，同是以农业为主的多元的经济类型国家。从四海边境地区看有不同态和不同经济类型的柔然建立的部落奴隶制；北周前有不同态而同经济类型的高句丽城邦奴隶制。有同态和不同类型的突厥的游牧封建制；有北周时同态和同类的由奴隶制变革为封建制的高句丽，以及与华夏同态、同类型的西域国家。还有不同态、不同经济类型和不同态、同经济类型的处于原始社会的诸部落。

隋、唐是"天下一体"发展的最后和最高阶段。隋、唐在态与类中最大的变化，是统一了中原的封建制和同态经济类型的南北差异。从四海边境看，最大的发展和变化，是在四海边境地区的同态和不同经济类型以及同态、同经济类型的民族地方政权，为后来"中华一体"的社会同态的发展提供了条件和奠定了基础，是由以中外不同态为主的"天下一体"向以中外同态为主的"中华一体"重大过渡时期。

（二）"天下一体"的态与类的类型

"天下一体"，属于中外不同态的时期，主要是"异态异类"和"异态同类"，同时也存在着"同态异类"和"同态同类"。这四种类型，可以把"天下一体"的态和类都概括起来。

1. 异态异类

异态异类，是指与中国九州的社会形态和经济类型不同的民族和民族政权。在社会的发展中经常受发展不平衡的规律影响、约束和规定，因而在古代人中就已看到一体中的民族和区域乃至一切事物不能"齐一"。诸事物在一体中的发展是齐一——不齐—齐一，而后·"齐一"不是前一"齐一"的简单重复，是更高的发展，因此，在研究中要有所区别。从奴隶社会到封建社会的前期，都存在异态异类的问题，大致可分为几种情况：其一，原始社会的民族与地区，与中原奴隶制和封建制不同态，乃至与四海地区出现的奴隶制和封建制不同态；原始的渔猎与畜牧的经济，与中原奴隶制、封建制，以及与四海地区出现的奴隶制、封建制的农业的类型不同。其二，四海奴隶制与中原的封建制乃至与四海地区出现的封建制不同态，这里有部落奴隶制与城邦奴隶制和家族奴隶制的区别，封建制也有租佃制与农奴制的区别。但奴隶制与封建制不同态；奴隶制的游牧经济与奴隶制、封建制农业经济的类型亦不同。

异态异类在"天下一体"时都是存在的，在分华夷、分中外的不同制而同服的条件下，构成一个不同社会形态和不同经济类型的民族和地区为一个同服的一体关系。异态异类是社会形态和经济类型发展不平衡在民族和区域中的表现，而研究社会不同态和经济不同类的前提是一体。

2. 异态同类

异态同类，是指社会形态不同，而在经济类型上则是相同的。无论是奴隶社会还是封建社会的前期，异态同类也都是存在的。态是由社会生产方式运动的阶段所决定的，而类是由经济的生产和生活所决定的。不同的态有不同的经济为主的类，也有相同的经济为主的类。异态同类，有原始社会同奴隶社会和封建社会的不同态，但是可能是相同的经济类型。有奴隶社会与封建社会不同态的民族和政权，但在经济类型上可能是相同一的，如有以游牧为主的部族制，有以游牧为主的部落奴隶制，有以游牧为主的宗法封建制；有以农业为主的部族制，有以农业为主的城邦奴隶制，有以农业为主的封建制。社会形态不同而经济的类型相同，因此，游牧与农业的经济类型的格局，不是中原以北的民族政权与区域都是游牧，也不是中原地区都是单一的农业。匈奴、柔然是以游牧为主的经济类型，而夫余、高句丽、渤海原来是复合型的经济类型，但在他与中原农业接触、交融中变夷从夏为以农业为主的类型。

3. 同态异类

同态异类，是指有着相同的社会形态，而在经济类型上是不相同的。

从历史发展的实际看，社会形态的变革，也就是由原始社会变革为奴隶社会，由奴隶社会变革为封建社会，不都必须是进入以农业为主的经济类型的民族，而在以游牧为主的经济类型的民族中，也同样能由原始社会变革为部落奴隶制，由部落奴隶制变革为宗法封建制。在同态中的原始社会，有的以狩猎为主，有的以游牧为主，有的以农业为主。匈奴、柔然的部落奴隶制与夫余、高句丽的城邦奴隶制同态，但经济类型不同。前者属游牧经济类型，后者属农业经济类型。同态的封建制也是如此。中原的封建制与突厥封建制的经济类型不同，前者是以农业为主的经济类型。后者是以游牧为主的经济类型。研究社会形态主要是研究社会生产关系及其所决定的社会性质，而不是经济类型。社会形态的变革是由于社会内部的生产力与生产关系、经济基础与上层建筑矛盾引起的，其根源不是经济类型不同引起的。

4. 同态同类

同态同类，是指社会形态相同，经济类型也相同的民族和政权。同态同类除四海地区的民族和政权间存在外，而更重要的是在边境民族和政权中也出现与中原民族和王朝的同态同类。在奴隶制时代，诸华夏国之外的民族，经过变夷为夏就已经出现像秦、楚、吴、越那样的与诸华夏国同态同类的民族和国家。到战国，秦、楚已成为中原的华夏国。与此同时，在黄河流域北部的北狄部落也正在由游牧向农业转化。鲜虞部落联盟在太行山以东，当时在他邻近的太行山麓和山内如肥（在河北藁城县）、鼓（在河北晋县）、仇由（在山西盂县），都以鲜虞为盟主，据记载鼓有城、有聚、有部与诸华夏无异[③]。春秋末年，鲜虞改称中山国，其国有君主、诸卿、大夫、百官与士，《谷梁传》称其为"中国"，是与诸华夏同态同类的国家。西域诸国，以及北周时由奴隶制变革为封建制的高句丽和在东北的渤海国，也都属于与中国九州同态同类的地方民族政权。在"天下一体"时，只出现南北两个王朝，还没有出现第三个以上与南北朝同态同类的王朝与之并存，也就是说还没有出现多王朝的同态同类。

（三）对不同的社会形态内的经济类型结构的分析

经济类型及其结构，不仅表现在一体内的民族与政权间，而且也表现在各民族和政权的内部，也就是说在各民族和政权的内部也是由多种经济类型构成的。不同态的不同经济类型存在社会之中，这是一体的态与类的互相渗透和吸收，乃至在不同态的社会中并存，构成民族与政权在态与类上的联系。

经济类型包括农业、游牧和渔猎的不同经济类型，当时还没有以工商为主的经济类型，只能是在不同经济类型中的一个经济部门。从社会生产发展看，先是渔猎，接着有畜牧和农业的发展，从历史的各民族看，只有农业和游牧为主的民族进入奴隶制，而没有还处于渔猎经济类型的民族能进入奴隶制。经济类型的空间格局，是包括中外在内的一体大空间，其格局受到地理环境的影响与制约，而在一个民族和政权的小空间，其格局也受到地理环境的影响和制约，但归根到底其发展的真正原因是由社会内部的矛盾和斗争所决定的。

以游牧为主的经济类型，存在于不同的社会形态中，一是原始社会的游牧经济类型：以游牧为主，兼渔猎，同时也有原始农业和手工业。二是部落奴隶制的游牧民族和政权的类型。匈奴的主要经济活动是游牧，其所建立的庞大的政权也是以游牧为主的政权，同时兼射猎，也有农业和手工业，不是单一的经济结构，而是以游牧为主的多种经济结构。特别引人注意的是在其社会中存在着不同的态与类。从农业经济看，在匈奴社会经济结构中有三种情况：一是在游牧经济中有城市的农业经济，如"卫律为匈奴谋，穿井、筑城、治楼以藏谷，与秦人守之"[④]。

这样的城市已在匈奴内发现，出土有陶器，农作工具和贮粮地窖。秦人即中原亡人的匈奴后代子孙，或是被俘的中原人，当时中原失意者韩王信、藏衍、卢绾、卫律、赵信、中行说等视匈奴为逃逋的丛薮，一些边人奴婢为摆脱愁苦，也"闻匈奴中乐"[⑤]，出塞亡入匈奴。这些由中原人开创于游牧地区的农业，可能是封建经济的移植。其二，在匈奴的南部与中原邻接地方，原是中原郡县变成的匈奴据地，虽遭匈奴破坏，但后来成为匈奴与汉人杂居之地，促进这里匈奴人向农业转化。其三，匈奴还占有西域一些封建的农业国家，尽管变他们为匈奴的"僮仆"，但不改变这里的经济类型。在以游牧为主的突厥封建政权中，也是以游牧为主的多种经济类型并存。在其社会中也有中原制度和农业。

以农业为主的经济类型，有原始社会、奴隶社会和封建社会的不同类型，这种类型不仅存在中原华夏（汉）族中，也存在于四周其他民族和政权中。有的民族在没有进入国家之前已经进入以农业为主的历史发展阶段，这样的民族就不能一般地称之为游牧民族。在东北的秽貊语族的夫余和高句丽及其政权，是以农业为主的经济类型的民族和政权。北方戎狄的鲜虞在河北建立的中山政权，也是以农业为主的民族和政权。出于西方戎的秦，在其被视为戎的时期，也是个以农业为主的民族和政权。由于民族的分布不同，其发展也有异，一个族属系统的民族"或在中国，或在夷狄"⑥，"晋变而为夷狄，楚变而为君子"⑦，"中国而夷狄也，则夷狄之；夷狄而中国也，则中国之"⑧。

华与夷、中与外都是可转化的，其经济生活的类型同样是可变的。慕容鲜卑在涉归时"迁邑于辽东北，于是渐慕诸夏之风矣"。西晋时"教以农桑法制，同于上国"⑨。已不再是以游牧为主的民族，前燕政权也不是游牧经济为主的政权。不能不看到经济类型的变化，一概称北方民族为游牧民族或政权。经济类型与社会形态发展不能分割开，也不能同历史发展变化分割开，把它规定在一个不变的经济类型的观念内。

（四）"天下一体"的态与类特点

"天下一体"的社会形态与经济类型构成的特点，概括如下：

1. "天下一体"的态与类的结构，与这个时期的民族与区域结构是相适应的，在很大的程度上体现着分华夷、分中外与分制同服这个特点。

在"天下一体"时，主要是华夷、中外不同态以及不同类，而同态同类还不占主要的地位。

2. "天下一体"是由多元、多层次和多类型的态与类而构成的不可分割的一体关系。态是生产方式发展的同与不同，类是占着主要地位的经济活动的类型的同与不同，由此而构成一个多元于一个统一体中的各民族和政权。在一体内的态与类不是由南北而划分，主要是由态与类的同与异来划分。态与类在一体中是可转化的，它的发展趋势是朝着同态发展，由于同态的发展而在一体中不断改变态与类的结构，由不同态为主的不同类向同态为主的不同类发展和变化。

3. 态与类的结构是在一体之中，它的特点是你中有我，我中有你，在中原汉人占大多数地区有四周民族进入居住，把不同态和不同类的事物带进中原地区，相反在四海民族地区也有中原的态和类在其中，互相作用和影响，促进"天下一体"的态与类的结构变化。

4. 在"天下一体"时的民族间的活动和迁徙，还没有打破华夷和中外之分，因而态与类也相应地反映着这种华夷与中外不同的特点，在中原建立的政权和南北朝，也还反映着民族制度和经济类型的差别与特点，或北与南的民族在同态下的不同特点，还没有进入多王朝、列国、列部的同态的新时期。

三、"中华一体"的态与类

"中华一体"是"天下一体"的继续和发展，在一体结构上发生重大变化。同样在社会形态与经济类型的结构上也发生了重大变化。"中华一体"分"前中华一体"与"中华一体"两个阶段，是由多中国的态与类的格局发展为统一的多民族的态与类的新格局。

（一）"中华一体"的态与类格局的形成过程

"中华一体"的初期是分裂着的"中华一体"，又由分裂着的"中华一体"发展为统一的多民族的"中华一体"。在封建社会之初的中原战国也是分裂着的"中华一体"，它的整体结构是分华夷、分中外的"天下一体"结构，秦统一为多民族的"天下一体"国家。"中华一体"之初，是不分华夷、不分中外的以南北朝为主的多中国王朝、列国、列部的分裂，它是高于战国、三国、五胡十六国的分裂，是在五代十国分裂之后而出现的华夷、内外走向同态的多中国分裂并存的时期。

由"前中华一体"到"中华一体"是由分裂的"中华一体"到统一的多民族的"中华一体"。这中间经过不断发展和新格局的态与类的形成过程。

以辽与北宋为主的南北朝，是不同类型的多中国并存时期。基本上已形成多中国王朝的同态与不同类的经济类型，它是从唐发展和继承下来的，适应同态发展的需要而形成的不同类型的"中华一体"的国家并存。当时有辽王朝、北宋王朝、西夏王朝和黑汗王朝。与之同时并存的有大理、吐蕃、于阗、西州回鹘（高昌）、河西回鹘（黄头）等列国、列部。他们都已进入与中原王朝同态的封建社会，而局部还没有进入阶级社会的也都纳入为一体之中的不同态和不同类的臣服部落。

以金与南宋为主的南北朝，是辽与北宋南北朝的继续，当时有金王朝、北宋王朝、西夏王朝和西辽王朝，与之同时并存的有大理、吐蕃、蒙古草原诸部族。大理、吐蕃是封建社会，而蒙古草原诸部是原辽上京所属旧地，处于不同阶段的原始社会时期，但也在逐渐向封建宗法游牧制转化和统一。蒙古从家长奴役制直接向封建制飞跃，因而蒙古族所走的道路既不同于匈奴、柔然的部落奴隶制，也不同于女真族家族奴隶制，是采取分封和占有封建牧奴（属民）的办法建立具有家长式的宗法游牧封建制的社会，同时在发展中吸取了契丹的投下制。

蒙古族在其发展中不仅与中原同态，而且把当时同态分裂着的诸中国王朝、列国和列部统一为一个"中华一体"国家。这个国家是不分华夷、不分中外皆是中国的国家，结束了历史上在中原和在中原以外的四海地区作为一个分裂时代的历史。从此，态与类不是按华夷、中外划分，而是在一个中国内部划分，也就是同为中国内的不同的民族和不同的经济类型。氏族制和奴隶制的不同态在这时只作为同态中的个别现象而存在，也就是说由"天下一体"时以异态异类、异态同类为主变成"中华一体"时以同态异类、同态同类为主的新时期。

明、清是对元的继承发展和巩固，明、清同样是个统一的多民族的"中华一体"国家，是个以同态异类、同态同类为主的统一的国家。由于"天下一体"发展为"中华一体"，因此在一体中的态与类的结构也相应地发生重大变化。

（二）"中华一体"的态与类的结构

"中华一体"的态与类的结构，主要表现在由"天下一体"的分华夷、分中外的结构变成一个统一的中国内部的态与类的结构。

1. 同态同类

"中华一体"，在设制上已把中外之分统一为中国内的中原与地方和边境之分，变过去最高统治者，既为中国皇帝又是四海天子的关系，为统一的中国内部的皇帝。从态与类的关系来看，也是"中华一体"内的民族与地域的关系。同态和同类的封建的农业经济类型：一是原来即以农业为主的民族和地区，如云南各族以从事农业为主，由中央设劝农官，又由官府于各路屯田。西北天山南路的维吾尔族的农业也比较发达，北路以畜牧为主，政府也移民开垦（如准噶尔盆地北缘地区）。蒙古草原漠南农业也较为发达。二是原以畜牧为主的地区，如漠北从辽即始开垦新的农业区，元朝建立后，屯田于和林、称海（缜海）、五河、海拉兀等地区。在藏族地区也有以农牧结合的农业区。在东北的北边和东北部也有屯田。这样就形成以中原农业为中心的包括各族、各地的农业区在内的同态同类的类型。

2．同态异类

同态异类，主要指同是封建的社会形态而经济不同的类型。在辽、宋、金、西夏等王朝时，还是分裂的同态和不同类。从元朝起在西南、西、西北、北、东北，不分农业和畜牧业，基本上已都与中原同态。在同态下还存在着以不同经济为主的不同的经济类型。异类可分为两种情况：一是以畜牧为主的经济类型与以农业为主的经济类型的不同；二是以渔猎为主的经济类型与以农业为主的经济类型的不同。蒙古族和西北天山以北以畜牧经济为主，与农业不同类；在边远的地区尚有少数以渔猎经济为主，也与农业不同类。在西南等农业区中尚有以畜牧为主地区，也与农业不同类。同态异类在一个统一的多民族的"中华一体"之中，都存在着不同情况的同态同类与之并存，即在以畜牧为主的民族地区有农业经济开发点分布，在以农业为主的民族地区也有畜牧业经济点局部分布，这就从整体上改变了同态异类的格局，使同态同类与同态异类交错存在。

3．异态同类

异态同类，在"中华一体"时的结构，也由于民族关系的新变化而变化。在这个时期仍有奴隶制与封建制的不同态，而经济类型则相同。在"天下一体"的封建社会的前期，奴隶制一般出现在四海地区，或变郡县为边境的地区，主要是部落奴隶制和城邦奴隶制。到"中华一体"时出现了家族奴隶制的新类型，而且这种奴隶制随着军事行动向州县地区推移，以及采取向中原州县地区移民，而使这种奴隶制组织及其经济类型也到州县地区。金代女真族的奴隶制和后金的奴隶制都是家族奴隶制，其进入州县地区后即属于这种异态同类的类型。在边远地区的一些民族和地区的原始社会，及以农业经济为主的也属异态同类的类型，而那些居于山中而保有不同态和同类的民族也属于此种类型。在"中华一体"时出现的家族奴隶制最后经过"计口授地""计丁授田"这个途径发展为与中原同态同类。

4．异态异类

由于社会发展不平衡，在"中华一体"内仍保留着局部的异态异类。异态有与封建不同态的奴隶制、原始社会的残余形态。奴隶制已多以家族奴隶制出现，部落奴隶制和城邦奴隶制已不见。异类主要是指与农业经济不同的经济类型，如以畜牧为主的类型和以渔猎为主的类型，农业虽然出现，但在这些地区的民族经济生活中不占主要地位。但在这个时期以畜牧为主的民族地区，已多有农业，而建立家族奴隶制的民族和政权，也多以农业为主，因而异态异类的类型多包括封建社会形态中作为残余而表现出的异态异类。在辽、宋、金、西夏等王朝并存时，除女真家族奴隶制外，其他已是不同经济类型的封建制，而女真后来也由家族奴隶制变革为封建制。元以后，除后金建立家族奴隶制外，其他也多是不同经济类型的封建制，后金也很快变革为封建制。在元、明、清三个连续统一的王朝中，虽有个别地区或在封建制内保留有奴隶制，但作为异态异类的奴隶制只能是一体中的残余形态。

（三）对各地区、各民族内部经济类型分析

在中原以汉族为主的各民族居住区，是最发达的农业区，手工业是仅次于农业的生产部门，而畜牧、渔猎只作为副业而存在。在民族比较聚居的边境地区，社会形态和经济类型的情况就比较复杂，其经济类型及地区性的格局也有因地、因民族而有不同的特点。主要有同态同类的内部经济结构、同态异类的内部经济结构、异态同类和异态异类的经济结构。这些不同的经济成分，同存于各地、各民族的社会和经济生活之中。具体分析各地、各民族内部的诸经济类型，更有利于从整体上了解"中华一体"的态与类的特点。以下从西南各族地区，西部藏族地区、西北各族地区、北

部蒙古族地区和东北各族地区有重点地分析。

1．西南各族地区内部的态与类

西南云南是地方列国大理，大理是以农业为主的封建政权，大理被蒙古统一，大约有20年内为军事占领，公元127年建立云南行中书省于大理的旧境内，这里是以白族和彝族为主的多民族的地区，白族主要居住在今昆明、楚雄及保山地区，彝族居住在今云南东北部及与四川、贵州毗邻的地区。云南各族是以农业为主的封建制，在封建制中有畜牧以及与农牧相结合的手工业。东北及东部的彝（大、小凉山地区）直至清朝还保存着以农为主、畜牧为辅、手工业与农业结合的不同态、同类的奴隶制。其余罗罗斯、乌撒乌蒙、黔西罗氏鬼国等部更为落后，在云南行省西南部是以车里、金齿为中心的地区，这里居住的是白衣、金齿，其社会是从原始社会中产生奴隶制与农奴制，以农业为主，是同态同类与不同态同类相结合的类型，进而发展农奴制。

2．西部藏族地区内部的态与类

作为一个藏族的总体，把云南西北部的藏族包括在内。吐蕃在唐时上表称与唐"和同为一家"[⑩]"一半胡风似汉家"[⑪]。9世纪中叶，吐蕃王朝崩溃，10世纪初奴隶制已趋全面解体向封建制过渡，并建立以农业、畜牧为主的经济类型的封建社会，成为与辽、宋、金、夏等多中国王朝并存的地方列国。当吐蕃与中国诸王朝同态之后，特别元统一为中国之后，在藏族地区基本存在以农为主，农牧结合的同态同类和以畜牧为主同态异类两种主要类型。雅鲁藏布江流域是西藏的主要农业区，在甘、青、川、滇也都有藏族农业分布。与此同时，还在广大地面上有纯牧区，元时在朵甘思的老思刚地方已出现专务贸易的商人。

3．西北各族地区内部的态与类

在以辽、北宋以及金与南宋为南北朝时，西北分布着回鹘以及西迁的辽人所建立的地方政权和在地方新涌现出的王朝。在公元840年左右在鄂尔浑河流域的回鹘西向分为三支徙到天山和甘、凉之间，由原来的游牧封建经济转为以农业为主的封建经济社会。黑汗与西辽王朝都是以农业为主的封建王朝，其他如西州、河西回鹘也是以农业为主的封建制，与此同时还有畜牧业以及与农业相结合的手工业。元统一西北，其原来列国地区仍是以农业为主兼畜牧和手工业的经济结构。明朝这里分裂为诸封建王国和"地面"，明采取羁縻制。由元时地方的统一经济结构变为地方分割的经济结构，但不改变以农为主的封建社会的经济性质。从西北区域看，天山北，以畜牧为主；而天山南，则以农业为主，形成南北同态同类和同态异类两大地域类型。

4. 北方蒙古地区的态与类

北方蒙古草原地区，辽盛时属上京道，并在这里开设西北路统军司和乌古敌烈统军司，同时还臣服黠戛斯和斡朗改。金时蒙古草原分裂为许多不相属的部落，到13世纪初，蒙古逐渐统一诸部并建立游牧封建帝国。忽必烈建立元朝，把蒙古地区纳入行省，明时蒙古地区又陷入分裂状态，最后由清朝统一。在这一较长历史中，畜牧业在蒙古地区一直占主要地位。在诸部落分裂时，基本上可分为南部的游牧地区和北部的森林狩猎地区。元建立后到清，虽然蒙古地区几经变化，从态与类看，大致可分为：漠北、漠南蒙古族的游牧封建的同态异类的经济类型，即以畜牧为主，渔猎为辅，间有农业或兼经农业以及与牧相结合的手工业的经济结构。在蒙古草原出现由国家经营的农业屯垦区和在漠南由汉人和其他族人所从事的以农为主的同态同类的类型。如在达里诺尔的弘吉剌部、砂井、净州到延安府境的汪古人，在亦集乃路的黑水流域的土著唐兀人，都从事农业。在蒙古草原北和东北仍有以渔猎为主，乃至异类异态的经济类型，如唐麓岭以北、贝加尔湖地区和贝加尔湖等地的一些民族，从事渔猎。但他们也在不断进步，有的已由渔猎发展为"农钓"，或者把农业与畜牧结合起来。

5. 东北地区各族的态与类

东北地区南部是历代州县地区，中部地区南北交错，而北部是各族聚居地区。南部属中原同态同类的类型，而中及北部在辽、金及元统一后也几经变化，但同样有与中原同态同类类型，有与中原同态异类、异态同类和异态异类诸型。西部及西北部，蒙古以畜牧为主；达斡尔及索伦为畜牧，兼事狩猎，有一部分也从事农业，农与牧结合。中原以北有的事农，有的渔猎。边远地区北部及东北部尚处于原始社会的不同阶段。

（四）"中华一体"态与类的特点

"中华一体"分"前中华一体"与"中华一体"，"前中华一体"是中国王朝、列国、列部分裂的一体，但在王朝、列国、列部内皆为一体，皆是国人。"中华一体"是统一的多民族的一体，具有与"天下一体"时的不同特点。

1. "中华一体"的态与类，不论是分裂的多中国，还是统一的中国，在设制上统一在一个中心的领导之下。北朝的辽、金是以道和路把其区域统一为一体，纳各族、各地于中央，南朝也是以路统一各地。西夏也是如此。不设道与路的也是在设制上统一在一起。因而态与型的格局出现在统一的中国政权和王朝之中。

2. "中华一体"，是以同态同类、同态异类为主的新格局。在中原各民族，有异态同类的态与类，有同态同类的态与类。如女真之家族奴隶制在中原州县地区，契丹与蒙古在原来的州县地区。在中原州县地区外，也有汉人的同态同类的社会形态和经济类型，而且是由中央在该地区设置和发展的，如各地的屯田和移汉人到该地开垦新农业区，这在"天下一体"时是不可能较普遍出现的。

3. 从历史发展看，最初主要是以分华夷、分中外而异态异类的，后来各族入中原为中国人以及中原人向四海地区迁徙，改变了原有的格局，但不管是一体内的分裂还是统一王朝，最高统治者则是以内为皇帝、外为天子。"中华一体"则统一为皇帝。由中央政府适应民族地区特点设制，通过屯田、移民和实边、改土归流，并采取各族在同一中国内发展民族经济和地方经济的政策，使统一的中国、中华在元朝的基础上得以发展和巩固。明朝在元、清之间，所实行的都司卫所等带有羁縻性质的设施，也不能改变这一发展的总趋势，没有离开"华夷无间"，同是一家，这一总的前提和思想。

4．由于民族的内迁外移，在全国形成大分散、小集中新的分布特点，因而在态与类的格局上也成为各族间的大同态、小异态，大同类、小异类的统一的态与类的格局。

5．"中华一体"已打破了民族间中外界限以及态与类的界限，促进了各民族间关系和观念的变化。不再以游牧、农业不同视夷狄为"禽兽"，而同是人；不视在中原边境民族为"异类"，而是同域；不再以"春秋大一统"和"华夷正闰观"看民族，而是以中国一统、汉与其他民族一体看民族，即使还有旧观念的坚持者，实际上历史的发展已宣布它的倒退和落后。

四、余论

对于"中华一体"的社会形态和经济类型的论述，想从态与类的发展变化中，研究如何从"天下一体"的态与类的结构发展为"中华一体"的态与类的结构。从社会形态和经济类型两个方面，研究中华的发展过程。这里涉及以下三方面的问题。

（一）原始社会能否在一定的条件下超越奴隶社会的阶段而进入封建社会？这应从普遍规律和特殊规律两个方面米认识，按照正常发展而没有外部更高级封建制的强烈影响和作用，即使有而内部的依据不具备或者已具备向奴隶制发展，一般地讲，很难由原始末期家长奴役制向封建制变革。由原始社会直接向封建制飞跃是在特定条件下而出现的，不是普遍的规律。

因此，不能把所有民族进入阶级社会都纳入奴隶制，也不能相反地都认为是封建制。奴隶社会从我国历史看，不是单一的发展阶段，完整的是由部落奴隶制发展为以城邦为特点的种族奴隶制，进而发展为家族奴隶制，是从家族奴隶中出现的计口授田的一家一户的个体经济为途径而发展为封建制。奴隶制在不同民族中可经过不同类型的选择，一般地讲，以游牧为主的民族是部落奴隶制，而由个体牧民的途径进入封建制，以农业为主的民族是以城邦为特点的奴隶制，而家族奴隶制是在不能把其征服的民族变为国野之分的奴隶制的条件下而发展起来的。拓跋鲜卑、契丹族在其建立北魏和辽以前就已接受中原的影响，变夷为夏，并以中原制为新制以战胜故有的旧制，通过内部的依据和外部影响和帮助，直接进入封建制。

（二）"南北对立论"者提出北方民族的游牧经济与中原民族的农业经济对立，他们把问题的研究引申到为帝国主义侵略服务的政治上去。我国作为"天下国家一体"的国家，就一体内部的经济格局看，就有以什么经济部门为主以及同其他多种经济并存问题，这是一体内产业分布和职业分工问题。社会形态和经济类型本身是可变的，内外也是可变的，外可变内，夷可变夏，内亦可变外，夏亦可变夷。就北方的民族经济类型看，有的从一种经济类型变成另一种经济类型，如以渔猎变以牧为主或以农为主，这都是作为一个国家中的产业分布与职业分工的变化问题。从北方民族经济类型看，各民族不是一个单一游牧经济类型，西北就有以农为主的城邦国家，东北有以农为主的夫余、高句丽、渤海。北方草原的特定地区，主要是以游牧为主的经济类型，但也有渔猎、农业、手工业，以及局部的与之不同类的农业区。

从入中原建立王朝的民族看，拓跋鲜卑、契丹和蒙古都不是以原封不动游牧民族入主，而是走变夷从夏的道路入主，女真和满族不是以游牧入主，而是在入主前已变为农业，并走变夷从夏的道路，没有一个民族以纯游牧能入主中原和在中原进行统治的，也没有一个民族能把中原封建制变为奴隶制而进行统治。变外为内，变夷从夏，而又在一体中保存不同产业的分工，是各民族走向统一的多民族的中国共同发展的道路。

（三）历史事实证明，相同的经济类型和不同经济类型的民族和地区，由不同态走向同态是历史发展中的一大进步，国家由不同态的分华夷、分中外发展为同态下不分华夷、不分中外，同为中国，把同态同类与同态异类纳入一个中国中，是统一的多民族的"中华一体"的需要。在各民族和地区屯田移民开垦农业，汉族在这里起了主要作用，而各民族的不同经济类型的先进和有用的东西，对中原的经济发展也起到了应有的作用。

注：

①《魏书》卷1《帝纪序》。

②［周］左丘明：《春秋左传》卷19《定公4年》。

③马长寿：《北狄与匈奴》，生活·读书·新知三联书店，1962年，第14页。

④《汉书》卷94上《匈奴传上》。

⑤《汉书》卷94下《匈奴传下》。

⑥《史记》卷5《秦本纪》、卷44《魏世家》。

⑦［汉］董仲舒著，［清］凌曙注：《春秋繁露》卷2《竹林》。

⑧［唐］韩愈著，马其昶等校注：《韩昌黎文集校注》卷1《原道》。

⑨《晋书》卷108《慕容廆载记》。

⑩《旧唐书》卷196上《吐蕃传上》。

⑪［唐］陈陶：《陇西行》，载［清］彭定求：《全唐诗》卷746《陈陶》。

第六章 "中华同轨"论

　　研究"中华一体"，同轨是其中的一个重要课题。同轨在史书中也称共轨、一轨。《管子·君臣》："书同名，车同轨。"同轨的本义是把车道的规格统一起来，后来则引申为在政治上的统一。同轨，不是一开始就是全国性"中华同轨"，而是经过不同的历史发展阶段和层次，由"天下一体"的同轨发展为"中华一体"的同轨；由分华夷、分中外的华夷不同轨发展为不分华夷、不分中外的"华夷同轨"。就是"八荒无外，九服大同，四海为家，万里为宅"，"六合八纮，同文共轨"①，"华夷一轨人方泰"②的同轨，也就是合华夷、中外为统一的同轨。这里着重从政治上的统一研究"中华同轨"形成的过程，及其在不同历史时期的政治结构、发展变化与特点。

一、"前天下同轨"

　　"前天下同轨"，即"前天下一体"时期的同轨，特指我国的奴隶制和战国封建制的确立时期，是政治上同轨发展的第一个阶段。"前天下同轨"的最基本特点是同服同制与同服不同制，这是了解这段政治及其发展变化的重要内容。

（一）"前天下同轨"的政治结构

《晋书·王导传·论》"爽望匡周，万方同轨。""万方同轨"是"前天下同轨"构成的重要内容和特点。

从政治体制的结构看，是"天下国家一体"，即"君天下""国诸侯""家大夫"。天子所辖的领土称"天下"，"溥天之下，莫非王土"③，其直接的领地称"畿"，诸侯领地称"都"，大夫领地称"邑"，士之领地称"田"。由畿、都构成中国。

《诗·大雅·民劳》："惠此中国，以绥四方。"郑玄注："中国，京师也。"此中国指王所居之城邦，从"以绥四方"看，中国指王所居京师中心的地方。诸侯也建城邦，为四方国，《孟子·梁惠王》："莅中国抚四夷"的中国包括王畿、四方国在内。在王畿、诸侯国内又分都鄙和国野。王畿、诸侯国是"君天下"的中国部分，不是当时的全国之称，全国之称为"天下"，只有最高的王才能"君天下"。天下的政治组织的构成体制是分中外（中国、四海）。"前天下一体"时的政治同轨主要指中国的同轨，也就是"九州同轨""万方同轨"，是方内的同轨，不包括四海的夷狄在内。《左传》隐公元年："天子七月而葬，同轨毕至。"注："言同轨以别四夷之国。"疏："王者驭天下，必令车同轨，书同文，车同轨毕至，谓海内皆至也。"此之海内即："海内为郡县，法令由一统"④的海内，在奴隶制时指四方诸侯国不包括四海夷狄。

从民族政治和区域政治看，是指同轨于夏制、商制、周制；同轨于夏、商、周的中国九州地区。这就是当时在政治上分华夷、分中外的依据。当时分中国的同制同服与四海的不同制同服。《书·周书·酒诰》："越在外服：侯、甸、男、卫、邦、伯。（《康诰》为侯、甸、

男、邦、采、卫）越在内服：百僚庶君、惟亚、惟服、百工、越百姓、里
居（君）。"由此而形成甸服邦畿（内服）—侯服（诸侯国、外服）—
要服、荒服（四夷、四海），完全适应于"君天下""国诸侯""家大
夫""夷四海"的政治体制而确立的不同制和同服的体制。从职官看，可
分为外官、内官两种，在西周时分为内服卿士寮与外服诸侯两种，在诸侯
国之外为四海的四夷，不任内服外服官职，而是因俗而治。在京城及近郊
贵族聚居地区与郊分为国野两重设置的组织体系：乡、州、党、族、闾、
比与道、县、鄙、里、邻。这样的民族区域的政治结构，是与城邦的种族
奴隶制的政治结构分不开的。

从政治的组合结构看，是分封、宗法、等级三位一体的政治结构。
这是以王权为最高统治的原则而确定的政治制度。分封是以王为"天下共
主"，以同姓和异姓诸侯国捍卫天子。以被分封诸侯国的四方以别于夷狄
的四海。宗法是以血缘为基础的嫡长子继承制，按亲疏长幼的差别来分
配财产和社会的政治地位。以宗法的血缘关系服从于王统（天子）、君统
（诸侯）王权政治的体制。等级是阶级社会的产物，是依贵贱、尊卑、上
下确定社会中不同人的等级和阶级关系，其理论和标准是礼。它把社会分
为不同等级地位的人和不列等级的人，王、诸侯、大夫、士是属统治阶级
"人"中不同等级地位的人；而庶人（野人）、小人以及被统治夷狄则一
概被排斥在人的范围之外，被视为"禽兽"。

奴隶制前后发展是不同的，但是它的共同点是以制别民族，以服分中
外，而义以服合民族和中外，把"天下"的不同制同服于一体之中。制与
服是了解古代政治结构的关键。

（二）由诸侯国中国同轨到郡县中国同轨

随着奴隶制的解体，特别是由奴隶制向封建制的变革，在政治上发生
了根本的变化，由奴隶制的政治，变革为封建制的政治，由王权制的诸侯
国，变革为君主专制的郡县制，由世卿世禄制变革为官僚制。一句话就是

由诸侯国的中国同轨变革为郡县的中国同轨。

"前天下同轨"的政治变革的基础是经济，即由土地的王（国）有制向私人所有制变化，而且这种变化是有序进行的。中原的奴隶制是由连续发展的三个类型构成奴隶制发展变化的全过程。由部落奴隶制发展为以城邦为特点的种族奴隶制，最后发展为家族奴隶制。家族奴隶制是奴隶制发展的最后阶段，其发展不是从最初部落开始，而是从家族的变化开始，引起奴隶制的政治结构的解体并孕育着新的政治结构的产生和发展。

从政治体制结构看，"君天下""国诸侯""家大夫"的同轨结构中的王权旁落，诸侯国成了独立国家，除中原各国的政治之外，还有新兴起的原来蛮夷国也建立了自己的政治体系：在诸侯国中的宗族组织"家大夫"也成为国中之国，自建一套组织机构，"家"也建城，家宰与家臣无宗法关系，家臣任免去留较为自由，当家代替诸侯国，家臣成为国家官吏，组成一个新的官僚制度。

从政治区域结构看，过去同轨中的都鄙制度变化为县制度，县逐渐成为国家的地方政权组织，后来发展为郡县的两级制，在一个国内把民族分为征服者与被征服者的界限打破了。到战国各国建立了以君主为主的中央集权制，官分文武、分中央与地方。

从政治组合的结构看，由王权制变成了君主制，形成由宗族、门阀、等差构成的三位一体的政治结构。由分封的世卿世禄制变成中央集权的官僚制度，由等级制度变成品级门第制度。在奴隶制时庶人、夷狄尽被排斥在人际之外，而进入封建社会后视庶人为人，而夷狄仍被视为"禽兽"。

政治结构的变化，华夏族的出现，是后来形成新的"九州同轨"的基础。

（三）"前天下同轨"的历史特点

"前天下同轨"反映了在秦统一以前一个时代中国同轨的发展及其特点，也是研究后来中国同轨的历史前提和基础。"前天下同轨"经历了奴隶制和封建制确立的两个不同社会形态，因而有着不同的特点。从总的方面看，不管何时，我国自始至终是个多民族国家，它既不同于一个族的国家，也不同于多族政治联合的国家，而是一体内的不可分割的多民族国家。这是我国最大的国情和特点。

1. "前天下同轨"是有序的发展变化过程，是发展、变革和进步的过程。从发展的全过程看，分夏、商、周王权的统一时期；王权衰微与诸侯争霸时期；诸侯建国割据的战国时期。王权的统一是不同族的更替统一，其管辖的范围还很有限，在中国之中由于容纳被征服者的组织，特别实行国野之制，在中国境内仍是不同制统一为一个中国的部落制和城邦制的体系。如西周初就有戎索（夏政）、商政和周索（周政）⑤的不同。春秋是个变革时代，是一个以华夏族为主包括各族在内的一个民族大融合大觉醒时代。首先是华夏族的发展和扩大，边境的民族也在发展变化，并通过边境民族的发展促进了更边远民族的发展变化，出现了不统一的多华夏国并存和被视为蛮夷国向华夏国发展的新历史时期。

2. "前天下同轨"，是以中国的华夏制度为内容的同轨，是中国制度与四海制度不同轨的一家。这是中国与四海在一体中两种制度的并存。但中国诸夏以外的夷狄地区，虽然与中国不同制，仍有发展情况的不同，可分为几种情况：一是形成统一的民族和国家的民族，如秦、楚、吴、越，他们在向华夏型的诸夏国统一和变化，是新出现的边境型的政权，可以把这种政权称为新型的中国政权。二是在接近中国的民族受中国华夏文明的强烈影响，中国制与其本族杂糅被称为貊，中国是大礼乐之邦，而他们则是小礼乐之邦⑥。三是边境的民族不同程度地接受中国华夏文明影响。华夏族的形成，以周礼作为区别华夷、中外的理论标准，不分民族，行中国制度为中国，不行中国制度为夷狄、为外，到战国时，诸政权皆中国。君天下、国诸侯、家大夫时代的同轨变为君主制下的同制的同轨。

3. "前天下同轨"，是由奴隶制的政治结构变为封建制的政治结构，但还没有实现统一的中国同轨，而是多政权的中国同轨。由征服者与被征服者的部落、邑落奴隶制到征服者与被征服者的城邦国野奴隶制，再到家族、乡里的奴隶制；由家族、乡里到郡县乡里制度，是奴隶制向封建制发展变革中出现的地方组织变化的不同层次。战国时期各国的改革与变法就是变奴隶制为封建制。在改革与变法中有共同的政治发展趋势，最后使地方有差异的制度一元化为一统制度，统一的华夏族与制度便进入"天下一体"新的中国同轨发展时期。

二、"天下同轨"

"天下同轨"是"前天下同轨"的继续和发展而形成的统一的多民族的"天下一体"的同轨。完成这个政治统一的是原被视为戎人的秦，不是以戎人统一天下，而是以华夏族的资格统一天下。"天下同轨"不同于"前天下同轨"，"前天下同轨"是王畿诸侯国的同轨，而"天下同轨"是郡县同轨。"天下同轨"仍是华夷、中外不同轨，即制度的不同，这种统一天下的事业对中国来说是同轨，而对四海（六合）来说是不同轨的，是由于秦统一，在中国建郡县，法令一统而完成中原"九州一统"的。它是变过去战国时多封建政权的同轨为统一王朝同轨，是经过统一的中央集权制的建立"车同轨，书同文"而完成"同轨"，这是高于战国时的多国的同轨。但仍没有进入更高发展的"六合八纮，同文共轨"的历史时期。

（一）"天下同轨"的政治结构

"天下一体"的一轨政治结构，是从"前天下一体"继承下来的，没有从整体上改变分华夷、分中外的结构。尽管如此，这个时期的同轨的政治结构，仍在发生新的变化，在有序的发展过程中孕育着向"前中华一体"的同轨转化。

从政治体制的结构看，仍是"天下国家一体"的结构，由奴隶制时的君天下，国诸侯，家大夫的中国一轨结构，经过战国时的改革，统一为一个君天下，国郡县，家编户的新中国一轨结构。轨与家含义不同，轨指政治制度的一致，即同制；家指民族及区域的统一，即一家。秦汉统一即把中国郡县地区在政治上同轨；把六合民族地区合为一家，这就是"九州一轨""六合为家"的统一"天下一体"关系。

从政治区域结构看，当时主要是以郡县、州县、道府州县不同级次地方行政机构来划分区域的，但是统一的封建国家是从奴隶解体后，经过改造而建立起来的。正因为如此，在政治不能完全代替奴隶制，在"天下一体"的不同时期还作为非主导的并行制度、补充和残余而保留，因而政治区域结构是多系统的，有不属于一般郡县的区域系统存在。

郡县系统：是区域划分的主要系统。秦始皇二十六年分天下为36郡，王国维《郡县考》考订为42郡。郡以下为县、乡、亭。汉及其以后皆承秦制设郡县。汉武帝设部刺史，后演变为郡以上的州级区划，隋唐改郡为州，在州以上又逐渐出现道级的区域。

分封系统：秦废分封，汉又恢复，汉行分封诸侯制度，是对奴隶制时代分封的改造，而成为封建性质。晋代进而实行封国制，成为地方的半国家。

国家的屯田系统：军屯隶军籍，不属于国家的郡县编户。

城堡庄田系统：从东汉到魏晋在地方的最基本的统治力量是地方大族，还有封建士大夫和处士、隐士所建城堡庄田。城堡系统是宗族大族以城堡的结构形式而组成的，实际上是个王国，有领地、领户、领军，由城堡、邑、里构成一个系统。庄田不是武装的王国，但为地方的独立单位，由邑落、邑社构成一个系统，一般建在离城较远的地区，是后来官僚地主和一般地主庄田的先驱。

在九州同轨的区域组织和系统中，郡县是封建国家的新的区域设置，而分封诸侯、城堡是封建贵族和地主对古代分封与城邦制的延续和改造，因此说"天下一体"时同轨还保留奴隶制区域组织系统的残迹。

从政治的组织结构看，与奴隶制时代不同，是由战国的君主专制制度的中央集权制、宗族门阀和等级发展和统一而形成的。王权变成君主专制、分权变成中央集权，奴隶制的国诸侯变成了封建的郡县制，家大夫变成封建的宗族门阀，奴隶变成编户。这些制度的综合，便成"天下一体"中的九州同轨的政治。

（二）"天下同轨"的发展与变化

"天下同轨"的政权，基本上没有改变"前天下同轨"的模式，但在历史的发展中却发生着新的方面的变化。主要从中国与四海两个方面分析：

中国方面：从秦到西晋，统治中原的是汉族的一个族，在郡县内有少数民族，但没有能在中国建立政权的。从五胡十六国到北朝，同轨分裂为南北两个方面发展，南方是东晋、南朝，北方是五胡十六国、北朝。在北方出现多民族建立的封建割据政权，出现同轨中两重体系的政治类型，甚至出现不设郡县的单一军镇系统的一轨制。由统一的九州同轨变成多政权的同轨。北朝统一北方，首次在中国出现南北朝的南北同轨制。

隋唐统一南北后，同轨制又归于统一。这个时期在发生着有利于社会政治制度向统一发展。从中央的中枢决策的机构看，秦及汉初为丞相制，后以三公为宰相，汉魏以来三公地位发生动摇，过去的中朝官尚书、中书、侍中等逐渐转为外朝官。并掌握实际权力，到隋唐便成为三省六部的决策体制。作为宰相议政场所的政事堂，后来发展为宰相的权力机关。政事堂制度影响辽、宋，而六部制更延到明、清。地方的行政体制，秦于天下设郡，汉初郡国并行，由中央派使节巡察天下。汉武帝时始制度化，设十三部州刺史，后来发展为郡以上的一级组织，隋唐变郡为州，后作为巡察的道发展为实设的道，安史之乱后成为道州县三级体制。唐时的九州政治一轨，与当时社会经济、阶级、民族关系的变化是分不开的。

边境方面，是指中国州县以外的民族地区。早在汉时在西域设都护府，以当边远征讨之任。魏文帝始置都督诸州军事，或领刺史；而都督中外诸军及大都督，至后周改都督诸军事为点管，又有大都督、帅都督、都督。至唐置大都督府及都督府于各州，景元后因置诸道节度使遂废。唐朝为管理周边少数民族，先后设安西、安北、单于、安东、安南、北庭等都护府。都护府主要管理"诸蕃"，都督府主要统领边要州镇的边防事务，也有的统领边疆少数民族，而在民族集中地区，主要设都护府。与此同时还在少数民族集居地区设行政单位，小者为州，大者为都督府，以本族首领为都督刺史，皆得世袭。

唐时把过去的对边境民族地区的统治发展为与中原不同的两种府州制，因为整体的政治结构变化，在一些边境的民族政权也多相应出现两重体系政治结构的体系，如突厥"自称可汗，置官号皆如突厥故事"[⑦]；"有宰相六，内宰相三，又有都督、将军、司马之号"[⑧]。渤海也是两重体系，中央依唐制设官，地方设府、州、县三级；同时也保留本族的部落制。吐蕃本族官制为"赞普"（意为强雄的丈夫），下设大论、小论"以统理国事"[⑨]。另有大相、副相以及内大相、内副相、小相，整理大相、副整理、小整理，"皆任国事"[⑩]，史书记载南诏也是两重体系的。

这种发展变化的共同趋向，是朝着一个统一的同轨的发展。无论是在中原还是在边境所发生的变化，都增加了这种发展趋向的因素。但唐朝仍是分华夷、分中外的，还不能说是全国性的同轨制。

（三）"天下同轨"的特点

"天下一体"的同轨，在政治体制以及格局上与"前天下一体"的同轨有发展上的联系，但在性质上不同于奴隶制时代的同轨，是直属于战国时出现的同轨。

1．"天下同轨"是把分裂的诸中国政权统一后形成的"九州同轨"。从秦汉到隋唐都属于这个时期的同轨，其格局仍是在一体中分华夷、分中外，"内诸夏而外夷狄"，尊王攘夷，视其族为"禽兽"，视其地为四海。这样的分华夷、分中外的政治体系在"天下一体"中始终没有最后被打破。

2．"天下同轨"的政治标准是礼义，行中原制度的为中国，居中原者为中国人；不行中原制度的为四海，为夷狄；行中原制度为同轨，不行中原制度的只能是一家，不称同轨。在制度上，仍是同制同服与不同制同服的区别；存政治上，这种服已非单纯的贡纳，而表现赋税与贡纳的不同。

3．"天下同轨"的政治结构也在质上发生了变化，在中国的区域内由比较单一的华夏（汉）族政权的同轨，发展为中国的多民族政权的同轨，由比较单一的制度的同轨，发展为双重体系的制度的同轨。尽管这个时期入居中原而建立政权的民族已有很大发展，但他们民族自树的能力还有限。一般地讲，他们都是把本族的头目制与当时中原的封建的城堡系统结合在一起，完成本族的封建变革，建立与郡县制不同具有本族特点的封建组织体系，被纳入中国一轨之中。各民族的融合在历史发展中是一种趋势，但随着民族的发展，地位的变化，自树能力的增强，就会由融合发展为各民族的自树阶段。这个时期，由于在政治上自树能力还有限，所以当时一些民族的统治者对本族采取强制本族与汉族的同化政策，建立不起来自己的文字学校、科举和把本族制度纳入一个系统中发展，而是分面、分制。如在同轨中的两台省制、一个国家中的南北面的制定。它一直影响后来"前中华一体"时的辽朝。

4．在"天下同轨"时期，由于九州同轨的发展变化，也影响到四海地区的各民族。在各民族中出现了中国式的地方民族政权，出现了不同程度和不同类型的用中国制度的地方民族政权，特别是出现了"车书本一家"的华夷、中外同轨的地方民族政权。这样就有利于使原来分华夷、分中外的不同轨的政权，向一个统一的中国同轨的方向发展，并且为这种发展提供条件。地方民族政权在政治发展中进入了一个新的发展层次。

5. "天下同轨"的政治统治表现为在中国的"九州同轨"和在四海的"六合为家"的一体关系。因此，当时的政治思想主要建立在分上，建立在华夷、中外的不同轨上。但随着历史的发展，在中国地区出现了多民族政权的中国，出现了同轨中的两重体系的政权结构，因而在政治上则强调各民族间有共同的"志略"，由神学观念向理性观念转变，由人禽观念向人与人观念转变，由神权向王道仁政的政治观念转变，由分向合的转变，由不同轨向同轨的转变。这样就孕育着在各族间共同的文化心理状态、共同的民族意识、共同的文脉思想。所有这些都有利于推动历史发展的新变化，这也就是"前中华一体"同轨产生的要素和条件。

三、"前中华同轨"

"前中华一体"的政治同轨，是由"天下同轨"走向"中华同轨"的过渡时期，是"中华同轨"的前期，是不同于"天下同轨"的时期。如果说在"前中华一体"以前的"天下一体"的封建制内部的变化还是量的变化，而此时已发展为封建制内部的局部质变，即由封建社会的前期转化为封建社会的后期，由"天下同轨"转化为"前中华同轨。"

（一）多中国政治结构的"一道同轨"

历史发展到辽、宋、金、西夏时期，是我国政治发展史中的一大转折。这种转折不是发生在由一个社会向另一个社会的变革中，而是发生

在由封建社会前期向封建社会后期的转变之中，发生在由"天下一体"向
"前中华一体"的转变之中，发生在由分华夷、分中外的统一王朝向不分
华夷、不分中外的多王朝的转化之中，发生在以礼义为标准的"天下国家
一体"向以一统、道统、文脉为标准的国家一体的转化之中，发生在由
"天下一轨"向"前中华一轨"转化之中。其转化的社会基础是经济。由
于社会内部经济的发展变化，而引起政治的变化，又引起文化的变化，社
会观念的变化。

　　"前中华一体"政治结构的同轨是多王朝、多列国的同轨，是统一的
"中华同轨"形成前的历史阶段。但它与"天下同轨"相比却是个重大的
变化时期：

　　1. 在"天下一体"时，同轨制主要出现在设郡县地区，从政权看有
由汉族所建立的王朝和割据政权；由少数民族在中原所建立的北朝和割据
政权。即割据政权、南北朝和统一王朝三种形式。这个时期在中原最多是
出现南北两个王朝的对峙，没有出现两个以上的多王朝的并存。这个时期
在边境的民族政权是作为臣服中原的地方政权而出现的，还没有把在中国
地区外的边境政权看作是列国，各部也不被看成是中国内的列部。到"前
中华一体"时期，政治体制和结构发生了变化，在中外的不同地区同时出
现与南北朝同时存在的中国王朝，如辽与北宋为南北朝时，同时有西夏、
黑汗朝；金与南宋为南北朝时，同时有西夏、西辽。

　　早在五胡十六国时，进入中原建立封建割据的政权，与过去的战国
时相同，同是中国政权。《晋书·载记·序》：自刘元海称汉以后，有石
勒称赵，张重华自称凉王，冉闵称魏，苻坚称秦，慕容称燕，乞伏国仁称
秦，吕光称凉，秃发乌孤称南凉，段业称北凉，李玄盛称西凉，沮渠蒙逊
称凉，谯纵称成都王，赫连勃勃称大夏，冯跋称北燕。"提封天下，十丧
其八，莫不龙旌帝服，建社开坊。华夷咸暨，人物斯在。或篡通部之乡，
或拥数州之地。雄图内卷，师旅外并。兵凶于胜负，尽人命于锋镝。其
为战国者一百三十六载。"[11]当时并不把中原外看成是列国，到辽、北宋

时，由于民族与政权关系的变化，便出现视诸政权为列国的问题[12]。

2．在多中国王朝的政权结构中，并不是对等的，仍以南北朝作为当时诸王朝中的中心部分，它既不同于过去在中原出现的南北朝，也不同于隋唐统一时期一体内的政权格局。一是南北朝与同时存在的多王朝的并存；二是南北朝的地位发生了变化，北朝由与南北对等上升为宗主；三是与多中国王朝并存的地方政权，已多成为中国式地方政权；四是南北朝是一家中的南北朝，一家分为两朝，诸王朝都把自己看成是中国。

3．多中国王朝并存的出现，把原来分华夷、分中外的两个系统和类型的政治体制，变成一个中国内的多王朝并存，是多王朝的一轨，改变了过去那种中外的格局。同时在一个王朝内由于政令统一，出现在一个中国内的不同制，改变了过去分华夷、分中外的政治格局。

4．"前中华一体"时的同轨，还不是一个统一的中国同轨，而是多中国的同轨。在此前出现的多中国同轨主要是在中国地区，现在出现在中外不同地区。过去多中国同轨，也主要是在中国地区进行的。现在出现的形势则不同，是要把中外统一为一个中国的同轨，统一为同轨内的多制的国家，多制不是"天下一体"内的多制，而是"中华一体"内的多制。

（二）新格局的同轨模式的建造与同轨多制

同轨，基本上有两大类型：一是"天下一体"时期分华夷、分中外的中国同轨；二是"中华一体"时期不分华夷、不分中外的中国同轨。"前中华同轨"属丁"中华同轨"的新格局的模式的建造。

1．新格局的中国同轨的结构的建造，主要表现为处于割据中的多王朝、列国和列部的格局的组成。大致分为北朝与南朝型，以及与北朝南朝并存的王朝型、列国型和列部型。

北朝型是南北朝型中的北方王朝型，指辽、金两朝。契丹统一各部族，先后灭亡渤海，保留渤海制，占领燕云十六州，保留中原汉制，成为一个统一的政令下的一国多制的国家。辽在全国范围内设五京制度，把全国不同的地区通过不同的设置纳入五京管辖之下。辽分南北面官制，北面是契丹部族制度，南面是汉人的州县制。在北面部族制与南面州县制中间出现封建的州县制及特殊封建组织斡鲁朵下州县及头下军州。辽时在北面官制中尚分南北，即南北院。北院治契丹部族，南院治州县。南北院与南北面是两种不同的官制。此外在边区设部族节度使、属国、乣军，部族节度、属国、属部是羁縻性质的设置，为五京制下的一种补充形式。

金朝之初保留辽制、宋制、南北面制，后来统一为金制。设五京把各地纳入一个中国之中，各族一家，皆是国人。金在发展中消除了南北面制，及辽、宋制的不同，统一全国制度和设置，确立女真制与汉制并存，如州县制与猛安谋克制并存；女真学校与汉族学校并存，女真科举与汉人科举并存。也因辽设部族节度使、诸乣制。这种不同不是中外的不同，不是自上而下两套组织系统，而是在路府节度之下并存着州县与猛安谋克，是国家统一下的不同制，同属一个中国。

北朝都把自己看成是中国，是以汉制为主包括各族在内的多制而形成的同轨下的不同制。金制不是女真制，也不是汉制，是一个中国的多制的总称。

南朝宋的同轨结构，是直接从汉族建立的王朝继承下来的，宋朝实际上是变分华夷、分中外为一个中国，以中为内地，外为"藩篱"。并在制度上加强了统一的设置。《宋史》八十五《地理志》："天下既一，疆理几复汉、唐之旧，其未入职方者，唯燕云十六州而已。"宋于全国各地置路，把不同地区民族纳入路制之下；宋朝兵制也把边境地区少数民族纳入蕃兵之中，成为禁军、厢军、乡兵、蕃兵四种兵制之一。《宋史》卷187《兵志》，蕃兵"其后分队伍，给旗帜，缮营堡，备器械一律以乡兵之制。"宋在边地因唐制设羁縻州，但已纳入统一路制之下，视为国内"藩篱"。

西夏是与南北朝并存的中国型王朝，与辽、宋、金同属一类型。黑汗王朝是在西部新兴起的一个王朝，被称为西部的"中国"⑬，其制虽不同于他王朝，应属边境新兴的王朝类型。西辽是从辽分出的，同南宋分出一样，是辽朝同一类型的中国王朝。

2．在"前中华一体"时不仅在中原出现了战国式的分裂和南北朝，也出现了与王朝并存的列国、列部。列，本义为大，《左传》庄公八十一年："列国有凶，称孤，礼也。"疏："列国，谓大国也。"又襄公二十五年："天子之地一圻，列国一同。"列国引申为列邦，天子列土，得地者为列土。列国是中国内的诸国。以列国视诸政权，即以中国同等的诸国对待。列部之义亦如是，是指中国内诸部族。这种思想唐太宗时就提出把诸族视为编户，司马光更提出要以列国对待诸政权。

由多中国王朝、列国、列部构成的同为一家的新的关系下的政治结构，是对过去同轨政治格局的一个重大改变，只有在这个基础上才能最后统一为一个中国同轨下的多制。

（三）"前中华同轨"的标准与特点

"天下同轨"是以汉族为正统，分华夷、分中外的"华夷正闰之辨"的一统观。"中华同轨"则是以各族为正统，不分华夷、不分中外，以道统、文脉为标准的一统观[14]，"前中华同轨"是"中华同轨"发展的前期，因而它的标准在原则上与"中华同轨"是一致的。

1．政治上的同轨与政治上的一统和正统观是联系的。正统观念的发展，就民族政权来说，最初以华夏（汉）族建立王朝和政权为正统；接着以在中国的民族建立的王朝和政权为正统，最后则合中外为中国，凡是在中国建王朝和政权皆是正统。这也就是说正统无民族、中外之分，金海陵说："天下一家，然后可以为正统"[15]。有公天下之心者皆可称汉[16]。同轨与正统统一在一统的观念之上。

2．道统观，是唐韩愈在儒、释、道三教斗争中，为确立儒家的最高地位，仿照佛教的法统说而提出的一种理论。道统观与同轨政治结合，与不分中外结合，便成为一统的道统观，凡是在先王之地，以先王之制，治先王之民的都是正统，都是中国，都是一统。

3．文脉观，是一种不分民族、不分区域，凡有同一文脉的都统之为中州人物，文脉与一统、道统结合便把民族和区域统一在一起。

掌握新的一统观、道统观、文脉观，便容易从一体中了解政治上的同轨问题。政治上的同轨即是这种新的标准所规定的同轨。这样的政治同轨的特点是：

1．"前中华同轨"是由"天下同轨"转变为"中华同轨"的过渡阶段，它的分裂不同于历史上的任何一个时期的分裂。在此前的战国、三国、五胡十六国、五代十国的分裂，一般来讲是在中原的分裂，没有出现以南北朝为主的多中国王朝的分裂，而此时出现的南北朝与前南北朝有不同的特点。

2．在"前中华同轨"分裂中孕育着走向统一中国的因素和条件。多中国王朝、列国的出现，一个中国内的多民族、多制度的出现，为统一的中国提供了发展的条件，它不是在统一中内求统一，而是在多中国王朝、列国中求统一。在"天下一体"的后期虽有这样的因素，但还不具备这样统一的条件。

3．在"前中华同轨"发展中，社会的政治结构的各个方面都出现以中原制度为核心的多族的制度并存和发展的依据，出现了以汉民族为主体民族而多民族共同进步的依据，出现了华夷无间皆是国人的新的思想意识，出现了可通过一统、道统、文脉走上一个统一的中国的依据，而这个新的统一的担当者不是汉族，而是新兴起的蒙古族，是在汉、契丹、女真族的支持下变夷从夏，统一了全国，开创了我国历史上第一个"中华同轨"的王朝。

四、"中华同轨"

"中华一体"的同轨，既不是只限于中原地区的同轨，也不是在全国范围内出现的多中国王朝、列国的分裂着的同轨，而是在全国范围内，把多中国王朝、列国、列部统一为一个中国的同轨，是不分华夷、不分中外的全国性的"一道同轨"。

（一）统一中国的"一道同轨"

在全国范围内实现统一中国的"一道同轨"，是个不断发展和变化的过程，没有元朝以前的发展变化，不可能有元朝的统一，也不可能有全国不分华夷、不分中外的"一道同轨"。各族和各地区与中华"一道同轨"是历史长期发展形成的。清朝准噶尔部属于清，后其部首领噶尔丹发动叛乱，但他却认为"我与中华，一道同轨"，"向在中华皇帝道法之中，不敢妄行"[⑰]。"一道同轨"是多民族的中华民族的"一道同轨"，是在统一的中华皇帝管辖之下的"一道同轨"。"一道同轨"不始于清，也不始于明，而是始于元。

1. 元朝是在我国历史上第一个建立统一的中国政治体制的王朝，也就是把君天下、国郡县、家编户的体制变成君中华（中华皇帝）、国郡县、家编户的中外同轨的政治体制。这样的政治体制形成于政治上的一统，形成于把"前中华同轨"分裂的多中国王朝、列国、列部统一为一个中国的政治整体。蒙古成吉思汗统一蒙古后，先后收服控制在西辽之下的畏兀儿族及哈剌鲁等部（西辽在此两设"监国"统治）。1218年到1234年又先后灭西辽、西夏和金朝。1247年招致吐蕃纳贡称臣，1254年灭亡大理，1276年灭亡南宋。这样原来的多中国王朝（西辽、西夏、金、宋）及列国（吐蕃、大理等）皆统一在元朝之下，奠定了统一的不分中外的中国版图，也就确定了"一道同轨"的政治区域的基础。

2. 元朝确立的是全国性"一道同轨"的政治结构，这是由多方面的条件所规定的。其一，建立元朝的蒙古族是对中原王朝正统的继承，《元史》一六一《刘整传》：刘整先世是金朝兆樊川人，因金乱入宋，元世祖至元三年迁为昭武大将军、南京路宣抚使（《世祖纪》为宣慰使），四年十一月入朝，向世祖建议要混一天下，征宋，先攻襄阳。又说："自古帝王，非四海一家，不为正统。圣朝有天下十七八，何置一隅不问，而自弃正统耶！"世祖说："朕意决矣。"元统一全国为正统，是按照新的"天下一家，然后可以为正统"而确定的，不是依据统一必是汉这个原则确定的。其二，元朝实现的一统，是不分华夷、不分中外的一统，变过去"天下一体"的四海部分为中国。元世祖讲的"天下一家"，不是"天下一体"分中外的一家，而是"中华一体"合中外为一家。元朝自称为中国，是统一中外为一的中国。其三，有了统一全国的中国，才能在全国实现统一的"道法"，元朝的道统、政统、文脉是把过去分中外的不同制统一为一个中国内的不同制。

3．从政治区域看，如果说秦朝确立了统一的"天下一体"政治区域，而元朝则确立了统一的"中华一体"的政治区域。这样统一的"中华一体"的政治区域的结构，其一，已消除了分中外的区域格局，变外为内，基本上形成一个统一的中国区域的格局。其二，在一个统一的中国区域中，虽然不能消除分裂的出现，但都消除了封建割据政权和南北朝作为一个时代而重演，所以在元、明、清三个统一王朝间没有出现五胡十六国、五代十国、南北朝的历史阶段。其三，在一个中国内，不再出现分割的不同制，而是一个中国内的统一下的不同制，政令统一于中央。其四，从历史发展的趋向看，不同制是历史发展中的条件决定的，不是权宜之计，但发展的方向是同制。统一的中国政治不能消除民族的不同，不能消除民族和地方文化的特点，而且要发展提高，是消除在政治上分裂的因素，消除叛乱。

明清继元而发展，都是中国的"一道同轨"。

（二）"一道同轨"与多制

"中华同轨"，并不是说在全国范围内就再没有政治上的区别了。在社会历史的发展中，只要有事物发展不平衡的存在，在民族间、区域间及至事物间，都会有不同的差异和因时、因地、因族而有不同的政策和设施。在"中华一体"内的差异，并不能做为分裂的理论依据，也不能做出在民族间划分民族文野的种族仇视的依据，更不能做出不是"一道同轨"的依据。"一道同轨"有两个方面的含义，从全国政治统一的大方面看，政令统一，政制统一，道统统一，文脉统一，区域统一，民族统一，这是统一的大方面；从另一方面看，即在统一的同轨中保存不同制的特点，这是了解统一中国的"一道同轨"与多制的互相联系和又互相区别的依据。

1. "一道同轨"与多制是历史的发展过程，在不同历史时期是不相同的。由"天下一体"的中外格局的中原同轨多制到"中华一体"的不分中外格局全中国的同轨多制，是有层次完成的。

从区域结构的变化看，主要是通过变外为内的转化形式完成统一的区域结构。一是中原王朝，通过向外扩展和设置扩大，变蛮夷之乡为冠载之域，在少数民族地区裂地为郡县，变外区为内区。二是地方民族通过本民族的地方政权的发展变革，在原来地区建立与中原相同的政治区，使本地区与中原"车书本一家"。三是少数民族由原来的居住区进入中原区，改换居住的位置，而使本族成为中国区的居民。中外区域由外变内就是这样转变的，而随着这种转变，给中国区增添了同轨内多制的内容。

从民族政权结构的变化看，由地方的民族政权发展为入中原建立的封建割据政权，再发展为北朝，最后发展为建立全国政权。随着地方民族政权转化为不同形式的中国政权，各民族也就随着入居中国，与中原汉人杂居。由分区居住到民族不分区错居和杂居，由于实行两重制度，而两重制度又由系统分制到在统一中分制，也就为统一中国的分制存在提供了历史发展的依据。

从制度结构的变化看，由中外不同制到多民族在中原同制，到四海地区民族在发展中与中原同制，这就为统一中国的多制出现创造了条件。

"中华一体"时的"一道同轨"与多制就是在上述变化中到了统一中国形成时而出现的。

2. "一道同轨"与多制也有历史发展的继承与变革的关系。变革，是变旧制一轨于新制；继承，是对旧制中某些传统性的继承。二者是统一的。"中华同轨"也有腹地、内地、边疆的不同，这是古代王畿、四方和四海的遗制，但性质不同，不是寓于中外的格局中，而是寓于一个中国中。在边疆地区不是分中外，单纯保留原来民族的社会组织，而是依不同情况由中央设制管理，有的依中原制度名称设制，实际是特别区；有的是依其族原有的设制而被纳入同轨之中，成为统一制度的一种；有的是对羁縻府州的沿用而加改造，成为设制的一种补充。这是依地、依族、依俗而设的不同制。最高的权力机关在中央，政治、法律、军事权、宗教权一统于中央。同轨并不排斥在设制上有不同，同轨主要是同轨于民族的进步，国家的进步；民族的团结，国家的团结；民族的繁荣富强，国家的繁荣富强；民族的自主，国家的自主。过去是这样，今天仍然是这样。

3. "中华同轨"是古代历史的同轨发展的最后阶段，但它并没有完成发展的过程，而被外国资本主义的入侵所打断。但是应当看到在"中华同轨"中已在发生新的变化，如人本主义思想的发展，反君主专制主义的思想发展，民族间平等意识的发展，反"华夷正闰之辨"思想的发展，在政治上的民主意识的发展，所有这些没有构成一个时代的发展，但已在其中孕育着资本主义的萌芽，毛泽东同志对这段历史给予了科学的论断："中国封建社会内的商品经济的发展，已经孕育着资本主义的萌芽，如果没有外国资本主义的影响，中国也将缓慢地发展到资本主义社会"[18]。这是基于对我国社会内部进行分析而得出的结论，而不是那些民族虚无主义和历史虚无主义者以及外国帝国主义学者所强调的外因，鼓吹民族投降。"中华同轨"是要同于自己人民选择的社会制度，而不是和平演变到其他任何社会中去，这就是看古今同轨的本质所在。

（三）"中华同轨"的特点

"中华同轨"不是同轨于"天下一体"时的同轨，也不是同轨于"前中华一体"时的同轨，它是同轨于"中华一体"这个特定的一体之中。"中华同轨"的特点是：

1. "中华同轨"是封建社会的同轨发展的最后阶段，也是最高的发展层次，由分中外的中国同轨发展为多中国王朝的同轨，又由多中国王朝的同轨发展为不分中外的统一的中国同轨。这样的不分华夷、不分中外的统一中国同轨确立于元朝，发展于明，巩固于清。在发展中有伸有缩，有强有弱，也有发展有变化。元是行中书省与土司制。明是布政使司和都司卫所及土官制。清朝是省和将军、都统、盟旗制，清朝又实行改土归流的政策，变土司为流官，为州县，逐渐统一地方的设置。

2. "中华同轨"加强了全国性的政治统一，在全国范围内消除了分裂的割据政权、南北朝、多中国王朝出现的历史阶段。"中华同轨"在全国范围内确立了以汉族为主体的民族、以华夏文化为核心的文化，包括各民族和各民族文化在内的统一中华民族和中国的同轨政治内容结构。由于消除分裂的历史发展的条件，分裂只能出现在王朝的内部，不能成为一个历史发展阶段了。

3. "中华同轨"结束了中原九州同轨的历史时期，发展为华夷同轨、中外同轨，也正因为如此，结束了历史上分华夷、分中外的不同制，中原同轨中不同制，而是统一全中国同轨内的不同制。在一个中国内出现多族政权和不同制，源于五胡十六国时期，后来发展为北朝和多中国王朝不同制，多中国王朝不同制已打破了中外界限，最后统一中外为一个中国，于是出现了统一中国同轨内的不同制。

4. "中华同轨"，是多民族的同轨，它并非把国内所有民族融合于汉族之中，把各族文化制度融合汉族文化制度之中，相反地，在这个历史阶段的各族自树能力加强了，各族与汉族在一统、道统、文脉上的同轨关系加强了。中原的文化制度成为各族的制度，各族都以它来发展，出现了多民族的文字、学校、科举制，而这些制度是用共同的华夏文化，用不同族文字建立和发展的，"中华同轨"是内容发展更丰富的同轨。

注：

①《隋书》卷57《薛道衡传》。

②［唐］许浑：《丁卯集》卷上《元正》，四部丛刊本。

③程俊英译注：《诗经译注》小雅《北山》。

④《史记》卷6《秦始皇本纪》。

⑤［周］左丘明：《春秋左传》卷15《定公四年》。

⑥《扬子法言·问道》："圣人之治下也，碍诸以礼乐，无则禽，异则貉。吾见诸子之小礼乐也，不见圣人之小礼乐也。"圣人为大礼乐，貉则异于大礼乐为小礼乐，而夷狄为"禽"，无礼乐。参见［唐］李轨等注：《扬子法言》卷4《问道》，四部丛刊本。

⑦《旧唐书》卷195《回纥传》。

⑧《新唐书》卷217上《回鹘传上》。

⑨《旧唐书》卷196上《吐蕃传上》。

⑩《新唐书》卷216上《吐蕃传上》。

⑪《晋书》卷101《载记序》。

⑫［宋］司马光：《资治通鉴》卷69，魏文帝黄初二年四月丙午条。

⑬马合木·喀什噶里：《突厥语词汇》"桃花石"条释义中，分当时中国为三部分，上秦为中国东部，即宋；中秦为契丹；下秦为中西部，即黑汗王朝下的喀什噶尔。其诸汗亦自认为"中国之君"。

⑭［元］家铉翁：《题中州诗集后》，载［元］苏天爵：《元文类》卷38《题跋》。

⑮《金史》卷129《李通传》。

⑯［清］温达等：《亲征平定朔漠方略》卷7，康熙二十九年七月壬寅条。

⑰［金］赵秉文：《闲闲老人滏水文集》卷14《蜀汉正名论》。

⑱毛泽东：《中国革命与中国共产党》，《毛泽东选集》（第二卷），第626页。

第七章 "中华同文"论

　　"中华一体"，不仅表现在理论、区域、政治、风俗上，也表现在文字上。同文从狭义讲是指文字，从广义讲是指以文字而成的图书典籍。因此用不同文字的族和地区，可以通过中原的文字和图书典籍的影响、传播而形成一个同文的整体。文字与语言有不可分割的关系，语言的不同、文字的不同既是族的区别，但也不是唯一的区别，因不同族可能是同文的，同族因居住地不同可能是不同文的。同文在历史的发展中虽然是交错存在的，但其中有一个居于主体的文字，主体的图书典籍，不同文字既可为本族所用，又可为他族使用，对整体有着相依的关系。同文是一个有层次的发展过程，大体上是与"天下一体"和"中华一体"的不同历史的政治、经济发展相适应的。一般地讲，在文的问题上"天下一体"时是在"分中存合"，而"中华一体"时是在"合中存分"。研究"同文"就是研究以华夏文字及其图书典籍为主，与不同的文字和图书典籍发展的过程及其特点，特别是在各族间如何走向一个统一的中国、中华的"同文"的各族文字和图书典籍，以及与文化共同发展和做出贡献的"中华同文"的道路。

一、"前天下同文"

《中庸》："今天下车同轨，书同文，行同伦。"同轨是政治上的一统，同文是文字上的一统，同伦是行为道义上的一统。这里讲的"天下车同轨，书同文、行同伦"，还是九州一统的"天下"，不包括四海在内的"天下"。因为在"天下一体"时不可能实现包括中国、四海在内的同轨、同文和同伦，所有这些同是通过政治上同服，风俗上的德化来实现的，当时把华夷视为"人禽"之分，夷狄不被视为在人伦之内，是由尊卑贵贱不同与联系而被视为一体的。

同文和其他方面一样是由华夏族形成的，华夷之分的观念加强而提出书同文"书同文"的问题，一方面以同文维系诸夏，另一方面要求把分裂统一为一个"书同文"的统一的"天下一体"国家。特别是统一思想的强化是在战国时期，要求结束战国的不同文的历史，把战国文字统一起来，这到秦统一后才实现。

（一）文字起源与三代同文的社会结构

我国的民族起源是多元的，文字起源也是多元的，由多元的原始的文字在黄河中下游的汇聚，形成了最早的文字交融和同文，经过发展而形成奴隶制时代文字的同文。

中华民族以华夏族形成的时间为最早，在此前名称不定，称夏称商称周，还没有形成一个高层次的华夏族的总称。中华民族来源是多元的，它的形成发展也是多元的，最后发展为包括各民族在内的中华民族的一体。我国文字的起源首先是华夏族文字的起源，它是多部族、多地区的文字汇聚而成的一种文字，它的汇聚点在黄河流域中华民族文明汇聚的摇篮地区。

文字起源于人类的生活、生产活动的知识的积累，用形象的思维表现出来，给予一定的名称，而起初是用形象的图画表现出来，后来出现了文字。《说文解字叙》对文字的起源记载道："仓颉之初作书也，盖依类象形，故谓之'文'，其后形声相益，即为之'字'。文者物象之本，字者言孳乳而寝多也。"文字是发生在各地的，不是由传统说的仓颉一人发明，在各地已都有记事符号，以及人、物图画的象形的描绘，有的可以确认为文字。在山东西南大汶口出土了陶器刻辞，据唐兰研究属于五千八百年前物。其刻字作昃，"日下从火"，是昊之本字，被认为是太昊或少昊时代的产物。同时出土器字，即昊、山的合文，是山名，吴与嵎通即嵎山。太昊、少昊属东夷人传说的祖先①。

在东北的红山文化陶器上最明显的特点是带"之"字纹，"之"字是动物形象的抽象化，《说文》：燕，是乙鸟，之字纹连缀即Σ纹，即幺字，是玄鸟之子，与玄相似。契为子姓，便由此引申而来。东北为幽州，幽字从丝从山。红山文化彩陶纹饰三角涡纹，郭敦愿说与火字有关，亦即与火龙有关②。《左传》襄九年"商主大火"。火正阏伯居商丘，阏与燕音同。《五音篇海》有燚字，音燕，从丝像燕初形，大火即主大火者。也有▽形的帝字。在东北发现与传说颛顼、帝喾、契有关。在西安半坡彩钵口沿有二三十种记事符号，其常见的有"Z"。

从各地发现原始文字看有共同的联系，这可能是文字起源的共性和融合的一种表现。这应是文字的起源和汇聚的时期，至少到夏代已有了诸源汇聚而成的华夏以前的文字。夏有用文字写成的典籍，经商、西周，到春秋时还被保留。夏有《夏书》，商有《商书》，周有《周书》，《夏书》在《左传》《国语》中不断被引用，《商书》在《左传》隐公六年提到，《周书》在《左传》宣公六年提到。《左传》引《夏书》文字有九处，《国语·周语一》《晋语九》各引一处，另外《左传》昭公六年、僖公七年提到《禹刑》《九歌》。《夏时》是记夏四时之书，、春秋时尚在。

夏、商、周时文字是由三个统一的民族而发展的文字，这种同文的结构，只限于这三个王朝内的中国地区，同文也只能是统一的中原内的同文，而且是一代一代地被继承和发展的。《吕氏春秋·先知览》："夏之亡也，大史终古抱其《图》《法》以奔商；商之亡也，大史向挚抱其《图》《法》以奔周。"

（二）华夏形成与同文

在历史上由夏、商、周及其他族的发展融合，最后形成华夏族发展中的一大变化。夏、商、周是异源同流的族，先后在中原形成统一的民族建立夏、商、西周三个王朝，在文字上有相承和发展的关系。夏是开创、商是发展，而西周最后总结融合，在为华夏族的形成和同文中起了重要的作用。春秋、战国是由统一的王权国家分裂为诸侯国和战国。春秋时以各诸侯国的发展和统一各地的诸夏以及周围小国，形成地方的大国，这对同文起了重要的作用。在当时语言还不是统一的，除同语同文的诸夏国家外，还有不同语的国家，但已同文。

因此从语言与文字的关系看，可分为三种情况：一是诸夏国的同语同文；二是在春秋时还不被视为诸夏国的变夷从夏的国家的保留不同语而同文的国家；三是不同文的国家与无文字的民族不同。第一、三种情况分别是明显的，而第二种情况需加说明，楚与诸夏同文，但语言不同，《荀子》："居夏语夏，居楚语楚。"《孟子·滕文公》"一齐人傅，众楚人咻，虽日挞而求其齐，亦不可得"。又诋许行"南蛮鴃舌之人"。《左传》宣公四年"楚人谓乳，穀；谓虎，于菟；故命之曰：斗穀于菟。"可知夏人与楚语言不同。但楚自商以来与中原有密切的关系，在语言上亦有相同。这种不同随着历史的发展与融合便成为同文的不同音的方言区别，但一开始绝不是方言而是族语不同。

从已发现的楚文字看，楚国与诸夏同文，战国时楚已被视为诸夏国之一。楚与越语言亦不同，越人与中原异俗，语言亦异。《说苑·善说》："楚王母弟鄂君子晳，泛舟在新波之中，越人用本族语拥楫而歌，滥兮林草滥予昌枑泽予昌州州鍖州焉乎秦胥胥，缦予乎昭澶秦逾渗惿随河湖。"鄂君子晳不懂越语，用楚语释之，"今夕何夕兮，搴舟中流；今日何日

兮，得与王子同舟。蒙被好兮不訾诟耻；心几烦而不绝兮，知得王子。山
有木兮木有枝，心悦君兮君不知。"秦、楚、吴、越与诸夏语言异，都用
华夏文字，这就是当时的同文。因此当时同文主要在诸夏国内部，春秋、
战国时变夷从夏的一些国家，一方面是保存本族语言与诸夏不同的特点；
另一方面则使用诸夏共同的文字。

（三）"言语异声，文字异形"

《汉书·艺文志》许序：七国时"田畴异亩，车涂异轨，律令异法，
衣冠异制，言语异声，文字异形"。这是指战国分裂割据不统一时的政
治、经济、法令、衣冠、言语、文字不统一的情况，这是属于同文中的不
同。就文字来说七国是分裂割据中的同文，只是同文还没有经过统一把它
一元化。七国已是诸夏国，其异是同中之异，就言语来说，是方言不同，
就文字来说是形体的差异，还没有把它划一和规范化。

周朝的文字笔画繁重，称为大篆，或称为籀文。籀文是周时教学童
的一种书体，其文与篆近似。王国维《史籀篇·叙录》认为战国时，秦用
史籀一书以教学童，东方六国所用为孔子书六经。谓东西方文体有异。这
种不同乃是同文的书写的字体不同，并非是同文与不同文的不同。东方六
国所用六书（六艺）文字是当时通行的一种比较省便的字体，后来把它称
为古文、蝌蚪文，或孔壁古文。实际是孔子删书后在战国时东方六国所通
用的文字，这种文字与后来汉时用的约易的隶书相比而古，它亡于秦火。
"秦焚灭经书，涤除旧典"。实际上从周用史籀（大篆）到战国东方六国
的六经的字体，都是一脉相承的发展变化的关系，不是两种文字体系的不
同。籀文（大篆），见于许慎《说文解字》中有225字，即是周时教学童
之书，其字绝不会仅限于此数。在同一文字体系中的字到战国各国时出现
了"文字异形"和不同，当是由多方面的原因所造成的。概括起来不外有
以下诸种原因：

1. 同一体系的文字在发展中笔画繁简的不同，有的是历史的不同时

期的繁简不同，同一字，过去繁重，后来的发展趋于简省，在书写字形方面也有不同；同一个字在一个国内或国与国之间有书写的繁简不同，笔画不统一，字体有不同，笔画形状不同。

2. 文字的发展变化与社会的发展变化有密切的关系。当文字为适用于社会急剧发展的需要，旧有的文字已不能满足，旧字所无者，需要以新造字补充，也相应地废去一些不适于应用的字或改变一些字，或旧字形音义的变化，或此用者为本文，另外行者是借字，至于后来字有简化，但也不能尽改旧有字。

3. 文字是语言的符号，各地语言不同，所用字的读音当亦有差异，而且同是用中原华夏字，而到了原来变夷从夏的地方政权去，也会因而出现一些字或改变一些字。东周是文字发展扩大变化较大的时期，语言还未统一，制度未统一，区域未统一，都会影响到文字上的不同。

综上所述"前天下一体"时文字种类主要是华夏文字的一种，其他族步入华夏文明之行列者亦皆用华夏文字，皆在华夏文字的同流中发展扩大变化，"书同文"也是指用华夏文字的诸夏国或变夷为夏的诸夏国。这是"前天下一体"时"书同文"的发展阶段。表现在学术思想领域的文化也都是用华夏文字写的。

二、"天下同文"

"天下同文"是"天下一体"的多华夏国的同文，统一为"天下一体"的同文，这是从秦统一后开始的，一直到隋唐都属于这个发展的历史阶段。同文的标志是不分中外同为中国、中华，而共同使用的同文还不能说是统一的中国型的同文。在边境地区出现与中国、中华的同文是历史的新发展，特别是在中国的同域内出现汉文字以外的民族的新文字更是民族文字史中的新创造，这个创造为后来的历史展示了一个新的蓝图。文字统一的历史，并不意味着全国各族、各地都是一种文字，它和民族一样是多文字的，但在"天下一体"时这种多文字的历史虽已出现，但还不能纳入一个统一的中国、中华文字整个体系之中。同文的各族、各政权也不是完全相同的，可以分出不同的发展类型来。因此，对同文研究的同时，也要研究不同文，也要研究一体中的同文和不同文的类型，以及同文在其中如何起着一体联系的作用。

（一）秦"书同文"及其发展演变

秦朝是我国统一事业发展中的一个重大开创时期，是在封建社会发展中出现的一个统一的多民族的"天下一体"的国家。如果说春秋时形成的是不统一的多华夏国，而秦则是个统一的中原的华夏国，依然是按照分华夷、分中外的民族与区域的格局建立起来的。

秦朝统一了分裂的诸夏封建国家之后，首先是加强华夏及中国地区的巩固。把分裂时存在的社会各领域的许多差异，使之同一，文字便是其中的重要措施之一。现从语言、文字两个方面看。

语言异声包括华夏语内的方音不同和民族间语言上的困难，也是"书同文"在语言上的局限。打破语言的局限，最主要的是通过各地区、各民族间的人民的移植、迁徙、流动和互相杂居，互相交往而减少的。秦朝统一后，建立郡县，统一中国制度，当时被纳入郡县和未纳入郡县地区语言的民族的格局可分为三种情况：一是原来诸夏国的郡县地区，这是华夏文字的主要地区，但在这个主要地区内有各地的方言不同，主要能通过大规模的徙民，使不同方言的居民互相调动，如秦始皇迁徙天下豪富12万户到咸阳，一部分则分散到巴蜀等地，这样减少了内地华夏内部的方音的局限性。另外，秦朝把郡县制向外扩大，在原来民族地区建立郡县，如蒙恬击走匈奴，取河南地（河套及甘肃省黄河以南）筑44县城，徙内地罪人居住。在南方设桂林、象郡、南海三郡，发50万人守五岭，与汉人杂居。这就减少了边郡地区各族语言的局限性。与此同时，也加强了与边郡外的民族间来往和语言的沟通。特别是到汉代这种影响更加发展。这主要是通过民族迁徙、来往而发生的。

语言的方言及语言的局限减少，使实现"书同文"和它对外影响提供了条件。秦朝为统一文字，由李斯依据籀文古文订定文字。笔画力求简省划一，称为秦篆（小篆）。古文籀文以及战同时异体文字均被废除，成为当时统一使用的文字。李斯作《仓颉篇》，赵高作《爰历篇》，胡母敬作《博学篇》为"三仓"。小篆仍属于古籀系统，字体圆形，书写不便。又有程邈作"隶书"。王次仲（秦隐士）"割程隶字八分取二分，割李篆字二分取八分"（蔡琰语制八分书）。摆脱了小篆拘束，改圆形为方形，书写便利。秦以后，扬雄作《训纂篇》，班固作《十三章》。和帝永元中，郎中贾鲂作《滂喜篇》，又有司马相如之《凡将篇》，史游的《急就篇》，李长之的《元尚篇》，至此真书（正书、楷书）草隶篆皆备。文字统一，有利于华夏的统一，有利于统一的一体国家发展，有利于"书同文字"。后来在发展中又出现以汉文字为主的其他民族的新文字出现。这样便在一体中出现中外两种文字体系的结构，随着分中外合为一个统一中国，也就成为中国内的两种体系的多文字结构。

（二）由"同文"到"殊文"

在"前天下一体"时出现"义字异形"，即华夏同文中的"异形"。后来统一了字形。在"天下一体"时，统一了华夏文字，但是在发展中也出现了汉字系统以外的少数民族的文字，因而也就出现同文、殊文与在文字上的同域、殊域问题。文字与俗不同，俗在华夷间都有自己的俗，而文字只是发生在一定的民族中，即使其族进入了使用文字的历史时期，不一定都有本族的文字。因而在其发展的过程中有很长的一段历史是汉字的同文，没有殊文的问题。同文是"天下一体"中的同文，殊文也是"天下一体"中的殊文，一体是文字存在的总前提和依据，它只有一体内的华夷、中外的文字不同，而不是一体与一体外的同文、殊文。从这个研究问题的基本前提出发，把文与族、域的关系结合起来，可分为四个类型。

1. "同文殊域"的类型

在历史上最早形成的在中原同文是华夏文字，这种文字先用于诸夏国，后用于变夷为夏的国；先用于中原的中部，后用于中原设置的边缘地区。它的进步发展是由中原扩大到在四海的民族和政权地区。由此便出现"同文殊域"。即华夏（汉）文字被四海民族和政权借用。从时间来看起于秦汉到两晋。这个时期，在四海地区的民族和政权，没有自己创造的文字，多借用汉字，如北方与汉为南北的匈奴政权，在东北出现的高句丽政权，他们都是借用汉字。后来逐渐在四海地区或中原地区出现了少数民族自己创造的文字，但这种"同文殊域"仍是存在的，如渤海政权"行汉法"用汉字。用汉字的另一种新情况也出现，如南诏国不仅有不少人能以汉文作诗，同时白族学者始用汉字书写白语，记本族的历史、科学以及文化的成就。同文，一是直接借用汉语汉文；二是用汉字写本族的语言。

2. "同文同域"的类型

在"天下一体"时，从区域的结构上说有中外之分，即中国与四海之分，因此，这个历史阶段的"同文同域"一般地表现在中国的区域内部。一是汉族在中国郡县地区内的同文同域，但随着历史的发展，打破了"内诸夏而外夷狄"的界限，在郡县外的民族通过不同的情况进入中国地区为中国人，后来又在中原北部建立封建割据政权成为中国政权的地区，这就出现来自不同族的人与汉人同文，来自不同的族在中国建立政权与汉族政权同文，此即在中国的少数民族和民族政权的同文同域的类型，这个类型的出现改变了过去的主要是汉人同文同域。从民族来说，在中国的一些民族中出现了用汉文的众多的人物和民族。他们有的在汉族建立的王朝的郡县之内，如氐羌在郡县内，与汉人杂居，受汉文化影响，姓名与汉人同，本族人说本族人语，对汉人说汉语，学汉文字。同时在设郡县地区内建立学校，教授文字和经书。在中原建立政权的民族也设立汉语学校，使本族人人学读书。即使到隋唐统一王朝建立，不改变中国地区有多民族居住，与汉人同文，出现了众多的各族出身的文人学者。

3."殊文同域"的类型

由原来一个系统的汉字，发展为由少数自己在汉文字外建立的本族的文字系统，于是在一体内的中外民族中出现了两个系统的文字。这是一体内民族发展变化的结果，也是一些族在自强、自树的发展道路中，要求有自己文字以发展文化的结果。在北朝以前的鲜卑族和其他族，一般地都用汉文字与汉族同文，在中原建立封建割据的政权也没能创建本族语言的文字。

《隋书》卷32《经籍志》始见有用鲜卑语书写的书籍："后魏初定，中原军容号令，皆以夷语（鲜卑语），后染华风多不能通。故录其本言相传教习谓之国语。今取以附音韵之末"。所录有《国语》卷15、《国语》卷10、《鲜卑语》卷5、《国语物名》、卷4（后魏侯伏侯可悉陵撰）、《国语真歌》卷10、《国语杂物名》卷10（侯伏侯可悉陵撰）、《国语十八传》卷1、《国语御歌》卷11、《鲜卑语》卷10、《国语号令》卷4、《国语杂文》卷15、《鲜卑号令》卷1（周武帝撰）、《杂号令》卷1。计14种。周伟洲《敕勒与柔然》据此谓是"鲜卑文字书写的《国语》《鲜卑语》《鲜卑号令》等10余种"。但也可能是用汉文字写鲜卑语。即使这样也是值得肯定的事。因此暂时尚不能肯定为"殊文同域"。

4."殊文殊域"的类型

"殊文殊域"的类型，主要是在四海区域内，出现由少数民族及其政权所创制的本族系统的文字。突厥已创制一种文字，其字母先行于剑河流域的黠戛斯族中，字母源于比安息字母更古的一种阿兰文字。回鹘慕中国之俗，西迁后的初期，大约用古突厥文（鄂尔浑文），后用粟特文字母为古鹘文。吐蕃松赞干布派吞来桑布扎等仿印度文创制藏文字母30个，根据藏语规律，制定藏文文法。这样在文字中出现了一体中外两种系统的文字结构，特别是在中原建立王朝的鲜卑族有自己民族语文书写的书籍，对后来都有重要影响。

（三）"天下同文"的历史特点

"天下一体"是"前天下一体"的发展，是属于"中华一体"前的历史阶段。这个时期的同文与"前天下一体"时在发展上有变化，从文字来说由华夏文的同文向多文的方面发展，是属于汉文字的影响不断发展和扩大时期。其特点是：

1. "天下一体"从整体看是分华夷、分中外的政治体制结构，这个结构自身就约束了同文的发展不能够从整体上超越这个结构的格局。因此表现在文字上，同文仍是分华夷、分中外。

2. 在"天下一体"时，由于民族关系的新变化，在各地的民族由于社会政治、经济的发展相应地有创制本民族文字的要求，并用已有的他族文字结合本族语言的特点创制新的文字。因此在"天下一体"中出现了两种系统的文字，即中原的汉文字和四海地区新出现的少数民族的文字。在不同系统的文字中出现不同的与区域相结合的文字类型。

3. 从汉文字自身的发展看，也有新发展和变化。在中国地区，已不是单一的汉族使用文字。由于少数民族入居中国地区建立政权，这些民族和政权执行中原制度，因以汉字为本族及政权的通用文字，汉文字变成多民族、多民族政权的中国文字。从四海地区看，在四海地区的民族与地方政权和中国是不同域的，出现了不同域民族和政权使用汉文字，但是这些民族（包括中国及四海地区）一般地讲还没有可靠资料证明他们能用汉字的字体创造自己的新文字。但是出现了用汉文字写本民族语言（如白旗），这是文字应用中一个重要的发展阶段。

4. 不同文的文字主要出现的写鲜卑语的文字还不能定出是不同于汉文字的文字。还没有发展为在一个统一的中国内两种系统文字并存的历史阶段。

5. 从"天下一体"时的文字发展看，不是用汉字一种文字，要使天下的文字同文，势必是两种系统文字并存于一体之中，这是文字发展的总趋势。

三、"前中华同文"

"前中华同文"与"天下同文"相比较，又有很大的发展和变化。这种发展和变化已超出了"天下一体"时期同文的构成，而是在"天下一体"中已发生了新变化的基础上进行新的构成与组合，形成在"天下一体"与"中华一体"中间的一个时代同文的历史。

"前中华同文"的发展和变化，是由于政治体制结构的变化而引起的，即由分华夷、分中外的结构变成多中国的不分华夷、不分中外的结构。这是研究问题的基础，只有掌握时代变化这个基础，才能适时地研究问题的发展和变化。

"前中华同文"是不同类型的多中国同文，在不同类型的中国中不是都以汉文字为主，但是在观念上诸中国王朝、列国、列部已不再以中外分，一律视为中国的不同类型，其中必然有一种占主导地位的文字，为将来"中华一体"的同文提示发展的前景。

（一）历史的发展与文字

"前中华一体"虽然是继"天下一体"发展而来的，但在"天下一体"时已为"前中华一体"的发展提供了新的发展条件和因素。在"天下一体"中出现了在同一个中国地区内多民族、多政权的同文，在四海民族地区出现了地方政权与中国同文。这两种情况说明：一是在同一中国中的不同族和政权，可以走同文的发展道路；二是在不同域的中外地区的民族和政权也可以转化为中国型的民族和政权，这两种情况的综合便是同文发展的重要趋向。同时在"天下一体"中出现两种系统的文字，用不同语言文字的族与政权，能够结成一体的关系。制可有不同的制，俗可有不同的俗，在文字上同样地可有不同的文字。甚至可以在同一中国内有一种用汉字写自己民族语言的文字。这是"前中华一体"继承历史的前提。这个前提不是"前中华一体"时创造的，是在"天下一体"中孕育出来的。这也就是"前中华一体"时同文构成的依据。

"前中华一体"是民族关系大变化和民族大发展时期。地方的民族空前发展起来，民族地位提高，对本族文化素质的发展有强烈的要求，已由慕中华、仿中华发展到要求用中华文字来武装本民族的新时期。不论是在南北朝以外的王朝、列国，还是北朝，都有这种要求，即创制本民族的文字，如契丹字、西夏字、女真字等都是这样出现的。

在当时的历史条件下，是多王朝并存，特别是在原来中国境内建立的王朝，为了适应本王朝的不分华夷、不分中外的统一中国王朝的需要，对文字就要进行重新组合，要确立汉文字在整体中的地位和作用，也要确定不同民族的文字在整体中的地位和作用，调整各种文字的关系，把它纳入统一的中国文字的体系之中。

在重新组合的一体中国内文字的关系中，要结合当时民族的地位和文字在社会结合中应用的地位来确定。当时北方王朝的民族与文化的结合，是以汉族为主体，从文字看，也是以汉字作主体的核心文字，是各族同文的文字。如汉族、渤海、兀惹族等都是用汉语、汉文字的民族。契丹、女真有自己民族的文字，但也以汉语、汉文字为通用的文字，汉语、汉字是辽金的主体文字，是各族同文的文字。辽金的统治民族是契丹、女真，因而在辽、金不同时期由于民族的地位决定其文字是国家规定的，在本民族

中占主要地位的文字。但由于本族习汉语、汉字的人增多，后来本族文字
在本族中也成为不占主导地位的文字。"前中华一体"最大的变化是出现
中国内多种汉字为同文，并与多民族文字并存的时期。但由于各国的情况
发展不同，文字构成的类型还有差别，还没在全国范围内形成一个统一同
文下的多文字并存。

（二）两种系统文字结构的类型

"前中华一体"的民族与区域格局不是分华夷、分中外，而是多中
国王朝、列国、列部并存，与之相适应的两种系统的文字构成也不是分华
夷、分中外，而是多中国王朝、列国的文字结构，其类型分南北朝的北朝
型、南朝型；南北朝以外的王朝与列国、列部的不同型。

1. 北朝型

辽、金所建立的北朝是不同于隋以前的北朝，是出现在封建社会后期
的北朝。作为南北朝的北朝的辽、金，皆变夷从夏，变外为内，建立统一
的不分华夷、不分中外的国家。边境民族地区也通过部族节度使等纳入五
京管理之下，成为对五京中国内的边境进行统治的一种形式，与过去分中
外是不同的。

辽、金都以汉文字为同文，是全国各族都掌握的共同文字。当时的渤
海人、兀惹人、契丹人、女真人、奚人等都通汉语、汉文，而且都涌现出
不少有造诣的人物。可以说这是辽、金时代文字中的主体文字，各族共同
使用和掌握的文字，是各族、各地同文的文字。

契丹族作为中原的统治民族，创造了本民族的文字。《五代史·四夷
传》："契丹多用汉人，教以隶书之半，增损之作文字数千。"太祖神册
五年，依仿汉字偏旁制成契丹大字，是一种独立的"方块字"，形体近汉
字。契丹小字足太祖弟迭剌所创制。《辽史·皇子表》迭剌"陛敏给"，
智力强，为解决辽与回鹘相通，使迭剌迓回鹘来使，"相从二旬，能习其
语言与书，因制契丹小字，数少而该通"。小字是用汉字与回鹘文的拼音

制成。每一个字由一至七个原字组成，两种契丹文字并用于辽、金时代。女真人首先是习契丹语及契丹字，到金章宗明昌始下诏罢契丹字。女真族初借用契丹字和汉字，后命完颜希尹、叶鲁制女真大字。《金史·完颜希尹传》："太祖命希尹撰本国字，备制度，合本国语，制女真字。天辅三年八月，字书成，太祖大悦，命颁行之。"是为女真大字，后金熙宗又制女真小字。在北朝中由占主体民族的汉字与作为统治民族的本族文字两种系统的并存并用。

北朝文字的特点是主体民族与统治民族的两种文字统一于一个中国中，两种文字都以中原经典为基本教材；契丹字、女真字都依仿汉字制成。汉文字与契丹字、女真字是一个中国内的不同民族的文字。

2．南朝型

南朝型主要是指北宋，是承中原汉族统治而形成的，用汉字，但也出现用汉字写本族语和少数民族自己的文字。如傣族用傣渤文（白夷字），属拼音文字，由巴利文演变而来。南朝文字的特点是主体民族和统治民族文字的统一，在统一的汉字使用同时有地方的民族文字。

由于南北统治不同，文字构成的地位不同，由不同文字所发展起来的文化和制度南北有不同的特点，北朝统治民族的语言文字，出现了用本族文字建立起来的契丹学、女真学，即契丹文字学和女真文字学；金时更以本族文字建立了本族文字的科举制。这是过去所不曾有的，也是南朝所不具备的。南朝主要还是以汉文为同文，改变各族的文化变夷从夏，而北朝是以本族文字和汉字并用，变夷从夏，后者是由少数民族发展为本族文字，对后来影响颇大。

3．南北朝以外的中国王朝型

属于这个类型的有西夏、西辽、黑汗朝。西夏的发展大体同于北朝型，西辽是辽朝的继续，而黑汗朝地处西边，更有地方的特点。

西夏是与南北朝并存的由党项族建立的，其类型与北朝相似，西夏的同文字是汉文字，并创制本族的西夏文字。西夏建国后，元昊命野利仁荣创文字，共6000余字。文字的结构是依仿汉字，形体方整，笔画繁杂，用点、横、竖、撇、拐、拐钩等组成字。绝大多数是会意字和形声字，类似汉字的会意字和形声字；象形字和指事字则极少。西夏"崇儒""尚文"，仿中国制度，读中国书籍，用中国车服，行中国法令③。是以汉字为其主体文字，与西夏字（蕃字）并存。西夏文字学家骨勒茂才说："兼蕃汉字者，论末则殊，考本则同"，他强调时人要备蕃汉语言，"不学蕃言，则岂和蕃人之众；不会汉语，则岂人汉人之数"④，前者是说语言文字之殊，后者说语言文字之合，殊是民族语言文字不同，合是同一于华（中国）。元虞集也说："西夏之盛，礼事孔子极其尊亲，以帝庙祀。乃有儒臣，早就典谟；通经同文，教其国俗，遂相其君。"⑤

西辽是对契丹的继承，如南宋之继北宋。黑汗王朝，是在边境上新兴的一个王朝类型，其文字异于其他王朝。

4．列国、列部型

列国是中国型的地方民族政权，接受同文的影响，吐蕃自唐即半华风，参唐历，创制藏历。回鹘"慕中国之俗"，南诏"人知礼乐，本唐风化。"吐蕃、回鹘都创制本族文字，南诏借用汉字。这是进入中国型保有自己文字特点的与中国不同程度同文的地方民族政权。列部一般设有本族字，或借用他种文字，但也随着历史的发展成为中国类型的列部。

（三）历史特点

"前中华一体"，在"书同文"的历史发展中，发生了前所未有的变化，这种变化有利于向统一的中国同文发展。其特点是：

1．民族与区域结构是文字结构的基础。"前中华一体"同"天下一体"比较，基本上属于两种不同的民族与区域的结构。结构的变化，以及华夷、中外的变化，五代十国的封建割据政权再集聚，出现了不分华夷、不分中外的更高一层次的以南北朝为主的多中国的出现，特别是多中国王朝的出现是此前所不曾有的。其中主要的王朝虽有所不同但民族与区域结构都是一体的中国结构，这是时代变化的重大特点。这个结构带来社会结构的变化，带来政治、经济结构的变化，也同样带来文字的同文结构的变化。

2．这个时期是在五代十国分裂的基础上，向统一的转化时期，因而从整体上看仍是分裂的，同文也是分裂的。同文即从不同民族、地域间表现出来，也可从各民族地区的政权间表现出来。其中起主导作用的是辽、宋、金、西夏的类型更符合向统一的中国的同文与两种系统的文字体系发展，是这个时期的特点。

3．这个阶段出现的不同文与"天下一体"时不同，不同文不是主要在四海地区而是出现在诸中国王朝之中，这就为后来在全中国区域中建立两种系统的文字提供了发展的依据和条件。

4．同文的发展，由于类型的不同，其途径也不同，大致可分为：一是辽、金、西夏的类型，是通过变夷从夏实现的，建立与汉字相同的文字发展的制度和道路，以同书籍统一各文字发展。二是北宋，推行变夷为夏的政策，以同文来统一不同的族和地区。三是诸列国，经过统一而成为"中华一体"中的不同文。四是列部，也是在被统一后而纳入全国同文之中，并力求有自己族使用的文字，在一体中发展。

5．"前中华一体"发展的总趋势是由分裂的中国变成统一的中国，统一的同文与不同文在一个中国之中，这是历史发展的必然趋身。

四、"中华同文"

"中华一体"是把多中国的王朝、列国、列部统一为一个中国。"中华同文"是把分裂的多中国同文统一为一个中国的同文，它是封建社会同文的历史发展的最后阶段，也是"中华一体"发展的最高层次。

"中华同文"的历史依据，是把全国的民族和区域结合为一个不分华夷、不分中外的中国。只有在历史的发展中达到了这样依据的条件具备时，才有可能在全国范围内形成各民族、各地区的同文。同文并不是把已出现的两种系统的文字取消而同一于汉文化之中，相反地它没有排斥不同系统的文字存在，而是在全国范围内建立以汉文字为主并与占统治地位民族的文字并存，同时与这两种文字以外的地方民族文字并存，汉文字成为全国范围的共同使用文字，由汉文所写的中原经籍成为全国各族、各地共用学习的经籍，这样也就出现全国的同文，在同文中不同文。这正是"不学蕃言，则岂和蕃人之众；不会汉语，则岂入汉人数。"语言是这样，文字也是这样，各族的文字是因各族存在和发展的需要，会汉文字，是各族"入汉"（即成为中华）之数的需要，这二者不可偏离。如此，才结合为一个统一的中华，才成为以汉族为主，包括各族在内的中华。

（一）"中华同文"的历史

"中华一体"作为历史发展的一个阶段，它有着共同发展的依据和基础，这就是统一的多民族的"中华一体"国家。它是由不分华夷、不分中外构成的，尽管还有人想恢复分华夷、分中外的"天下一体"国家，实际上是办不到的，是在历史发展中出现的一种反动，不能改变"中华一体"内的民族地区皆为中国的关系。

在历史上出现过由汉族和由其他民族在中原建立的王朝，建立统一的王朝都是汉族，少数民族只能和汉族同建南北朝。南北朝结束，出现以少数民族为主建立全国统一中国王朝时期。在元、明、清三个统一的全中国的王朝中，只有明朝是汉族建立的，其他两个王朝都是由少数民族建立的。少数民族建立的元朝109年，清296年，共计为401年。明朝共有270年。在680年中，少数民族统治全中国的时间长于汉族统治时间达122年。

由于历史上南北两个王朝的中国同文有差异，因而在元、清与明的同文中也有所差异。一般地讲，元、清在同文上继续了辽、金，而明继承了宋。不管是元、清和明，从整体看都是统一的中国，都是全中国的同文，都是汉文字与其他文字并存，但在发展中因为统一民族不同，则有所区别。

"中华同文"，是在全国范围内出现的，对同文的不同文字系统进行统一的再组合，是根据统治民族的变化，统治民族文字变化来进行的，是根据统治民族对待民族文字的政策进行的，是根据统治民族所继承的文字传统进行的。但是不管怎样，都没有从根本改变以汉族文字为主包括各民族文字在内的统一中华文字这个结构。

"中华同文"表现在多民族对同文及其文化的发展上，因而在很大程度上要看汉族以外的各民族对汉文字及汉文化的发展。明朝是汉族统治的，受到"华夷正闰之辨"的影响，受到设置上的影响，于是在民族文字中呈现了一个马鞍形。但这也不是说这个时期少数民族文字与文化没有发展，而其发展不是通过作为统治民族文字发展，变成了另一种情况的发展。在发展中，毫无疑问地给少数民族发展以很大的局限性。

（二）"中华同文"的类型与结构

"中华同文"的历史依据和研究问题的出发点不同，即从统一全中国出发和作为观察问题的依据。因此，类型的划分与标准也不同，不是以分华夷、分中外的"天下一体"区分类型的不同，而是以不分华夷、不分中外的"中华一体"区分类型的不同。前者是分中外的一统，后者是不分中外的一统；前者是以礼义分华夷、中外的标准，后者是以统一的道统、文脉作为标准；前者强调的是分中存合，后者强调的是合中存分。由于"中华一体"的变化，因而要重新研究同文的问题，研究它的结构和类型，以与过去同文相区别。

1. 主体民族型

主体民族的文字型，是由最初单纯的华夏文字，发展为包括中原的多民族文字；又由中原多民族文字，发展为包括全国各地多民族多地区文字；又进而发展为统一的以汉族为主体包括全国各族、各地的文字。主体文字是作为全国的文字主体而存在的，是作为统一中国的文字的主体而存在的，它是"中华一体"时期共同使用的文字，因而也是多民族的文字。除汉族用汉字外，还有众多的民族用汉文，有的以汉文为本民族的文字；有的虽有本民族文字，但仍以汉文字作为共同通用文字。因此主体文字，是统一的全中国内的同文的文字。

2.统治民族型

统治民族型的文字，分两种情况：一是少数民族为全国的统治民族的文字，如蒙古的蒙古文，满族的满文；另一种情况是汉族为全国的统治民族。前者使用的共同文字是主体的汉文，本族则用本族的文字；后者作为统治民族与使用主体文字是统一的。

蒙古族在历史上是第一个建立统一的多民族"中华一体"王朝的民族。成吉思汗曾敕令塔塔统阿依据维吾尔字母，拼写蒙古语，教太子、诸王，以畏兀字书国言⑥。所以元世祖忽必烈说："我国肇基朔方，俗尚简古，未遑制作，凡施用文字，因用汉楷及畏吾字，以达本朝之言"⑦。这种用畏吾字母拼写蒙古语的字，称蒙古畏兀字。中统元年元世祖又授权藏人八思巴，创制新体蒙古字，称蒙古新字。"其字仅千余，其母凡四十有一"，至元六年，诏颁行于全国⑧。元朝还以汉字音写蒙古语，有汉蒙对照辞书《蒙古译语》。蒙古文字的创造，承金制，设蒙古学，蒙古文字学校及科举。

明中叶金朝创制的女真文，还在东北部分女真人中使用，给明政府信件亦用女真文，但在一般女真人居住地区普遍用蒙古文。1599年清太祖命额尔德尼、噶盖"但以蒙古字合我国之语音，联缀成句"。1632年，太宗又命达海加以改进，附增圈、点，以区别原来不能区别的语音称为清新编满文，当时称为"国书"。其文有十二字头，第一字头凡百三十一文，谓之父音，第二至第十二字头为十一母音，以母音属父音以成文，合文而字，则悉从拼音之条理：字形整齐，书法直下右行。

统治民族的文字，以之设学、办学校、科举，对本族文化发展起了重要作用，但有自己文字的统治民族，也以汉文为同文。

3．其他族型

"中华一体"是民族发展的一个重要时期，在这以前各族属系统的族的共同体经常变化，名称屡易，而到这个时期各族始有自己族的稳定名称，这同统一的民族格局形成有关。各个民族从元开始被纳入一个中国之中，族作为中国的一员，其文字与文化也成为中国文化的一部分。有的使用汉字，有的用汉字以及外族的字，有的有自己的文字，但都以汉字为同文。他们既用本族文字发展中华文化，也同用汉字发展中华文化。

从元到清，除主体民族文字汉字、统治民族蒙古字、满洲字外，曾有本族文字的有藏族、维吾尔族。彝族原有一种象形的音缀文字，字汇不多，变形很大，为巫师所掌握，流行不广。用作记历史传说，家支谱牒、宗教经典等。僮族，在7世纪曾借用汉字制成一种方块文字，称"土俗字"，使用不广。哈萨克族，有以阿拉伯字母为基础的拼音文字。傣族有自己的文字，主要是德宏的傣文和西双版纳的傣文，都是拼音文字。傈僳族，原有音节文字，仅在维西通用。此外，佤、畲、纳西、拉祜、景颇、锡伯、乌孜别克、塔塔儿、京等有自己的文字。

由主体民族、统治民族与其他各族的文字结合成一个统一的"中华一体"的文字的整体结构。

（三）历史的特点

"中华同文"及其文字结构的历史特点，是由这个阶段"中华一体"的社会结构整体中反映出来的。它在更大程度上反映了中华民族不可分割的一体关系，而集中地表现在由多层次的关系反映同文，没有同文也就没有中华文化核心和社会各种文化的发展。

1. 这个时期同文，不是分华夷、分中外一体联系中的同文，也不是分裂的多中国的同文，而是把华夷、中外结成为一个统一的中国和中华的同文。这是"中华同文"时代最基本的特点。

2．"中华同文"的结构是统一的，是把不同类型的两种文字系统结合在一起，南北统一，四境统一。但是由于统治民族不同，在实现和加强文字同一方面，元、清基本上继承金朝而发展，明朝则继汉族所建立的王朝而发展。在元、清时作为统治民族的蒙古、满族都创立了自己的文字，蒙古学、满学、满族的学校，蒙古、满族的科举。而明时这个明显特点不存在了，变成主体民族与统治民族文字合一的特点。从元、清发展不同文字的蒙古、满族文学校，而明则承宋以中原学校制度向少数民族地区扩展。这是两种不同的同文的发展途径。

3．在整个"中华一体"时期，都是以统一中国为主导思想进行文化统治的，因而在历史的发展中形成全国性的同文的大发展，大致分为几种情况：曾作为统治民族的蒙古、满族，他们掌握了汉语、汉字，出现许多杰出的文化人物，出现了与汉族同文的知识分子。作为一般的中华成员的民族，其中不少，是以汉语、汉字为本族的语言文字，如回族、瑶族，有的是在本族语言、文字词汇中有不同程度的汉族语汇；有的是汉文兼本族文；有的是习汉文还兼习其他族语言文字。这就出现在各个民族的地区中，都有由同文的汉语文而贯通为一个"中华一体"的同文。

4．统一的"中华同文"，是近代的中华民族发展的基础，近代中国、中华就是从统一的中国、中华继承下来的，它又经过了革命的变革。在同文中的不同文，是发展各民族文化的重要内容，不是取消它，而是扶植它，使各民族的文字与文化在一休中开放出灿烂花朵。

注：

①李白凤：《东夷杂考》，第9~10页。

②干志耿等：《商先起源于幽燕说》，《历史研究》，1985年第5期。

③［宋］李焘：《续资治通鉴长编》卷150，宋仁宗庆历四年六月戊

午条。

④［西夏］骨勒茂才，黄振华等整理：《番汉合时掌中珠》，宁夏人民出版社，1989年。

⑤［元］虞集：《道园学古录》卷4《西夏斡公画像赞》，商务印书馆，1937年。

⑥《元史》卷124《塔塔统阿传》。

⑦⑧《元史》卷202《释老传》。

第八章 "中华同伦"论

《中庸》："今天下车同轨，书同文，行同伦。"这都是"天下一体"的命题。"同伦"是属于共同文化上的共同心理状态的统一。"同伦"随着历史的发展经历了中原汉族的同伦以及中原各族的同伦阶段，而最后发展为统一的全中国的同伦。同伦与殊伦相辅相成地表现在民族和区域之上，有殊伦殊域、殊伦同域、同伦殊域、同伦同域的不同类型与结构。

作为共同文化上的共同心理状态的同伦，主要是研究那个时代的社会人们的内心活动的状态，如思想、感情、意志、心仪、心向、志略等，也可以简称之为心态。这就是"行同伦"所要研究的内容。研究它的表现、结构与发展变化，以及如何在历史上出现包括各地区、各族在内的共同心理状态。共同心理的发展是研究中华民族和一体的一个重要问题。

一、"前天下同伦"

"前天下一体"是分华夷、分中外的一体。一般地讲，作为一体的同伦、不同伦是就天下的华夷、中外而言的，中国九州为同伦，边境四海与中国不同伦。民族的共同体的发展变化是相联系的，与民族的觉醒，心理状态的大发展和大变化是相联系的，由此而形成不同社会时期思想变化的思潮。在"前天下一体"中出现一次共同文化的共同心理状态上的大变化，这个变化集中地表现在华夏意识的觉醒上。

（一）在向华夏族转化中的心理变化

夏、商、周是统一的民族时期，以夏、商、周族为主体的汇聚，是华夏族形成的基础，而这种变化从西周就已开始。

由统一的夏、商、周族发展为华夏族，必然要在共同文化上的心理状态来一次变化，突破统一的民族和国家的心理状态向更高一层次的心理状态转化。

1. 由神权向理性的变化

奴隶制建立在神权、王权统一的基础之上，后来神权观念动摇，由神权的天命观发展为天德观、天人观和天民观。西周时提出"以德配天"的新思想，天命赋有德者有天下，出现了"尽人事"和"听天命"的"天人合一"的思想。提出了"天命不常"，"天视自我民视，天听自我民听"[①]，神要"依人而行"，"夫民神之主也"[②]。中心以德，降低神权地位，提高人和民的地位。

2. 君、臣、民的观念变化

王是天命所授，权力至高无上，无理性的约束、限制。到这时，君被杀是君之过，君被臣所逐，臣有理。在君与民之间，民是主，社稷不能无主，这是"君轻民贵"的思想。对于人生的价值观念提出"立德、立功、立言"[③]的新标准。在君、臣、民的问题上也是贯穿德的思想。到孟子提出"民贵君轻"的思想。

3．圣人与民同的思想

过去把圣人与一般人划了一道鸿沟，孟子提出圣人与人同，其思想来之于提高人的地位价值，提倡人皆可为圣人。

4．民族观念的变化

在民族之间存在着人禽之分，随着民族关系的变化以及变夷从夏，孔子说"四海之内皆兄弟"，九夷为"君子所居，何陋之有"④。孟子更提出出自东夷、西夷的人入中原，与中原合符节，也可以成圣人⑤。

5．礼的观念变化

礼的产生在于别，它同"敬天""祭祖"的宗教仪式相混。周礼包括典章、制度在内。到春秋时出现礼与仪分开。

观念的变化反映着当时社会思想的变化，因而在人们的感情、意志、心情、心向和仰慕各方面都在变化。这是构成一个时代的变化。《诗序》："至于王道衰，礼仪变，政教失；国异政，家异俗，而变风变雅作矣。"《诗谱序》："后王稍更陵迟。厉也，幽也，政教尤衰，周庭大坏。《十月之交》《民劳》《板荡》，勃尔俱作，众国纷然，刺怨相寻。"这是由当时思想意识、心理状态大变化的历史所引起的。

（二）华夏"同伦"思想再构造

在思想的重大变化中，诸夏国已代替了周王室，孔子从传统的奴隶主立场出发，努力于华夏统一的同伦思想的再创造。孔子把当时社会出现的新思想，结合华夏的统治，结合当时奴隶制的家族制度，结合当时的民族关系，提出一系列有利于促进"天下一体"的"行同伦"的发展。

1．孔子心目中的同伦社会，是由西周同伦的小康社会和没有阶级的尧舜大同社会而构成，即由变化了的春秋到小康再到大同。构成这一社会的思想，一是仁；二是礼。仁是由内及外、由己及人的人道主义过程，而礼是由外及内，由他及己的道德规模的过程。他攫取了当时对德、人、民的新解释，在其与天的关系上则重德、重人、重民，并以此认为最完善的周礼为政治伦理道德的规范。在这个基础上，孔子依然是按奴隶制模式、讲以华夏为主体的一体同伦。他重点在于分，不在于重合。因而社会结构体制的标准是礼。

2. 孔子讲的是"君天下，国诸侯、家大夫"的体制，在区域的格局上是"内诸侯而外夷狄"。孔子也主张，"非我族类，其心必异"，方针是"尊王攘夷"。行周礼为华夏，不行周礼为夷狄。所以同轨、同文、同伦，是诸夏的同轨、同文、同伦。孔子由礼出发坚持行周礼的华夏为人，而不行周礼的夷狄为"禽兽"。但孔子在思想上不是没有变化，他的"四海之内皆兄弟"，九夷为君子所居，教育思想的"无类"，又都为他的民族思想打开了缺口。

3. 孔子的"内诸夏而外夷狄"的思想，在民族与区域上分华夷、分中外，也同他仁的思想是一致的，是由内及外，由华夏及夷狄，夷狄于外虽不是人，但可以对之施教化、德化，使他们受同伦的影响，因此他认为对夷狄也可用仁，但夷狄本身不仁，是由内及外而施行的，但又严华夷，"裔不滑夏"。

4. 春秋时，秦楚都已变夷从夏，成为列国，仍不被视为诸夏国。到孟子时为给这个问题作回答，他从华夏形成的多元说出发，认为东夷、西夷的人，入中国，合符节，同是圣人，与中原圣人无异。这样就给予了变夷从夏国家以华夏的同等地位。战国时的七国都是诸夏国。荀子又从孔子那里，用礼的思想作标准，完善了分华夷、分中外的"天下一体"的理论。

（三）礼、法与同伦的关系

春秋是奴隶制解体的时期，是华夏族的诸夏国分裂的时期，由王权制到诸侯列国，到大夫家族，到陪臣执国命，是由"君天下、国诸侯、家大夫"到国诸侯、家大夫，再到家大夫，这里由宗法氏族大家分支为各家族，再变为个体家庭的过程，也是由奴隶制向封建制变革的过程。在这个过程中，代表不同阶级、阶层的人物都涌现出来，发表他们的思想、志向和政治主张，反映着社会上的不同阶级、阶层的文化心理状态的变化和政治导向。有站在奴隶主贵族立场上的孔子儒家的家族制度思想，有代表没落奴隶主的老子的小国寡民思想，有代表社会下层庶人的墨子尚同思想，有代表新兴私人奴隶主的杨朱思想，有代表农民平均主义的许行思想。在各种思想中能代表统治阶级需要的主要是儒、法两家的思想。而这两种思想的共同点都要求统一，是地主阶级都能吸收和兼用的思想。

法家思想是从旧奴隶制解体中出现的，与旧奴隶制对立的私人奴隶主思想，它要求破坏旧制，以在奴隶制中出现的适合于私人所有制发展的制度为依据，进行改革变法，建立郡县和家族的新制。它有破旧创新的作用。各国的改革变法多是用法家人物，由于建立私人土地所有制，变郡县，变大家族为小家族，鼓励自种，实行法制，结果促进了私人的封建所有制和私人奴隶制并行发展，而个体经营及其役使关系的发展又导向封建制在发展中占优势。特别是国家和家族制度的存在，他们更习惯于把生产者变为依附农民。

在当时的变革中，儒家思想由原来奴隶主思想变为封建的思想，一方面是由孔子思想变成代表封建贵族、家族制度统治思想，以孟子为代表；另一方面出现了与法家等思想结合的荀子思想。荀子发挥了礼的思想，提出统一的"天下一体"的思想，适合当时走向统一"行同伦"的需要。荀子的思想，在把各国统一为一个中央集权的国家中起了重要作用，其主要代表者是荀子的弟子韩非。新兴的代表封建贵族家族制度统治的王道仁政思想，到后来在维护社会稳定发展中取得了主导地位，而成为兼容其他的封建思想，也是维系中国九州同伦的主导思想。

二、"天下同伦"

秦建立统一的多民族的"天下一体"国家，由分裂的诸夏国同伦，统一为一个华夏的中国九州同伦，而且随着郡县制的扩大，九州同伦的区域也在扩大，形成中国九州同伦与四海不同伦的统一的"天下一体"。

"天下同伦"，大致可分为秦汉至西晋、东晋五胡十六国至南北朝、隋唐三个时期。在这三个时期中，东晋五胡十六国和南北朝又进入一个重大的思想意识大变化时期。前一次的大变化发生在"前天下一体"由奴隶制向封建的变革之中，而这一次发生在"天下一体"的封建制内部的变化之中，它为向封建社会后期的"前中华一体"同伦转化奠定了基础。这时期的同伦，正如范文澜在《中国通史简稿》修订本第二编中所说："在汉族文化地区（即中国九州），代表人们共同心理状态的，主要是适应家族制度的孔孟正统儒家学说。"这为研究同伦提出了主要线索和依据，同样是通过分华夷、分中外的民族与区域表现出来的。由于儒家思想的变化，因而在人们的共同心理状态上发生变化，这种变化没有从根本上超出"天下一体"同伦的格局。

（一）从秦汉至西晋

同伦是与一体相关的问题之一，因此同伦与一体的思想不能分割。同伦的思想代表是儒家学说。法家重在开创，重在刑，重在制度，而儒家重在稳定，重在仁礼，重在伦理道德。所以儒家学说能够代表人们的共同心理状态的发展和变化。从秦汉至西晋，是统一的"春秋大一统"的儒家同伦的确定和发展时期。

秦建立的是全国统一的分华夷、分中外的"天下一体"国家，同时奠定了中国九州同伦，而且随着郡县区域扩大使同伦的区域范围扩大，对四海的影响也在扩大。秦是中国九州同伦的开创时期，它在吸取儒家思想时是吸取其有利于统一的儒家思想：第一，秦始皇根据从孟子学说中分派出的阴阳五行家说，自以为得水，以10月（亥月，亥属水）朔作为岁首。衣服旄旗都以黑色为贵，纪数用六，称黄河为德水。这同儒家思想是相容的。第二，秦始皇在统治思想和制度方面，没吸收孔孟正统的仁义，而是用儒家的荀子思想，荀子重王道礼义，与儒家思想也是相容的。后来韩非、李斯变重礼为重法，这样在荀子学说中除传经的儒尚能保持儒家的面目外，其余的同法家结合。出现荀派儒家与法家刑名之学结合基础上的"行同伦"。秦始皇统一采取向内地徙民的办法，另外用严刑矫正当地旧俗，使之与中国"同轨""同伦"。

秦朝用荀子儒家和法家学说促进同伦，打击压制孔孟学说，集中表现在焚书坑儒、废封建和强刑的斗争上面。秦朝把正统派的儒推到反面去，他们反秦，有的参加了秦末农民起义。秦朝统一与中国九州同伦的开创是有功的，但是它不能建立起稳定时期的思想和同伦。汉代替秦统一后，由轻儒到重儒，由废分封到局部恢复封建，由重刑到重仁、礼，正统儒家地位又代替了荀子儒学和法家刑名之学。

汉朝是对代表着人们共同心理状态的儒学进行重新改造和开创的时期，其代表人物是董仲舒。孔子所创立的儒学还没有摆脱旧奴隶主的立场，但他的学说经过改造适合于后来封建制的需要。孟子、荀子各自从仁义、礼义两个不同方面发挥了孔子的思想，为封建地主阶级所采用。孟子思想还不能为当时确立封建制统一的中央集权开创所用。当创制结束，法家思想由以暴力的恶性发展而结束时，汉在亡秦的教训中，总结出一条封建统治的经验，即以武得天下，以文治之，以法开创，以儒安之，确立"春秋大一统"政治要求的同伦思想的独尊地位，用以维护封建长久的统治，开创适合于封建统治的汉代儒学。

董仲舒是汉代新儒学的开创者，他集诸学说之大成于儒学，从思想上统一了同伦的思想基础，代替过去以荀子儒学、法家刑名学促进同伦的发展。董仲舒变汉儒为合于汉朝制度的"霸、王道杂之"的新儒学，这样就把指导政治的刑名学的刑和指导意识形态儒学的礼义统一起来，把孟、荀性善、性恶说结合起来，把儒学和战国阴阳五行学五德始终结合起来，把儒学的义和墨家的利结合起来。董仲舒儒学是以儒为主兼容各家学说的融合体。董仲舒又赋予儒学以神学的政治说教，他的大一统的国家是分华夷、分中外的体制结构。董仲舒把法家变革成为以儒家的仁为指导的"更化"，以代替变革。董仲舒把大量迷信的东西加入经学里。董仲舒断狱，是以德治为准，主张从轻判罪，"尚德缓刑"⑥。董仲舒的儒学成为当时占主导地位的儒学，是同当时社会情况相适应的。这个时期是封建与奴隶制并行和向变奴隶制为封建制的补充形式而存在的时期，这种儒学带有时代的特点，也有其时代的落后和反动性。

汉代是今古文的经学，至东汉末郑玄合今古文，今文失去了统治的地位。后来王弼以玄学说《易》从两汉经学中解脱出来，思想活动较为自由，魏晋玄学代替了两汉经学。经学在儒、道、释的斗争中只能保持其传统的崇高名义。

（二）五胡十六国及北朝

五胡十六国是一次前所未有的分裂。从封建社会内部看，此前在中国的七国和三国都是汉族在中原出现的分裂政权，还没出现北方封建割据，而又与南方的一政权的南迁而同时存在南北朝。五胡十六国是对"春秋大一统"同伦的破坏，但它没有从整体上改变分华夷、分中外的民族和区域格局。五胡十六国是一次民族的大分裂，也是一次多民族发展的大觉醒，显示历史的发展，在"天下一体"中将进入一个新的历程，同伦也由过去比较单一的汉族心理状态同伦，发展为多民族的"中国九州"同伦，并孕育着地方政权与中国同伦的发展趋向。当中国华夏变成多民族的华夏时，华夏的发展又进而发展为新的南北朝。南北朝是继五胡十六国与东晋之后出现的南北两个中国同伦的王朝。

五胡十六国与南北朝同伦的类型与结构，是由这个时期的民族与政权的区域变化而引起的。但是不同的类型在同伦的问题上表现是不同的，即使是殊伦殊域,也有中国的伦对其影响的问题,这种影响在此前就已存在。在历史上没有这个影响和联系,也就失去后来"中华一体"的基础。

1.同伦同域的类型

同伦同域是指用儒家学说的"中国九州"同伦的类型,这中间分为传统的汉王朝的同伦同域,主要指东晋和南朝。新出现的入主中原的政权和王朝以儒学为主的同伦同域,其中最典型的是前燕、前秦和北朝。

2.殊伦同域的类型

这个类型也是少数民族在中原建立中国政权的类型,它的特点从总体上看,也继承了中国同伦,用儒家经典,但在制度上实行双轨制,即中原汉制与其本族制并存,而其本族统治者也都习汉经典。尽管如此,它与同伦同域尚有所区别。如前赵、后赵便属于双轨的殊伦同域。这里也包括那些保旧俗的一些入中国的民族,所谓在中国区域内的"六夷"即属于此。

3.同伦殊域的类型

这个时期,此种类型尚不多,但在北朝已出现,如高句丽虽然进入封建制后还保有本族奴隶制的特点,但也习中原制度和礼义,在其国内主要是接受儒学影响。

4.殊伦殊域的类型

这个时期,没有改变分华夷、分中外的格局,仍视不在中国境内的民族为夷狄,其居地为四海,其与中国是殊伦殊域的。

五胡十六国、北朝时已发生重大变化,从同伦与不同伦看,基本是中国同伦和四海不同伦,在同伦中有不同伦,在不同伦中也有同伦。

五胡十六国和北朝是思想意识的大变化时期,从共同的心理状况看,是在错综复杂的变化中,更趋于向共同的心理状态方面发展。这种共同心理状态的发展是在中原地区引起的,主要表现在华夷、中外这两个问题上。

1.入居中国和在中国建立政权的王朝的少数民族,他们继承代表共同心理状态的儒家学术思想,他们打破"非我族类,其心必异"的传统观念，不畏反对，求师学习儒家经典，成为儒士。他们以儒家思想教育本族，为之设学，入学学习，他们继承了天命赋有德者为君的思想，用先王的制度，讲仁政、先王之道，有与汉族共同的心理状态的学术思想作指导。

2．提出在民族间不分华夷，都是炎黄子孙的共同的心理状态上的关系，或者是强调与汉为亲，这是当时入中原的民族形成一种共同的心理，其产生不始于这些少数民族。司马迁著《史记》就提出匈奴与汉先人为同源说，当时入中原建政权的民族都提出自己是黄帝、炎帝、夏禹等的后裔。这就民族来源说是无据的，但它却从思想上提出在各族间有着共同起源的心理状态的要求，反映着共同心理状态上的共同要素的增强。

3．提出不分民族都可为中原主的共同的心理思想，这种思想也不是少数民族发明的，在这以前的孟子就提出来了。即来源于四海的夷狄虽为不同的族，只要他们进中原在中原行相同的制度，都可为中原主和圣人。这种同做中原主的要求，是民族心理上的重大变化。

4．入中原的民族原与中国民族殊俗，从"华夷之辨"出发，对这些不同俗的族，是敌视的。当时在中原建立政权的民族为消除与汉族的这种隔阂，提出在民族间不能因殊俗而有戒心。因为华夷之间有着共同的"志略"，共同的"志略"是不分华夷，是共同的。

5．在中原建立政权的民族，他们同样接受在中国为人的思想，既把自己看是与汉人无异，也反对他人把入中国的民族仍看成是落后的"禽兽"。

6．由于心理状态上的变化，提出了"九州同轨""四海为家"，不分中外皆是赤子的思想，要改变传统的分中外、分人禽的观念，这是思想上的一大变化。

所有这些方面反映在心理上的变化，主要还是发生在进入中国的民族中，但这也反映了中国是多民族的中国，共同的心理是多民族的心理，中国九州同伦发展为多民族的同伦，反映着在民族问题上进入一个新的觉醒时期，是多族在中国的同伦觉醒。在历史上有两种不同的社会动乱：一是反动的倒退的分裂叛乱，它给社会带来不安宁乃至倒退，也有的是在人们觉醒中出现的新旧矛盾与斗争，但它是新的关系代替旧的关系的乱，乱了旧的传统，出现了新的传统。这一次的社会动乱，是由在中国的一个族的中华，变成多族的中华，中华未亡，而是更加扩大和发展了。

这种表现在共同文化上的心理状态的变化，也直接影响到在中国以外民族的心理变化。他们在心慕中国制度，学中国制度，在风俗上慕华风，学华风，在心理状态上增强了"内向"要求与发展，这是促进中外同伦所不可少的心愿。《魏书·蠕蠕传》："今社仑学中国立法，置战阵，卒成边害。"《北史·蠕蠕传》：阿那瑰心慕北魏政治制度，"立官号，僭拟王者，遂有侍中、黄门之属。"慕容鲜卑在涉归时"渐慕诸夏之风"⑦。"渐变胡风，遵循华俗"⑧。

（三）隋唐时期

隋唐是"天下一体"同伦发展的最后阶段，也是封建社会前期发展的最盛和最高阶段。隋唐继承以前的儒家学说，又适时地进行了革新和改造，因此，反映在共同心理上的变化，不是受汉代董仲舒儒学的影响，而是受新儒学的影响而在发生新的变化。

1. 魏晋时佛教在我国已立住了脚，与儒、道争夺统治地位，南北朝和隋唐是这种斗争的剧烈时期，也是人们心理状态变化的剧烈时期。新儒学出现，对董仲舒天人感应和谶纬迷信的陈旧思想进行斗争，新儒学是在斗争、自我改造和变革中产生的，它同佛道的斗争则更富有生命力。新儒学建立的尝试者是王通，王通对儒学的改造和变新是有开拓之功的。新儒学建立，是代表着人们心理状态的新学的建立，因而讲隋唐心理状态的发展和变化，应从隋代王通说起。

王通的志向是恢复王道，王道思想是在对当时暴政抨击中树立起来的，是同重民思想分不开的。王通说："不以天下易一人之命。"⑨他发挥了孔子、孟子的仁政学说，把道提高到帝之上。一切准于王道、仁政、德治，而且王道、仁政、德治是超出汉族的应用范围，包括了少数民族在内。由于王道、仁政、德治的标准高于一切，因而它也就成为"华夷"之分的新标准，夷狄同样是有道的，施仁政的，有德者治的。据此汉族政权可成为不正体和夷狄，夷狄政权也可成为正体和中华。这就是说，王通不是以汉族为正统，而是以道德为正统。王通非常重视社会伦理道德的建设，他为反对当时的旧俗，提出维护封建等级的礼仪制度，并提出"援佛入儒"的思想。在王通后，韩愈提出道统说，李翱提出"性善性恶"说和"不思不虑""不动心"的修养方法。由王通开场，柳宗元收场，在对天人感应论批判的同时，提出"道""德""仁"决定国家兴亡和社会变迁的观点。新儒学的建立和发展，引起隋唐人们共同心理的重大变化。但还没有把"天下一体同伦"变成"中华一体同伦"。

2. 隋唐，特别是唐时，同伦的系统、类型和结构已发生与前不同的变化。在过去是中国九州同伦与四海夷狄不同伦两个系统在发展中互相影响和渗透，在同伦中有不同伦，不同伦中有同伦。唐代同伦系统、类型、结构应从民族与区域两个方面进行分类。一是"中国九州"的多民族同伦系统，这是从过去"中国九州"同伦继承下来的并在整体结构中占主体地位。它是在结束南北朝后把原来南北朝中国地区的民族结合在一起。它不仅是"中国九州同伦"的中心区，也是一体内四海民族和政权的新的同伦培育地区。二是"中国九州同伦"以外的四海同伦区，主要表现在四海地区出现了与中国同伦的地方政权，如渤海即是以儒家学说为代表的共同心理状态的新的同伦区，这是新的四海型的同伦的系统。三是由于对边境的民族和政权实行羁縻州制，也在一定程度上改变了殊俗域的类型，不同程度地实行中国制度，接受中国的儒家学说，但还属没有从根本上改变了的不同伦民族和地区。这种变化有利于后来实现"中华一体同伦"中的不同伦。

3. 隋唐时的同伦构成变化，同当时社会人们共同心理状态的变化是分不开的。在民族意识上，已开始摆脱旧的"非我族类，其心必异"的观念，把天下的民族同视为一个家中赤子，提出四海夷狄也是人，由过去人禽观念转移为自然人的观念。把已成为中国型的地方民族政权看成是与唐为"车书一家"，视为同轨、同文的同伦的关系。从区域上看，提出夷狄入中国则为中国人，中国人入夷狄则为夷狄。由于各民族的自我觉醒，自觉地请华官，变夷从夏的心愿空前发展，这就是说各民族间共同的心理状态的同一性加强，不仅促使当时同伦的系统类型变化，也有利于向"前中华一体"的同伦变化。当儒学的理学形成，作为代表共同心理状态的同伦，也就摆脱了"天下一体"，而进入一个更新的发展时期。

三、"前中华同伦"

"前中华同伦"与"天下同伦"是前后两种不同历史发展类型的同伦，即由"天下一体"的分华夷、分中外的同伦发展为"中华一体"的多中国的不分华夷、不分中外的同伦。由旧儒学为代表的共同心理状态的同伦，发展为由新儒学为代表的共同心理状态的同伦。如果说在"天下一体"时还属于封建社会内部的量的积累而引起的不同时期的变化，而这次变化则是属于局部质的变化，在此前还涉及不到封建社会的质的问题，而此后则逐渐地局部地涉及封建社会质的问题。

（一）新儒学与共同心理上的更高层次的变化

儒学在不同历史时期是适应社会政治、经济变化而变化，由孔子开创的儒学，经孟、荀的发展，再发展为汉代以董仲舒为代表的儒学，到隋唐又发展为以王通等为代表的新儒学，在整个宋朝才彻底摆脱神学的束缚而成为理性的学说。唐末又出现一次大分裂，是全国性五代十围的分裂，一方面是对统一的破坏，另一方面也孕育着再发展。由于当时民族势力的均衡，没有形成统一的"天下一体"国家再建，而出现了以南北朝为主的多王朝、多列国的并存，以代替五代十国。

后南北朝与前南北朝相比有不同的特点。一般地讲，前北朝经学是遵守东汉经学的传统，《易》《书》《三礼》《论语》《孝经》用郑玄注，《左氏春秋》用服虔注，《公羊传》用何休注。王弼《易注》、杜预《左传注》，偶有传授，影响不大。少见名儒，撰述较少，缺乏开拓风气，重在博学实用，不尚议论玄学。南朝时尚魏晋学风，经师《周易》用《王弼注》，《尚书》用《伪孔传》，《左传》用《杜预注》，南则兼玄学，探求义理。至唐则重南轻北。到了后南北朝，北朝经学尚博实，反对空谈，南朝重理学，理学在北方没有传播市场，金章宗以后始传入。一方面对理学批评，另一方面对北宋程周理学则给予很高评价。金代虽尚经学，但选注并不承北朝，而《易》用王弼，《春秋左氏》用杜预注，《礼记》用孔颖达疏，《论语》用何宴集注，是承唐以前南北经学，而不用宋理学，这是南北的不同特点。

在南北朝的共同心理状态上都发生新变化，而尤以北朝为剧，南朝则尚拘于"华夷之辨"的约束。从南北共同文化看：

1. 这个时期"正闰观""正统论"已作新的解释，北宋司马光反对传统的"正闰观"，提出如不能一统天下则应视诸国为"列国"，不应称之为"僭伪"，即同以诸夏国看待。正统观也发生变化即不以华夷分，而以一统天下为准。金海陵认为统一天下者皆为正统，夷狄统一天下也是正统。因无南北之隔，无正统上的华夷之别，对胡汉的估量上也不以胡汉为准，王安石在《明妃曲》中说："汉恩自浅胡恩深"[10]，这就从思想认识上打破了南北分域的观念。

2. 从民族来看，分华夷，"尊华贱夷"，拒夷狄于中国之外的思想是统一为中国的一大思想障碍。这个时期，进一步提出，华夷之分是文野之分，而已达到华夏同等的族就不能视为夷狄，同是华，辽契丹自认是中华。金朝赵秉文提出"有公天下之心宜称曰汉。汉者，公天下之言也"⑪。意即都可成为正统的民族，那么"汉"字的含义亦不单指汉族而包括了其他民族，不分民族，不分区域皆是中州。"中州一体"的思想，就是在一个国内的民族、中外都是一家，皆是国人⑫。这就是由过去分中外的思想变成统一中国的思想。

3．在民族间的共同心理意识也表现在族源关系上，过去是以假托本族为与汉同源以达到民族心理上的同一，现在这种思想也在变化。女真族自认是出自黑水靺鞨。族属源自肃慎，并不假托是炎黄同属，但认为不同族可以为中国、中华，同为正统。这是对过去看法的纠正，与当时民族地位的提高，自树心的增强，多族皆可为华、为国人有关。由过去族属同一意识转为不同一而同为中华的新意识，这种意识促进了多族的中华一体的形成。

4．君主强调天下是一人的天下，并以正闰、正统来维系一族、一家的长久统治。王若虚提出"天下非一人所独有也，此疆彼界，容得分据而并立"⑬。金与南宋并存合理。民的观念变成了同胞的关系，提出了天子也是人的思想，重民轻君思想也有一定程度的发展，保民比忠君更重要。

5．由王通所提出的王道、仁政、德治的思想，是为实现孔子所提出的"小康"心仪的政治蓝图，金世宗在南北两朝人们的影响中就成了这样的人物。

思想意识变化是人们心理状态变化表现的重要方面，而这种变化就是不分华夷、不分中外的中国同伦的国家。

（二）多中国的类型与结构

"前中华同伦"，是多中国同伦的新类型，是在多中国同伦下保留着民族间在心理状态上的差异。但就诸中国型来说，也不是都已成为以儒家学说为主体的同伦，有的从整体上讲是以本族地区心理状态为主，但它在整体中已不构成与中国九州同伦的中外类型。

"中华同伦",研究其同伦的依据和标准已与"天下一体"时不同。这主要是由于"前中华一体"的政治结构已发生重大变化,即由分华夷、分中外的"天下国家一体"的体制变成了不分华夷、不分中外的统一中国的体制,天下与中国的含义已相同。另外,从政权的结构来看,"前中华一体"还不是统一的"中华一体",还处于分裂的状态之中,这种分裂不是无主次的多政权分裂,是以南北朝为主的多中国王朝、列国、列部的分裂。正因为如此它同前南北朝的两个中国王朝的中国与四海分裂也不相同。由于历史情况不同,因而划分同伦与不同伦的类型的依据和标准也不同。

"前中华一体"时的同伦与不同伦的依据不是以分华夷、分中外的一体格局为依据,而是以统一为依据,即分裂着的南北朝,与南北朝并存的中国王朝、列国、列部都是一个不分华夷、不分中外的整体,因而民族(华夷)区域(中外)不是划分类型的依据,而是以诸一统政权的分裂存在为依据,来划分政权的同伦与不同伦的类型。同伦即其政权内的一统同伦,不同伦也是政权内一统的不同伦。依标准看,"天下一体"时是以礼义分华夷看中原的同伦与不同伦。"中华一体"时,华夷都是人,华夷在一国中都是国人,因而以礼义划分的标准失去作用,而在同伦的问题上是一统的道统,而不是分族分域的观念。更确切地说,"天下一体"时看问题的标准是中国九州同伦,而"前中华一体"时是各国一统同伦。

1. 南北朝的同伦型

北朝的同伦型指辽金,是由契丹、女真在北方建立的王朝,把各民族和地区统一为一个中国,变夷为夏,变外为内,通过儒家学说把各族各地统一起来,成为一个同伦下的保持本族的心理状态的新型的统一中国的同伦国家。

南朝是由原来中国九州同伦发展来的,通过统一把各族纳入一个中国中,成为一个同伦下的保有多族的不同心理状态的统一的中国同伦。

同伦并不意味着没有不同族和不同族的心理状态的存在，而是不同心理状态统一在一个中国、中华之中。

2. 南北朝以外的中国王朝同伦

南北朝以外的西夏国，仁孝亲行"释奠礼"，追尊孔子为文宣皇帝。谅祚甚至废蕃礼，改从汉仪，是与辽金相同的同伦下保有不同心理状态的中国王朝。西辽是辽的继续，属辽型，黑汗是一种特殊情况下在西域出现的中国王朝，是中国同伦的另一类型。

3. 列国、列部同伦型

列国、列部以不同型纳入中国的地方政权和部族，而且有的以儒家学说为主，他们也将随着统一而成为同伦下的保有本族心理状态特点的政权和部族。他们不是作为一体的外存在，而是作为一体分裂中的一个类型而存在。

多中国的同伦的类型，还是分两种情况：一是同型于中国九州的同伦；另一是尚未同型于中国九州的同伦，他们已以中国、列国形式出现，这就改变了过去的政权与中原的关系，他们一旦归于同一道统的统一中国中，也就改变了他们的形态。

（三）统一中国同伦是历史发展趋势

统一中国的同伦，是历史发展的趋势，这种趋势在不同的历史时期都为后来向这个总趋势发展和扩大提供了条件，而这些条件的不断积累，在不同的历史时期表现出发展的层次来。

由原始社会末期分散的部族结合为一个统一的民族和国家，在共同文化上的共同心理状态也形成了，即在统一的民族国家中，出现包括京畿、四方诸侯国的中国同伦，这是同伦发展的第一个层次。他们是由诸部族结合成的一个统一民族和地区的中国同伦。

统一的夏民族、商民族和周民族先后在中原建立王国，在发展中结合成不同的民族的共同文化上的共同心理状态，而到西周又在传统的天命观中赋予理性的"德"的新内容，在意识形态上本来不出自夏而称夏，即以夏作为人们共同心理上的认识，这是向华夏族的共同心理意识统一的起点。到春秋便把源于夏、商、周的意识统一为诸夏的共同意识，在历史的发展中由统一的民族发展为更高层次的华夏族。但当时还是分散的诸夏国，还没有统一，这是诸华夏族在共同心理状态上的形成时期。在各诸夏国内形成了诸夏的同伦，而有的原来不出自华夏而为戎狄的国也在变夷从夏，这个时期作为共同心理状态上的共同的标准是周礼。

由分散诸夏向着统一诸夏发展，在发展中由孔子创立的儒家学说，成为统一华夏族形成前的代表共同心理状态的正统学说。秦统一标志着统一的华夏族的形成，标志着统一的华夏族的共同心理状态的形成，是荀子儒学和刑名之学促进了华夏族共同心理的形成，形成了一个统一华夏族在中国九州的同伦。到汉时华夏族为汉，把汉的共同心理状态统一于儒家的学说上，对正统孔孟儒学为适应大一统的需要而进行改造的，是董仲舒的儒学。这是较为单一的统一汉族的中国九州同伦的历史阶段，同伦因为中国郡县的扩大，波及接近中原的四海民族地区。

从五胡十六国开始，中国成为多民族的中国，同伦也发展为多民族的中国同伦，这是同伦在民族结构上的一个重大变化时期，但仍然是中国九州同伦。这一变化从民族的共同心理状态结构看，是高于此前的同伦。

同伦由中国九州同伦发展和扩大到包括四海地区民族和政权的同伦，是更高一层次的发展。"前中华一体"便进入多中国的同伦时期，即在原中原地区出现不分华夷、不分中外的统一中国的同伦。把原来分中外的同伦与不同伦发展为一个中国内的同伦，在同伦中保留着不同伦。它的再发展就是统一的全中国同伦。

将历史发展过程看成是一步一步地向统一全中国的同伦发展，而"前中华一体"为统一全中国同伦准备了一切条件。

四、"中华同伦"

"中华同伦"是"中国九州同伦"发展的最后阶段，即在全国范围内出现以儒家学说为代表的共同心理状态的形成和发展阶段。把全国统一为一个不分华夷、不分中外的中国、中华，把全中国内的各民族、各地区统一为以儒家学说为同伦的代表。"中华一体"的同伦，在统一中国内仍是由不同的民族构成的，是由中原与地方的不同地区构成的，因而在人们的共同心理状态上既有同一的方面，也有不同一的方面。同一是结合为一个中华民族的依据，不同一是各民族在一体中存在的依据。

（一）"中华同伦"思想的发展与变化

"中华同伦"的前提是统一，把分裂的多中国的政权和民族统一在一个中国之中。这样的统一的中国是从元朝开始的。"前中华一体"在南北形成了新儒学，北方是以经学为内容的新儒学，南方是以理学为内容的新儒学。理学是由王通、韩愈、李翱的孕育发展起来的。元朝统一，把南北的经学与理学统一，但从发展上看既继承宋代理学，又受北方经学的影响。金末北方儒生早已知程朱之书并教授品评。1234年金亡，1235年蒙古太宗命子阔出伐宋攻下宋德安，俘儒生赵复到燕京，与姚枢在燕京建周子祠，又建太极书院，讲授程朱理学。姚枢将程朱书授，予许衡、郝经、刘因。广平人窦默与姚、许一起讲习性理之学，成为元初有影响的名儒。据《四朝学案》元时理学的代表人物是许衡、刘因、吴澄。

元朝统一，确定了以儒学为代表的人们共同的心理状态的学说地位。元代儒学可书者：

1. 元朝是以汉人为统治的"天下国家一体"的"中国之治不可复兴"的时期。原宋金华人许谦，著有《治忽几微》，仿史家年经国纬之法，起太皞氏，迄司马光卒，"盖以为光卒，则中国之治不可复兴，诚理乱之几也"[⑭]，元是以天下立法的统一中国。许衡讲"必如古之《大学》

之道，以修身为本，一言一动，举可以为天下之法，一赏一罚，举可以合天下之公"⑮，这个"天下"即"中华一体"的天下。

2．元世祖忽必烈是在解决和认识了"金以儒亡"这个说法不对，而且认识到孔子的精神（性）之所在，即"圣人与天地终始，无所往而不在殿下能行圣人之道，即是圣人"⑯之后，忽必烈才被尊为"儒家大宗师"，定以儒学为国教。

3．与尊儒相关的是行汉法（即中原法），许衡举出子产相衰周的列国，孔明治西蜀之一隅，皆有规模，而元为"堂堂天下"，依北方民族有中夏之例，"当行汉法"，但对"亡国之俗"则采取渐变的方法，"未有不可变者"⑰。

4．提出以金代世宗作为学习的楷模，即遵循新儒产生后的所谓致治皇帝"小尧舜"作为元代治国的蓝图。郝经说"于金源，则曰世宗、章宗，凡二帝，是皆光大炳烺，于辱于君人之名，有功于天下甚大，有德于民生甚厚"。要忽必烈向他们学习，"能树立成功治定揄扬于千载之下"⑱。

5．重民轻君思想也是当时儒者的重要思想。许衡以汉之文、景说元世祖，"臣以为曷若直法文、景之恭俭爱民，为理明义正而可信也。天之树君，本为下民。故孟子谓'民为重，君为轻'，《书》亦曰：'天视自我民视，天听自我民听'"⑲。

6．元代理学重点放在维护封建统治，以三纲五常为教

元朝继承了北方金的经学博实传统，更与南北理学结合成为元代理学。明清都继承了理学，到清朝一些思想家反对理学，强调实用。儒家学说是"中华一体"同伦的代表学说，以理准天下四海，要求"至治"的"天下化中"，以先王人伦之道"化成天下"。把天下同伦作为整体问题考虑。

元、明、清都想以儒家学说为依据发展人们的共同心理状态，促使各族的同伦。元、明、清都尊孔崇儒，是为实现中外统一的共同封建伦理

道德的一体。王阳明说："大人者以天地万物为一体者也，其视天下犹一家，中国犹一人焉。若夫闻形骸而分尔我者，小人矣"[20]。是想在封建三纲五常的秩序下，把"天下""中国"统一起来，把"一家""一人"统一起来，以达到不以"形骸而分尔我"的"一体"。在当时除作为全国的主体民族和统治民族的汉、蒙古、满族都以儒学发展学术和文学外，其他各族也都以儒学，共同发展中华的其同文化、共同的心理状态，成为典型的中国的知识分子。

为发展统一的共同的文化和维护心理状态的统一，这个时期继续在"华夷正闰之辨"与反华夷正闰之辨之间进行斗争。元亡后，明朝又提出"华夷正闰之辨"的问题，特别是明末清初一些反清的汉人学者以此为武器宣扬旧的陈腐观念，他们以"天下国家一体"的分华夷、分中外的旧命题视庶民和夷狄为"禽兽"。在明亡后王夫之提出"严夷夏之大防"，吕留良、曾静也提出"华夷之分，大于君臣之义"。认为少数民族为中国统治民族是"窃据神器"[21]。这是一股极其反动的思潮，是否定思想进步，各族人民同为中华；把过去的"华夷正闰之辨"的观点又都重新提出，否定当时的民族统一，制造民族间的大分裂。在这场斗争中，清世宗坚持给予回击，颁布一系列上谕给予批驳，并把世宗上谕、审讯词和曾静口供、《归仁录》编辑刊布，是为《大义觉迷录》，总结肯定了自王通以来新的民族关系的理论。最引人注意的是清世宗对历史上民族进步和统一的理论又有新的发挥和发展。

（二）"中华同伦"类型的统一结构

伦是指人们的共同心理状态，当社会还有民族的不同时，就存在着同伦与不同伦的问题。在"天下一体"时，是分华夷、分中外的同伦结构；在"前中华一体"时是多中国同伦的结构，都以中国华夏的同伦为主。"中华一体"同伦，是全国统一的中国同伦的结构。因而由横的联系变成不分中外的纵的联系，即代表学术思想的儒家思想已成为在各族思想之上的最高层次，而其下层是保有各族的不同的人们心理状态的特点。也就是由分中外的两个系统，变成不分中外的一个系统，由最高层次的同伦结合为一个统一的中华民族，由下级层次的不同伦构成统一中民族内的各族。即使其族在政治、经济、文化上都已与汉族完全相同，但由于保留的民族的心理，仍是与汉族不同的族。

到"中华一体"时，整个社会结构发生了变化，最明显的是把过去地方政权统一为中央政府之下的地方政府，或者是地方特别区域的设置。民族也是作为统一的中央管辖下的地方民族，在中原、地方的民族互相杂居而形成的大分散小集中的新的全国性民族格局，因而不同伦的类型要依据其不同的情况划分，由于社会政治和经济生活的原因，在人们的共同心理状态上也会有差别，有不同的社会生活的思想、感情、信仰和意志的差异。但不同情况和类型的族的同伦则是相同的，有着中华民族共同的思想、感情、信仰和意志，有着中华民族的共同精神，有着共同的爱中华、爱祖国的思想。这种共同的意识和心理状态结合的基础不仅是血缘还是各族的共同道统。各民族在中华的一个道统之中，是中华各民族统一的纽带，是中华各民族统一的共同的思想基础。

（三）同伦与民族意识变化的关系

作为人们共同文化的共同心理状态的同伦，与民族共同体的社会意识变化是分开来的。有什么样的民族共同体的社会意识，就有什么样性质的同伦，由原始社会末期出现的部族共同体结合为统一的民族共同体，也就是变革为奴隶制社会意识形态的民族共同体，其同伦便是基于奴隶制共同心理状态的同伦。在中国又进一步成为以周礼为代表的统一的华夏共同体的同伦。进而变革为分裂的诸夏国的同伦，并经过对诸夏国的统一确立了以儒家学说为代表的"天下一体"中的中国九州的同伦。一体分为"天下一体"与"中华一体"，"天下一体"时作为共同心理状态的代表是汉代董仲舒的儒家学说，"中华一体"作为共同心理状态的代表是以儒家思想为道统的新理学。在"天下一体"中已出现新儒学的思想，但到"前中华一体"之初的北宋才形成理学。在"中华一体"中已出现资本主义思想的萌芽，但到鸦片战争前一直也没有形成作为新时期民族的社会意识形态，因而仍然是属于封建社会意识形态范畴。这就是说同伦的共同心理状态的代表性社会思想，是随社会的发展而发展，随着社会的变化而变化，它是基于不同社会的不同社会思想学说之上的。

因此研究同伦，要注意到几个相关联的问题，一是由社会形态的变化而引起同伦性质的变化；二是在同一个社会形态中的思想意识也会发生变化，因而显现出不同的阶段来，但其性质不变；三是同伦发展范围的变化，由一个族的共同区域的同伦，发展多族的共同区域的同伦，又发展为不同区域的统一的中国区域内的多族的同伦；四是同伦的结构变化，由中外的结构发展为不分中外的一体结构。从这几个方面思考，从纵横两个方面历史分析它的发展过程，研究代表人们共同心理状态对社会影响起主导作用的学术思想的变化，研究不同时期同伦的发展趋向，以及如何最后形成全中国的一体同伦。依据不同历史时期的社会结构，处理同伦与不同伦的关系和性质，是对古代史上的同伦问题的最基本看法。

注：

① ［汉］孔安国著，［唐］孔颖达正义：《尚书正义》卷10《泰誓》。

② ［周］左丘明著：《春秋左传》卷5《桓公六年》，随之大夫季梁语。

③ ［周］左丘明著：《春秋左传》卷18《昭公二十四年》。

④ 杨伯峻译注：《论语译注》卷9《子罕》。

⑤ ［战国］孟轲著，天瑜译注：《孟子》卷8《离娄下》。

⑥《汉书》卷56《董仲舒传》。

⑦《晋书》卷108《慕容廆载记》。

⑧ ［清］汤球著《十六国春秋辑补》卷23《前燕录一》，中华书局，1985年。

⑨〔隋〕王通：《文中子中说》卷2《天地》。

⑩〔宋〕王安石：《明妃曲》，载〔宋〕王安石著，〔宋〕李壁笺注，高克勤点校：《王荆公诗集笺注》卷6。

⑪〔金〕赵秉文：《闲闲老人滏水文集》卷14《蜀汉正名论》。

⑫《金史》卷88《唐括安礼传》："猛安人与汉户，今皆一家，彼耕此种，皆是国人。"

⑬〔金〕王若虚：《滹南遗老集》卷26《君事实辨》。

⑭《元史》卷189《许谦传》。

⑮⑰⑲《元史》卷158《许衡传》。

⑯《元史》卷163《张德辉传》。

⑱〔元〕郝经：《立政议》，载《郝文忠公陵川文集》卷32，山西人民出版社，2006年。

⑳〔明〕王守仁：《大学问》，载《王文成公全书》卷26，商务印书馆，1937年。

㉑〔清〕雍正皇帝编纂，张万钧、薛予生编译：《大义觉迷录》卷2。

第三编　中华一体与北方民族政权

第一章　中国北方民族政权发展的层次

民族与民族政权都按照历史的进程有规律地发展，层次便是其分项、分步的有规律地发展所表现出的阶段的累成。它反映着事物由低级向高级逐步发展的过程。

民族的发展受社会发展不平衡的规律所制约，因此不是所有的北方民族都按照历史发展的层次走完了它前进的路程，有的较早地在历史上消逝，有的中途断绝，有的与中原汉族一起完整地发展和进步着。民族政权发展的层次，主要是指它同中原民族和政权不可分割的关系，并由此而产生不同的特点和相同趋势，以及统治地位的变化与不同。

一、秦朝以前的民族与民族政权

我国是个多民族国家，至少从夏朝开始民族与民族政权的发展就是有层次进行的，但由于当时还没有形成统一的多民族国家，民族与民族政权的发展与秦以后有其不同的特点。

周时，周天子是天下的共主，由诸夏国与非诸夏的夷狄构成中国与四海两个组成部分。诸夏分同姓国姬姓与异姓的甥舅国，如姜姓、任姓、子姓、妫姓等。由周王同姓的"支子母弟"与"异姓甥舅"国组成华夏的诸侯国，由蛮、戎、夷、狄组成诸蛮夷。

当时以周礼作为华夏与蛮夷划分的依据，行周礼的为诸夏，不行周礼的为蛮夷，奴隶主把不行周礼的蛮夷不当作人，视为"禽兽"。《左传》闵公元年："戎狄豺狼不可厌也；诸夏亲昵，不可弃也。"又襄公四年："戎，禽兽也。"《国语·周语》："狄，豺狼之德也。""夫戎狄冒没轻儳，贪而不让。其血气不治，若禽兽焉。"《左传》定公十年："裔不谋夏，夷不乱华。"裔，当边字讲，如《左传》哀公十七年："裔焉大国。"言边于大国。《淮南子·原道》："故虽游于江浔海裔。""裔夷"，即居于边地的夷。夏，指中国，故古称中国为中夏，意即中原的大国。《尚书·武成》"传"谓："冕服采章曰华，大国曰夏。"华，指有文化的中原民族；夷，指边境无文化的民族。裔、夏依地域不同而分别；华、夷依文化的发展不同而分别。"裔不谋夏，夷不乱华"，是为尊华贱夷而提出的。历史的发展事实证明，这个陈规无法产生实际的意义，而往往是裔谋夏，夷乱华的。

当时统治的指导思想是"尊周室，攘夷狄"，隔中外，为了达到隔中外所采取的方式是不同的。一般讲有三种方式：其一是最常见的方式，即以德抚之，使之安于四海之内，朝贡中原，不使之入中国；这就是处之于荒服的办法。其二是入中原或向中原侵犯，采取武力驱逐，以保华夏。如果诸夏国被攻，则出师救之，如齐桓公救邢、救卫便是其例。其三是以货易土，"予之货而获之土"，这也是驱逐夷狄离开本土的一种办法，不过这种办法比前两种更为毒辣。

各边境的民族向中原民族转化，以及边境的政权向中原政权转化，也是有层次发展的。第一步是入居中土，变边境民族为中国民族；第二步是从生产方式上转变，即变畜牧为农业，成为中原的编户；第三步是与诸夏通婚，改本姓为姬姓，由出身于夷狄改为出身于唐叔等，这样便与诸夏人融合了。

变边境政权为中国政权，首先是在地方建立地方政权，如秦、楚、吴、越，后来发展为与中原诸夏国争衡的政权，最后被认为是诸夏国之一，最根本的是变本俗为夏。如果在制度上与诸夏相同，虽然出自夷狄也被视为中国，如《谷梁传》称中山国为中国就是这个道理。

秦朝以前大约可分为前后两个时期，夏、商、西周为前期，春秋战国为后期。在夏、商、周时，还是不同的族称更替时期，为夏、为商、为周不定。到春秋时华的概念出现后，华夏成为诸夏总称，是汉族的前身。蛮夷与华夏成为划分民族的概念，华夏化是当时历史发展的趋势，民族间的调动、发展和交融更深刻了，为后来秦统一后的发展奠定了基础。

二、秦朝以后北方民族政权发展的四个层次

秦朝进入"天下一体"的统一的多民族国家，从秦朝开始北方民族所建政权的发展经过四个层次，即地方民族政权、中原民族封建割据政权、北朝和统一的全国政权。这四个发展层次与北方民族由地方的民族和政权以及其民族地位的提高密切联系着。但政权发展的层次与民族发展的层次是两回事，不能等同起来。民族发展的层次，即由原始群、氏族、胞族、部落、部族发展为统一的古代民族。部族是高于氏族部落的人们共同体，它的特点还是分散的，是由部落结合而成，被称为小民族，已具有地方的特征，出现在氏族社会的末期，亲近的部落联盟为朝着部族制度的发展迈出了第一步；而庞大的军事部落联盟为朝着统一的民族的发展迈出了第一

步。部族制度时期还没有消除氏族部落的组织形式，只有到统一的民族形成，氏族部落组织才从历史上消失。少数民族地方民族政权是随着统一的民族出现而出现的。地方民族政权，因为它不是脱离中原而出现的，出现在"天下一体"的统一的多民族国家的边境地区，为与中原政权相区别，称之为地方民族政权。

地方民族政权是由少数民族所建政权发展的第一个层次，但由于其情况不同其发展的大小与地位也不等同。地方民族政权有秽貊建立的夫余、高句丽国，有匈奴在北边建立的匈奴国，有靺鞨建立的渤海国。它们的共同特点是在当时王朝的边境，夫余在汉朝的郡县以外的边境地区。高句丽，兴起于汉代的郡县地区，变衣冠之域为蛮貊之乡，也就是说变郡县为边境。渤海，地处唐时的边境地区，但唐在东北各族地区设羁縻州，情况与夫余、高句丽又略有不同。地方民族政权的特质表现在：其一，建立政权的族是属于"天下一体"之中的边境民族，也就是说属于我国古代境内的民族；其二，地方民族政权皆在"天下一体"的边境地区；其三，隶属于中原王朝，其叛服是在"天下一体"内发生的，不是我国之外的民族。这三个条件是识别地方民族政权的标志，即使其政权发展再大，甚至同中原造成南北对峙的形势，也属于地方民族政权，匈奴与汉为南北，由于匈奴在北边的边境，因而仍然是地方民族政权。

中原的封建割据民族政权是地方民族政权高一层次的发展。中原封建割据政权的出现，是对传统的隔华夷的"裔不谋夏，夷不乱华"的否定，在当时曾引起重大的震动。中原民族政权的出现，有其历史发展的趋势和依据。

第一，自汉以来北方各族内徙，变边境的民族为中国的民族，这是各族对中原向心作用的结果。匈奴自呼韩邪统治时，南匈奴自愿服汉，汉朝割并州北界以安置匈奴人，"于是匈奴五千余部落入居朔方诸郡，与汉人杂处"。"其部落随所居郡县使宰牧之，与编户大同而不输贡赋"[①]。曹操分匈奴为五部，匈奴已渐次进入汾河。西晋时匈奴入居塞者凡199种，与"晋人杂居"②。

西汉武帝破匈奴，把乌桓南迁到上谷、渔阳、右北平、辽东五郡塞外。乌桓于东汉初入居塞内，曹操亲征乌桓，乌桓有余众万余落"悉徙居中国"③。随着乌桓入塞，鲜卑也随之南下，西晋时鲜卑已入居郡县。变边境民族为中国民族，是在中原建立民族封建割据政权的民族基础。

第二，变边境的畜牧业生产为中原的农业生产，变牧民为农民。匈奴入居郡县地区，特别是进入汾河，加速了其社会的变化，到三国时有不少变成汉族地主的田客。鲜卑人在建国前已从事农桑，如同上国。生产经营方式的转变，生产身份的转变，使入居中原各族人深深地扎根在中原，这是进入中原后能够沿着中原封建关系建立政权的内部的经济依据。

第三，进入中原的各族在由边境民族转化为中原民族之后，他们同汉族之分，已不再是中外之分，而是中原内部之分。他们不仅变牧民为农民，而且要摆脱文化落后的状态，不少出身于北方少数民族的人物，热心学习经典，成为中原文化的知识阶层。

在西晋灭亡前后，在北方兴起了民族建国的浪潮。这个浪潮的兴起对这些民族来说并不陌生，东汉末年他们参加过北方军阀的战争，参加过保护献帝自长安东归的活动；也曾以一个军阀的身份参加中原的封建割据与兼并的战争。在刘元海第一个在中原建立政权之前，他们就已有这方面的经历，因之在西晋亡后北方出现以北方民族为主的封建割据不是偶然的。

从4至5世纪，在中原的北中国建立民族政权的有匈奴、羯、鲜卑、氐、羌，也有汉人在北方建立的政权。兹列表于下：

族名	国名	建都	创建人	时间	亡于何国
匈奴	汉（后改前赵）	长安	刘渊、刘曜	304~329	后赵
	北凉	张掖	沮渠蒙逊	397~439	北魏
	夏	统万	赫连勃勃	407~431	吐谷浑
羯	后赵	襄国、邺	石勒	319~350	冉魏

族名	国名	建都	创建人	时间	亡于何国
鲜卑	前燕	邺	慕容庑	337~370	前秦
	后燕	中山	慕容垂	384~409	北燕
	西秦	勇圳	乞伏国仁	385~431	夏
	西燕	长子	慕容永	386~394	后燕
	南凉	乐都	秃发乌孤	397~414	西秦
	南燕	广固	慕容德	398~410	东晋
	北燕	和龙	冯跋（鲜卑化汉人）	409~436	北魏
氐	前秦	长安	苻洪	351~394	西秦
	后凉	姑臧	吕光	385~403	后秦
羌	后秦	长安	姚弋仲	384~417	东晋
汉	前凉	姑臧	张轨	345~376	前秦
	魏	邺	冉闵	350~352	前燕
	西凉	敦煌	李暠	400~420	北凉

　　中原封建割据政权的特点是已成为中原人的民族建立起来的，是以少数民族为主联合汉人等对晋的分裂割据，其与汉族内部割据是相似的。在中原出现封建割据政权，是北方民族第一次大规模地显示出其政治势力，引起社会民族意识方面的重大变化。主要表现在：其一，作为汉族的中国的观念受到严重冲击，入中原皆是中国人。其二，依据传统的观念少数民族是属外的族，不属于先王之后更不能嗣统先王之业。现在情况发生了变化，各族则均以先王之业为嗣。其三，华夷不同，其心则异。现在殊俗的民族与汉族有着相同的"志略"。其四，少数民族只能做大臣而不能做皇帝，"夷狄之有君，不如诸夏之亡也"④。现在不仅在边境称王，而且可在中原做皇帝，为"中州主"。其五，他们乱了只有汉人为华的旧观念，兴多民族在内的华。

　　在中原封建割据的民族政权出现后，他们接受了中原制度，也接受了统一的思想，欲统一北方。因此，在五胡十六国时期也同样在分裂中展示着走向统一的趋势。开始出现的是刘渊的汉，后来分裂，刘曜据长安改国号为赵（前赵），石勒据襄国称赵王（后赵），前赵被石勒合并，后赵几乎占领全部的北中国。

　　后赵被冉闵所灭，前燕攻灭冉闵的魏国，氐族苻健人据长安和关东，形成前燕与前秦的东西对立。前秦苻坚灭前燕、代及前凉，前秦已统一了北中国的全部，造成与东晋南北对立的局面。

　　前秦南下侵晋，败于淝水，旋自崩溃。今河北、山西及山东为慕容所据，西则为后秦所据，又出现后燕与后秦东西对立的局面。后来拓跋珪建立的魏强大起来，终于再统一北方。

　　统一是历史发展的趋势，这在北方各族封建割据中也是屡次被表现出来的。

　　南北朝是民族封建割据政权更高级的发展，是由北方割据走向统一的结果。标志着北方民族在中原的局部统治发展对半个中国的统治。北朝分前期北朝与后期北朝。前期北朝发生在"天下一体"之中，后期北朝发生在"中华一体"之中。北朝是由封建割据的民族政权向全国政权的过渡阶段。前期北朝是对封建割据民族政权的延续与统一，后期北朝是后来统一全国的孕育与发展。

　　全国统一的政权是北方民族政权发展的最高层次。在我国封建社会中有两种不同形式的统一，一是"天下一体"的统一的多民族国家，一是"中华一体"的统一的多民族国家。对北方民族来说，没有出现过"天下一体"的统一的多民族国家，如秦、汉、西晋的短暂统一以及隋、唐，都是由华夏——汉族所建立。我国的封建社会后期发生了巨大的变化，辽、金继前期北朝之后，发展为南朝的宗主，变北方各地区、各民族为统一的中国与中华，最后终于由北方民族的蒙古在灭亡金及南宋的基础上建立统一的中国与中华，并且在发展中北方民族代替汉族居于主要的地位。

元朝的统一是北方民族所建政权发展的最高形式，也是我国政权发展的最高形式。这点随着对元史研究的深入已被人们所意识到。但是由于没有把元朝的出现和北方民族政权史有机地联系起来考察，对元朝在我国历史上的地位与作用的研究还没有达到应有的高度。

元朝统一有哪些新开创？是个什么样的开创？把元朝作为北方民族所建政权以及我国政权发展的"中华一体"的统一开端，有何史实上的依据和实际的意义？我想把近年研究元史出现的一些值得重视的论点归纳起来，有助于我们对这些问题的认识。

第一，从元朝的行政区域的构成看，有异于辽以前的统一的多民族国家的结构。元朝结束原来南北分裂之后，扫除了各民族间和南北的疆界；元朝统一后，扫除了各政权间的防御，打破了民族政权间的隔绝状况，由分疆守土，变成一宇天下；元朝统一也结束了南北朝称伯称侄，用大量岁币以换取和平，以及在政治上的宗主与臣附的关系。总之，元朝的统一不仅结束了"天下一体"时分中外，也结束了后期的南北朝，变天下为州县，为内地。《金史·西夏传》："天下会于一，驿道往来，视为东西州矣。"《元史·地理志》："元有天下，薄海内外，人迹所及，皆置驿传，使驿往来，如行国中。"在《元史·外夷传》中，元对外的诏谕国书中皆自称是"中国"。随着国内为中国，把四海为家思想扩大到邻国，确定"亲仁善邻"的对外政策。而各国称元为"上国""天朝""大国"。这些也都是历朝对中原的称呼，其义即对中国的尊称。到明朝，不仅自己称中国，邻国也以中国称明。元朝是我国历史上统一的中国形成时期。

第二，元时各民族由边境民族转化为内地民族，也就是统一的中国民族。元朝于各地设行省，特别是变羁縻之州为统一的行省制，"皆赋役之，比于内地"。这就是变边境地区为内地（中国），变边境内的民族为中国的编户。消除中外，而且不分"此疆彼界"，全国已再没有"限隔"，各民族"仕于中朝，学于南夏"⑤。把汉族、回族、藏族、维吾尔族、契丹、女真、苗、瑶、黎、壮等族，都纳入统一的民族大家庭中，

"无阈域藩篱之间"⑥。

元朝即通过地域的统一，把各族纳入中国之中，有了各族的共同的中国疆域，而且在经济、文化上也形成了统一的联系。这种联系已不再是"天下一体"时的中外联系，而是消除中外的统一的联系。在我国历史上的各族自古以来就保持密切的经济联系，最初是通过边境与中原发生联系，互通有无的最通常的方式是朝贡、互市。中原王朝在少数民族地区建制以促进与中原的联系还不可能成为主要的方式，因而也不可能把边境的民族变为中国的民族。在匈奴的经济中出现了城市，主要是汉人，但主要是流入或被俘汉人建立起来的。在匈奴中出现城居和农业，是对匈奴经济面貌个别的改变。汉人向北方民族地区流入，对改变其经济起了一定作用，特别是北方的上层人物招徕汉人以开发其地所发生的作用更大。到元朝除中原与各族的经济联系之外，需要在各民族地区推行中原的制度，作为各地区、各族的普遍的经济联系。元朝在全国各地屯田，就是这方面的重大措施，屯田开发了边境地区的土地，也引进了先进的农业生产技术，把大批汉人等迁居到那里，促进了全国性的经济发展，加强了各族间的经济联系。经济上的联系加强，是各族统一在一个中国内的重要条件，然后再通过各族的努力，发展本地区的先进的经济，这种联系便世代地巩固了下来。

经济的联系促进了文化联系上的发展。在元代各族中涌现出的中国式的知识分子，他们在统一的道统下，对共同发展华夏文化起了重大作用。华夏文化成为各族所学和所掌握的文化，这些文人正如元好问所认为的同为中州人物，同为中华的一分子。共同文化的发展产生了共同中华民族的心理。

就以上两点说，元朝的变化是空前的，也是启后的，元朝空前地统一中国，打消此疆彼界，不分华夷，自视为中国，这是我国历史上"中华一体"的统一的多民族国家新的开始，彻底地宣告汉族所建的政权为中国，汉为中华的历史的结束。尽管明朝时又有辨正统的出现，但"华夷无间"同是"一家"已无法改变。

三、"南北朝"正义

南北朝是北方民族与中原民族的发展，在一定的历史阶段上出现的。南北朝有它特定的历史内容和含义，不能随便地使用。

在我国历史上讲南北朝是有历史条件和依据的。作为历史的条件，必须是建立在这样的前提之下，即在形成南北朝之前，其民族和土地必须是属于同一个统一的国家之内，是由原来统一的多民族国家中分裂为民族政权的割据兼并，然后北方统一与南朝对峙，形成南北两个王朝，南北朝最后又复归于统一，即两个王朝统一为一个王朝，不能统一于我国以外的王朝，其族、其地不能把不是本国的土地包括在内。这是南北朝出现的完整的历史前提，都是发生在自己的国家与自己国家的民族中。

南北两朝都是对中原王朝的继承与发展，都是出现在中原的土地上，是把整个中原分为南北。他们共同的特点是继承先王的土地、先王的人民和先王的制度。南朝中的主体民族是汉族，北朝中的主体民族也是汉族；南朝主要行汉制，北朝也主要行汉制，所以南北朝都是中原的王朝。所不同的北朝是由北方民族建立的，并为统治民族，南朝是由汉族建立的，并为统治民族。

南北朝在我国历史上分前南北朝与后南北朝，这是南北朝在自身的发展中出现的两个不同的层次，前后南北朝有明显的不同；其一，前南北朝发生在"天下一体"的时期，当时仍然是分中外的，后南北朝形成了两个不分中外的中国。其二，前南北朝的"天下一体"时期，还是"贵中华，贱夷狄"的思想占着主导地位，汉族在中原的统治仍是主要的，南北朝被汉族统一，统一后仍分中外，分华夷。后南北朝处于全国"中华一体"统一之前，"贵中华，贱夷狄"的思想遭到前所未有的批判，在中原统治的主要民族是北方民族，统一南北朝的不是汉族而是北方民族。其三，前南北朝，还没有出现南朝臣服于北朝的事，而后南北朝已发展为宗主与臣服的关系，即受贡国与朝贡国的关系。北朝的政治地位提高，南朝的政治地位相对下降。

在历史上分为南北政权或者是对峙的并不都是南北朝。下面举三个例子加以论证，对了解什么是南北朝，以及辽、金为什么是北朝，有实际的意义。

第一个例子，是匈奴与汉的南北对峙。匈奴在汉以北形成一个庞大的国家，以长城为界，长城以北为引弓之国，长城以南为冠带之国。两国曾通过和约的形式结为兄弟，而且承认是"一家两主"的关系。汉朝虽然与匈奴称兄弟，但实际上汉是向匈奴承担贡物的，是变相的贡纳国，汉对匈奴来说地位并不平等，是以忍辱结成和约的。

汉与匈奴的南北对峙，依据南北朝形成的历史条件则不是南北朝。这是因为匈奴仍在边境，它所统一的是中原以外北部边境的草原地区，所以它不曾入居中原，嗣统中原，不行汉制，其统治地区是匈奴的奴隶制，民族构成是以匈奴为主的各族的政治联合体。这样的南北对峙虽均属"天下一体"内的民族与政权，但不是南北朝。匈奴不是北中国的王朝，是中原以北边境地区的民族地方政权。

第二个例子，是前秦统一北方中国与东晋形成的南北对峙。前秦是氐族建立的中原封建割据政权，主体民族仍是汉人，包括其他各族人，是一个多民族的政权。前秦的氐族统治者学习经史，掌握了中原的先进文化，前秦行中原制度。《晋书》对前秦苻坚是称赞的："永固（苻坚字）雅量瑰姿，变夷从夏，叶鱼龙之谣咏，挺草付之休征，克翦奸回，篡承伪历，遵明王之德教，阐先圣之儒风，抚育黎元，尤勤庶政，王猛以宏材纬军国，苻融以懿戚赞经纶，权、薛以谅直进规漠，邓、张以忠勇恢威略，俊贤效足，杞梓呈才，文武兼施，德刑具举。乃平燕定蜀，擒代吞凉，跨三分之二，居九州之七，遐荒慕义，幽险宅心，因止马而献歌，托栖鸾以成颂，因以功俾曩烈，岂直化洽当年，虽五胡之盛，莫之比也。"苻坚在北方统治，出现了一个较好的政治局面。《晋书·苻坚载记》记载：他"劝课农桑"，打击豪强，"开山泽之利"，抚宁四夷，肃明法典，复魏、晋士籍。"自永嘉之乱，庠序无闻。及坚之僭，颇留心儒学。王猛整齐风俗，政理称举，学校渐兴，关、陇清宴，百姓丰乐。自长安至于诸州，皆夹路树槐柳，20里一亭，40里一驿，旅行者取给于途，工商贸贩于道。百姓歌之曰：'长安大街，夹树杨槐。下走朱轮，上有鸾栖。莫彦云集，诲我萌黎。'"苻坚立志统一全国，"方将混六合以一家，同有形于赤子"。"一轨九州，同风天下"[⑦]。这种不分中外、不分华夷，天下一轨、同风的想法是可贵的。

苻坚统一北方，与东晋构成了南北对峙的局面，他有资格与东晋为南北朝，或统一东晋，但淝水一战，不仅结束了他统一的愿望，也断送了与东晋为南北朝的对峙形势，所以不能称为南北朝。

第三个例子，是唐朝的渤海政权与朝鲜历史上的新罗政权，是不同于以上两种情况的南北。其为南北的条件，与历史上为南北朝的条件绝远。

渤海是唐朝属下的一个地方民族政权。唐对渤海的统辖关系可以分上、中、下三个层次来讲。唐中央是渤海的最上层的领导机关，最高的决策由唐中央来制定，封号也是中央所颁赐。唐对渤海领导的中级层次是地方的河北道的平卢节度使。当时平卢节度使管奚、契丹两蕃及饶乐、松漠、黑水、渤海四府。所以平卢节度使是管理渤海的地方最高机构。最下的层次即渤海自身。渤海为当时唐朝的地方民族政权，先封郡王，后封国王，但不管封号有何变化都是唐的地方都督府，这点是不变的，通过唐的最下层都督直接管理渤海。渤海行唐制，是在少数民族地区较早出现的"中国型"的地方民族政权。正因为如此，温庭筠诗云："车书本一家。"渤海、唐是一家的关系，而且在制度上都行汉制。这样自上而下的完整的隶属关系，把渤海与唐结合在一个"天下一体"的统一的多民族国家中。

渤海实行的是唐都督刺史与本族的首领制的双重制度。日本史书《类聚国史》："其国延袤二千里，无州县馆驿，处处有村里，皆靺鞨部落。其百姓者靺鞨多，土人少；皆以土人为村长，大村曰都督，次曰刺史，其下百姓皆曰首领。"这条史料没有涉及渤海的统治者的族属问题，而是写渤海的社会制度问题。其制度的特点是建立在村里的基础之上，一方面是接受唐制置都督、刺史，大者为都督，次者为刺史，同时还保留本族的首领制度。渤海为适应这种制度把百姓分为两部分人：一是原来的靺鞨百姓，为首领，保有本族制度的靺鞨人；一是土人，土人是渤海新形成的渤海人，任他们为都督、刺史。土人的土，结合渤海制度，疑是"士"字之误。即有官品的百姓，首领是一般无官的地方豪族。士人即国人中有官品的，渤海施行的是世族制入仕者方为世族，士人就是指这些人。

新罗是臣服于唐的国外蕃服，根据南北朝形成的历史前提看，渤海与新罗不存在原来为统一的一国的关系，不是从统一中分裂出不同民族政权的割据，渤海在北方把原来分裂的政权再统一为北朝。渤海统一的是我国东北隅的靺鞨，而占原高句丽的北部地区，高句丽与新罗也无统一为一国的关系。渤海建国的都城在原来的靺鞨地区，新罗在唐玄宗时北界到大同江及龙兴江，这里是当时新罗的北边界，渤海也不曾南下入与新罗同为内地的地区分为南北朝，也不曾是渤海、新罗同继承一个原有的中原制度，构不成新罗与渤海为一个国家内的南北朝的关系。

在金富轼的《三国史记》中出现对渤海的称谓，即"北国""狄国""北朝"。这实际上都不是新罗自身的称谓，而是唐对渤海的称谓。靺鞨本属东北夷，唐则划入北狄中，所谓北国、狄国就是北狄国的省称。北朝不过是北国的异词。渤海从不称新罗为南朝，也不称为南国，在渤海人中没有这个概念。因此，作为唐朝的地方民族政权的渤海，是不与作为唐朝国外蕃服的新罗为南北朝的。

作为辽、金的后北朝，由于历史情况的变化，与前北朝微有不同，但基本条件与内容不变。辽朝占领了汉人的燕云地区，其立都在契丹兴起的潢水；金朝先后灭辽及北宋，其初都城在女真兴起的按出虎水，皆非前朝的旧都。但辽、金发展有个时代性的变化，即"辽、金崛起，遂为内地"⑧。辽、金已不再是"天下一体"分中外时的内地含义，而是变边境与中原同为内地。前北朝的拓跋族，称是黄帝子昌意少子的后裔，与华夏族同源，北周宇文氏谓其先出自炎帝神农氏，是炎帝子孙的后裔。后期契丹仍保留前期的遗痕称契丹是炎帝之后，或轩辕之后，盖受北周的影响。而后来的史书竟直书其为匈奴的后裔。金代女真人无此牵强附会的痕迹。前北朝是北方民族政权初兴之时，以自己的族附合古先帝先王是一种风尚。后北朝，已在政治上取得南北的优势，已把自己看成与中华无异，汉是中华，契丹、女真也自认为是中华，有相同文化的均是中华，因而后期北朝不再分华夷，夷也被看成是中华。后期的特点两朝互相承认是一家两国。因此，辽、金与宋是后期新的情况下出现的南北朝。前南北朝的发展为隋、唐"天下一体"的统一的多民族国家再建打下了基础，后南北朝为元朝形成统一的中国、统一的中华打下了基础。后北朝不是前北朝的简单重复，而是前北朝更高一级的发展。

四、发展层次与民族史观

北方民族所建政权发展的四个层次，是有步骤地逐级发展的过程，在每一个发展过程中都会引起民族关系、民族意识的变化，以及对当时民族问题的看法。

从北方民族所建政权发展的四个层次看，对历史上传统的"尊华贱夷"的思想都有不同程度的突破，朝着统一的"中华一体"的包括各族在内的中华民族发展。这种发展和变化，在"前天下一体""天下一体""前中华一体""中华一体"的发展不同时期不可能是相同的。"前天下一体"时民族与民族政权也是有层次发展的，同样地引起民族关系、民族意识变化及对民族问题的看法。从总的发展趋势上看，当时还不可能产生包括各民族在内的中华民族思想，中华主要是指中原华夏族。西周时的诸夏包括姬姓以外的姜姓、子姓等为诸夏国，诸夏之外为夷狄。此后又不断与吴、楚、越、秦等融合，当时的趋势，只能由夷狄发展为中原的华夏，发展为华夏以后，就消失了本族的特征。在当时不少族融合于华夏为华夏族，民族的主要分界是中国的华夏族和四海的夷狄。在中国内不允许非华夏的族建立本族的政权。就民族的整体看，其发展最终是以华夏为中国包括四海的夷狄在内的"天下一体"的统一的多民族国家，形成不了统一的中国。

秦朝在建立"天下一体"的统一的多民族国家之后，在"天下一体"内部，少数民族先后建立地方民族政权、中原封建割据民族政权和北朝政权。在"天下一体"时，随着民族政权三个层次的发展，与之相适应的在民族关系、民族意识以及对民族问题的看法上发生了变化，但是从发展的总趋势上看依然形成不了统一的中国与统一的中华。这是"天下一体"时的一个重要特点。

第一，夷狄之有君。这是与地方民族政权的出现相适应的。作为华夏诸政权以外的蛮夷政权的出现不是从秦以后开始，但在"天下一体"时在地方出现民族政权，则是民族政权发展中的第一个层次。"天下一体"的国家是"尊华贱夷"的，过去的"夷狄之有君，不如诸夏之亡也"，是当时民族史观的重要内容之一。匈奴、夫余、高句丽地方民族政权的相继出现，是对这种传统史观的批判。表示夷狄也可有自己的国家，有自己的君主。中原汉族统治者对地方民族政权的出现，采取传统的臣服纳贡的方式把他们统一在边境地区。仍然用隔中外、分夷狄的传统方式把他们拒之中国（中原）之外，坚持"裔不谋夏，夷不乱华"的陈旧观点。这个时期地方民族政权也还没有产生自己的民族思想和理论。

第二，是"夷狄乱华"。这是与中原封建割据政权出现相适应的，少数民族已不安于做边境的民族和政权，要做中原的民族与政权。由边境民族变中国民族，由边境政权变中国政权，这是少数民族及其所建立的政权的向心力所引起的作用，这样大的变化发生在五胡十六国时期，是一次重大的对"裔不谋夏，夷不乱华"的传统统治思想的冲破。当时对旧的传统的民族观的冲击是多方面的：

其一，冲破了旧的民族地域观，打破中外的隔绝状态，重新组织民族的布局。少数民族入中原，成为中原的民族，中原汉族入边境，成为边境的民族，以中外隔华夷的鸿沟被民族内外迁徙冲破了。

其二，冲破了旧的汉族对少数民族的统治意识。少数民族已提出"天下同风"，主张华对夷不能因习俗不同而生戒心，夷狄也是先帝先王的后裔。

其三，冲破了"尊华贱夷"的思想，夷狄不能嗣中原帝位的思想。提出由少数民族继承先王的事业，少数民族也可做中原的皇帝。

其四，冲破了少数民族只能永为荒服、"禽兽"，只有以德教化的思想。少数民族入中原行汉制，学习中原经典，从夏变夷，便是对这种观念的纠正。

其五，冲破了只有诸夏统一全国的思想，提出要由少数民族统一，建立一个统一的"天下同风"的国家。

第三，是华夷南北分治。这是与前北朝政权的出现相适应的。前北朝基本上是继承五胡十六国时的民族思想，没有再前进一步，新的突破不大。

"天下一体"时民族意识的变化还没有对"天下一体"的统一的多民族国家有新的突破。相反地当成为中原的民族和政权后，仍以此作为继承和发展的模式，仍视未入中原的民族为夷狄，分中外（即中国与四海）。

北方民族政权的出现和发展，民族关系与民族意识的变化，不仅使当时中原汉族发生分化和变化，还直接影响民族史观的变化。隋朝王通的民族思想和史观就出现在五胡十六国与北朝之后，对民族问题做了重新认识。

　　王通被称为隋之"大儒"，其门人有薛收、李靖、魏徵、李勣、杜如晦、房玄龄。王通的历史观是进化的、发展的，即使在战乱中他也能看到历史的进步。王通的历史观是多民族的中国的历史观，他把天德观的德更加强调，反对天人感应史观，德对于华夷是不分的，有德者皆可得帝号。《文中子中说·王道》："子述《元经》皇始（北魏道武帝年号）之事，叹焉。门人未达。叔恬曰：'夫子之叹，盖叹命矣。《书》云：天命不于常，惟归乃有德，戎狄之德，黎民怀之。三才其舍诸？'子闻之，曰：'凝，尔知命哉！'"这就是说，汉人或少数民族有德者皆可为君主，就是天、地、人（三才）也不能舍弃戎夷。"天命归有德"的历史观点是就多民族而言的，这在民族史观的变化上是空前的。

　　北朝与南朝究竟谁为正、为中，主要看德在谁处。《文中子中说·问易》："子曰：《元经》其正名乎？皇始之帝，征天以授之也。晋、宋之王近于正体，于是乎未忘中国，穆公（其四世祖晋阳穆公王虬）之志也。齐、梁、陈之德，斥之于四夷也，以明中国之有代，太和之力也。"由王通的天德史观，产生了其封建的民族平等思想。

　　王通的民族史观也建立在"至公"与"至私"上，"至公"者为有德，"至私"者为无德，民族对于晋王朝，是逆是正，要依此而划分。《文中子中说·周公》："或曰：'苻秦逆。'子曰：'晋制命者之罪也，苻秦何逆？昔周制至公之命，故齐桓、管仲不得而背也；晋制至私之命，故齐桓、管仲不得而背也；晋制至私之命，故苻秦、王猛不得而事也。其应天顺命，安国济民乎？是以武王不敢逆天命背人而事纣，齐桓公不敢逆天命背人而黜周，故曰晋之罪也。苻秦何逆？30余年，中国士民东西南北自远而至，猛之力也。'"王通的民族史观，由汉族为中国，为正统的史观转移到各民族入中原为中国、为正统的史观上来，是五胡十六国以来民族关系、民族意识变化的结果。

　　王通的民族史观中的民族平等思想直接影响于后来，唐是由"天下一体"向"前中华一体"发展的承前启后时期。辽、金为南北朝的后期，而元及其以后为"中华一体"的中国与中华时期。我国内的民族关系、民族意识以及民族史观的发展趋势，是朝着统一的中国与中华发展，对过去"天下一体"又有新的突破。辽朝是后北朝的开始，辽朝以后的民族史观的重大发展；是统一的中国、统一的中华的新史观的发展。

辽以后民族史观的发展紧紧围绕着统一的中国、统一的中华而展开，是与辽朝以后走上统一的中国、统一的中华分不开的。主要表现在以下诸方面：

第一，反对在民族上贵彼贱我，主张番汉平等，特别是对北方民族所建政权的地位乱加贬訾，表示不满。辽与宋为兄弟之邦，辽为宗主，而欧阳修撰《新五代史》时列辽为"四夷附录"，刘辉奏请道宗附赵氏于国史书中说："宋欧阳修编《五代史》，附我朝于四夷，妄加贬訾。且宋人赖我朝宽大，许通和好，得尽兄弟之礼。今反令臣下妄意作史，恬不经意。臣请以赵氏初起事迹，详附国史。"⑨金海陵："一日，读《晋书》至《苻坚传》，废卷失声而叹曰：'雄伟如此，秉史笔者不以正统帝纪归之，而以列传第之，悲夫。'又一日与翰林承旨完颜宗秀、左参知政事蔡松年语：'朕每读鲁语至于夷狄虽有君不如诸夏之亡也。朕窃恶之，岂非渠以南北之区分，同类之比周，而贵彼贱我也。'二子皆唯唯而对。"⑩

第二，辽、金在民族关系上的最大变化是各族的统一，不仅本国的华夷为一家，南北两朝也为一家。辽把契丹、汉人看作是一家，金把女真人、渤海人、汉人等也看作是一家，都是"国人"。辽与宋、金与宋也互相视为一家内的两个王朝的关系。过去是"天下一体"中分华夷、分中外，现在则是一家中分民族，不分华夷皆是国人，不分中外同是中国，同是中华。从历史上消除了华夷不同域的状态，全国不分地区、不分民族都为中国，都是编户。

第三，从王通时起就提出了王道、仁政，以儒为主的"三教合一"的思想，提出"至公，然后以天下为心矣"⑪。有公天下之心的，虽夷狄亦可为正统。金朝赵秉文把这种思想更进一步发展，他认为有公天下之心者皆可称汉。这样汉的含义不仅是汉，也包括各族建立的政权在内，女真族也成为汉。

第四，由于不分中外，不分华夷，皆是中国，因而不分地区、不分民族出身皆是中州人物。元好问编《中州集》首录"圣制"显宗、章宗诗各一首，以示金朝之所统。此外录不同地区、不同族出身的诗人的诗，特别是留金宋人的诗，统名之为中州人物，充分体现了元好问的"中华一体"的多民族的中国与中华的史观。元好问在道统、文脉上打破了南北中外的界限，"视九州四海之人物，犹吾同国之人"[12]。

第五，以公天下之心的公理作为历史的立论依据，是金代民族史观理论的特点之一。王若虚提出天下不是一个人的天下，当时分裂为南北是合理的。他认为统一不必由宋，对各族来说都是有份的。他批评欧阳修："欧公一代正人，而曲媚本朝，妄饰主阙，在臣子之义，虽未为过，而史书垂世之言，安可不出于大公至正耶。"他赞同对传统"正闰观"的批评，他说："正闰之说，吾从司马公。"[13]

第六，从辽开始把正统之争提到历史的日程上来，成为辽、金、元这一时期修史书中的一个重大问题，也反映了这一时期民族史观的深刻变化。问题的关键在于辽、金、元是不是正统的问题。金章宗、宣宗时专门召开了学术讨论，这个时期不少人围绕正统发表文章，展开了争鸣。正统主要是对道统的嗣承。从传统的观念出发则以宋为正统，辽、金不是正统。元修辽、宋、金三史时，决定"各与正统"。辽、金成为历史上合法的王朝。

北方民族发展的层次，是由"天下一体"的统一的多民族国家走向"中华一体"的统一的多民族国家的过程，对民族历史的看法也随着发生变化和更新，传统的民族史观，终于被统一的中国和中华史观所代替。

从北方民族所建政权发展的层次了解其演变的过程，是了解各族走上统一的中华民族和统一的多民族中国的关键。

注：

① ②《晋书》卷97《匈奴传》。

③《后汉书》卷90《乌桓传》。

④ 杨伯峻译注：《论语译注》卷2《八佾》。

⑤〔元〕王礼：《麟原文集》（前集）卷6《义冢记》，四库全书本。

⑥〔元〕虞集：《道园学古录》卷8《可庭记》。

⑦《晋书》卷113《苻坚载记上》。

⑧〔元〕许有壬：《至正集》卷36《先施堂记》。

⑨《辽史》卷104《刘辉传》，中华书局，1974年。

⑩〔宋〕徐梦莘：《三朝北盟会编》卷242《炎兴下帙一百四十二》，绍兴三十一年十一月二十八日丙申条，引张棣《正隆事迹记》，上海古籍出版社，2008年。

⑪〔隋〕王通：《文中子中说》卷8《魏相》。

⑫〔元〕家铉翁：《题中州诗集后》，载〔元〕苏天爵编：《元文类》卷38。

⑬〔金〕王若虚：《滹南遗老集》卷26《君事实辨下》、卷30《议论辨惑》。

第二章 中国北方民族政权类型的划分

中国北方民族政权类型的划分，是由各民族政权的属性及其与主体民族的不可分割的关系决定的。北方民族政权，都属于"天下一体"之中的中国（中原）与边境（四周少数民族地区）的民族政权。民族政权虽然可以从不同的角度和内容划分出不同的类型来，但是最主要的还是中国与边境之分，社会形态发展不同之分，而社会形态类型的划分又无不与中国与边境有关。类型寓于我国的社会整体之中，整体由诸种类型来体现，这就是研究北方民族政权及其类型的辩证关系。只有这样认识，才能从整体上把握北方各民族政权的关系，并进而阐明这些政权发展的层次及其特点。

一、从统一的多民族封建国家的区域构成看民族政权的类型

我国统一的多民族封建国家，是由中国与边境组成的。属于中国与边境的民族，互相来往，互相调动，不可分割。早在秦朝建立统一的多民

族封建国家以前，就有好多边境的部族进入中国。《后汉书·东夷传》："武乙衰敝，东夷浸盛，遂分迁淮、岱，渐居中土。"周幽王之时，"西戎、东夷交侵中国"①。春秋之世，伊洛九州皆有戎人居住。"戎有中国"，即戎人入居中国（中原）之地。《国语·郑语》记载，史伯在述周初雒阳、成周四方的小国和部落时，有诸夏之国，有蛮夷之部落。他们都居于黄河南北，当时就已不是内诸夏、外夷狄，而是夷、夏杂居，犬牙相间。在华夏国中有夷狄，在夷狄国中有华夏。就入居中国（中原）的民族而言，有几种情况，其中有的仍保持其本族的习俗，如卫国与狄人订盟，刘炫《疏》云："春秋时，戎狄错居中国，此狄无国都处所，俗逐水草，无城郭宫室，故云就庐帐盟。"有的则已改易归俗，有城郭之制，如鼓人有城、聚落和郭门；中山国有君主、诸卿、大夫、士，有百官，皆与诸夏无异。《谷梁传》称中山国为"中国"。

可见中国并非独指诸夏，而那些入居中国，其文物制度与中原无异者，均为中国。正因为如此，北方民族及其所建立的政权就有中国与边境之分。其未入居中国的民族，亦有文化发展程度的不同。扬雄在《法言》中将当时分为三种情况：一是中原礼乐之邦（大礼乐）；二是貉，即居于中原与远夷之间，受中原影响较深的民族（小礼乐）；三是远夷，无礼乐者。在秦统一以前，还没有出现边境的民族政权，所谓国则不过是部落、部族。到秦统一后，不仅有中国的北方民族政权，也有边境的民族政权，构成统一的多民族的"天下一体"。

（一）"边境"的民族政权类型

秦朝开始建立以华夏统治为主的统一的多民族的"天下一体"封建国家。此后，不仅使许多边境的民族和地区纳入中国，而且在边境地区又涌现出新类型的民族政权。

边境的民族政权，就经济文化划分，主要有两种类型：

一种是北方草原的游牧型。属于此种类型的如秦、汉时期的匈奴，北朝的柔然和隋、唐时期的突厥汗国。匈奴初与汉朝南北分治，约为兄弟，是一个"天下一体"中的"二主"，是"一家"中的"两国"。"先帝制：长城以北，引弓之国，受令单于，长城以内，冠带之室，朕亦制之"。"使两国之民若一家子"。②南匈奴呼韩邪单于归服汉朝，则相约："自今以来，汉与匈奴合为一家，世世毋得相诈相攻，有窃盗者，相报，行其诛，偿其物。有寇，发兵相助。③"匈奴已由边境民族向中国内地的民族转化。晋时匈奴分东、西，已是"中国"的编户。

柔然立国于原匈奴草原之地，但也有一部分居于中国内地。北魏不把柔然内徙，主要是鉴于汉、晋处置匈奴的经验教训，柔然被分为东、西两部，阿那瑰主东，婆罗门主西。这就是在柔然中实行的"一国二主"的政策，使之互相牵制。

隋、唐时突厥，有一部分入居中原，其在北者，分为东、西突厥，一方面保其旧俗，另一方面行羁縻州制，设都督、刺史。唐制的特点，是把"天下一体"分为中原的府州与少数民族聚居的边境地区的府州。羁縻州是由部族的臣服向中原的府州制发展的一种过渡形式。

匈奴、柔然、突厥等汗国，建立在"天下一体"的边境地区，其经济以游牧为主，属于游牧类型的国家。

另一种是东北地区的农业型。属于此类型的政权有夫余、高句丽和渤海。夫余政权建立在玄菟郡以北今呼嫩平原地区，其地一直属郡县以外的边境。高句丽政权建立在辽东塞外今鸭绿江、浑江地区，汉武帝时属郡县，后玄菟郡内徙属郡县之外。高句丽后占有乐浪、辽东、玄菟等郡县地后，又成为汉以来郡县内的政权。夫余、高句丽均是以城为特点的农业政权。

渤海政权建立在东北的靺鞨地区，属边境之地。渤海也是以农业为主的政权。

夫余没有由以农业经济为主的奴隶社会发展为以农业经济为主的封建社会，高句丽与渤海都经由以农业经济为主的奴隶社会改革为以农业经济为主的封建社会。从封建社会的经济、政治、文化的结构看，高句丽虽然在好多方面同于中国，但保留本族的特点较重。渤海学习中原制度较为彻底，照搬唐制，"习识古今制度"④，与唐"车书本一家"⑤。实际上是在边境地区建立"中国"式的地方民族政权。

（二）"中国"的民族政权类型

中国的民族政权，是指建立在"天下一体"之内的中原地区的北方民族政权。随着北方兄弟民族入居中原为编户，北中国的民族和民族的运动类型也就更加复杂化。其中有的是反抗中原汉族王朝的剥削与压迫而进行的斗争；有的是北方民族上层分子与中原汉族统治者争夺领导权和统治地位的斗争；有的是汉族人民反抗北方民族政权而进行的斗争；有的是各族联合的起义斗争。在斗争中，北方民族的上层统治者纷纷建立民族政权，这些政权都属"中国"境内的政权。

北方民族在中国境内所建立的政权，是由低级向高级推进的，因而政权的形式也就随着时间的推移表现出按层次发展的多种类型来。

研究秦统一以后北方民族政权史，五胡十六国是个值得重视的时代。从此以后，在中原相继出现按层次发展的三种类型的政权。首先是五胡十六国在中原开创的封建割据式的政权，这些政权的建立从历史上看有特殊的意义。它是秦统一以后，第一次开创少数民族在中国境内建立封建割据政权的时期，打破了秦以后只有汉族在中国建立政权和割据的局面，从此中原政权不仅在汉族内部更替，也在民族间更替，这些政权为后来北朝式的政权建立奠定了基础。前秦统一北方的大部，继承了汉、魏、晋的制度，并有新的开创，它直接影响后魏制度的形成。

其次是北朝式的中国民族政权类型。北朝有一定的历史含义，是在统一的多民族封建国家的中国境内，由民族政权割据走向统一的过程中出现的。建立北朝的民族最初在边境地区，也必须是取代北方的前一王朝之后方为北朝的。北朝是由北方民族建立的，是在"天下一体"之中的中国分为南北两朝，是"一家两国"，情如鲁、卫的兄弟关系⑥。北朝是作为中原王朝的正统继承者而出现的，使"中国之道不坠"，"以明中国之有代"⑦。北朝对北方郡县以外的边境民族起着维系的作用，并把他们纳入一体之中。北朝是在北方中国民族割据之后出现的统一，它是比民族割据政权更高一级的形式。匈奴与汉初分南北，但不是南北朝；而历史上两个不同的国度（指今中国与邻国）的政权虽然方位一南一北，并有一定来往关系，亦非南北朝。

最后的一种形式是"中华一体"的统一全国的王朝。由南北朝发展为统一是历史的必然趋势，在隋、唐以前出现的南北朝，最后由汉族的王朝统一，是秦、汉以来统一的多民族封建国家的再建和空前发展；而蒙古族统一金和南宋，开创了北方民族在中原建立统一的多民族封建国家的先例，出现了北方民族在中原建立政权的最高形式。

如上所述，中原北方的民族政权的建立与发展，反映了北方民族统治地位变化的过程。

在中国境内出现的民族割据政权、北朝和"中华一体"的统一王朝，其特点都是以汉人为主体，以中原制度为核心而建立和发展起来的。其经济主要是中原农业经济，其文化主要是中原文化传统的继承和发展，其民族是中原的民族，其政权是中原的政权。所有这些并不因居于统治地位的民族不同而有所改易，而只是保留有多民族的共同进取和共同发展中原文化制度的特点。由哪一个民族作为全国的居于统治地位的民族，是经由历史选择的，此诚如朱元璋所申明的"昔胡、汉一家，胡君主宰"，"迩来胡、汉一家，大明主宰"⑧。

边境与中国，是在"天下一体"和"中华一体"中形成的两种类型的区域。在"天下一体"时是作为民族和习俗不同的地域而存在，分中外；而在"中华一体"时已不分中外，同是中国、中华，就是分中外时也是民族和政权交错的。我国著名民族史大家马长寿先生，对此曾有精深论断，他说："五胡十六国时期以匈奴贵族为首所建的前赵、夏、北凉以及以羯胡石氏为首所建的后赵，都是在中国境内所建立的临时封建政权。虽然统治阶级的上层是匈奴和羯胡，但国内人民仍然是多部族、多部落的，其中占绝对多数的仍然是广大的汉族人民。"⑨马先生观察问题的局限性，即还没有将中国、边境作为"天下一体"的整体进行考察。中国境内的多民族、多政权，与"天下一体"的多民族、多政权是不可分割的整体。中国和边境是"天下一体"中的中国和边境，中外也是"天下一体"中的中外，中外仍然是"一家"。

二、三种不同样式的奴隶制类型

北方各族社会发展不平衡，受中原影响的程度也不相同。一般地讲，他们都曾经过氏族社会的历史阶段，有的没有跨出氏族制的门槛，有的由氏族制进入阶级社会，而进入阶级社会的情况也不尽相同。有的族只经过奴隶制而未发展到封建制就退出了历史舞台；有的未经过奴隶制而直接跃进为封建制；有的则完整地经过奴隶制和封建制。我国北方民族的奴隶制不外有以下三种形式，而这三种形式都有着奴隶制所必备的基本特质与条件，同时又有不同的特点。

（一）夫余、高句丽的种族奴隶制

夫余、高句丽出自秽貊语族，其受中原历史的影响较深，就其类型看与殷、周奴隶制很相似。这种奴隶制的社会构成是以农业作为社会的主要生产部门，其特点是：

第一，《三国志·魏志·夫余传》："邑落有豪民，名下户皆为奴仆。诸加别主出四道，大者主数千家，小者数百家。""别主出四道"，即以诸加四出主道，道犹言地域，其制盖如殷制在中土之外分东、西、南、北"四土"，国君主中道，诸加别主四道。其社会基本组织是邑落公社。《三国志·魏志·高句丽传》："本有五族，有涓（一作消）奴部、绝奴部、顺奴部、灌奴部、桂娄部。"桂娄部是高句丽的内部，亦称黄部；绝奴部一名北部，又名后部；顺奴部一名东部，亦名左部；灌奴部一名南部，亦名前部；涓奴部一名西部，当然即是右部。此五族、五部之制亦与殷之五土制相似。

第二，夫余、高句丽的奴隶社会阶级结构，由国君、诸加、国人和下户组成。国君是全国的最高统治者，诸加是贵族大臣，国人是本族的自由民，下户即奴隶。夫余以六畜名官，有马加、牛加、猪加、狗加，诸加的"加"亦写作"家"。此制似亦与殷制有渊源关系，甲骨文中有"牛家""告牛家"。契丹族的"头下"，金时作"头段"，下、家皆可读为遐之上声或去声，可知下、段均是家（加）的谐音。其制源于氏族社会人、畜聚居的"家"，因之古之家字从豕、从犬、从人不定，后来为人所居之家，又演变为贵族官名。下户实是诸加的家户（奴隶）。

第三，夫余、高句丽分其国为国人与下户，也就是国与野之分。城邑为国人所居，野为下户所居。《三国志·魏志·高句丽传》："其国中大家不佃作，坐食者万余口，下户远担米粮、鱼、盐供给之。其民喜歌舞，国中邑落暮夜男女群聚，相就歌戏。无大仓库，家家自有仓，名之为桴京。"大家即高句丽的奴隶主贵族，他们居于国中不从事生产，专靠"坐食"（剥削）为生。国中邑落民，即高句丽本族的自由民，"家家自有小仓"，自食其力，这些被称为民的，当是与奴隶主贵族大家有别的小家。距离国中邑落远者的下户，即野中的奴隶，他们很可能是被征服后集体转为奴隶的，因而这种奴隶制保有种族统治的特点，对原有的部落制的改变很有限，基本上把氏族社会的邑落公社保留下来，其性质应与殷、周时的邑相近似。

第四，夫余、高句丽的奴隶制是建立在城邦的基础之上的，也就是城市与农村的分离，由城市支配农村。这样奴隶制是在将血缘的部落改变为地缘的部落基础上实现的，土地国有，没有私人所有制。由于邑落组织形式的保留，奴隶是以家计的集体被征服者，因而氏族制的残余相当严重，它不同于以部落为特点的游牧经济的奴隶制，也不同于家族奴隶制。

（二）匈奴等以游牧经济为特点的部落奴隶制

属于此种类型的奴隶制有匈奴等。游牧的部落奴隶制建立在"天下一体"的北方"边境"的草原地区，在政治区域的划分上往往分为两部分。如匈奴分为左右，可汗所居为中，另有左右贤王、左右谷蠡王、左右大将军、左右大都尉。其制是同姓主兵封于外疆，异姓主政居于庭内，这是东方国家宗法制社会安排的政治机构的一个特点。匈奴的部落奴隶制国家，一方面把被征服的一部分人置于中心地区为奴隶，另一方面把被征服的各地的部落集体降为奴隶，而附属的部落又有远近不同，乃至旧有的经济和社会形态的差异。一种是被征服后由其直接役属的，如乌桓"岁输牛马羊皮，过时不具，辄没其妻子"[⑩]。一种是较远的臣服的民族，采取纳贡赋的形式，如对西域设"僮仆都尉""赋税诸国"，或"遣责诸国，备其逋租，高其价直，严以期会"[⑪]。乌桓等成为匈奴国家官有的部落奴隶，而西域的城郭人民是被征服的封建小国的农牧民，采取役使的办法进行剥削，这是在基本上不改变被征服者的原有的生产方式基础上形成的一种奴隶制国家。

游牧的部落奴隶制，有不同于其他类型的奴隶制的特点：

第一，匈奴是以游牧经济为主的民族，由匈奴所建立的国家，游牧在其社会生活中占主要地位。它是以部落、帐落的旧有形式按地域组成的政权，与以城邑为主的奴隶制不同。

第二，匈奴的游牧部落奴隶制，也是多制的。当时中原汉人"北走胡，南走越"[②]是不可遏止的现象，一些人士北亡入匈奴，在草原中建筑城郭。卫律为匈奴单于献计："穿井、筑城、治楼以藏谷，与秦人守之。"⑬秦人即亡入匈奴的中原北部的人民，主要是华夏人——汉人。此外还有被征服的西域诸封建城邦国。但城郭在匈奴是作附属物存在的，没有成为经济的主体。

第三，游牧的部落奴隶制，存在于"天下一体"中的不同的社会经济分工的地域中，属于"边境"奴隶制类型之一。

（三）以村寨组织为特点、以农业为主的家族奴隶制

家族奴隶制是直接由氏族社会末期的家长奴隶制发展演变而来的，它冲破了旧的部落组织形式，也冲破了邑落的组织形式，出现了新的以地域为特点的地方行政组织和村寨组织。家族奴隶制不像种族奴隶制那样分国与野，征服者的邑落和被征服者的邑落，也不像部落奴隶制那样成部落地把被征服者降为奴隶，而是把被俘掠的奴隶内徙组织在家族中进行生产。属于这种奴隶制类型的有金朝和后金女真所建立的政权。

家族奴隶制作为一种特定的奴隶制存在，有它自己的特点：

第一，家族奴隶制是在统一本民族过程中产生和发展起来的。家族奴隶制不仅需要有一般奴隶制产生的条件，它同时还必须与这样几个条件联系起来才能确定：需将在氏族社会末期的军事组织改革为地方的行政组织系统；需要地方的组织与以地域为特点的、以家族为经济单位的村寨组织结合为基层的组织；需要以奴隶为家族的成员的家长式奴隶制作为基础。当这种奴隶制进入比它更为先进的封建地区后，它无力将被征服者集体地变为奴隶，只能将俘掠来的人口作为家族奴隶的补充，本族的制度与被征服地区的先进制度并存。

第二，家族奴隶制的土地所有权归国家，家族内包括本家族的正口和奴婢口，统称之为"家人"，因之它是保有家长式特点的家族奴隶制。《金史·食货志》世宗大定二十一年："山东、大名等路猛安谋克户之民，往往骄纵，不亲稼穑，不令家人农作，尽令汉人佃莳，取租而已。"此"民"即女真本族户民，"家人"在这里主要指家族奴隶。满族的奴隶

制也是家族奴隶制，"包衣"汉译为"家的"或"家里的"，意即"家里的人"，亦即家族奴隶。"包衣"与金代女真家族的"家人"为同一义语。

第三，家族奴隶制不同于种族奴隶制、部落奴隶制。种族奴隶制和部落奴隶制在统一的多民族封建国家时期，只适合于在边境的民族中建立和发展，而不能在中原地区与封建制并存。家族奴隶制比种族奴隶制和部落奴隶制更有自由发展的条件，它不是以部落和邑落的形式把被征服的中原人民变成种族和部落的奴隶，随着这种奴隶制的内徙，而与中原的先进制度犬牙交错，并最后与中原的制度融合。

三、从历史的发展层次看封建制的类型

在统一的多民族封建国家中，北方民族政权是有层次地发展着的。因此在研究北方民族政权的封建制类型时，既要注意到封建制已延伸到边境地区，又要注意到封建制的有层次发展和它所表现出的不同类型来。

（一）"边境"的封建制类型

五胡十六国在中原建立政权之后，由于中原先进制度的强烈影响，始在边境出现封建制的地方民族政权。这些政权一般地讲是出现在以农业为主的民族中，其类型主要有高句丽和渤海。

高句丽到小兽林王时开始由奴隶制向封建制变革，大约到北周时已基本完成。高句丽是在本族内部发展变化并在进入辽东接受中原封建制影响的基础上，建立了以封建关系为主的社会。它一方面受中原封建制度的强烈吸引和影响；另一方面又受本族旧制的顽强制约和限制，因而改革后的封建制明显地表现出这两方面结合的痕迹，但从本质和主导方面看是封建制，已不再是旧有的奴隶制的延续。

从经济方面看，改革后的租税制度有人头税，"人税布五匹，谷五石"。人头税的承担者是由过去"下户"（奴隶）转化而来的，他们由过去无限度被剥削的奴隶，转化为按人头出租调的农民。游人税，三年一税，十人共出细布一匹。"租户一石，次七斗，下五斗"[14]。租户是由过去的破产的游人和自由民转化而来的。按户等收租的租户，其租额低于承担人头税的农民。此种制度可能是受中原占田、均田制的影响而产生的，它既不是本族旧制，也不是中原制度的照搬。

从官制来看，高句丽在旧制基础上定为12等级，大对卢比一品，总知国事，太大兄比正二品。外置州县60余城，五部大城各置傉萨一，比都督；其他诸城置邑使，比刺史；其下各有僚佐，分掌曹事。掌宾客，比鸿胪卿，以太大使者担任；国子博士、太学博士、舍人、通事、典书客，以小兄以上担任。武官大模达，比卫将军，以皂衣头大兄以上担任；末客，比中郎将，以大兄以上担任；其次领千人以下各有差等。高句丽封建官制的特点，或在保留旧有名称的条件下赋予封建的内容，或直接吸取中原官制的名称，完成由奴隶制向封建制的变革，因而它还保留着本族的显著特点。

渤海是继高句丽之后出现的一个地方民族封建政权。它初受突厥、高句丽的影响，后来照搬和效仿中原，行汉制。渤海同高句丽相比是在边境地区建立的另一个封建制类型政权。

（二）"中国"的封建制类型

北方民族的封建制政权，除建立在边境者外，也还有建立在中国（中原）的。他们的共同特点都是由少数民族统治者所建立。前者是以当地的民族为主，后者是以中原的汉民族为主；前者是经奴隶制之后出现的新制，后者是中国（中原）政权的直接继承和延续；前者对中原的发展还不能直接产生重大的影响，后者对中原政权的发展却起着越来越大的影响，并引起民族统治地位和民族意识的重大变化。在中国建立的北方民族的封建制政权，依历史发展和民族关系的变化有层次地出现了三种不同的类型，而在各类型中又可分出不同的类型。

封建割据的政权。

封建割据有的出现在一个民族内，有的出现在民族之间。五胡十六国开创了在中国与汉族一起建立封建割据政权的新局面。这些出北方民族建立的封建割据政权，同样可以分出不同的类型，并不同程度地影响后来中国政权的发展。

第一个类型是两台省并存的前赵、后赵。匈奴族刘渊自称汉王，以汉高祖以下三祖、五宗为祖宗，不祭匈奴单于，继承两汉。乃至刘聪时，祭冒顿单于、刘渊为祖宗，设统治汉人的尚书台及统治六夷的单于台，实行的是双轨制。此外仍于皇帝直辖地区外，设置州牧郡守。羯族石勒以皇帝身份管汉人，称汉人为赵人；以石虎为单于元辅（即左右辅），都督禁卫诸军事，统治六夷，亦是两台省之制。

第二个类型是汉、魏、晋封建制继承与延续的诸燕、前秦。慕容鲜卑所建立的前燕和后燕，是对中原制度的直接承袭，并将鲜卑本族纳入封建体制之中。前燕的建立，有本族和汉人两个方面的基础，慕容廆时，"教以农桑法，制同于上国"[15]。一方面大批收容中原流人，侨置郡县，"流人之多，旧土十倍有余"[16]。另一方面把部落制的部民改为郡县编户。慕容鲜卑的军封诸军营户制度，是受中原曾不隶于州县的军户的影响，由本族旧有军事部落组织演变而来，主要是鲜卑贵族子弟或中原一些强宗子弟。军封营户和王公贵族荫户，是部曲、佃客制的一种表现形式。国家公田所采取的出租办法，是对魏、晋屯田的继承。前燕"至于朝廷铨谟，亦多因循魏、晋"[17]。

前秦是比较单一的封建制度，是东汉以来豪强地主经济的继承和发展。在豪强地主和贵族中有汉人，也有氐人，他们都拥有僮隶。符坚对归服的部落沿魏、晋制为编户，"课之治业营生，三五取丁，优复三年，无税租"[18]。他也因晋制设州牧、刺史以领管理夷狄的护西夷校尉等，并"复魏、晋士籍，使役有常闻"[19]。符坚具有先进的民族思想，欲消除民族间的对立，"今四海事旷，兆庶未宁，黎元应抚，夷狄应和，方将混六合以一家，同有形于赤子"[20]。

诸燕与前秦在继承汉、魏、晋的封建制度上有好多相同之处，但比较来看，前秦的封建制则更单一些。从主要方面看，都是对汉、魏、晋旧制的继承，当为同一类型。

第三个类型是州郡与军镇并存的后秦。后秦置司隶校尉部和中部都尉部，司隶校尉领州郡，中部都尉领军镇。后秦的州郡与军营制是对诸燕的继承，军镇也是由魏、晋以来堡坞豪帅的军事部曲制发展而来的，它不同于前赵、后赵，也不同于诸燕和前秦，它把魏、晋以来的堡坞豪帅的军事部曲制地方组织化了。

第四个类型是军镇式的夏国。洪亮吉《十六国疆域志》："甚者姚苌以马牧起事，故崇镇堡之势，以敌方州。赫连以统万建基，故芟郡县之名，尽归城主。"军镇的特点虽有州牧之名而无州县之实。《元和郡县志》胜州条云："赫连氏之后，讫于周代，往往置镇，不立州县。"军镇有州、城、镇、堡、台，另有吐京、长城两护军，"惟以州统城"，"以城为主"[21]。天子及其父子、太后"筑城以居"[22]。主要是俘掠和迁徙各族人口以筑城。此种制度的形成，一方面与本族的军事头领"崇镇堡之势，以敌方州"有关；另一方面与魏、晋以来堡坞豪帅的军事部曲制有关。

五胡十六国时在中原建立政权的民族，有一个共同的特点，即把部族的封建制同中原的部曲制结合形成军事性较强的封建制，这对后来封建制的发展起着重要的影响。

北朝式的封建政权。

继五胡十六国在北方建立封建割据的民族政权之后，先后出现拓跋鲜

299

卑建立的后魏，契丹建立的辽和女真建立的金。这三个政权都是以北朝的形式出现的王朝，是三个不同类型的北朝。三个类型的形成无不与中原王朝息息相关，是中国王朝在北方的发展与继续。

拓跋鲜卑建立的后魏，是以拓跋鲜卑为统治民族，以汉族为主体，包括北方各族在内的一个封建王朝。这个王朝的确立，从地域的构成上看吸收了古代王畿、郊、甸的精神，统治的中心地区为王畿，王畿之外为郊甸或甸服，即"其外为四方四维"。在王畿之内组织新民生产，计口授田；郊甸由八部帅监督生产，即屯卫，统称为新民。后魏初还继承了诸军营户、军镇和诸部护军制度。后魏为把各部纳入封建系统之中，分散诸部，分土定居，同为编户。后魏所建立的宗主督护制的地方行政组织，是拓跋鲜卑和北方其他部族从邑落制转化为封建土地所有制的重要标志，同时也是与中原汉族强宗大族在政治上结合的结果。

契丹族建立的辽朝是继后魏之后而出现的另一个类型。辽朝初期在部族制与中原汉人封建制之间建立头下军州，头下军州的最大特点是在经济和政治上的两重性。在经济上，头下军州是国家的领地制与契丹头下主的食税制的结合，头下军州的二税户，向国家输租，向头下主纳课。在政治上，头下军州是由中央派节度使与刺史以下由头下主行使政治管理相结合，由朝廷赐州县额与头下主的私城结合。这种制度一方面受中原州县制、国家的领户制与私人食封的封建关系的影响；另一方面又受本族的军事部族的封建制与部曲相结合的私城的影响。就头下主的私城而言，似与赫连所建立的夏国的军镇有渊源关系。

金朝的女真族在建立本族的封建制过程中，与拓跋鲜卑、契丹又有不同的特点，是由本族的家族奴隶制变革为与中原相同的租佃制。女真族是通过计口授地而转化为封建制的，但与其他族比较也有不同的地方。拓跋鲜卑没有经过奴隶制社会，对内徙的人口实行计口授田，后来的满族是进入汉人地区后对汉人计丁授田，而金代女真族是行之于猛安谋克内部，并随着奴隶制的解体，通过此途径转化为封建制。女真族的奴隶制向封建制转化是受中原汉族强烈的影响，女真奴隶主将土地出租汉人为地主，猛安谋克一般民户经由计口授田为封建制下的自耕农民，而作为军事组织的猛安谋克成为封建制下的屯田军。

"中华一体"的封建政权。

继北朝之后建立全国政权的蒙古族和满族，完成了统一的"中华一体"的封建政权的使命。蒙古与契丹同属东胡系，其初继承了头下制；满族与女真同属肃慎系，继承了女真族的发展过程，通过计口授田变本族奴隶制为封建制。元之头下与后金之计口授田，如与辽、金比较亦有不同特点。元朝合"一家两国"为一国，是我国统一的中国的开端，也是统一的中华民族的开端。从此中国成为包括全国各地的中国，中华成为包括各族在内的中华。当然元朝只是新的开端，后来又经明、清加以发展和巩固。

北方民族政权发展的层次，与北方民族发展及其统治地位的变化分不开。先是在边境内取得在本族聚居地区建立奴隶制政权的资格与地位，臣服中原或北方的民族政权。接着在中国和边境取得建立封建割据和地方封建政权的资格与地位，与北方汉族政权争衡或臣服中原，又接着取得统一北方建立北朝的资格与地位，并进而为南朝的宗主。最后由北朝发展为全国政权。这些政权建立在中原的属"中国"型政权，建立在"边境"的属"边境"型政权，同在"天下一体"之内。这就是统一的多民族国家的一体观。

中国与中华民族的一体观是历史形成的，研究北方民族政权必须把中国与边境作为一个整休考察。民族政权是多类型的，都按照历史的层次朝着一个统一的中国和中华民族发展，构成我国各民族不可分割的关系。那种企图分裂我国，把建立在中国境内的民族政权从中国分割出去，把建立在边境的民族政权从"天下一体"中分割出去的观点，都不符合我国历史的实际。

注：

①程俊英译注：《诗经译注》小雅《北山》。

②③⑬《汉书》卷94上《匈奴传上》。

④《新唐书》卷219《渤海传》。

⑤〔唐〕温庭筠：《温飞卿诗集》卷9《送渤海王子归本国》，商务印书馆，1937年。

⑥宋朝政府曾编南北交往文献为书，题曰《华戎鲁卫录》。鲁卫典故见《论·子路》："鲁、卫之政兄弟也。"参见杨伯峻译注：《论语译注》第13《子路》。南北朝为一家的兄弟关系，参见陈述：《汉儿汉子说》，《社会科学战线》，1986年第1期。

⑦〔隋〕王通：《文中子中说》卷4《周公》、卷5《问易》。

⑧〔明〕火原洁、马沙亦黑：《华夷译语·诏阿札失里》。

⑨马长寿：《北狄与匈奴》，第120~121页。

⑩《后汉书》卷90《乌桓传》。

⑪《汉书》卷96上《西域上》；《后汉书》卷47《班勇传》。

⑫《汉书》卷37《季布传》。

⑭《北史》卷94《高句丽传》。

⑯《晋书》卷108《慕容廆载记》。

⑰《晋书》卷109《慕容皝载记》。

⑱⑲⑳《晋书》卷113《符坚载记上》。

㉑㉒〔清〕洪亮吉：《十六国疆域志》卷16。

第三章　中国北方民族政权的
社会结构与系列

　　中国北方民族政权，是中华民族政权发展史的重要组成部分。这些政权的社会结构充分体现它受中原发展的总规律所制约与规定。北方民族政权社会结构的内容是多方面的，至少包括民族、经济、政治、文化以及疆域等。北方民族政权的社会结构，从各方面与当时中原的社会肌体联系在一起。北方民族及其政权的系列划分，反映着我国各系统的族的互相关联及其同中原不可分割的关系。

　　北方民族及其所建立的政权不是孤立地发展，有的是在统一多民族国家的边境地区存在和发展；有的是在中国（中原）的封建割据中存在和发展；有的是在与南朝对峙中存在和发展；有的是作为全国的统治民族而存在和发展。但不管是在哪种情况下，都不曾独立于"天下一体"或"中国"之外。这种民族和民族政权的 一休，是中国历史的最大特点。

一、"边境"民族政权的社会结构

北方民族政权，是指由北方历史上的少数民族建立在北方的政权。北方民族政权有几种不同的情况：一是在全国统一时建在边境的地方民族政权，如夫余、高句丽、渤海；二是建立在边境而与中原王朝南北分治的政权，如匈奴；三是在北方中国各族割据时建在中国封建割据的民族政权，如五胡十六国、五代十国的诸民族政权；四是在南北朝时建立的北朝，如后魏、北齐、北周、辽、金。元、清虽由北方蒙古族、满族建立，但它属全国政权，不应属北方政权的范畴①。

边境的民族政权社会结构与中国（中原）的民族政权社会结构，不仅在地域上不同，而且在其内容上也不尽相同。边境与中国构成统一多民族国家的一体，两者共存于一个整体中，互相依存，互相影响和互相作用，有着不可分割的联系。

（一）民族结构

边境是少数民族的聚居地区，其政权的特点是以本族为主体由多族构成的。夫余在汉玄菟郡北，是东夷秽人聚居的地区，其民户八万，主要是土著，故其城名秽城，地名秽地，其印文言"秽王之印"②。据前人研究秽即夫余③，后有亡人东明（出自貊）来王于此，因而为夫余国。夫余是以秽人为主体构成的一个奴隶制国家。《三国志·魏志·挹娄传》："自汉以来，臣属夫余，夫余责其租赋重，以黄初中叛之；夫余数伐之……卒不能服也。"可见夫余政权还包括挹娄族人在内。从汉代遗址的分布看，汉人的活动至少已达今西流松花江流域④，汉与夫余文化往来，复臣属于汉，但很少有汉人居住。

高句丽史载是夫余别种。秽、貊起初本是两个不同的族，后来有融合，语言、习俗略同，故被视为一个语族。高句丽原出自貊，后服于夫余（即秽），又别出自称高句丽。别种即是夫余的另一种，非是同种，亦非夫余的分支⑤。高句丽政权是以本族为主体，包括其他族而构成的一个奴隶制政权。随着高句丽政权的发展和扩大，占有沃沮和秽人的地区，并占有郡县的一些地区，后来靺鞨的粟末部、白山部亦臣服高句丽。中原汉人被掠和流入高句丽的不少，《三国史记》："中国大乱，汉人避乱来投者甚多，是汉献帝建安二年也。"高句丽山上王二十一年，汉平州人夏瑶，以百姓1000余家到高句丽，被安置在栅城（今吉林省珲春县境）⑥。前秦苻坚南伐失败，北方大乱，幽、冀流民多入高句丽⑦。崔瑟失败也以数十骑到高句丽⑧。

此外，北方其他族人到高句丽者也不少，如"自伯固时，数寇辽东，又受亡胡五百余家"⑨。是高句丽有亡人的胡人。隋、唐时，又有不少汉人留居高句丽，《资治通鉴纪事本末》卷19，唐高祖武德二年："上以隋末，战士多没于高丽，是岁赐高丽王建武书，使悉遣还，亦使州县索高丽人在中国者，遣归其国。建武奉诏遣还中国民前后以万数。"又载："贞观十五年秋七月，上遣职方郎陈大德使高丽……往往见中国人。自云：家在某郡，隋末从军没于高丽，高丽妻以游女，与高丽错居，殆将半矣。因问戚存没，大德给之曰：皆无恙。咸泣涕相告。数日后，隋人望之而哭者遍于野。"自高句丽占有玄菟、辽东郡之后，这里的汉人当有不少没入高句丽，王烈后人其在高句丽时尚有为官者，这些汉人长期与高句丽错居，为高句丽人，为渤海人，高句丽族在与汉人的错居中不断吸收汉人文化，高句丽政权在其亡前也错居着众多的汉人。

渤海是以粟末靺鞨为主联合高句丽等族人建立的政权，与唐"车书本一家"⑩。是唐朝管辖下的东北地方民族政权。渤海政权的民族结构，有渤海族人、靺鞨人、兀惹人、高句丽人及汉人，但其主体部分仍是以粟末靺鞨为核心而形成的渤海族人。渤海既是国称，也是民族称，他是在肃慎族属的发展中，首次在氏族部落后的部族基础上形成的统一的渤海民族并建立渤海国。此外渤海政权也包括新占领的夫余等族人和被征服的一些部落、部族集团。

在中原郡县以外北方草原的边境地区建立的政权，如匈奴政权等也是以本族为主体联合其他族人而形成的由多民族构成的政权。匈奴政权包括众多的匈奴以外的族人，如东胡人、西嗕人、月氏人、楼烦人、白羊人、浑庾人、屈射人、丁令人、鬲昆人、薪犁人、乌孙人、西域人、羌人和汉人等。据林斡的研究，汉初匈奴盛时，人口约200万；宣帝时五单于争立，减为175万。五单于混战后约为150万；及其衰落，分裂为南北，人口约存130万[11]。匈奴奴隶多由被俘他族人组成，假为30万，则约占匈奴人口的七分之一或五分之一。从文帝三年到昭帝元凤三年，匈奴俘掠中原汉人口最少在10万以上而因被迫亡入匈奴的人口也应不在少数，则中原汉人亡在匈奴者实在可观。

（二）经济结构

夫余的地理条件优越，"多山陵广泽，于东夷之域最平敞"[12]，地当呼嫩平原和松辽平原的北边，是发展农业的理想地区。夫余是个较发达的城栅国家，其经济由农业、畜牧业、手工业和采捕等多种经济部门所构成。"土地宜五谷"，农业在整个经济结构中占主导地位。有宫室、仓库，粮食是其日常生活中主要食物，战争也主要靠下户供给粮食。家畜饲养业在夫余经济结构中是仅次于农业的部门，其国善养牲，主要是饲养牛马等。夫余以六畜名官，也足以说明这点。手工制造业主要有纺织、刺绣，如织白布、缯绣、锦厨。此外有制革、金银制作、工艺美术、制冰、土木建筑和兵器制造及木制业等。兵器有弓、矢、刀、矛等。

高句丽的自然条件不如夫余。经济以农业为主，家家都有小仓库储粮，名曰"桴京"[13]。高句丽是个以山城为特点的农业国家。高句丽由奴隶制变革为封建制后，农业、纺织业以及兵器制造业的发展几乎与中原相同。《周书》："其制同于华夏。"《隋书》："兵器与中国略同。"《旧唐书》："种田养蚕，略同中国。"

渤海的社会经济结构以农业为主，经济门类齐全，结构严密。渤海的纺织业主要是麻织品和柞蚕丝织品，能用丝抽锦，以锦织绸和绅。制瓷、矿冶、制铜、造船都有发展。畜牧、渔猎、采集亦在经济生活中占有一定的地位。

在中原北边草原的边境地区建立的政权，一般地讲是以游牧经济为主而结成的多种经济的社会经济结构。以匈奴为例，匈奴政权的社会经济结构以畜牧业为主，其次是狩猎业，但与畜牧业比仅是一种次要的食品补充来源，已降到不甚重要的地位。农业在匈奴社会经济结构中已占有一定的地位，而且是一种新兴的经济部门。手工业主要有冶铁业、铁器制造业、铸铜业、金银铸造业、陶器、木器、皮革制造业等。手工业在经济结构中已作为一个独立的生产部门而存在。

（三）政治结构

夫余、高句丽的奴隶制时期的政治与结构，远受殷、周奴隶制，近受箕氏朝鲜奴隶制的影响。夫余、高句丽政治结构的内容，不少可以从殷、周那里找到渊源关系。夫余"国有君王，皆以六畜名官，有马加、牛加、猪加、狗加、犬使"⑭。夫余与高句丽的"大家"亦作"大加"，夫余"以殷正月祭天"⑮，可见其受殷制影响很深。夫余"食饮皆用俎豆，会同拜爵、洗爵、揖让、升降"⑯亦与中原制同。高句丽以尊卑各有等级，复有食邑制⑰。夫余"诸加别主四出道"，高句丽分其国为五族、五部，有内部（黄部）、北部（后部）、南部（前部）、东部（左部）、西部（右部）⑱，如同殷人的五土之制。高句丽进入封建制后，又受晋制等影响，其制是本族与中原封建制结合而成。夫余、高句丽分国人与野人、征服者邑落与被征服者邑落，亦与殷、周相似。所有这些构成夫余、高句丽政治结构的特点。

渤海初受突厥影响，其前期受高句丽制度的影响，后期则以唐为模式，"宪象"中原典章制度，构成自己一套完备的政治组织。《辽史·刑法制》："至太宗时，治渤海人一依汉法。"渤海的官制、军事、法制、礼制皆仿唐而成。

夫余、高句丽、渤海都是以农业为主的国家，其政治结构与以游牧为主的匈奴不同。

（四）文化组成

《后汉书·东夷传》："东夷率皆土著，喜饮酒歌舞，或冠弁衣锦，器用俎豆。所谓中国失礼，求之四夷者也。"东夷受中原文化影响很深。《三国志·魏志·夫余传》："今夫余库有玉璧珪瓒，数代之物，传世以为宝，耆老言先代之所赐也。"东夷人"冠弁衣锦，器用俎豆"与中原同。夫余、高句丽均属东夷，《后汉书》谓："东夷似中国人。"夫余文字无载，但《三国志·魏志·夫余传》：其印为"秽王之印"，当用汉字。高句丽从已发现的碑文、墨书看用汉字。《通典》："东夷书文，并同华夏，自古以礼义称者，良有以也。"中原经史书籍、佛教、道教、乐器等也都传入高句丽，丧服制度"同于华夏"[19]。渤海文化是文化的照搬，渤海用汉文，行汉制。由此可见，夫余、高句丽、渤海文化是以中原文化为主结合本族的特点而组成的。

匈奴的文化组成与东夷各族异，是以本族文化为主构成的，但在匈奴文化中也囊有中原文化，匈奴单于给汉吕后、皇帝的文书，出自汉人之手，由汉文书写。也从汉传入乐器和音乐，匈奴的精美手工艺制品，亦当出自汉人。

（五）疆域构成

夫余、高句丽、渤海以及北方草原上的边境政权，其疆域的构成有两个方面的内容：一方面，夫余、高句丽、渤海是臣属于中原的地方民族政权，因此他们是中原王朝的疆域组成部分；另一方面，他们是"国中之国"，又有自己政权的疆域范围。夫余是建立在汉郡县以外边境地区的政权，本秽人之地，由于挹娄的臣属，也包括挹娄分布的地区。高句丽是兴起于郡县之内的民族，玄菟郡内徙在郡县之外，后占领玄菟、辽东，变衣冠之地为蛮貊之乡，仍属郡县以外的边境政权。高句丽疆域的主体由五部构成，另外也包括被臣服的民族地区。渤海一方面属唐，同时拟唐制设五京十六州，渤海为适应统治实行府州县与首领并存的双重制度，但渤海已被纳入边境的羁縻州体系之中。从疆域的构成看，夫余、高句丽、渤海都在中原王朝"天下一体"之内。

匈奴略有不同，前后也有变化。匈奴是草原上的边境政权，但匈奴疆域构成发生三次变化。西汉前期汉与匈奴为一家两国，南北分治，"长城以北，引弓之国，受令单于；长城以内，冠带之室，朕亦制之"[20]。西汉后期呼韩邪单于归服于汉，塞北与中原统一，相约"自今以来，汉与匈奴合为一家"[21]。即由一家两国变为一家一国。东汉初匈奴分裂为南北二部，南匈奴内服，分布边缘诸郡，与汉人错居，匈奴便由边境民族转化为中国（中原）民族。这三次变化反映了匈奴疆域与中原王朝关系性质的变化。

边境政权的社会结构，是以本族为主体，多民族的结构。从经济结构看有以农业为主的政权，有以畜牧为主的政权，而在疆域构成上都属于"天下一体"。

二、"中国"民族政权的社会结构

中国的民族政权，是指进入中原后的北方各民族，在中原所建立的封建割据政权。不管是五胡十六国时期，还是五代十国时期，由少数民族在中原北部建立的政权，都是中国的政权。这些政权社会组织的最大特点，是以中原汉人为主体、中原华夏文化为核心建立起来的，是比边境的民族政权发展的高一级形式。

（一）民族结构

五胡十六国时期，除汉人在北方建立的魏、前凉、西凉外，主要是其他各族建立的政权。这些政权都建在郡县范围之内，其特点是以本族为统治的民族，以中原汉族为主体，包括各族在内的多民族政权。

由边境的民族变为中国民族的匈奴，在北方中国建立了汉、前赵、夏和北凉，都取名于中原北方固有的名称。刘元海姓汉朝的刘姓，他的志业是"兴邦复业"[22]，即继汉而称汉。以刘元海为代表的匈奴统治集团，他们用汉姓，说汉语，师于汉人，为中国民。刘元海迁都在国城，"胡、晋归之者愈众"[23]。晋人即汉人。在刘聪统治下有汉人，也有"六夷"。刘曜都于长安，并州的五部屠各大批徙入关中，长安及渭北许多郡县成为屠各匈奴盘踞的地区。刘曜常出兵攻上郡、陕西的氐羌和略阳仇池的氐王杨氏，氐羌降俘者3万余口。刘曜为单于台大单于，置在左贤王以下，都以胡、羯、氐、羌豪杰为之。由此可见，在刘曜统治时，除占大多数的汉人外，还有所谓"六夷"的其他民族。

由匈奴族建立的夏和北凉，占人口大多数的是汉人。赫连勃勃建立夏国，自称是大禹之后，以夏名国。民族是由夏人、匈奴人、夷人构成的。沮渠蒙逊博通群史，颇晓天文，建立的北凉也是以汉族为主的多民族政权。

羯族石勒建立后赵，他欲作"中州主"[24]。后赵除羯人外，主要是汉人、鲜卑人，还有不少"六夷"人在内[25]。后赵石虎将秦、雍大族徙于襄国，又将关中氐羌15万人落徙于司、冀二州。

鲜卑族所建立的政权，有前燕、西燕、后燕、南燕、北燕、前凉和西秦。以前燕为例，前燕的统治民族是鲜卑，而从大河以北各郡流入的"中国士民"占绝大多数。慕容皝北并宇文部，西平段部，东击高句丽，开地3000里，益民10万户。还有中山丁零翟鼠率所部降燕，以及夫余人、乌桓人、屠各匈奴人和并州来投的胡人、氐人。西燕、后燕也以鲜卑、汉人、乌桓、丁零等构成。冯跋是鲜卑化的汉人，"既家昌黎，遂同夷俗"㉖。北燕也是由鲜卑、汉人等构成。

氐族建立的政权有前秦、后梁。前秦时，关中除晋人（汉人）外，人数最多的是氐羌，其次是屠各匈奴。前秦长安西北各地人口已达百余万以上，当时匈奴人分布在泾河上游及洛水上游500里地区，有4万多落，每落以5口计则为20多万口，在长安的还有6000余户（为3万口）。公元370年徙慕容暐及其王公以下和鲜卑部民4万余户于长安。371年徙关陇豪杰及各种"杂夷"10万户于关中，把乌桓杂类置于冯翊、北地，丁零翟武置于新安、渑池。"苻坚时，四夷宾服，凑集关中"㉗。四方种人有胡人（西域人）、东夷（夫余）、北狄（匈奴、鲜卑）、南蛮（巴蜀人）。"杂户七千，夷类十二种"㉘。后凉征服西域诸国，受到华夷拥护，主要也是华人（汉人）。羌族建立的后秦，姚襄"招集北地戎夏，为服者5万余户"㉙。后秦除降俘的汉、羌人外，还包括有"六夷"。

（二）经济结构

从经济结构看，匈奴原是以畜牧为主的政权，南匈奴内服分布于边缘诸郡，"其部落随所居郡县，使宰牧之，与编户大同，而不输贡赋"㉚。"单于恭顺，名王稽颡，部曲服事供职，同于编户。边境肃清，百姓布野，勤劝农桑，令行禁止"㉛。这里应包括并州的汉户、匈奴户及其他族户，他们都已成为中原的农业编户。"又太原诸部亦以匈奴、胡人为田客，多者数千"㉜。匈奴在中国建立的政权，是以汉人为主包括匈奴和其农户在内的农业为主的政权，畜牧业与农业并存，但已居于次要的地位。

羯族进入中原和匈奴一样，于魏、晋时即变为田客编户。羯族所建立的政权，是以汉人农业经济为主包括其他经济而组成的社会经济结构。

慕容鲜卑在建立政权前，即"渐慕华夏之风"，"教以农桑法则，同于上国"㉝。诸燕政权的社会经济结构，是汉人的农业经济为主构成的，政府占有官田，一般官僚强占有佃客（荫户），此外还有不隶州县贵族地主的"诸军营户"。

氏羌族受汉族影响最深，其所建立的政权的社会经济结构也以农业为主。前秦苻健"垂心政事"，"自益蜀百姓租税"[34]。苻坚"亲耕藉田""劝课农桑"[35]。后秦姚兴"散其（苻登）部众，归复农业"[36]。

（三）政治结构

我国北方各族在中国境内建立的封建民族割据政权，它已和在边境建立的政权以及与中原南北分治的政权有不同的特点。前者都是出现在"天下一体"的边境地区，后者则出现在"天下一体"的中国地区。在社会政治结构上，中原的民族政权是对中原王朝政治的继承，是属于中原的民族和国家。这样的国家的政治结构从其主导方面看是继承了中原的政治制度，依照中原政权的模式建成，与此同时还保留本族制度的某些特点和在两种制度的接触和互相作用下出现一种介于两者之间的一种新的制度。而所有这些不同方式的结合而形成的以中原制度为主的政治结构，是这些政权的政治特点。前赵、后赵政权的政治结构表现为北边部族中的封建制与中原的封建制的结合，采取胡、汉分治的办法，设尚书台、左右司隶治汉人；单于台、左右辅治六夷。这是两重制度结合的政治结构。

诸燕、前秦以汉魏制为模式而建立，置郡县的同时还有以军事组织占有人口的制度。前后燕的军营封户，不属州县而属军营，后罢诸军营人口分属郡县。胡三省谓："盖诸军庇占以为部曲者。"如是军营封户是部落制与部曲制的结合产物。这实际是魏、晋制在慕容统治下的继续。

后秦有属于贵族分领的营户，也有不属于州郡的镇户，镇户属于军镇。这是郡县营户与军镇结合的政治结构。

赫连勃勃统治的夏政权，不立郡县。立军镇就是以城统军，而以军统户。这种以"城堡为主"以统军的制度，与魏晋以来的堡坞豪帅及其所领部曲制度是一脉相承的。

在中原建立政权的民族，都沿着中原的制度建立符合其政权统治的政治结构，并各有选择地对中原制度继承，各有特点，这不仅为寻求各民族走与汉族政权发展的共同道路，而且为发展中原的制度、丰富政治结构的内容做出了应有的贡献。

（四）文化组成

各民族在中原建立的政权，不仅在经济、政治上继承和发展，而且历史地赋予他们如何把中原的经济、政治与本族的发展结合起来，在发展中不断缩小他们与先进的经济、政治的距离，不断提高他们的历史地位。正因为如此，这些族首先应当把自己由边境民族转化为中国民族；把自己由夷狄之俗转化为掌握中原先进文化的士人，从而跨进先进民族和先进文化发展的行列，使中原的先进文化为更多的族人所掌握，华夏文化成为多民族的共同精神财富。这个变化和发展的过程，也就是统一的包括各族在内的中华民族和中国形成的过程。

由北方各族在中原建立的中国政权，其文化的组成是多民族的，而构成这种文化组成的核心是华夏文化。刘元海，习《毛诗》《京氏易》《马氏尚书》《春秋左氏传》《孙吴兵法》《史》《汉》、诸子[37]。其子刘和，习《毛诗》《左氏春秋》《郑氏易》[38]。四子刘聪，究通经史，兼综百家之言、《孙吴兵法》[39]。族子刘曜，读书志于广览，好兵书[40]。刘元海从父刘宣，好《毛诗》《左氏传》[41]。陈元达常诵书行咏[42]卜筮，好谈《易》。李景年，亦刻苦读书。石勒子弘，习经律[43]。石勒从子季龙，慕经学[44]。慕容廆，熟知汉制。慕容皝，尚经学，善天文[45]。慕容儁，博观图书[46]。苻洪季子雄，善兵书[47]。雄之子坚，博学多才艺[48]。苻坚长庶子丕，博综经史[49]。姚兴与梁喜、范勖讲论经籍[50]。姚兴长子泓，博学好诗咏[51]。

以上仅举17人，当然不见记载尚多。五胡十六国时期空前地涌现出各民族掌握中原文化的士子，这在当时文化民族成员的组成上发生了重要的变化。民族文人组成的变化以及各族人中都有掌握华夏文化的人，这有利于向不分地域、不分华夷，皆为中州人的历史发展方向转化。

（五）疆域构成

疆域的构成，主要是指各民族政权所管辖的区域，是属于当时我国"天下一体"的哪一部分的领域问题。当时北方各族所建立的政权在"天下一体"的中国之内，因此这些政权也就构成中国的一个有机的组成部分，它与汉族在中国建立的封建割据政权性质相同。我国各民族所建立的政权，从区域上看有两种情况：一是在边境地区；一是在中国地区，同属"天下一体"。区别只是建立政权的民族和所在的区域不同。把建在中国之内北方各族政权排斥在外，不看作中国政权是不对的；把我国古代的疆域只看成郡县范围之内，而把边境的地方民族政权排斥在疆域之外也是不对的。我国古代少数民族的政权有的建在边境，有的建在中国，是先边境，后中国。汉族建立的政权多数在中国，也有的在边境，是先中国，后边境。

汉族政权与其他民族政权的经济，不是以农业和游牧来划线；而各民族政权所在的区域，也同样地不是以中国和边境来划线。中国的各族政权在疆域构成上，不同于边境的民族政权，而属于中国政权，中国的政权和边境的政权构成"天下一体"。统一是"天下一体"，分裂也是"天下一体"中的分裂，终归还是统一。

以上讲的是中国的民族政权的一种形式，也是初级形式，即在中国出现的各族的封建割据政权，它对边境地方民族政权来讲是发展的高一级形式，而对北朝来讲又是中国的民族政权的低级形式。北朝是中国的民族政权的进一步发展，是属于中国的封建割据民族政权和全国统一的政权的中级形式，由北朝最后发展为由北方民族对全国的统一。

南北朝时期的北朝的社会结构，从民族、经济、政治、文化来看，都基本上是对中原王朝的继承和发展。作为中国政权的统治民族是可变的，但作为中国政权的主体民族和文化发展的核心是不变的，即都以汉民族为主体，以华夏文化为核心。从发展的总趋势上看，各民族都在朝着一个统一的中华民族和中国发展，地域的不同和民族的差异，都纳入一个中华民族和中国之中。

三、民族与民族政权系列的划分

民族和民族政权的系统与系列，既有区别，又有联系。过去我国对民族史的研究常用系统来区分不同族属的民族，而系列则很少使用。就一般的意义讲，系列是指相关联的成组成套的事物。系列之用于我国北方民族和政权史的研究，最根本的是它的"相关联"，即不可分割的组成关系。"征服王朝论"者从分裂我国民族和国家的根本目的出发，把中原汉族和北方民族划为农业与游牧两个对立的互相排斥的系列。这实际上是对我国统一的多民族国家与政权关系的恶意歪曲。

自秦统一后，"天下一体"的统一的多民族国家，分中国（中原）、边境（四海）两个部分，均属"一体"。民族的分布相对聚居，不以中国、边境为限，在中国有各族为中国民，在边境也有汉族；在中国有各族建立的政权为中国政权，在边境也有汉族建立的政权。民族和民族政权的经济类型，在边境有以农业为主的民族和政权；在中国也有牧民，无法把他们截然分为中原的农业汉族与北方的游牧民族。民族和民族政权是可以划分为系列的，划分系列都不能离开统一的多民族国家这个最根本的前提。就民族来说，北方民族是对北方各系统的族的总称，它至少包括东夷系统、东胡系统、北狄系统和西戎系统，而每一系统都是由族属相关的语族的氏族部落乃至民族所组成。属于不同系统的族以及同一系统的族发展不平衡，有的没有形成为统一的民族即在历史上消失；有的只出现过一次民族共同体后消失，有的在同一系统中反复多次地出现民族共同体，而这些民族共同体虽出现在一个系统中，又往往不是在同一部族中连续出现，是出自同一系统的不同部族。

就各系统的族的分布情况看，有时属边境的族，有时属中国的族，而且各系统的族的居地又往往是交叉的。各系统的族的社会经济形态亦不平衡，有的处于狩猎经济，有的处于游牧经济，有的则处于农业经济，不同经济生活的族，有的在边境，有的在中国，这是"天下一体"中的殊俗、殊域，而同俗同域的族亦同时存在，并且是历史发展的一种趋势。由此可见，简单地把我国分为中原汉族系列的农业区与北方民族系列的游牧区是不符合我国实际的。不同系统的族同属于"天下一体"之中，既聚居又分散，互相错居，你中有我，我中有你，这是统一的多民族国家的最大特点。

民族和民族政权系列，与统一的多民族国家体制的构成有关。属于不同系统的民族和民族政权，依照政治区域和政权本身的政治性质，分别属于中国系列的民族和民族政权，或边境系列的民族和民族政权。以区域划分民族和民族政权系列所属，要比以农业、游牧划分系列更为合理，特别是以中原汉族为农业系列、北方民族为游牧系列更是自相矛盾。这种划分系列的方法不是立足于我国历史的实际看问题，因此造成事实与其理论的不符。

把边境以农业为主的民族和民族政权排斥在农业系列之外，划入游牧民族系列之中；把在中国的以农为主的民族和民族政权排斥在农业系列之外，划入游牧民族系列之中；把在中国的以农业为主的民族和民族政权，从"中国"割裂出去，也被划入游牧民族系列之中；兴起于我国北方的民族的社会经济结构是不相同的，他们在进入中原建立政权或在我国边境地区已建立政权，后来南下入据中原，其社会经济结构不知经过多少变化，而向农业区发展；或者是把中原经营农业的汉族等迁到其他地区从事农业开发，而且有的族原来就是以农业为主的，一并把他们划入游牧民族的系列也是不顾事实的主观推断。

不仅如此，这种划分系列的方法，目的是说明北方民族与中原对抗，而抹杀了各民族都有"慕华夏""请唐官"自愿学习中原制度和行汉法这一主要方面的事实。事实上北方民族和民族政权的系列，不是按中原汉族农业与不属于中原的北方游牧民族来划分的。用中原汉族农业和北方民族游牧划分系列不成，用政治、文化划分也不行，会犯同样的毛病。各族和各族所建立的政权属边境的民族和政权以及中国民族和政权两个系列，而最后同一于一个"中国"之中，民族和民族政权的系列也就一元化了。兹列表如下：

民族与政权系列		族属		政权建立过程						政权系列	政权建立过程		
				秦汉	三国西晋	东魏前凉西凉	南朝	隋唐	五代汉族政权		宋		明
天下一体	中国的民族与政权	华夏	汉						五代汉族政权	中华一体	宋		明
		慕容鲜卑				诸燕							
		拓跋鲜卑											
		契丹									辽		
		室韦（蒙古）										元	
		西戎（胡）	羯			前赵			后唐				
			氐			前秦后凉							
			羌			后秦							
		北狄	沙陀						后汉				
			匈奴			汉前赵夏凉							
	边境的民族与政权	东夷	秽貊	夫余									
				高句丽									
				隶慎（女真）				渤海			金		清

依上表所示，北方民族和民族政权的系列在历史发展的不同时期分属于"天下一体"的中国与边境。民族与民族政权系列的划分，主要是由当时"天下一体"的统一的多民族国家体制所决定的，作为一个统一多民族国家的民族及其所建立的政权，无时不在受历史发展的总趋势所制约和影响。另外，随着民族的发展变化和地位的提高，而由边境的民族和民族政权变为中国的民族和民族政权。

总结我国北方民族和民族政权系列的发展和变化，具有以下明显的特点：

第一，作为我国民族的民族政权的主体，是汉族和汉族所建立的政权。汉族的前身是华夏族，华夏族的来源和形成是多元的，当华夏族形成后又不断地吸收其他族成员参加。华夏至汉称为汉族，汉族是统一的多民族国家发展的核心力量。在元以前，不管是以统一全国还是以南朝出现，它的发展特点是连续不断的，在维护"天下一体""前中华一体"中都起着重大的作用，政权从来也没有间断过。只是到元朝及其以后，情况发生了新的变化，出现元、明、清三个王朝的更替，以汉族为统治民族政权的连续性被打断了。在"天下一体"时，起着统一全国主要作用的是汉族建立的王朝，由于此时北方民族的发展还没有达到使南朝臣服和统一全国的能力，因而只能以地方民族政权，中原封建割据民族政权以及与南朝对等的北朝的形式而出现，最终还是由隋、唐统一。"前中华一体"是向"中华一体"的过渡，北方民族在地位上取得了新的变化，即由过去与南朝对等变为使南朝臣服的宗主地位。这就为进一步成为统一全国的统治民族提供了新的条件。

北方民族是多系统的，由于北方民族所建立的政权分别属于中国与边境两系列之中，由于多系统的族和政权的更替，因而始终没有取得本族政权的连续的存在和持久的发展，总是被汉族所建立的政权或其他系统的族所建立的政权打断。北方民族不是作为独立于"天下一体"之外的民族和政权而存在，这是由于作为统一的多民族国家的政治关系而决定的。边境的地方民族政权依附于中原王朝或北方的封建政权，在中原建立的封建割据政权或北朝，是承先王之地、行中国制度的中国政权。"中华一体"时期统一全国的蒙古、满族，也只是与汉族更替统治，做的是中国皇帝，行的是中国制度，并非是外来民族建立的国家。这就是坚持统一的多民族国家研究北方民族的基本原则，如依传统的观念以宋为中国，北方民族建立的政权不是中国，便失去了统一多民族国家的基本原则，亦不符合我国的实际。

第二，北方民族和民族政权，其中只有两个系统的族发展过程最为完整，而又各有不同的特点，例如：

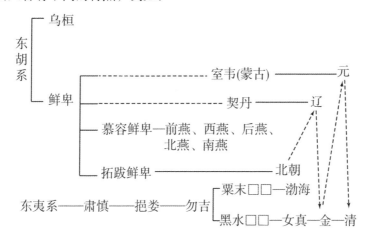

出现这样的复杂发展情况，主要是由于各族发展的不平衡造成的。这两个系统的族互相比较也有不同：

其一，种族的系统和族属关系不同，一属于东胡系统，一属于东夷系统。

其二，属于鲜卑或与鲜卑有关的族，早于肃慎的族于东晋、五胡十六国时在中原建立封建割据政权，直至唐时肃慎的后裔才以粟末靺鞨为主建立边境的地方民族政权——渤海国。但渤海国一出现就具有"中国"式的政权特点。

其三，东胡系统鲜卑等族所建立的中原封建割据政权、北朝、统一全国的政权，是在慕容鲜卑、拓跋鲜卑、契丹、蒙古几个族的更替中进行的；渤海、金、清是在渤海、女真、满族的更替中进行的。这主要是由于两个系统的族在统一全国前没有形成持久的统一的民族共同体。这种情况和华夏族形成以前出现的夏、商、周民族共同体和政权很类似。

其四，从两个系统发展的共同趋势看，最后都走向一个统一的中国。两个系统的族有一个共同的特点，即都经由北朝而成为全国的统治民族。

第三，作为我国统一的多民族国家的主体民族是汉族，其文化的核心与精华是华夏文化。正因为如此，无论是边境的民族和民族政权，还是中国的民族和民族政权，在历史的发展中都朝着统一发展。五胡十六国的各族和政权系列化于北朝、南朝；北朝、南朝系列化于隋、唐；五代十国系列化于辽和北宋；南宋和金又系列化于元。正是这样的不断发展过程，使各民族成为一个统一的中华民族和中国，在中华民族的大家庭中，在辽阔的祖国的土地上，各族都为祖国的文化发展争放异彩。

民族和民族政权系列的划分方法，可以是多样的，但是最根本的一条就是不能离开统一的多民族国家这个最大的前提，不能离开我国各民族发展的总趋势和总特点。

注：

①本书中所说："北方民族政权"，是指由北方民族建立的政权。他们有的建于边疆，有的建于中原北方，有的则为全国政权，尽在一体之中。

②《三国志》卷30《魏书·夫余传》，中华书局，1982年。

③何秋涛、蒙文通均主是说。

④在今吉林市发现了汉代的墓葬、村落址与遗物。

⑤张博泉《"别种"刍议》，《社会科学战线》，1983年第4期。

⑥《三国史记》卷16《高句丽本纪第四》，日本筑波大学藏手抄本。

⑦张政烺等：《五千年来的中朝友好关系》，开明书店，1951年，第

17页。

⑧㉝《晋书》卷108《慕容廆载记》。

⑨⑬《三国志》卷30《魏书·高句丽传》。

⑩［唐］温庭筠：《温飞卿诗集》卷9《送渤海王子归本国》。

⑪林幹：《匈奴通史》，人民出版社，1986年，第10~17页。

⑫⑭⑮⑯《三国志》卷30《魏书·夫余传》。

⑰食邑见载于《三国史记》。

⑱《后汉书》卷85《高句丽传》。

⑲《周书》卷49《高丽传》。

⑳《汉书》卷94上《匈奴传上》。

㉑《汉书》卷94下《匈奴传下》。

㉒㊲《晋书》卷101《刘元海载记》。

㉓［宋］司马光：《资治通鉴》卷85，晋惠帝永兴元年十月条。

㉔《晋书》卷104《石勒载记上》。

㉕马长寿：《北狄与匈奴》，第44~46页。

㉖《魏书》卷97《冯跋传》。

㉗［宋］李昉等：《太平御览》卷363，引车频《秦书》，中华书局，1960年。

㉘前秦《邓太尉祠碑》，见马长寿《碑铭所见前秦至隋初的关中部族》，中华书局，1985年，第12页。

㉙《晋书》卷116《姚襄载记》。

㉚《晋书》卷97《匈奴传》。

㉛《三国志》卷15《魏书·梁习传》。

㉜《晋书》卷93《王恂传》。

㉝《晋书》卷112《苻健载记》。

㉟㊽《晋书》卷113《苻坚载记上》。

㊱㊿《晋书》卷117《姚兴载记上》。

㊳《晋书》卷101《刘和载记》。

㊴《晋书》卷102《刘聪载记》。

㊵《晋书》卷103《刘曜载记》。

㊶《晋书》卷101《刘宣载记》。

㊷《晋书》卷102《陈元达载记》。

㊸《晋书》卷105《石弘载记》。

㊹《晋书》卷106《石季龙载记上》。

㊺《晋书》卷109《慕容皝载记》。

㊻《晋书》卷110《慕容儁载记》。

㊼《晋书》卷112《符雄载记》。

㊾《晋书》卷115《符丕载记》。

㊿《晋书》卷119《姚泓载记》。

第四章 中华民族发展与北方民族的关系

中华民族是历史上形成的，是经过了不断的发展过程，而最后形成的包括各民族在内的统一的中华民族。北方民族是中华民族的来源之一，而在发展中不断地加入中华民族之中。北方各族在发展中，与汉族一起缔造自己的民族和国家。因此北方民族及其所建立的政权，与中华民族的历史紧密地联系在一起，对中华民族的发展做出了贡献，占有重要的地位。

中华民族的发展，可以分为中华形成以前的历史；以华夏为中华的历史；以中原各族为中华的历史；以南北为中华的对峙的历史；统一的中华的历史。这是有层次地逐级发展的过程。

一、中华民族形成以前的历史

中华民族的来源是多元的，由诸先进的民族融合而形成一个中华民族。在原始社会时期，我国境内有众多的氏族部落，在发展中各自经历了原始群、氏族、胞族、部落、部族乃至统一的民族时期。如果按历史的文明划分，可分为黎明前氏族部落时期；黎明曙光的部族制时期；文明时代的统一的民族夏、商、周的更替时期。

司马迁著作《史记》，提出夏、商、周同源，其实夏、商、周不同源而是同流，夏、商、周是华夏族来源的重要组成部分，夏、商、周也不是单一的族形成的，是混血而形成的。

有的西方学者主张中国民族西来说，认为来源于埃及、巴比伦和东土耳其斯坦的和田。西来说因为是毫无根据的臆造，随着帝国主义的失败而破产。在反对西来说中，因为北京周口店中国猿人的发现，又出现了我国四周的民族都是从这里发生的看法。但是早于周口店的人类化石在云南被发现，即元谋人（属于170万年以前的人类）；陕西发现蓝田猿人（属于70~80万年前的人类）；而与周口店同时的人类遗址在营口金牛山下层和本溪山城子后庙山发现，这样中国四周民族都是"中原来客"便又使人怀疑了。

历史的传说并非都不可信，需要证实。历史传说中有太昊、少昊，属于东方夷人的祖先，风姓，后来又演变为很多姓。在山东西南部大汶口出土的陶器上刻有昃字，其字"日下从火"，李白凤《东夷杂考》认为是"昊之本字"，应是太昊、少昊时物。唐兰推定为5800年前物。另有晷字，即昊山二字的合文。传说中的颛顼、帝喾，与东北夷相关，应是东北夷的祖先，在辽西发现的5000年前遗址，与古书记载的颛顼都毫棚符，他们与北方戎人有婚姻关系。

历史传说中的赤帝，即神农，赤与炎字篆书形近，误赤为炎。赤帝出自西方的戎人，羌姓，史载夏禹生于西羌。黄帝属于西北的狄人的祖先，有人说出自白狄、赤狄，姬姓，周人出此一支，他们主要与姜姓、犬戎有婚姻的关系。

传说中的祝融、蚩尤属南方系统的族的祖先，都曾被称为炎帝。祝融可能是南或东南的部族。蚩尤，姜姓，可能是西南部的羌人。

赤帝、黄帝、祝融、蚩尤从考古上将来都可能发现他们的遗迹。从中华民族的来源看，他们都不是兴起于中土。但是在历史发展中他们又都曾汇聚在中土，黄河成为中华民族的摇篮，各部族荟萃于此，发展了灿烂的文化。我国最早的文明国家终于在这里诞生。

在我国古代有个冰川期，在地质学上的第四纪，各时期内气候有相当大的变动。泥河湾期和周口店期的气候都相当温暖，属间冰期。更新纪末期，华北的气候则显然比周口店时期寒冷，另外，根据第四纪沉积物的研究，中国许多地方发现有冰川和冰水沉积，表示第四纪时在华北和华中有许多地区似都有冰川存在，至少山麓冰川分布的范围相当广泛①。冰川溶解后即是洪水，积成湖泊、大河。由于地震、河渠不修以及大雨，经常地发生大水灾。在黄土层形成时气候干燥，有一部分人类则向黄河套移动。在冰川期，是不适于人们居住的，而传说中最早与洪水进行斗争的，应是中州最早的居民和开发者。共工应是中州最早的居民。共工姜姓，赤帝之后，或云赤帝继共工，当是西部的部族。他之所居的是七分水，三分陆地，正是洪水泛滥的地区，共工是我国最早治洪水的部落。

随着农业的发展，气候的变化，黄土地区肥沃，四周的部落便向这里发展，成为必争之地。《左传》昭公十七年："共工氏以水纪，故为水师而水名。"杜注："共工氏以诸侯霸九州者，在神农前，太昊后。"相传共工为黄帝土官，为少昊水官，帝喾时共工作乱，尧时举兵诛共工。各部族都向中州会聚，经过长期的争夺，有的胜利，有的失败，地位不断更替。伏羲是氏族制的开始，此后各方的部落向中州集聚，到传说的黄帝时已形成一个庞大的部落联合。联合赤帝（神农）部落战胜炎帝（蚩尤）部落，又征服东方的少昊部落。把进入中土的各氏族部落联合起来了。

黄帝统一各氏族部落，集各氏族部落精华，使氏族部落空前发展，但是还没有使氏族部落制进而发展为新的变革，这种变革是在颛顼后出现的。颛顼、帝喾是氏族制的重大变革时期。

第一，少昊挚不是太昊风姓之后，《汉书·律历志》记载郯子说："昔者黄帝氏以云纪，故为云师而云名；炎帝氏（祝融）以火纪，故为火师而火名；共工氏以水纪，故为水师而水名；太昊氏以龙纪，故为龙师而龙名。我高祖少昊挚之立也，凤鸟适至，故纪于鸟，为鸟氏而鸟名。"郭沫若谓古挚与契为同部，"少昊与契是一人"。《左传》昭公十七年郯子语中有玄鸟氏，乃是殷祖契所降的神鸟，殷以玄鸟为图腾。又二十年有济为爽鸠氏所居，有济于太昊时为风姓，此为爽鸠氏所居，当属殷人祖契的一支。《古史考》："少昊……宗太昊之道，故曰少皞。"殷先人南下入有济之地，此传说亦当有据。

第二，颛顼是由以德以徽纪转为以地以事纪的重要变革时期，是以血缘为主的氏族部落制向以地域为主的部族制的变革时期。《礼记·月令》疏引服虔云："自少皞以上，天子之号以其德，百官之号以其征。自颛顼以来，天子之号以其地，百官之号以其事。"《左传》昭公十七年："自颛顼以来，不能纪远（如以龙纪、以鸟纪），乃纪于近，为民师而命以民事。"《汉书·百官公卿表》："自颛顼以来，为民师而命以民事，有重（天）、黎（地）、句芒（木）、祝融（火）、后土（土）、蓐收（金）、玄冥（水）之官。"应劭注："始以职事命官也。"

第三，颛顼时确立了父权制，《淮南子·齐俗训》："帝颛顼之法，妇人不辟男子于道路者，拂之于四达之衢。"父权制的确立对后来社会的发展起了重要影响。因而以黄帝、颛顼作为祭祀上的"禘"与"祖"的重要区别。《国语·鲁语》："有虞氏禘黄帝而祖颛顼，郊尧而宗舜，夏后氏禘黄帝而祖颛顼，郊尧而宗禹。"禘，是祭祀其祖所自出，祖是祭其父以上的男姓，▽（帝）像女子生殖器，且（祖）像男子生殖器。由禘黄帝变为祖颛顼，只能理解为母亲出自黄帝时的母权制，父亲出自颛顼时的父权制，是标志着历史由母权制到父权制的重大变化。

第四，颛顼时已产生天圆地方的概念，以重为司天之官，以黎为司地之官。《史记·五帝本纪》：颛顼"养材以任地，裁时以像天，依鬼神以制（制）义，治气以教化，絜诚以祭祀。"当时已知祭天地鬼神。《后汉书·天文志》："至高阳氏（颛顼）使南正重司天，北正黎司地。"此与辽西发现的长方形祭坛在北，圆形祭坛在南相符。《古史考》："颛顼以孟春正月为元（历元），其时正朔立春，五星会于营室。"自然科学的研究，根据《后汉书·天文志》记载，认为是我国原始时代产生的最早历法。

第五，历史上高禖之制产生了帝喾。《诗·大雅·生民》："以弗无子。"陈焕传疏："郊禖即禖，富于郊故谓之郊禖。帝高辛氏（帝喾）已有之，故传云古者必立郊禖焉也。周人以帝高辛妃姜嫄，立其庙以为禖宫，故又谓之高禖。"高禖的高字旧释为尊，有的认为是郊。高应是宫一类的建筑，即宫。高禖也就是禖宫。

"颛顼之法"当是后来一贯相承的法，后来义经过尧、舜时代的发展充实，成为统一各部族的法则。至少到夏出现了我国历史上第一个统一的民族。夏被殷族推翻，融合于殷，殷又被周族推翻融合于周。周人把自己看成是夏。周族原是西北方民族，它与夏族、商族以及其他族融合。周人同夏以来中原民族融合，自认为是夏的后裔，《尚书·康诰》："用肇造我区夏。"《诗·周·时迈》："我求懿德，肆于时夏，允王保之。"《尚书·多方》："惟帝降于夏。"时为兹，时夏就是兹夏。周人以夏自居，是由过去的夏、商、周名称不固定向固定转化的一个征兆。周族以夏名中原之族，到春秋时又出现了"华夏"，则华夏便成为中原民族的统一的称谓。华夏族不是夏族、商族、周族，而是以夏族、商族、周族融合而成的中原地区的新的民族共同体。

二、中华民族的形成及其发展

中华民族的形成有它非常重要的意义，是中国民族意识的新发展，是在夏、商、周族发展融合之后，出现的高于各族之上的可以囊括具有与诸夏文化相同民族的总称。华与夏既有区别又有联系。《尚书·武成》："华夏、蛮、貊，罔不率俾。"传："冕服采章曰华，大国曰夏。"疏："华夏为中国也。"华是指民族发达的冠带之族，夏是指国，即居于中原大国。夏曾佑在《中国古代史》第一编第一章第二节中说："……称曰汉族，则以始通匈奴得名；称曰唐族，则以始通海道得名。其实皆朝名，非国名也。诸夏之称，差为近古，然亦朝名，非国名也。惟《左传》襄公十四年，引戎子驹支之言曰：'我诸戎饮食衣服，不与华同。'华非朝名，或者吾族之真名欤？"

夏、商、周是朝代名，也是族称，是以地名族名国。周人自称是夏的后裔，但夏依然是朝代名，即表示是中原的大国。夏、商、周文化相继发展，是文化发展的最先进部分，而且还有其他诸姓的诸夏国，他们的文化与周人相同，这些文化发展相同的国家大小不一，以周为大，而周又自称是夏，因而把当时相同文化的国以同一的华来统称之，便成为民族发展的需要。华成为各民族融合的大熔炉，华夷也就成为民族间的区别所在。其初还只是以饮食、衣服、言语、习俗之不同作为区别的标志，后来孔子以行周礼与不行周礼作为区分华（诸夏）与夷的标准，有礼义的族为中华，无礼义的族为四夷，华居中国，夷在四海，"夷不乱华"。中华民族始形成于春秋战国时期，从此中华民族也就成为一二种自觉的意识。适应这种新的民族意识的变化，华成为各族所慕，夏、商、周三代同源以及四边民族与诸夏同源说便应运而生，异源同流的华，被重新解释为同源同流的华。

中华民族的发展，大致经历了四个过程，由中华的华夏族，最后发展为统一的包括各族在内的中华民族。

（一）以中原华夏为中华民族的时期

中华民族的最初形成，是指诸夏及诸夏化了的族结成的华，从春秋战国的分裂到秦汉统一后，包括三国、两晋在内。由汉族代替华夏族的前后情况也有变化。但从总的来说，华夏（汉族）与中国、中华是三位一体的，中华不包括"天下一体"的中国以外的边境的少数民族在内。这是以华夏（汉族）为中华民族的历史时期。

第一，汉以前及汉以后是中华民族形成和发展的两个不同时期。汉以前是以诸夏国结合而形成的华夏族时期，在政权的分裂中，原来不认为是诸夏国和民族的已先后成为诸夏国而融合于华夏。宋永亨《搜采异闻录》卷1记载："成周之世，中国之地最狭。以今地理考之，吴、越、楚、蜀、闽皆为蛮。淮地为群舒，秦为戎。河北真定、中山之境乃鲜虞、肥、鼓国。河东之境有赤狄、甲氏、留吁、铎辰、潞国。洛阳为王城，而有扬拒、泉皋、蛮氏、陆军、伊雒之戎。京东有莱、牟、介、莒，皆夷也。杞都、雍丘，今汴之属邑，亦用夷礼。邾近于鲁，亦曰夷。"其特点是夷夏交错，在中国内有夷狄，在边境有诸夏。

随着历史的发展，吴、越、楚、蜀、闽、秦、中山以及其他诸族先后为诸夏之国和华夏之民，到战国初形成诸夏之国，秦统一把诸夏国统一为华夏，形成一个统一的中国、中华与华夏统一的民族区域。夷狄基本被隔在中国之外的边境地区。如江统《徙戎论》："始皇之并天下也，南兼百越，北走匈奴，五岭长城，戍卒亿计。虽师役烦殷，寇贼横暴，然一世之功，戎虏奔却，当时中国无复四夷也。"②汉族就是在这个统一基础上形成的，由分散的诸夏统一为华夏，确定了以汉族为中国、中华的新的历史发展时期。

第二，从华夏到汉族，是与中原由分裂走向统一的历史联系的，与制度以及民族区域的统一联系的。秦以前是诸侯国的割据，华夏分裂，区域不统一。秦统一六国，统一制度，变蛮貊之域为郡县。汉承秦制，在汉时，以建郡县地区为中国，在郡县内的汉人包括华夏化和尚未华夏化的族人在内。中国和汉人的含义已发生变化。

第三，华夷的区别是随着华夏族的形成而逐渐严格起来的，孔子提出以周礼明华夷，但是随着奴隶制解体，华夷观念也在发生着变化。从阶级关系看，"礼不下庶人，刑不上大夫"，君子有礼，庶人无礼；从民族划分看，华有礼，夷则无礼，无礼的庶人和夷被视为"禽兽"。就这个意义讲，华是指统治民族中的统治阶级，庶人不能包括在华中，夷也不能包括在华中，所以在奴隶制中，华具有浓厚的奴隶主意识。在春秋战国时，礼的概念发生了变化，庶人可以有礼，庶人也可以变为君子，夷也可以有礼，夷也可以变为礼乐之邦。庶人和夷的地位提高，同被当作人。这才具有包括民族共同体内的人们同为华的意思。因此，再不以周礼作为民族区分的标准，而以新兴地主阶级的礼义作为民族区分的标准。到汉时，虽然有些变化，但传统的旧观念仍在当时起重要的作用。如以"禽兽"对待不服管制的无礼义的民族，"非我族类，其心必异""夷不乱华"，仍是当时汉族统治者的重要思想。

第四，华夷之分，除礼义之外，还有民族区划的划分问题。华在中国为统治民族，夷在边境为被统治民族，分中外是当时民族的华夷之分的一个重要的区域性观念。汉时主要是围绕这个问题分为两派：一种主张饬四境以安中国，变蛮夷之域为郡县；一种主张先安内以抚四方，不变其旧。另外，一种主张四夷不能入居中国；一种主张可徙四夷于郡县之内。人民是无华夷的区域之分的，他们时常打破界限而互相来往和迁徙，以调整民族间分布的格局。尽管如此，仍不能改变中外的划分。

（二）以中原各族为中华民族的时期

改变中原为汉族统治的天下，变单一的汉族的中华为多民族的中华，这是中华民族发展中的一个重大变化时期，也是诸夷乱华的时期。即乱了以中原汉族为中华，为以多民族为中华。从时间上看，是由五胡十六国到唐。

自战国以来，就严防夷狄乱中华，但中华终究还是乱了。《晋书·载记序》记载："然则燕筑造阳之郊，秦堑临洮之险，登天山，纪（一作绝）地脉，苞玄菟，款黄河，所以防夷狄之乱中华，其备豫如此。汉宣帝初纳呼韩，居之亭鄣，委以候望，始宽戎狄。光武亦以南庭数万徙入河西，后亦转至五原，连延七郡。董卓之乱，则汾、晋之郊萧然矣。郭钦腾成于武帝，江统献策于惠皇，皆以为魏处戎夷，绣居都鄙，请移沙塞之表，定一殷周之服。"夷狄之入中原，变夷为夏，从传统的观念看是对中华的"盗"取。《晋书》卷103《载记》史臣曰："若乃习以华风，温乎雅度，兼其旧俗，则罕规模。虽复石勒称藩，王弥效款，终为夷狄之邦，未辩君臣之位。至于不远儒风，虚襟正直，则昔贤所谓并仁义而盗之者焉。"这些"并仁义""习以华风""不远儒风"的族和他们所建立的政权，在进入中原之后成为中国的民族和政权，中华由汉族变成了包括这些"习以华风"的族在内的中华。中华未亡，但中原的民族构成却发生了重大变化。

这个时期虽然打破了只有汉族在中原为中华的观念，树立了少数民族已可为中原的中华的新观念，但是没有打破"天下一体"的民族构成的体制。

第一，进入中原建立政权的民族基本继承了"天下一体"'的分华夷、隔中外的理论，仍以中国、四海为根据，以四海对待尚没有进入中原的边远民族。北朝统一北方，其在郡县以外的民族仍列为四夷。

第二，这个时期还没有条件把边境统一为中国，因此进入中原的民族在发展中，多数与中原汉族融合。李慈铭《桃华圣解庵日记》辛集第二集，清光绪四年二月二十日之下有"汉人"："中国人别称汉人起于魏末。北齐以高氏，虽云渤海穆人，而欢之祖徙居怀朔镇，已同胡俗。"陈垣《通鉴胡注表微》："太子母李太后，汉人，故曰：'得汉家性质。'二族通婚融洽最易，通婚而普遍，则夷夏不复能辨矣，故隋唐以后之鲜卑，悉成中国人。"

第三，各族进入中原为华夏，而中原汉人也不断亡命于民族地区，"中国之礼，并在诸夷"③。在北朝至唐时，在地方出现了中国型的政权，而且其习俗同于华夏。这是华夏发展史出现的新变化，说明地方民族和政权也可能与华夏同风。唐在各族地区设羁縻州，为后来全国区域的统一创造了条件。

（三）南北两中国、两中华时期

这是变边境与四夷为中国和中华的时期。由于南北两朝对峙，还不能统一为一个中国和中华。

辽、宋、金是我国封建社会后期之初一个重大变化时期，由于这种变化而与封建社会前期相区别。它不仅表现在经济、政治、文化的变化上，更重要的表现在民族关系的新变化上。即由"天下一体"内的民族关系变为"中华一体"内的民族关系。由于当时分南北还未形成全国统一，因而称之为"前中华一体"。

辽是这一时期变化的开始，而金更加完善和统一。辽朝开始所作出的贡献是很重要的，表现在：辽朝把自己看成中国，看成中华；辽朝不分中外，不分华夷，变辽兴起之地为内地，纳各族于京道，设部族节度使，甚至改土归流；视契丹、汉人同是一家，赞扬统一中国内的"华夷同风"；确定与宋为一家两国的关系，而辽为宗主。金继辽更加发展和统一。金朝的发展比辽朝更深刻，而变化也更大。

第一，辽朝的契丹族尚沿袭以前入中原的北方民族，称是炎帝的后裔。金朝女真族竟提出能统一天下的不分哪个族均可为正统。

第二，金朝女真族把自己兴起之地称为内地，把各族各地纳入统一的制度之中，不分中外，同是中国。女真宣布与渤海人本是一家，女真与汉人同是国人，即是说在统一的国人中有不同的族存在。《金史》把金朝各族同看成是国人，因而除为属国立传外，一概不把国内民族视为不属中国的民族，不为四夷立传。

第三，金朝完成了包括各族在内的统一的制度，金朝制度的特点是以中原制度为骨干，把各族的制度融合进去，形成具有多民族特点的统一制度。不同地区、不同民族的习俗，作为统一中国内的地方的、民族的特点存在，消除了分华夷、隔中外的"天下一体"时的"中国"与"边境"、华与夷之分。

第四，辽、金把其国变为中国，把各族变成为中国内的族，从历史来看是在此前已为它提供了这种变化的条件和依据；从民族的发展看这也是一种趋势。

辽、金在北方建立的政权，由各族在中原构成的中原到统一的中国内各族构成的统一的中华，是中华民族的更高一层次的发展。辽、金是中华民族意识又一次大的觉醒，中华民族与各族的命运紧密联系在一起。

（四）统一的中国与中华民族的时期

元朝统一金和南宋，两个中国和中华统一为一个中国和中华，元、明、清是相连接的三个王朝，是统一的中国和中华形成和发展的时期。元朝是开创，明朝继续发展，而清朝更加巩固。

中华民族也称中国民族，中华与中国在历史上是相关的，它的内容与含义也随着历史的发展而发展，随着历史的变化而变化。最初的中国和中华是指在中原的国家，中华是指在中原的华夏（汉族）。后来中国包括少数民族在中原建立的政权，中华也包括在中原汉族以外的各族。辽、金时把边境统一为中国，中华也就包括边境的民族。中国是就国家而言，中华是就不同时期的中国内的民族而言。至少到清朝，中国和中华可以互称，中国和中国民族，也称中华帝国或中华民族。就这个意义讲，有了统一的中国和统一的中国内的民族，就有包括我国各民族在内的中国民族或中华民族。

统一的中国和统一的中国民族始于元朝统一。元、明、清是封建社会后期形成的统一的中国和中华民族时期，因此它不可避免地与封建王朝有千丝万缕的联系，没有摆脱封建王朝的特点，仍沿袭封建王朝建立国号和改元。但是由于历史发展的变化，在建国号上不是没有变化的。元世祖统一全国，建国号为元，就反映了这种变化。《元史·世祖纪》记载，其元表岁，是在于"见天下一家之义"。把天下看成是一家，居于一家的民族也就成为一个统一的中国民族的一员。至元八年十一月建国号为元，诏曰："诞膺景命，奄四海而宅尊；必有美名，绍百王而纪统。肇从隆古，匪独我家。且唐之为言荡也，尧以之而著称；虞之为言乐也，舜因之而作号。驯至禹兴而汤造，互名夏大以殷中。世降以还，事殊非古。虽乘时而有国，不以义而制称。为秦为汉者，著从初起之地名；曰隋曰唐者，因即所封之爵邑。是皆徇百姓见闻之狃习，要一时经制之权宜，概以至公，不无少贬。……可建国号曰大元，盖取《易经》'乾元'之义。兹大冶流形于庶品，熟名资始之功；予一人底宁于万邦，尤切体仁之要。事从因革，道协天人。于戏！称义而名，固匪为之溢美；孚休惟永，尚不负于投艰。嘉与敷天，共隆大号。"④ "称义而名"这是个变化，是对过去狃习的厘正。

第一，从统一的中国称谓看，元朝把全国绝大部分土地统一于行省，没有建立行省而建特别区域的地方，也把政令统一于中央；在全国各民族有了共同的区域。元自称是中国，外国称元为"大国""上国""天朝"。明时不仅自称为中国，而外国亦称明为中国。及至清朝仍沿明为中国，元、明、清为朝代名称，而中国是包括各族在内的统一的多民族的国称。

第二，从中华民族看，元时把全国统一于中国之中，被统一于中国之内的各族为中国民族。元时由于民族的融合以及民族情况的变化，对民族的划分又作了新的调整。《元史·世祖纪》："女真、契丹同汉人。若女真、契丹生西北不通汉语者同蒙古人；女真、（契丹）生汉地，同汉人。"汉人、南人之分纯属地域性的划分。明时继承了元代统治的民族思想，强调各民族为一家，"朕既为天下主，华夷无间，姓氏虽异，抚宁如一"⑤。清朝是中华民族的发展巩固时期，各民族同属中华，蒙古准噶尔部首领噶尔丹自称"我与中华，一道同轨""向在中华皇帝道法之中，不敢妄行。"⑥"蒙古从来就是，现在仍然是（中国）汗殿下的臣民"⑦。黑龙江流域诸族，也认为是"中国清朝皇帝"的臣民，当时的沙俄侵略者也称当时的清朝是"中华帝国"⑧。

清王朝被推翻，作为封建特征的王朝称号便从历史上消失，中国和中华民族便以崭新的面貌出现，由封建的中国、中华变成民国，但中国和中华民族的解放是在中华人民共和国成立。对元以后统一的中国和中华的正确理解，不仅对历史上的民族，而且对现实的民族的团结、统一也有着现实意义。

三、北方民族与政权在中华民族发展中的地位与作用

北方民族及其所建立的政权，在中华民族发展中的地位与作用，是同它们加入中华民族的过程分不开的，同它们对中原的向心力以及中原对它们的影响、促进分不开的。

北方民族及其所建立的政权，在中华民族发展中的地位，随着所处的不同历史时期的变化，在不断地变化和提高，其地位提高的过程也就是逐级地、有层次地成为中华民族一员的过程。

北方民族及其所建立的政权，在中华民族发展中的地位，可分为两种情况，即作为边境的民族与政权的地位和作为中国的民族与政权的地位。作为边境的民族与政权，被排斥在中华民族之外，处于臣服的地位，地位

低下。由于尊卑的等级观念的支配，夷狄不能入中原，夷狄不能转化为华夏。夷狄入居中原和变夷为夏，是"乱华"。把有着千丝万缕联系的华夏与夷狄的关系，看作是不可互相转化、地位也是不可变化的关系。这是历朝所制造的民族隔阂的反动民族思想的表现。

王船山继承了"非我族类，其心必异"的反动理论，认为天下"大防"之一就是隔华夷，他说："中国夷狄也……夷狄之与华夏，所生异地，其地异。其气异矣；气异而习异，习异而所知所行蔑不异焉。"⑨他认为"绝夷于夏"，就是"绝禽于人"，是万世守之而不可变易的，他反对夷狄入居中原："夷狄阑居塞内，狎玩中国，而窥闭乘弱以资寇攘，必矣。其寇攘也，抑必资国家之奸宄以为羽翼，而后足以逞，使与民杂居，而祸烈矣。"⑩王船山的民族思想与历史上进步的民族思想相比，有天壤之别。

相反地，在历史上出现的以本族国俗为是，反对学习中原先进制度，制造分割对立，也同样是与历史上进步的民族思想背道而驰的。各族人民间的正常发展，是互相帮助、互相学习，后进学先进、超先进。但是在封建社会中是在阶级关系的支配下，这种发展和变化都要付以牺牲、代价才能换取民族的进步。正因为如此，各民族都是在共同反对阶级压迫中求进步，促进民族的联合。作为臣服地位的边境的民族与政权，他们的每一次发展，是民族的自身进步的需要，是华夏族的发展和扩大的需要，是国家的进步和统一的需要。变边境的臣服民族与政权为中国的民族与政权，是一种合乎规律的变化过程。

由边境的民族变为中原的编户，由边境的政权变为中原的政权，是北方民族政权的地位变化的关键，也是中华民族发展为多民族的结构的关键。作为中国的民族和政权，在中华民族的发展中其地位也在不断地变化和提高。

第一，由封建割据的列国到北朝。北方民族在发展中不断地设法提高其地位，而进入中原建立封建割据的政权，是第一次取得与汉族封建割据的列国地位。在这以前还只能在其原有地区发展由蛮夷之国变为列国，参与争霸，甚至向周王室问鼎。由列国进而统一北方，建立北朝，与南朝对峙，取得与汉族同等的地位发展北中国。其统治地位高于封建割据政权，在发展中华民族的经济、政治、文化中也取得了与南朝相等的地位。

第二，由对等的前北朝到不对等的后北朝。辽、金继北朝之后，把原来南北对等的关系发展为不对等的关系，确立了北朝的受贡国与南朝贡国的关系，南朝向北朝称臣，北朝成为南北两朝的宗主。由对等的北朝发展为不对等的宗主，是北朝在中华民族的发展中地位的进一步提高。

第三，由南北两朝的宗主到全国统一的多民族的中国与中华的最高统治者。这是北方民族的地位及其所建立政权发展的最高层次。由于地位的变化，空前地把全国统一为一个中国、一个中华，北方民族及其所建立的政权在中华民族发展史中所处的地位更是举足轻重。

北方民族及其所建立的政权，在中华民族的发展中所起的作用，是由其所处的地位决定的。从总的方面来看，北方民族不是中华民族发展的破坏者，而是积极的参加者和发展者。因此，"夷狄乱华"的思想是没有道理的。从中华民族的发展过程来看，北方民族及其所建立的政权，对中华民族的发展在以下几个方面起了重要的作用。

第一，北方民族在发展中，不断地与中华保持不可分割的联系，为中原汉族的发展和扩大增添新的血液。汉族的发展和扩大不是孤立地进行的，北方民族也就是"许多民族"中的一部分。就这个意义讲，作为华夏的中华从它形成的那一天起，就有着华夏族以外的我国许多民族的血液，更确切地说，我国古代的各民族早就以不同的方式参加了华夏（汉）民族的队伍中来，构成汉族血液组成的一部分，由夷狄转化为华夏（汉）的先民。各民族与华夏（汉）族共同融合为一个族，从民族的构成来看，是两种力量的互相影响和互相作用而形成的，一是来自各族对华夏的向心力；一是来自华夏族对各族的吸引和催剂的力量。这两种力量是在一体中，在战胜离心力与排斥力的反作用的情况下，使各族与汉族融合为华夏（中华）。这就是百源汇集，万水合流，形成了各族的民族主体和文化发展的核心。

北方民族与华夏（汉）族融合而参加汉族的队伍，是通过两个途径实现的，而这两个途径又有两种不同的方式。从各族加入华夏（汉）的途径看，一是华夏（汉族）的发展扩大，向各民族地区开辟土地，变蛮貊之域为衣冠之乡，变荒服之国为礼乐之邦。

另一个途径，即北方各族入主中原，变夷为夏，变边境的民族为中国的民族，变边境的政权为中国的政权。前者是开拓边境，后者是入居中土。而实现这种变化的，有两种方式，一是各族间的和平来往，互相调动其所居住的地区；一是付诸武力实现，如中原王朝对边境民族的征服和边境的民族对中原的征服。不管是通过什么途径和采取什么方式，北方各族在同中原华夏（汉族）的共同生活中，接受中原先进文化的影响而加入了华夏（汉族）的队伍。北方民族加入华夏（汉族）的队伍不是消极的、被动的，而往往是通过对本族改革而实现的。与华夏（汉族）结合为一个中华，北方民族在历史上做出了贡献，在发展、补充和扩大华夏族的发展中起了重要的作用。特别是在封建社会后期，把边境的民族纳入"中华一体"之中，在北方中国的发展中所起的作用尤为可观。

第二，北方各民族原来属于被歧视的民族，他们的发展和民族意识的觉醒，对传统的旧民族观念的改变和在实际生活中所给予的冲击是一种不可抗拒的力量。北方民族在我国的历史发展中，对单一的汉族所建立的政权为中国政权，以及汉族为中华的观念的修正和更改，起了重要作用。他们把北方各族纳入中国和中华，朝着多民族的中国和多民族的中华的历史方向发展。这种以改变我国民族关系新变化的新的民族意识的产生和发展，不可能是来自北方民族中的守旧势力，也不可能是来自中原汉族王朝中的权贵势力。在北方民族中的汉化较深的民族、被压迫较重的民族、欲摆脱旧的民族传统观念束缚的民族中，产生了一种对分华夷、分中外的反抗思潮，这种思想和汉族中的中下层反对权贵的士子结合，便产生了一种民族自觉的运动，同传统的"正闰观"对抗。

过去讲，"夷狄之有君，不如诸夏之亡也"，他们就要有君，而且要有礼义。过去讲，"非我族类，其心必异"，他们就提出不分华夷，均有相同的"志略"，夷狄与华夏同源。过去讲，分中外，"夷不乱华"，他们就要入主中原，行中原制度，为正统，反对"乱华""僭伪"之说。过去讲，夷狄不能作中国皇帝，他们就更改天命之说，夷狄作皇帝同样是天命归有德。在中华民族意识的觉醒上，乱旧有的华的观念为多民族的华的观念中，北方民族及其所建立的政权的作用是不可忽视的。

第三，北方民族及其所建立的政权，在发展中华民族的过程中，从各个方面促进和加速了统一的中华民族的形成。特别是历史发展到封建社会后期，北方民族在中原统治已经取得主要的地位，在北方的建置还没有统一，把北方边境的各地区、各民族都纳入"中华一体"之中，北方民族及其所建立的政权在这方面所起的作用是超前的。这主要表现在：

其一，把北边的各民族大多数纳入统一的设置之中，置于京道或路管辖之下，皆为国人，都是国家的编户，使统一的多民族的中华有了共同的疆域。

其二，为了发展包括各族在内的中华民族，采取对不同族因俗而治的办法。这个时期的因俗而治，不同于过去，而是把各地区、各民族都纳入一个道统之中，是"一道同轨"，而不是多道同轨。

其三，北方民族及其所建立的政权，要成为中华民族中的统治民族，首先得变革本民族为先进的民族，同汉族所建立的中原政权一样对中原制度和文化合法的继承。历史赋予北方民族政权的一个任务，就是把中原制度发展为包括其他民族的制度、文化艺术、习俗在内的，以中原华夏文化为核心的具有多元、多民族特点的新的统一制度，以便适合于对多民族的中国统治的需要。北方民族及其所建立的政权，在这方面也起了重要作用。

其四，北方民族及其所建立的政权，在发展中华文明的过程中都发挥了不同程度的作用，共同发展中华民族的文化，出现了不少在各方面有贡献的人物。

第四，中华民族是我国各民族的中华民族，他们从来也不自外于中华。各民族在中华民族的发展中，在以下几个方面起着作用。

其一，他们在"中华一体"中，与汉族一起，并用中原的先进生产技术和方法，开发祖国的边境地区，发展了农、林、牧多种经济，在改变边境的经济面貌上起了应起的作用。为加强中华民族各族的经济文化联系，加强边疆与中原的经济文化联系做出了贡献。

其二，北方各族人民在"一道同轨"的"中华一体"中，对捍卫中华民族的统一做出了贡献。

其三，北方各族人民，在其发展中对沟通中外文化的交流与来往也起了应起的作用，而且对外产生了重要影响。

我国的各民族，是一家和一体的关系。不管是作为"天下一体"时的一员，还是作为"中华一体"时的一员，都为中华民族的发展做出了不同程度的贡献和起了不同程度的作用。

注：

①郭沫若等：《中国人类化石的发现与研究》，科学出版社，1955年，37页。

②《晋书》卷56《江统传》。

③［唐］温大雅：《大唐创业起居注》卷1，明万历年刊本。

④《元史》卷7《世祖本纪四》。

⑤《明太祖实录》卷53，洪武三年六月丁丑条。

⑥［清］温达等：《亲征平定朔漠方略》卷7，康熙二十九年七月己酉条、康熙二十九年秋七月壬寅条。

⑦苏联科学院远东研究所：《十七世纪俄中关系》卷2，商务印书馆，1975年，第829页。

⑧［法］张诚著，陈霞飞译：《张诚日记》，商务印书馆，1973年，

第35页。

　　⑨［清］王夫之：《读通鉴论》卷14。

　　⑩［清］王夫之：《读通鉴论》卷7。

　　⑪毛泽东：《论十大关系》，载《毛泽东选集》（第五卷），人民出版社，1977年，第278页。

第五章　儒家思想与北方民族政权
发展的关系

自孔子建立儒家学派以后，经过长期的发展则不断地发生着变化，内容也随时而更新。儒家思想从它产生的那个时候起，就与国内的各民族发生着密切关系。后来，北方民族及其所建立的政权在发展中，无不对儒家思想加以继承与发展，并从内容上加以补充和修正。从北方民族政权对儒家思想的继承来看，王通的儒家思想起着承前启后的作用，对辽以后的政治发展起着重要的影响。这是因为王通在五胡十六国、北朝之后，比较侧重总结民族关系的变化，继承和发展了儒家的思想。

一、春秋战国——魏晋儒家思想的发展
与民族关系

从春秋战国到魏晋，儒家思想的发展经历了春秋战国时期的儒学、西汉时期的今古文经学和魏晋时期的经学。儒家思想的发展变化与民族的关

系极为密切，这个时期是民族理论和民族关系发展的第一个阶段。由于儒家思想的约束，各民族对儒家思想还处于被动地接受阶段。

春秋战国时期儒家思想还处于产生和发展的初期，也就是较为初始的时期，其代表人物是孔子、孟子和荀子。孔子是儒家的创始人，他的主要思想由四部分组成：以德为客观绝对观念的天命观，以仁为核心的哲学思想，以礼为别的尊卑论，以中庸为权衡的方法论。孔子死后，儒学在传播过程中分为许多派，其主要的是孟子和荀子。孟子主要继承了孔子的仁的思想，他由孔子的仁提出人性善，强调自身修养，由孔子的仁提出仁政，由孔子的德提出王道，主张"民贵君轻"，反对暴政，以仁易暴，认为征伐暴君是正义的，不犯"弑"罪。荀子从另一方面继承了孔子的礼乐思想，他由孔子的礼得出人性恶，强调教育，由客观的礼提出唯物主义的天命观，综合道家、法家思想，确立法后王的思想。孟子是孔子学说正传的发挥，荀子是对孔子学说的改造，前者是适于由奴隶主贵族转化为封建贵族的政治需要，后者符合了新兴地主阶级的政治需要。

秦统一后，"天下一体"的统一的多民族国家确立和发展起来。汉武帝以后，从孟子、荀子两个方面继承（即继承以孟子为正宗，继承荀子的兼蓄诸家之说）确立和开创了以孔孟为正统的汉代儒家思想，儒学取得了独尊的地位。在这个开创中做出贡献的是董仲舒。董仲舒治春秋公羊学，他一方面改造儒家，另一方面兼容诸家之说，把黄老刑名学、阴阳五行学、墨学、法家学说统一为一个融合体，合孟荀两派为一，统归属于孔子名义之下。董仲舒的儒家思想兼采孟、荀的性善、性恶，归结为他的性三品。孟子沿孔子的天德、仁政、天命不常，提出了以仁易暴的思想；荀子把天看成是自然，不仅求知天，而且要制天。君子是天地所生的"治人者"，民是天生的"治于人者"，"与天地同理，与万世同久"。①他以礼最后达到与孟子同归。董仲舒又从天人的关系达到"天人合一"的思想。

董仲舒的今文经学，是合时的，但他把儒学阴阳五行化，结果把儒学变成迷信和烦琐，成为其不可克服的弱点。古文经学在于复古，是不合时的，而反对今文经学的迷信、烦琐则有进步意义。东汉古文经学代之兴起，集古文经学大成的是马融，他的学生郑玄又糅合今文、古文经学，为天下所宗，直接影响以后的经学发展。

魏晋称儒学为名教，崇尚玄学，王弼始以玄学说《易》。魏晋儒学的特征是从两汉经学束缚中解脱，博采众说，以不守一家之法、一师之说为其主要特点。这一时期的特点，一方面以名教维护封建贵族的统治；另一方面以玄学道教来满足贵族的超世的清静无为的生活。

从春秋战国到魏晋的儒学与奴隶制解体、封建制确立，特别是"天下一体"的统一的多民族的国家的确立发展和变化相适应的。这个时期的儒家思想中的民族思想，也是适应当时的民族关系统治的需要而在发展和变化。作为儒学的组成部分的民族思想，始创于孔子，发展于荀子，为秦统一后所奉行。

孔子出生于周灵王二十一年（鲁襄公二十二年）。在孔子出生前华夏族即已形成，当时华夷交错杂居。《尚书·武成》："华夏、蛮、貊，罔不率俾。"此是初见的"华夏"一词，周人自称是夏，称殷为殷人，华夏族的形成当在春秋之时。《左传》襄公十一年："晋侯以乐之半赐魏绛，曰：'子教寡人和诸戎狄，以正诸华，八年之中，九和诸侯，如乐之和，无所不谐，请与子乐之。'"又襄公十四年，戎子驹支说："我诸戎饮食衣服，不与华同，贽币不通，言语不达。"华夷之分在于风俗习惯不同。当时晋使之居南鄙之田，理由是"诸戎是四岳之裔胄"，因而采取不驱逐的政策。

孔子明夷夏，分中外，定贵贱，以周礼作为标准，行周礼者为华、为中、为贵；反之为夷、为外、为贱。荀子以礼区分夷夏已不再是周礼，是封建地主阶级的礼，但同以礼区别夷夏、中外、贵贱则是相同的。荀子的理论为后人所继承。当时的中外是"天下一体"的中外，"天下"也就是国家，二者是一体的，荀悦《申鉴·政体》："天下国家一体也，君为元首，臣为股肱，民为手足。"《后汉书·贾谊传》："天子者，天下之首，何也？上也。蛮夷者，天下之足，何也？下也。"首与足是国家一体，上下首足的地位不可颠倒，汉朝天子本是首，匈奴是足，而汉每年向匈奴致金絮采缯，在贾谊看来是"足反居上，首顾居下，倒县如此，莫之能解②"。

汉朝的儒家思想是对孔子、荀子思想的继承，今文经学者主要是继承荀子的礼，不是孔子周礼，而古文经学当是标榜周礼。但他们都是别夷夏，隔中外，分贵贱的。董仲舒把天下分为中国、四海。集今文经学大成的何休，在《文谥例》中说："内其国而外诸夏，内诸夏而外四夷。"《盐铁论》中的"贤良""文学"是儒家思想的代表，他们以儒家思想为武器讨论当时有关的民族问题，是当时儒家对民族问题看法的总汇。

第一，儒家的思想，主张对四夷"贵德""蓄仁义"，反对武力防御和征伐"③。

第二，主张对四夷主要是"加之以德，施之以惠，北夷必内向，款塞自至。然后以为萌，外于列臣"④。

第三，主张"偃兵休士，厚币结和，亲修文德"⑤。主张大可以御小，反对以强凌弱。"两主好会，内外交通，天下安宁，世世无患。"反对"竭中国以役四夷"⑥。

第四，主张"故君子敬而不失，与人恭而有礼，四海之内皆为兄弟也"⑦。"外内合同，四海各以其职来祭"⑧。

第五，主张"德施方外，绝国殊俗"⑨。

第六，主张"以义取之"，如武王伐殷，反对秦以力取之；主张以德守之，反对秦"以法守之"⑩。

第七，主张安中国以德四夷，反对安边以弊中国。提出"昔齐桓公内附百姓，外绥诸侯，存亡接绝，而天下从风"⑪。

第八，"贵中华，贱夷狄"，其居中国之外地，"天所贱而弃之"，如"中国之麋鹿耳"。不可以礼义责求⑫。

汉代儒家的民族思想，是不使地方民族发展，不使其为中国（中原）

人，不得习礼义。这种思想是落后的，保守的，远不如当时的大夫、御史的思想激进。但都是民族压迫思想，他们在对待民族的划分标准上是一致的。

用德抚宁或用武力征伐，都制止不了民族的互相迁徙和互相影响。汉魏时有大批北方民族迁入中原为中国人，现在已不是单纯的边境上无礼义的民族，而是习中国经典、为中国编户的民族。在少数民族大批迁居郡县的情况下，出现了江统的《徙戎论》。《徙戎论》同样是用儒家的思想，想用武力把他们驱逐到原来的住地。《徙戎论》是对那些已成为中国的民族，既不给他们同等待遇，又不给他们生活出路，使之置于死地的政策。

《徙戎论》的基础是儒家的传统思想："夫夷蛮戎狄，谓之四海，九服之制，地在要荒。《春秋》之义，内诸夏而外夷狄，以其言语不通，贽币不同，法俗诡异，种类乖殊，或居绝域之外，山河之表，崎岖川谷阻险之地，与中国壤断土隔，不相侵涉，赋役不及，正朔不加。故曰'天子有道，守在四夷。'"[13]

《徙戎论》叙述了戎狄内徙的事，从"非我族类，其心必异"的反动理论出发，虽然看到入居中原的民族，受"士庶玩习侮其轻弱，使其怨恨之"。而起来反抗，但对此正义行动毫无伸张，一味地从"夷不乱华"的传统观念，宣扬其"有猾夏之心"，把他们敌视为"禽兽"，主张用武力驱散，使之"不能相一"，重归旧土，以恢复周朝"惠此中国，以绥四方"的旧的民族布局。

无论是以武力还是以德教拒夷狄于荒服，都失败了，相反的是不可遏止的少数民族内徙，因此，《徙戎论》也破产了。《徙戎论》唱出后，不及十年，出现了"夷狄乱华"。旧的儒家思想已不适合新的民族关系的变化，儒家思想又将进入一个新的变化和改造时期。

二、五胡十六国、北朝的儒家思想与北方民族
政权的关系

　　两晋由于玄学的发展，儒学衰落，五胡十六国时期儒学一方面有维护封建制秩序的作用，而少数民族所建立的封建割据政权，为了继续对中原地区的统治也需要儒学的存在；另一方面儒学思想中传统的"贵中华，贱夷狄"的思想已不符合少数民族在中原的统治，学习中原的儒家经学，在政治上维护儒家的正统地位，但对传统的民族思想则需要进行新的解释，使之成为多民族的思想武器，是这个时期儒学变化的特点。因为当时还处于这种变化的时期，两汉以来的儒学在这方面便消失了它传播发展的条件，儒学更显得衰落，特别是魏晋的玄学在北方失去了它存在的基础，佛学与儒学并存，并盛行起来。

　　北魏统一北中国，儒学在南北各自统一的情况下，儒学各自在南北发展，北方保持了东汉以来的古文派学风，而南方因袭魏晋的学风。郑玄所注《易》《书》《诗》《三礼》《论语》《孝经》；服虔所注《左氏春秋》；何林所注《公羊传》为北朝经学所用。北朝与后来的金朝相同，少有名儒，北朝名儒只有两大家，一是徐遵明，一是刘献之，皆有著作。

　　北方注重汉儒所注经学，因为这种经学对刚进入封建制的北方民族来说则更容易被接受，但经学在北方一直保持正统的地位。

　　（一）以儒学培养和提高本民族的文化素质

　　北方各族在中原建立政权，行汉制，而更重要的是把本民族培养为具有中原文化的民族，以儒学培养和提高本民族的文化素质。建立汉、前赵的匈奴，在其统治集团中有不少是具有中原文化的儒生。建立汉国的刘渊（元海），自幼好学，不舍昼夜。师事上党人崔游，学习《毛诗》《京氏易》《马氏尚书》，尤其是喜好《春秋左氏传》《孙吴兵法》，都能简略背诵，《史记》《汉书》以及诸子之书，无不综览。结交汉士人，朱纪、

范隆是他的同门生徒。曾被王浑、李憙所见识，王济在文帝前称刘渊："虽由余、日殫无以加也。"太康末，拜北部都尉时，"幽、冀名儒，后门秀士，不远千里，亦皆游焉"[14]。刘和，好学夙成，习《毛诗》《左氏春秋》《郑氏易》。刘宣，好学修絮。师事乐安孙炎，据《魏志·王肃传》："时乐安孙叔然受学郑玄之门，人称东州大儒，征为秘书监。"注云："叔然与晋武帝同名，故称其字。"

刘聪是渊四子，幼时聪悟好学，博士朱纪对他大以为奇，年十四，就究通经史，兼综百家之言，《孙吴兵法》都能背诵。工草书，善属文，写述怀诗一百余篇，赋颂五十余篇，是个有著述的诗文家和书法家。太原王浑称其不可测，"弱冠游于京师，名士莫不交结，乐广、张华尤异之也"[15]。陈元达是后部人，少年孤贫，"常躬耕兼颂书，乐道行咏"[16]。

刘曜改汉为前赵，是渊的族子，少孤，见养于渊，自幼聪慧，有奇度。《魏书·刘聪传》称："颇知书计，志性不恒。"渊称其是："此吾家千里驹也。"[17]读书志于广览，不精思章句，善属文，工草书，尤好兵书，略皆闺颂。曾隐迹在菅涔山，以琴书为事。

汉、前赵匈奴多儒生，又广结汉族的儒生，其以继汉室自许，继两汉之后能在北方保持儒学独尊的地位。

后赵石勒，是上党武乡羯人。祖籍中原，尝为人力耕，被卖为奴，作佣，当是习汉俗的，但因未读书，不得以儒称。及其为帝，其家多受汉文化的教养，其次子弘，受经于杜嘏，诵律于续咸。向刘征、任播学习兵书。石勒即位，立为太子。"虚襟爱士，好为文咏，其所亲昵，莫非儒素"。被徐光看成是守成求治的好的继承人。"勒对徐光曰：'大雅（弘之字）情倍，殊不似将家子。'光曰：'汉祖以马上取天下，孝文以玄默守之，圣人之后，必世胜残，天之道也。'勒大悦。"[18]石季龙，是勒的从子，史称："季龙虽昏虐无道，而颇慕经学。"[19]建立后赵的羯族对汉文化学习的程度较浅，但也不放弃对儒学的学习，石弘算是学习汉文化有成绩的一人。

慕容所建诸燕，专尚儒学。慕容廆以精通儒学的刘赞为东庠祭酒，其世子皝，率着国胄束修受业，"于是路有颂声，礼让兴矣"[20]。慕容皝"尚经学，善天文"。"雅好文籍，勤于讲授，学徒甚盛，至千余人。亲造《太上章》以代《急就》，又著《典诫》十五篇以教胄子"[21]。前燕成为发展经学盛地之一。第二子儁，"博观图书，有文武韬略"。雅好文籍，在位期间，讲论不倦，利用览政的余暇时间，唯与侍臣错综义理，其所著述有四十余篇[22]。慕容宝，工谈论，善属文，"敦崇儒学"。慕容德博览群书，多才艺，史称"崇儒术以弘风"[23]。儒学于诸燕保持不衰的地位。

由氐人苻坚所建立的前秦，也特别重视儒学。苻健时"修尚儒学"。苻坚8岁时诸师就家学习，"博学多才艺"[24]。坚之长庶子丕，少年时就聪慧好学，博综经史。坚族孙登，颇览书传。

后秦姚兴，也崇尚儒学，兴每于听政之暇，引耆儒姜龛等在东堂，"讲论道艺，错综名理"[25]。兴之长子泓，博学善谈论，尤其喜好诗咏，泓受经于博士淳于岐。于前秦、后秦时，长安一直是儒学兴盛之地。

儒学为各族学习与掌握，提高了民族文化的素质，提高了民族意识的觉醒，他们已意识到作为中国的民族与政权，必须具有与中华相同的表现在文化上的心理素质。这个变化对少数民族来说，不是倒退；对中华民族的发展和扩大来说，也不是倒退。

（二）各族为作中国族和中国政权立说

北方民族进入中原为编户，他们与汉人民同受当时王朝的剥削与压迫，在生产与阶级斗争中使他们联合起来。从少数民族中的上层来看，也在统治集团的内部斗争中，使他们同汉族的某些集团联合起来。这是他们同汉人以及同当时王朝的大士族矛盾的中下层儒生合作的基础。

少数民族进入中原仍受到民族的歧视。由于他们过去在别华夷，隔中外的统治下，给少数民族造成极大的自卑感。尽管他们已有发展，改变本族原来的生活方式，倾心华夏，他们仍不得不承认他们与华夏不同，慕容儁在群臣劝尊帝号时说："吾本幽漠射猎之乡，被发左衽之俗，历数之策，宁有分邪？卿等苟保褒举，以觊非望，实匪寡德所宜闻也。"[26]石虎（季龙）更明确地说：我不是汉人，做了中国皇帝，理应兼奉中国神和外国神。当时的晋朝统治者也不把他们看成是中国人。与此同时又有少数民族不能作中国皇帝的传统观念的束缚。在这种情况下，少数民族统治者由于掌握了汉文化，再加上归服的汉族儒生与之合作，他们从历史中找到了作中国皇帝的依据。

第一个根据，他们看到过去成为中原王朝的，起初都不是在中原，但是他们却都成为中原王朝。他们得出一个看法，即原不是华夏族的也可成为中原人和建立中原政权。华夷虽殊俗，但有着共同的"志略"。他们接受了"天人合一""天受有德"为帝王，"天命不常"的思想影响，天命不仅在汉族内不常，在民族间也是不常的。合天德人愿都可以作皇帝。建立汉国的刘渊（元海）说："夫帝王岂有常哉！大禹出于西戎，文王生于东夷，顾惟德所受耳。"[27]石季龙称尊号，则说："朕闻道合乾坤者称皇，德协人神者称帝，皇帝之号，非所敢闻，且可称居摄赵天王，以副天人之望。"[28]于是皆称"中国皇帝"。

第二个根据，过去的诸夷狄为四岳之后，炎黄之裔说，帮助了当时的各民族。他们都从历史上寻找其族是先帝先王后裔的依据。

建立汉国、前赵国的匈奴称是"淳维、伯禹之苗裔"。建立北凉的沮渠蒙逊，临松卢水胡人。其先世为匈奴左沮集，以官为氏，为匈奴后裔。建立夏国的赫连勃勃，匈奴右贤王去卑之后，属刘渊之族。自称是匈奴夏后氏之苗裔，国称大夏。

慕容鲜卑是"有熊氏之苗裔，世居北夷，邑于紫蒙之野，号曰东胡"。《十六国春秋·前燕录》："昔高辛氏游于海滨，留少子厌越以君北夷，世居辽左，号曰东胡。"有熊氏是黄帝，高辛氏是帝喾。建立北朝的拓跋鲜卑，自称是黄帝子昌意的后裔，北周武帝也自称我不是五胡。

建立前秦的氐人自称"其先盖有扈之苗裔，世为西戎酋长"。建立后秦的羌人，也说："其先有虞氏之苗裔，禹封舜少子于西戎，世为羌酋。"㉙

这本来是无根据的，但它有同源说在先，又有作中国皇帝的需要，却成为北方民族中思想变化的重要倾向。

第三个根据，是从与中原的汉王朝的关系中找到建立政权的依据。刘渊是新兴匈奴人，于西汉高祖时以宗女为公主，以妻冒顿，约为兄弟。故其子孙遂冒姓刘。刘渊说："吾又汉氏之甥，约为兄弟，兄亡弟绍，不亦可乎！且可称汗。"㉚慕容廆凭着与晋室的关系，依据历史尊周勤王的经验确立了尊晋勤王的路线。以达到合法的称王的目的，建立后赵的羯人，他们从古书中找出先帝先王后裔的关系是很困难的。石勒无据可依，出身微贱，攀不到晋室上去。只好从一般百姓找到神话式的作中国皇帝的依据。当他被群鹿解救出后，"俄而见一父老谓勒曰：'向群鹿者我也，君应为中州主，故相救尔。'勒拜而受命。"㉛石虎（季龙）只好听从佛图澄对他说：曾有一得道人预言后身要于晋地为帝王，他从被说是胡教的佛教中找依据，借助于佛教的帮助。其实石勒也从儒家思想中找到了依据，即天命归有德者为帝。

不管上述的依据可靠或不可靠。但它说明一个事实，民族关系发生了变化，以中原汉族为华，汉人所建立的政权为中国动摇了。传统的旧观点应当重新改变，各族皆可作"中国皇帝"。

（三）以儒为正统发展儒学

各族自称是先帝先王的后裔，而且又称是对先帝先王事业的继承，实际是说自己是先帝先王的正统，范文澜说：魏太武帝"显然是在对汉人说，我是黄帝子孙（拓跋自称是黄帝子昌意的后裔），有权继承羲农的正统。"㉜

北方民族政权为说明自己是正统，因而以儒学为正统加以崇尚，发展儒学在佛、道、儒中的应有地位。

汉、前赵所用文人多是匈奴、汉儒生，刘曜立太学在长乐宫东，小学在未央宫西，简百姓年龄25岁以下13岁以上神志可教的千五百人，选朝贤宿儒明经笃学的任教。以中书监均领国子祭酒，置崇文祭酒，秩次国子，散骑侍郎董景道以明经提拔为崇文祭酒。后赵石勒在襄国设太学，宣文、宣教、崇儒、崇训等十几所小学，大小学各置博士教授五经。石勒因行儒学，改革报嫂、居父母丧时嫁娶的旧俗。石虎（季龙）令郡学增设五经博士，又令学博士到洛阳写石经，优礼天下名儒杨轲。前燕专尚儒学，佛教在前燕无地位。慕容廆以刘赞为东庠祭酒。慕容皝赐其大臣子弟为官学生者号高门生，立东庠于旧宫，以行乡射之礼，每月亲临，考试优劣。亲临东庠考试学生。其经通秀异的擢充近侍。前秦苻坚大兴学校，每天到太学考核诸生经义优劣。后秦姚兴时，学生多到一万数千人，其他如北凉有阚骃撰《十三州志》。儒学在北方的继续和发展，对于原来后进的民族来说这正是个极大的进步。一直到北朝偶学仍保持其为正统的地位。魏武于平城立太学，置五经博士生员1000多人，后增至3000人，魏献文帝设乡学，大郡置博士2人，助教4人，学生百人。最小的郡县也置博士1人。助教1人，学生40人。迁都于洛阳后，私学尤盛。宇文泰尤重储学，周武帝定三教，以儒为先。儒学对促进鲜卑改革和汉化起到了重大的作用。

（四）北方儒学的特点

北方民族进入中原建立政权，这些政权是中国型的封建政权，虽有不同的类型和特点，而且各民族接受中原文化的程度也不同，但都在北方保持儒学的正统地位则是相同的。

北方诸民族政权在儒学的发展中有其特点，而这些特点与北方民族政权的特点相适应。

第一，北方民族在进入中原建立封建政权之前，一般地讲都没有经过奴隶制的社会阶段，由氏族社会末期直接向封建制飞跃。北方民族在由氏族制末期向封建制飞跃之前，它们的社会经济发展也是不相同的，有的已进入以农业为主的社会，有的由畜牧业经济向农业经济过渡，出现半农半牧的经济，有的畜牧业还在社会中占着支配地位，而在每个族所占领的区域内的经济也是不平衡的，造成这种不平衡，有的是地域的原因，有的是民族的原因。

尽管如此，他们有个共同的特点。即都是经由氏族制的末期而进入封建社会，因而家长制和头目制还严重地存在着。由于这种复杂的情况，确定了他们在向封建制变革中，东汉以来的古文经学派的经学对于他们来说更易接受。玄学对他们来说不如从初始发展来的经学更为适用，容易和他们的社会结合，也容易被原来文化水平低的北方民族所掌握，这几乎是北方民族在其初接受中原儒学时的一个有普遍意义的特点。

北方民族政权的经学发展，与南朝是两种不同的情况。南方是继两晋亡后的继续发展，北方则打破了原来的发展，这就是"夷狄乱华"，乱汉族一个民族的华为多民族的华。因此。它的儒学发展的起步不是继两晋继续发展，而是把原来分华夷、隔中外的儒家思想打乱之后，重新加以改造，以东汉以来的古文派经学为主继续和发展起来的。这个变化，要比由两汉儒学到魏晋儒学的变化大得多。不从这一点看问题，对北方的多民族进步，对中华的民族构成的扩大就无法理解。

南北学风的不同是南北社会发展的情况不同使然，从南北经学主要方面看，北方经学宗郑玄，明训诂章句，渊综广博，少出新义；南方兼采郑玄、王肃之学，也兼采玄学，阐发侄义，清通简要，贵有心得[33]。北方由少数民族建立的政权，着眼于本民族对经学的接受，重在应用，提高其文化，改旧俗，破传统观点，不是在魏晋儒学之上求进展。所以南北经学的发展也颇异趣。北方就是在这个情况下，从各族中出现了众多的懂得经学的儒生。这是北方经学的一个特点。

第二，由于北方经学向北方各族的传播和发展，特别是作为北方民族政权的统治民族，需要把经学和其本族尚武结合起来。同时要求经学和史学、文学结合起来学习和应用。刘渊学经也学史，同时还学《孙吴兵法》，所以他具有北方学经的特点"无不综览"。他学文也学武事，他的武事"绝妙于众"。他说："吾每观书传，常鄙随陆无武，绛灌无文。道由人弘，一物之不知者，固君子之所耻也。二生遇高祖而不能建封侯之业，两公属太宗而不能开庠序之美，惜哉！"[34]石勒次子弘，学经律，也学兵事，学击刺。慕容儁"博观图书"，也是文武双全。荷坚挥剑捶马，志气感励，为士卒所惮服，同时也"博学"[35]。这是北方民族学习儒学的一个较为明显的特点。

第三，北方民族进入中原作中国皇帝，由于他们是从不同的情况走上同一的封建制度，为了在各政权间争衡，追求统一，他们对儒家政治思想中各种政治模式有更大的选择余地，推崇的正统也更广，向往羲农之治，夏、商之治，两汉之治，乃至魏晋制度，这样，他们就可以从儒家的政治思想中寻找发展的蓝图。刘渊图治的政治蓝图是盛汉，他想"上可成高祖之业，下不失为魏氏"，他把汉看成是"道迈三王，功高五帝，故卜年倍于夏、商，卜世过于姬。"[36]石勒为自己的政治蓝图有个自画像，实际上也是他所欲为的，他问徐光："朕方自古开基何等主也？"徐光对曰："陛下神武筹略迈于高皇，雄艺卓荦超绝魏祖，自三王以来无可比也，其轩辕之亚乎！"石勒笑道："人岂不自知，卿言亦以太过。朕若逢高祖，当北面而事之，与韩、彭竞鞭而争先耳；朕遇光武，当并驱于中原，未知鹿死谁手。大丈夫行事当磊磊落落。如日月皎然，终不能如曹孟德、司马仲达父子欺他孤儿寡妇，狐媚以取天下也。朕当在二刘之间耳，轩辕岂所拟乎！"[37]前燕慕容廆在政治上打着尊晋勤王的口号，由勤王而为王。其政治的蓝图则是"依魏、晋旧法"[38]。符坚对"行汤武之事"以取天下是赞同的，但其所行则是魏晋以来的制度，他对统一全国思想有一定的发展，欲使六合合为一家，"同有形于赤子"，"一轨九州，同风天下"[39]，具有后来"中华一体"，不分中外的思想。可以说荷坚的政治蓝图是当时最高的一种预想。这与他"遵明王之德政，阐先圣之儒风"，执行一条

"变夷从夏"路线分不开的。赫连勃勃，自称是夏后氏之苗裔，因称大夏，他想走兴复本族，不受制于汉人的道路，提出"复大禹之业"。因他自称是"大禹之后"，"复大禹之业"也就兴复了本族。他认为"古人氏族无常，或以因生为氏，或以王父之名"，认为"从母氏为刘子。而从母之姓非礼也。"[40]帝王应系天为子。实与天连，改姓为赫连氏。所以他不行州县。刘渊以刘为姓，国为汉，赫连勃勃尊本族，但又不自外于中华，尊大禹，国为夏。

第四，由于各民族入主中原。当时主要有儒、道、佛三家，儒、道是中国土生土长的，佛是由印度经由西域传入中国。把儒、道看成是中国教，佛看成是胡夷之教。后赵石虎时，王度反佛："佛方国之神，非诸华所应祠奉。汉代初传其道。惟听西域人得立寺都邑以奉其神，汉人皆不出家。魏承汉制，亦循前轨，今可断赵人悉不听诣寺烧香礼拜，以遵典礼，其百辟卿士速众隶例皆禁之。其有犯者与淫柯同罪。其赵人为沙者还服百姓。"石虎则说："朕出自边戎，忝君诸夏。至于飨祀，应从本俗。佛是戎神，所应兼奉、其夷赵百姓有乐事佛者特听之。"[41]南朝宋顾欢写《夷夏论》，主要认为老、庄、孔子是中国，佛是西戎之俗。"今以中夏之性，效西皮之法，……舍华效夷，义将安取？"北朝谢镇之写《折夷夏论》、朱昭之写《难夷夏论》、朱广之写《谘夷夏论》、释慧通写《驳夷夏论》等，都是从打破"夷夏之防"出发反驳，反佛、排佛实际上就是反夷、排夷，争论的实质还是夷狄入中国。是不是中国人，其政权是不是中国政权。是维护过去汉族的中华与变多民族的中华之间的争辩。当然在争论中出现的"老子化胡""天竺是中国"都是无稽之谈。儒、道、佛之争，涉及北方民族政权是否为正统的问题，是维持以儒家思想的统治，还是变佛教之国。所以北朝在北方统一后，对此争论进行裁决，选定了走以儒家思想治国的道路，确定了北方民族和政权在中原的正统地位。

魏太武帝下诏："朕承天绪，欲存伪定真，获羲、农之治……自今以后，敢有事胡神及佛形像泥人铜人者，门诛。……诸有佛图形像及胡经，尽皆击破焚烧，沙门无少长悉坑之。"[42]北齐文宣帝又灭道兴佛，令道士剃发为僧。北周武帝自称自己不是五胡。周武帝一向尊儒、重道、轻佛，周武帝为抬高儒学的地位，有计划、有步骤地通过讨论争辩，最后定三教先后，以儒为先，道为次，佛为后，在儒与佛教的斗争中。反映着北方民族政权两条道路的斗争，魏太武帝、周武帝是沿着中原的发展道路：齐文宣帝是想脱离中原道统，以鲜卑为主，变中华为佛国的道路。前者胜利，后者失败。儒学在北朝保持不衰的正统地位。

第五，儒学在北方虽以东汉郑玄儒学为主，但是儒学在北方处于一个重大的更新时期，董仲舒确定了儒学独尊的地位，但在民族关系与思想上没有变化。经过北方民族政权的建立，民族关系发生了重大变化，中原变成了多民族的中原，儒家思想相应地发生了新的变化。这种变化表现在，儒家思想已成为多民族的思想，各民族都可以学习、继承和发展儒家的思想。先帝先王成了各族的先帝先王；先帝先王所居的中国成了各民族的中国；先帝先王传留下来的制度成了各族所奉行的制度。因此，进入中原的民族及其所建立的政权，是中国的民族和政权，北方民族政权成为统一的中国、统一的中华发展的策源地，推动了儒家思想的发展和变化，出现了承前启后多民族的儒学开创者王通。

三、儒家思想与后北朝辽、金

后北朝是对前北朝的继承和发展，这种继承和发展不是直接延续，而是经过两个北朝之间再统一的酝酿和准备。在中国隋唐的酝酿中为后北朝的再发展提供重要的基础，其中包括儒家思想的准备。

（一）承前启后的王通的多民族儒家思想

王通的四世祖于北魏太和三年，由南齐奔魏，始家于河汾，其子孙因家，遂为太原祁人。他出身在世官兼儒学的家庭，从小受儒学的教育。王通是儒家发展中起着承前启后作用的儒学大家，是新儒学的开山，其思想的最大特点是改变过去儒学发展的内容和模式，提出新的具有多民族的儒学思想，是后来理学发展的雏形，也是后来求治思想的规范。

北朝是继五胡十六国之后在北方出现的，在儒家思想的发展中已发生新的变化，这些变化是王通儒学思想形成的历史条件。在王通以前儒家思想在北方的变化，主要表现在：一是对汉代董仲舒的天人感应说的反对，天人感应说在北方民族建立政权中有重要影响，以天人合一作为建立民族政权的合理说教。魏孝文帝是对天人感应说反对较彻底者，太和九年正月下诏："图谶之兴、起于三季，既非经国之典，徒为妖邪所凭。自今图谨、秘纬及名为《孔子闭房记》者，一皆焚之。留者以大辟论。又诸巫觋假称神鬼。妄说吉凶，及委巷诸卜非典坟所载者，严加禁断。"[43]这还是从政治措施上反对天人感应论和谶纬迷信，而从理论上批判的有西魏时的苏绰。反天人感应论和谶纬迷信是纯洁儒学本身所必需的。

其二，是崇儒反佛。石虎时崇儒反佛的有王度，后来北朝时有魏太武帝和周武帝。周武帝反佛不是简单地用政治手段，而是经过自由讨论。崇儒反佛是确立和巩固儒学的正统地位所必需的。其三，是复兴王道、仁政。在五胡十六国时就把这个问题提出，而苏绰第一个在理论上提出"王道仁政"，即"守仁以仁""德治"和"德化"。这是规定儒家的政治发展的规范问题。其四，是"性善情恶"的提出。这也是苏绰首次提出的，这种思想在理论上开后来理学的先河。他早于李翱《复性论》提出了"性善性恶"，并进而提出"洗心革意""心和志静"与宋明理学的修养方法相似，而"心和志静"是对佛教修行方法的吸收。其五，儒家思想反映在民族上，是"贵中华，贱夷狄"。经过北方民族在中原建立政权，这种思想受到很大冲击，也发生了重大变化，所以也直接地影响儒学的发展。

王通是南北朝结束后，开创新儒学的第一人。他的思想的最大特点是达到了对传统的民族思想的批判，而把北方民族及其政权纳入他所研究的范围，对儒学进行了开创性的研究，具有多民族的新思想、新见解的儒学。王通作为新儒者，了解他的儒家思想的发展和变化，对儒学与北方民族政权关系的理解大有帮助，可以毫不夸张地讲，是了解民族思想新变化的知识宝库，对研究辽金历史的变化也是有帮助的。王通是以新儒学的观点看北方民族政权，他在民族史观上，由以华夏为贵排斥夷狄转化为民族平等多民族的新史观。王通对民族的看法其重点是：

第一，王通在政治上的最高理想是尧舜，"尧舜之运"是他一生所追求的。他所取法的仁政的楷模是周公、两汉的盛世，其实这也是北方诸民族政权所追求的。而这两个时代致治的集中代表即"成康之治""文景之治"。王通的政治理想和楷模，对后来辽金产生了重要影响。

第二，王通的政治思想中主要有三：天德、王道、仁政。在这三个方面，各民族都是有份的，包括各族在内。王通的天德思想没有民族的区分，他认为天命无常，天命为之有德，德是高于天命的。《文中子中说·王道》："子述《元经》皇始之事，叹焉。门人未达。叔恬曰：'夫子之叹，盖叹命矣。《书》云：天命不于常，惟归乃有德。戎狄之德，黎民怀之。三才之舍诸？'子闻之，曰：'凝，尔知命哉！'"这就是说不管是汉，还是夷狄，天命都是依据其有德而授给他们为君主。王道也不是区别华夷的，华夷所建立的政权同样以这个最高的标准王道来对待，即有道或无道，这就把历史上华为有道、夷为无道的标准否定了。仁政的要点是公天下之心，正主庇民，行仁政者不分华夷，皆为中国。董常问："元经之帝元魏，何也？"王通说："乱离斯瘼，吾谁适归？天地有奉，生民有庇，即吾君也。且居先王之国，受先王之道，予先王之民矣，谓之何哉！"[44]仁政是公天下之心，不分华夷皆以此作为看问题的标准。金朝赵秉文谓有公天下之心者皆可称汉，就是这个思想的发挥。王通把孝文帝看成是北魏的王道、德政的代表，他说："元魏之有主，其孝文之所为乎！中国之道不坠，孝文之力也。"⑤

（二）金世宗是王通政治思想中的楷模

辽、金统治时儒家思想尤盛。辽以孔教为国教，金朝的统治也是以儒学为主，至章宗时孔子的地位被抬高到与宋对孔子相等的地位。

辽、金的北朝，同隋以前的北朝相比又有新的变化。金朝的儒家思想是对历史的继承，但金对儒家思想继承与隋以前北朝有相似的地方。金朝也没有出现名儒大家，主要是继承经学，理学在金朝没有地位。金朝的特点是对民族思想的继承与掌握比较全面，而且有新的阐发。金朝民族思想和施政方针，都与王通的儒学有渊源关系。如果宋朝承王通理学的雏形继唐以后有新发展，并且以北宋的理学影响金代的经学，那么金朝经唐以后较为侧重地发展了王通的政治思想和民族思想，为元统一全国，实现统一的中国与中华起了重要作用。

金世宗是王通的最高政治思想和政治楷模中的人物，而金世宗本人的政治思想也多与王通的王道、仁政思想相符合。

从政治的最高理想看，王通所梦求的是"尧舜之运"。《文中子中说·王道》记载在王通死前闻李渊起兵于太原，给他带来了希望："子不豫，闻江都（当作太原）有变，泫然而兴曰：'生民厌乱久矣。天其或者将启尧舜之运，吾不与焉，命也。'"王通希望有施行王道，将启尧舜的圣人出现。这种思想在北方建立政权的民族中有很深远的影响，金世宗就是这样被誉为"小尧舜"的皇帝。

从所取法的古代的仁政的楷模来看，即周代的"成康之治"与汉代的"文景之治"，也就是所说的治世中的盛世皇帝。有了这点也就与王通所取法的楷模相符合。在王通后的北方民族政权中被誉为楷模的也只有金世宗。金、元时人皆以金世宗"有周成康、汉文景之风"⑥。"金源大定始全盛，时以汉文当世宗"⑦。

359

从金世宗的政治思想看，金世宗被看成是行仁政的代表。金世宗不仅是个皇帝，他实际上还是个政治家，他的政治思想，从其主要方面看，主要表现在：

第一，是天德的思想。世宗在大定十三年九月对宰臣说："天下大器归于有德。海陵失道，朕乃得之。但务修德，余何足虑。"[48]此与王通"天命归有德"完全一致。

第二，治世之道是先王正道。金世宗的王道思想应结合当时金朝的形势来看它的形成和内容。金世宗自称是以有德代海陵，他的王道思想是在抨击海陵不道中建立起来的。金世宗的治世之道，主张德政，反对暴政，提倡尊孔读经，以前圣明君为榜样，反对贪官污吏，提倡太平治世。这都是他施政中明王道的思想表现。他把君与臣看成是共事的关系，反对阿顺取容，偷安自便，君与臣都是行道，他认为君者不应以侥幸祈福，应"爱养下民，上当天心"。提出"天子亦人耳，枉费安用"[49]。为职官的无廉耻就应以罚小人的办法对待，杖之以刑。这些思想改变了过去传统看法，在明道上是个很重要的变化。金世宗与王通儒家思想兴恢王道思想也是一致的。

第三，王通的政治思想的重要组成部分是孔孟的仁政学说。金世宗是被当时许为行仁政的代表。仁政是以儒家思想治国的路线，《进金史表》："非武元之英略，不足以开九帝之业；非大定之仁政，不足以固百年之基。"以天命归于有德而得帝位，以仁守之以达到太平治世，这是以儒家思想治世的一条国策。仁政的要旨是有公天下之心，敬德保民，这是由孟子"民贵君轻"的思想发展而来的。而这种思想到王通便成为不分华夷，均可为中国皇帝，均可行仁政。金朝赵秉文又发展了这种思想，有公天下之心的皆可称汉，是适应北方出现统一的中国、中华而提出的。

第四，与仁政直接相关的是实行中道，中道是施行仁政的根本。金世宗说："夫朝廷之政，太宽则人不知惧，太猛则小玷亦将不免于罪，惟当用中典耳。"他又说："帝王之政，固以宽慈为德，然如梁武帝专务宽慈，以致纲纪大坏。朕常思之，赏罚不滥，即是宽政也，余复何为。"⑩
仁政行之于一个王朝的相对稳定时期，中道是保证仁政的相对稳定，是对
辩证法的片面理解和应用。

　　从儒家思想的发展变化看金世宗的政治，毫无疑义地是在王通新儒学
思想影响下，于封建后期北朝中出现的儒家所理想的政治人物中的代表。
特别是这些思想都出自世宗之口，说明儒家思想已为北方民族统治所直接
掌握，儒家思想已成为各民族所奉行的正统思想。

四、儒家思想与元、清

　　元朝统一金和南宋以后，从历史上结束了北朝，进入统治全中国的全
国政权时期，由南北朝的两个中国和中华统一为一个中国与中华。这个
时期由北方民族建立的王朝，有蒙古为统治民族的元和以满族为统治民
族的清。

　　元、清时期全国占统治地位的正统思想仍是儒学。儒学从元朝开始
成为全国各族所共同掌握的学说，具有多民族的特点。儒学开始只为汉族
所掌握和应用，从民族关系上看，儒学是中原汉族的思想，它是敌视夷狄
的。后来北方民族进入中原为编户并建立了在中原的政权，儒学的发展发
生了重大变化。在中原虽然汉人以"非我族类，其心必异"为由反对夷狄
学习儒学经典，但学儒学的趋势已不可遏止。各族都学习汉族的经典，出
现许多本民族的儒生。随着这种变化，儒家经典也传入地方的民族政权中
去，以儒学建立地方的封建政权，如高句丽、渤海。儒学经过王通的发
展，旧儒学变成具有多民族特点的新儒学。

　　新儒学后来为辽、金所继承和发展，成为统一的各民族的共同的道统，有相同的道统的均为中州人。宋朝基本上还是以汉族继承和发展新儒学为理学，但是宋朝也同样受新儒学的多民族的思想影响。例如司马光对旧的"正闰观"表示反对，主张民族平等，夷狄建立的政权不宜视为僭伪，以列国同等对待，此即受王通思想的影响。王安石认为不宜分南北，提出"汉恩自浅胡恩深"的对旧"正闰观"批判的思想。张载将《易》《中庸》和《礼》的学说融合，写成著名的《西铭》。他合天（父）地（母）为一体，他说："民，吾同胞；物，吾与也。大君者，吾父母宗子；其大臣，宗子之家相也。尊高年，所以长其长；慈孤弱，所以幼其幼。"他把天地合为一个大体，人在其中皆为同胞关系，实际上是"天下一体"中的民族平等，都是同胞，是对"贵中华，贱夷狄"的否定。至少在思想上起了这个作用。宋朝的儒学对王通的思想是不欢迎的，但也不是没有影响，《陈亮集》卷一《上孝宗皇帝第一书》中说："王通有言：'夷狄之德，黎民怀之，三才合其舍诸？'此今世儒者所未讲也。"南朝世儒不讲，而北朝之儒则多讲之。所有这些对元统一，合南北为一个道统是有利的。

　　元朝开始变为统一的中国、中华，儒家思想发展的一个最大特点，即不分民族和地区，走上"一道同轨"。各族同在一个统一的道统中，都出现本族习于经典的儒。元、清皆以儒家经典教其本族和其他族，儒学成为其统治的正统思想。元时的汪古人马祖常，有"中原硕儒"之称[51]。回回人瞻思"邃于经，而易学尤深"[52]。畏吾儿人阿鲁浑萨里，通习"经史百家"[53]。廉希宪"笃学经史，手不释卷"，有"廉孟子"之誉[54]。西夏人高智耀以儒术受忽必烈的器重。而汉人、女真人、契丹人更不殆言。清朝满族阿什坦，康熙称之为"我朝大儒"，著有《大学中庸议义》。纳兰性德集宋、元以来诸儒说经之书，刻为《通志堂解经》，1800余卷。回回人蒋湖南，著有《周易郑虞通旨》。

　　从辽、金开始，由过去融合各族为汉族的主要历史趋势向包括各族的制度、习俗为统一的制度发展，向以汉族为主体包括各族在内的多民族的中国、中华发展。北魏孝文帝实行鲜卑汉化的政策，而在辽以后则是因俗而治，各族并存的政策，当然汉化的倾向是不能制止的，但由于执行各族为一家，"华夷无间"的政策，各民族都在不同的形式下发展自己。特别是元朝以后，一些族逐渐取得固定的名称，使这种发展更成为可能。

儒家思想是封建的统治思想，建立在阶级和民族统治的基础之上的。但儒家思想的发展和变化以及与北方民族政权的关系，是了解我国由以汉族为中国到以多民族为中国重要的问题之一。对儒家思想的研究，应当从只对中原汉族思想家的一脉相承的关系中摆脱出来，研究儒家思想内部的民族思想及其变化，特别是研究在当时各族中虽还称不上名家的思想，对全面了解儒学的历史也是有好处的。我国北方民族所建立的政权，正是因为没有脱离儒家思想，而才成为正统和中华民族的重要组成部分。儒学已成为历史的过去，但是今天以马列主义和毛泽东思想为指导，维护国家统一，民族团结，是各族人民团结在中国共产党的领导之下一个重要的决定社会主义发展道路的关键问题。

注：

① ［唐］杨惊注：《荀子》卷5《王制》。

②《汉书》卷48《贾谊传》。

③ ［汉］桓宽：《盐铁论》卷1《本议》。

④ ［汉］桓宽：《盐铁论》卷2《忧边》。

⑤ ［汉］桓宽：《盐铁论》卷7《击之》。

⑥ ［汉］桓宽：《盐铁论》卷8《结和》。

⑦⑨ ［汉］桓宽：《盐铁论》卷8《和亲》。

⑧ ［汉］桓宽：《盐铁论》卷9《险固》。

⑩ ［汉］桓宽：《盐铁论》卷9《繇役》。

⑪ ［汉］桓宽：《盐铁论》卷8《世务》。

⑫〔汉〕桓宽：《盐铁论》卷7《备胡》。

⑬《晋书》卷56《江统传》。

⑭㉚㉞㊱《晋书》卷101《刘元海载记》。

⑮《晋书》卷102《刘聪载记》。

⑯《晋书》卷102《陈元达载记》。

⑰《晋书》卷103《刘曜载记》。

⑱《晋书》卷105《石弘载记》。

⑲㉘《晋书》卷106《石季龙载记上》。

⑳㊳《晋书》卷108《慕容廆载记》。

㉑《晋书》卷109《慕容皝载记》。

㉒㊱《晋书》卷110《慕容儁载记》。

㉓《晋书》卷124《慕容宝载记》、卷128《慕容德载记》。

㉔㊴《晋书》卷113《苻坚载记上》。

㉕《晋书》卷117《姚兴载记上》。

㉙㉟《晋书》卷116《姚弋仲载记》。

㉛㊲《晋书》卷104《石勒载记上》。

㉜范文澜：《中国通史简编》（修订本第二编），人民出版社，1964年，第516页。

㉝有关经学方面的论述，多参考范文澜：《中国通史简编》（修订本第二编），因此书是在这方面论述最精到的。

㊵《晋书》卷130《赫连勃勃载记》。

㊶《晋书》卷95《佛图澄传》。

㊷《魏书》卷2《太祖道武帝纪》。

㊸《魏书》卷7上《高祖孝文帝纪》。

㊹〔隋〕王通：《文中子中说》卷7《述史》。

㊺〔隋〕王通：《文中子中说》卷4《周公》。

㊻〔元〕王磐：《大定治绩序》，载〔元〕苏天爵编：《元文类》卷32。

㊼［元］刘因：《静修文集》卷5，商务印书馆，1936年。
㊽㊾㊿《金史》卷6《世宗纪上》。
(51)《元史》卷143《马祖常传》。
(52)《元史》卷190《赡思传》。
(53)《元史》卷130《阿鲁浑萨理传》。
(54)《元史》卷126《廉希宪传》。

第六章　对中国北方民族封建化途径的探讨

　　中国北方民族社会发展很不平衡，有的只是在氏族社会的发展阶段中就从历史上消失；有的由氏族制发展为奴隶制，但也只是在奴隶制的发展阶段中就从历史上消失。在历史上还没有消失的，其发展情况也不尽相同，其中发展为封建制的，有的是经由奴隶制而进入封建制，有的是由氏族制直接向封建制飞跃。其封建制的经济形态也不相同，有的是农奴制，有的是封建租佃制，有的是游牧封建制。从北方民族封建化的途径看，尽管其形式和转化的方式有不同的特点，但有着一个基本相似的途径。这不仅是探讨北方民族封建化的一个重要问题，在某种意义上讲，也是所有的各族封建化的一个较普遍性的问题。

一、不同类型和不同情形的封建制

　　北方民族及其所建立的封建政权，依据我国统一的多民族国家的民族构成看，可分为"天下一体"与"中华一体"两个时期。从"天下一体"

看，封建政权又可分为"中国"与"边境"两种不同情况。到"中华一体"时，由于中国与边境已统一为一个中国，边境的封建制已不再作为不同的类型而存在。

凡是进入封建制的北方各族，由于其转化为封建制以前的社会条件不同，其进入封建制的方式、步骤也不相同。因而，适应于这些不同情况所产生的封建制，及其由原有的社会转化为封建制的情形不仅不同，而且是多样式的。为了解北方民族封建化所经由的途径，有必要对北方民族所产生的封建制，作不同情形的分析。

由原始社会发展到奴隶社会，再经由奴隶社会发展为封建社会，这是社会发展的一般规律，但不是普遍的规律。除此之外，就不会再有其他的情况产生，这是不可能的。从原始社会飞跃为封建社会同样是存在的。封建制不一定都是农业，也可能有畜牧业的封建社会，而同是封建社会，还会有农奴式的封建制和租佃制的封建制。特别是农奴式的封建制与奴隶制有很小的区别，很容易被当作奴隶制。

在中原建立政权的民族，由于他们建立封建制社会的起点不同，向封建制发展变化的过程不同，其封建社会的情形也不完全相同。大致可以分为三种不同情况和类型：

第一种情况，由氏族制向魏晋式的封建制飞跃，这主要发生在五胡十六国和北朝时期。氏族制的正常发展是由氏族制变革为奴隶制，而由氏族制向封建制飞跃，从中国北方民族的历史来看，是由于受中原封建制的强烈影响，而这种影响不是发生在建立政权之后，早在氏族社会内部就已确定其向封建制发展的方向和道路。更确切地说，早在氏族社会中就已具备了这种足够向封建制转化的条件。现以慕容鲜卑、拓跋鲜卑为例。

首先，慕容鲜卑、拓跋鲜卑，在建立政权之前的氏族社会内部，已产生和确立了向封建制社会变革的充分条件。在慕容鲜卑建立前燕政权前的莫护跋时，社会已发生明显变化："时燕代多冠步摇冠，莫护跋见而好之，乃敛发袭冠。"[①]这是变胡俗为汉俗的开始。涉归时，"于是渐变胡风，遵循汉俗"，正式确定选择走中原封建制的发展道路。慕容廆是变氏族制为中原汉制的重要改革家。西晋太康十年，廆迁于徒河之青山。元康四年，又迁于大棘城。"教以农桑法制，同于上国"②。由此可见，在前燕政权建立之前，其"农桑法制"已达到"同于上国"的情况。

拓跋鲜卑，从力微到拓跋珪，还处于由氏族制社会向国家的确立的变革过程中，从拓跋鲜卑的社会变革看，也是在氏族社会内部确立了走魏晋封建制的方向和变革的道路。《魏书·卫操传》记载："桓（猗㐌）、穆（猗卢）二帝，招纳晋人，于是晋人附者稍众。"猗卢合并三部以后，"城盛乐，以为北都；修故平城，以为南都"。什翼犍仿汉人建年号，"始置百官，分掌众职"，"余官杂号，多同于晋朝"③。拓跋鲜卑原以畜牧业为主，与此同时发展农业，"就耕良田，广为产业"④。在力微时出现其子沙漠汗主的主汉制，"变易旧俗"与守旧派展开斗争。走中原的封建道路已从斗争中显示出来。

其次，变部落为郡县编户。氏族制的组织是氏族部落制，变部落为郡县编户，这是向封建制飞跃的一个重大措施。把北方民族从边境徙居中原，也是使之为编户。《晋书·苻坚载记》：苻坚破什翼犍后，"散其部落，于汉鄣边故地，立尉监行事，官僚领押，课之治业营生"⑤。慕容氏把被降服的部内徙于郡县。《北史·贺纳传》："散离诸部，分土定居，不听迁徙，其君长大人皆同编户。"这是魏晋以来变诸部为郡县编户所采取的一贯政策。

再次，变本族的原始的军事部落组织为诸军营户制度。诸军营户主要是由鲜卑贵族子弟或者是中原一些强宗子弟所构成。诸军营户占有私人土地和荫户（营户），荫户有的是军封的，有的是被迫隐附的。诸军荫户不同于一般官僚及豪强地主的荫户，受军营管束，不属郡县，慕容宝"遵垂遗令，校阅户口，罢诸军营封荫之户，分属郡县，定士族旧籍，明其官仪"⑥。此与北魏的营户相似，都是由原来军事组织发展来的。荫户的地位相当于部曲或佃客。

最后，采取大族聚居的宗法制的统治方式。这种大家族长即是族的首领，也是剥削者，由此而组成诸军营户的地主与封建农民的封建隶属关系。依"秦晋之弊，迭相荫冒，或百室合户，或千丁共籍"[7]。《通典》卷3："后魏初不立三长，唯立宗主督护，所以人多隐冒，五十、三十家为一户，谓之荫附。荫附者皆无官役，豪强征敛，倍于公赋矣。"宗主督护制度，对分散的各部长来说起到了组织作用，即从原始邑落组织过渡到封建宗法组织，以便分土定居发展农牧业生产。

慕容与拓跋，都没有经过奴隶制社会的发展阶段，而由原始社会飞跃为封建社会，主要是循魏晋制度，受魏晋封建制度的影响和规定，结合本族走中原封建制的要求而走上封建制社会的。

第二种情况，是由氏族制中经宗法游牧封建制，发展为以农业为主的头下军州制度。契丹与蒙古，同慕容与拓跋相比，有不同的特点。契丹经历了不同的发展过程。唐初大贺氏在中原政治影响下，变部为府州。及至涅里始废部落联盟酋长的三年一选制为王位承袭的可汗制。涅里改革已具有国家的规模，但仍以宗法游牧经济作为基础。在阿保机前，契丹社会内部的农业越来越发展，到六世匀德时，已发展为农业与畜牧并重。阿保机对来服或被俘汉人，"依唐州县，置城而居之"[8]。变以畜牧为主的社会为以农业为主的社会。契丹族是在宗法游牧经济发展的基础上，变牧为农，出现契丹的头目制与唐州县制相结合的头下军州制。头下军州是由多种制度的互相作用而形成的，带有多种制度结合为一种制度的特点。

头下军州是国家与头下制的结合，节度使由国家任命，刺史以下由头下主的部曲充任，仍出国家任命。头下军州的土地国有，输租于官，且纳课给其主。国家收租，是土地所有者；头下食税，是国家的食封者。因而，头下军州户被称为"二税户"。在头下军州内的私城，是头下主的私有物，并占有奴婢、部曲。他们是头下主的私人农奴。部曲是头下主的私人所属，与二税户不同。二税户常与部曲相混，因此被认为二税户就是部曲。二者实际不同。二税户是出租的国家领户，只是把课交给头下主。部曲依附于头下主，部曲对头下主应是输租者，应是对唐以来的部曲制的继承⑨。

蒙古在其建立政权后也以宗法游牧经济为主，后来发展为投下制。元代的投下制是在灭金的过程中出现的，在很大程度上受金制的影响。元代投下制与辽有不同的特点：其一，是州县制与头目制结合，在其基层已实行里正主首制度；其二，不分二税户与私人的部曲，地方官均由朝廷署置，各投下只有举置达鲁花赤的权限，投下的五户丝，只纳丝，不纳粟；其三，元代投下主的属户是驱口，驱口是对金末驱口的承继，是农奴⑩。

第三种情况，是经由家族奴隶制转化为封建制度。主要是金代的女真族和后来的满族（其前身是女真）。女真族由氏族制度发展为奴隶制，在熙宗汉制改革前其政权是奴隶制政权，熙宗汉制改革完成了由奴隶制政权向封建制政权的转化。女真族的奴隶制在地方与封建制交错和并存。女真族将氏族部落制变革为奴隶制的猛安谋克制，形成以家族为特点的奴隶制，是采取把猛安谋克一般民户变为自耕农、富强者变为出租土地的地主的办法，完成了向封建制的变革。因此，女真族变革为封建制不是从金政权出现开始，奴隶制在女真族社会发展中构成一个历史发展阶段。满族也经过家族奴隶制的阶段，由氏族部落发展为八旗制，由奴隶制演变为封建的庄头制。金受宋的租佃制影响，满族又受明的庄田制的影响。

在边境的民族进入封建制社会与进入中原的民族进入封建制社会的情形又有所不同。其一，他们地处边境，不可能出现由氏族变革为封建制的情形，因为在"天下一体"分中外的情况下，他们保留氏族制的主要特点，即没有变成封建编户，也没有在氏族制社会内部孕育着成熟的封建关系。一般地讲，他们是由氏族制发展为奴隶制。他们原有的农业基础都比较好，经过奴隶制，然后接受中原制度以改革内部，实现了由奴隶制向封建制的变革。如高句丽与渤海即是如此。

高句丽受魏晋以来封建制的影响，特别是北朝封建制的影响。高句丽先后占有乐浪、辽东郡县地区，促进了生产力的提高，到北周时大约已完成由奴隶制向封建制的变革。高句丽把官制分为十二个等级，吸收了中原的品阶制度，大对卢比一品，太大兄比正二品，褥萨比都督，邑使比刺史。高句丽把国内不同身份的人纳入不同租赋的负担之中。在奴隶制时代对下户奴隶的征求无度，现规定人税"布五匹，谷五石"[11]；把原来奴隶制时的一般平民，分为上中下三等户，"上户一石，中户七斗，下户五斗"[12]。对从生产中分离出去的游人征游人税，规定三年一税，十人共出细布一匹[13]。高句丽的封建制在边境上缩小了与中原制度的距离，兵器、种田养蚕、都城建筑，皆略同"中国"，而且"父母及夫丧，其服制同于华夏"[14]。不过在高句丽封建制度中还严重地保留着奴隶制的残余。高句丽是吸收中原制度的精神，结合本族制度，经过改革而形成的。渤海全受唐制影响，几乎是全部模仿和照搬唐制建立自己的封建制，达到与唐"车书本一家"的"天下一体"的中原封建制与地方民族封建制的同时存在。

如上所述，不管是在中原建立封建的民族政权，还是在地方建立封建的政权，都受当时中原封建制的影响与制约，都是向心华夏，最后在发展上同于中国，同于华夏。北方各族走向封建制的发展过程，也就是走向中国和华夏的过程，而这个过程的实现是在"中华一体"的时期，由于各族在进入封建制之前有不同情况，进入封建制也有不同的特点。

二、关于封建化的途径问题

研究北方民族及其所建立的政权，土地的所有制形式及其经营的方式是人们所关注的问题。北方民族的封建化，从其所表现的形式看尽管有不同，但其所经由的途径则是相同的。即从其原来不同情况的社会形态，大体经由相同途径而进入形式不同的封建社会。有的是进入农奴制，有的是进入封建租佃制，而封建租佃制又是农奴制之所向，农奴制是通向租佃制的，及其由农奴制发展租佃制，在制度上则更加统一起来。

"计口授田"是北方各族进入封建制所必经的途径，同时也是历史上各族进入封建制最普遍的途径。但不是说"计口授田"不能发展奴隶制，或者说在土地私人所有制的作用下，"计口授田"不可被奴隶主作为占有土地的一种手段，而继续采取奴隶制的经营方式。"计口授田"也只能与个体经营的小家庭的土地经营为主，并与封建的人身的役使关系结合起来，采取地租的剥削方式，才能成为向封建所有制转化的途径。换句话说，完成封建制的民族没有不经过"计口授田"的，所以研究各民族的封建制，"计口授田"是个值得重视的问题。

"计口授田"是一种土地分配的形式，其称谓不一定都以"计口授田"四字来表示。如拓跋族的"计口授田"，女真族的"计口授地"，满族的"计丁授田"皆是。有的族则不称"计口授田"，而称"分地耕种"，或者是按亩授田，都属于这种情况。毛泽东同志在《组织起来》一文中说："几千年来都是个体经济，一家一户就是个生产单位，这种分散的个体经济，就是封建统治的经济基础，而使农民自己陷入永远的穷苦。""计口授田"可能产生于氏族社会的末期，但在土地所有权向最高的皇帝集中的情况下，由于大家族制的保留，真正个体经济是很难出现的，因此在正常发展中则向奴隶制发展。但在中原封建经济的作用和影响之下，"计口授田"则有利于向个体经济发展，这就是由氏族制向封建制飞跃的依据。"计口授田"也可能产生于奴隶制的内部，经过有程序的变化，发展为一家一户的个体经济，为奴隶制向封建制转化奠定了基础。封建的经济基础就是一家一户的个体经济，而"计口授田"发生于氏族社会的土地公有制和奴隶社会的土地国有制的解体中，并在发展中成为向个体经济发展的一个重要途径。

拓跋鲜卑为了实现封建制，对汉人、徒何鲜卑以及其他有农耕经验的人们实行"计口授田"。拓跋珪在天兴元年把山东六州民吏及徒何、高丽杂夷36万，百工伎巧10余万口内徙，以充京师，接着诏给内徙新民耕牛，"计口授田"⑮。永兴五年攻破越勤倍尼部，"徙二万家于大宁"，"计口授田"⑯。"计口授田"不只是汉人，也包括其他诸部夷人，但一般讲他们是有农耕经验的。另一方面对原来游牧的部族，是"离散诸部，分土定居，不听迁徙，其君长大人，皆同编户"⑰。"分土定居"，就是把诸部的土地分给各定居的家庭从事农牧业生产，向其征收地租和课税。都是把农民、牧民变成独立的户，从这点看，"计口授田"与"分土定居"没有本质的不同。北魏实行"计口授田""分土定居"，是北魏实行封建制的关键一步。这就是说他没有把被征服的农业生产者和畜牧生产者变成集体生产的奴隶，而是以户计的农民和牧民。由于"计口授田"和"分土定居"，促进北魏沿着封建制的道路发展，堵塞了通往奴隶制的路。随着封建制发展的深化，扩大国家的土地和领户，最后出现"计口授田"与魏晋以来的租庸调制结合的均田制度，成为我国一代田制的治规。

女真族进入中原，不改变中原汉人的租佃制，但金熙宗时对猛安谋克屯田军实行"计口授地"。《大金国志·熙宗纪》皇统五年："创屯田军，凡女真、契丹之人皆自本部徙居中州，与百姓杂处，计其户（口），授以官田，使其播种，春秋量给衣马。"《三朝北盟会编》卷二四四引《金房图经》之《屯田》条云："非止女真、契丹，奚家亦有之。自本部族徙居中土，与百姓杂处，计其户口，给赐官田。使自播种，以充口食。"《大金国志·屯田》《金志·屯田》与此皆同。《金史·食货志》载女真人"计口授地"。"计口授地"与女真族奴隶制的牛头地分配原则是不相同的。"计口授地"在女真族社会发展中，起着由奴隶制向封建制转化中的桥梁作用。随着女真族家族组织的变化，即由父子兄弟聚居聚种、析居聚种到析居析种，"计口受地"便发展为以一家一户为主的个体经济，为女真族的封建化奠定了经济基础。到金世宗时，这种"计口授地"已发展为普遍的形式。女真族贵族，不是把汉人等变成自己的封建属民，而是直接把土地出租给汉人，结成地主与佃户的关系，而女真族民户则变成国家的自耕农民。

后金进入辽沈地区后，实行"计丁授田"。后金"计丁授田"不同于金代女真实行于猛安谋克屯田军，而是授予满汉人丁。"计丁授田"实行于奴隶制之中，因之各家族中计丁授田，其土地仍归主人占有，奴隶不能单独成丁立户分得土地。这和金朝一样，奴隶主照样可以依其家人口多而多得土地，并不妨其仍用奴隶生产。但是"计口授田"对一般人口少的户来说，其所起的作用和影响很大，对大家族的解体起着分解作用，对一家一户的个体经济发展起着催剂作用。实行"计丁授地"的结果，一方面对汉族封建土地经营起着保护作用；另一方面对加速后金从奴隶制向封建制的转变起着重要作用。

契丹族在游牧向农业转化中，主要是把汉人、渤海人组织在州县进行生产。上京临潢府临潢县："太祖天赞初南攻燕、蓟，以所俘人户散居潢水之北。"长泰县："迁其（渤海长平县）人于京西北与汉人杂居，户四千。"定霸县："太祖下扶余，迁其人丁京西，与汉人杂处，分地耕种。"潞县"太祖被蓟州，掠潞州民，布于京东，与渤海人杂处"[18]。汉人与渤海人杂居，而且"分地耕种"，即是"计口授田"。不是把他们变作奴隶，而是采取一家一户的个体经营办法。元代的驱口也足分地耕种的，他们依附主人籍，但多自立门户，《元史·食货志》记载："至丙申年乃定科征之法，令诸路验民户成丁之数，每丁岁科粟一石，驱丁五升，新户丁、驱各半之。老幼不与其问，有耕种者，或验其牛具之数，或验其土地之等征焉。（至元）十七年遂命户部大定诸例。全科户，丁税每丁粟三石，驱丁粟一石，地税每亩三升。"驱是分地耕种的出租赋的个体生产者。后来蒙古地区由畜牧向封建农业经济转化，也是经由"计口授田"。

"计口授田"是由氏族制的土地共有制和奴隶制的奴隶集体耕种向封建制的个体经济转化的必由之路。"计口授田"只有在以下的条件下，才能发展为封建的役使关系。

第一，成为一家一户的独立的个体生产的户。

第二，这些户或从国家"计口授田"分得土地，或者是从地主手中租得土地，个体的土地经营是个体家庭存在的根基。

第三，独立经营土地的小生产者，对国家或地主存在隶属关系，封建的隶属与役使关系是封建制的经济关系中的重要条件。

第四，这些"计口授田"的生产者，是作为独立生产者出租税的户存在，是超经济的强制，而不是失去人格的奴隶，他们的生产物及其个人不全是主人的私有物，即不是和牲畜一样的财物。

从中原华夏族的发展来看，也是经由与"计口授田"相似的途径发展为封建制的。夏、商、周经历了部落奴隶制、种族奴隶制而发展为家族奴隶制。家族奴隶制发展于我国奴隶制末期的春秋时代。随着私人所有土地关系的发展，所有权逐渐下移，由国家降到诸侯，由诸侯降到家室，大家族也逐渐分解为个体的小家庭。春秋时土地所有权下移，以及百亩授田制的一家一户的个体经济的发展，是由奴隶制向封建制转化的基础。秦商鞅变法，就是奖励发展个体经济，"民有二男以不分者，倍其赋"，"令民父子兄弟同室内息者为禁"[19]。土地由个体小家庭独立经营是历史发展的一种趋势，但这些小生产者必须被束缚在土地上，或者成为国家的统治下的有小片土地的自耕农，或者是大批被役使为国家和地主的缴纳实物地租的农民。封建地主与奴隶主不同，奴隶主主要是占有生产者本身，有了奴隶就能从国家分得土地，并用奴隶从事生产。封建制的地主首先是占有土地，然后使生产者束缚在土地上，接受地租的剥削，这正如《文献通考》引苏洵所说："田非耕者之所有，而有田者不耕也。耕者之出，资于富民，富民……安坐四顾，指麾于其间；而役属之民，夏为之耨，秋为之获。""富民之家，地大业广，阡陌连接；募招浮客，分耕其中，鞭笞驱使，视以奴仆"。其剥削是地租，《汉书·食货志》："或耕豪民之田，见税什伍。"

"计口授田"不仅是向封建制过渡的一个普遍的途径，而且在进入封建制后，由于它是个体经济发展的途径，是扩大国家土地的个体经营的主要生产途径。随着奴隶制的解体，庶人地位的提高，个体经济的发展，到战国时便依据这种变化勾画出一幅理想的百亩授田制的新的井田图。后来在封建土地所有制发展中，豪强地主兼并，侵占了个体生产者的土地，封建国家为限制豪强土地兼并，提出限田，并以新勾画出来的小生产者授田图——井田，作为发展小生产者的依据，主张对失去土地的小生产者授田。秦汉的限田制、西晋的占田课田制，以及北朝、隋、唐的均田制都体现着"计口授田"的精神。

三、"计口授田"在社会变革中的地位

北方民族在向封建制转化中，"计口授田"占有重要地位，特别是在家族组织，土地所有制形式以及民族经济的融合中都是一个重要的发展环节。"计口授田"与个体家庭，个体经营以及各民族通过"计口授田"走上同一的封建制，把各族密切地联系在一起，是"中华一体"所必需的。"计口授田"与个体家庭、个体经营是三位一体的各民族发展封建经济的基础。

（一）"计口授田"与家族组织的关系

家族组织，一般地讲，经过了三个发展阶段，开始时是父子兄弟聚居聚种，这时还不曾出现异居，土地共有，《礼记·曲礼》："父母在……不有私财。"《史记·商君列传》："令民父兄弟同室内息者为禁。"可见秦也是存在父子兄弟聚居的大家族的。其次是父子兄弟分居的小家庭出现，虽然异居，各有其室，但财产不分，特别是土地，仍由各异居的家庭共同劳动生产。最后是析居析种的个体的小家庭的出现，《史记·商君列传》："民有二男以上不分异者，倍其赋。"就是鼓励小生产的个体家庭，以代替不异居的大家族。

金代女真族的家庭组织的变化及其与"计口授田"的记载较为清楚。女真族最初也是父子兄弟"聚居聚种"的大家族。后来在氏族社会内部出现"析居聚种"的家族。《金史·世纪》："生女真之俗，生子年长即异居。景祖九子，元配唐括氏生劾者，次世祖，次劾孙，次肃宗，次穆宗。及当异居，景祖曰：'劾者柔和，可治家务。劾里钵有器量智识，何事不成。劾孙亦柔善人耳。'乃命劾者与世祖同居，劾孙与肃宗同居。"《金史·兵志》："（大定）二十二年，以山东屯田户邻之于边鄙，命聚之一处，俾协力蚕种。右丞相乌古论元忠曰：'彼方之人以所得之地为家，虽兄弟不同处，故贫者众'。参政粘割斡特剌曰：'旧时兄弟虽析犹相聚种，今则不然，宜令约束之。'"由此可见析居聚种者有之。最后的家族组织即独立自耕的小家庭。《金史·纥石烈良弼传》："左丞完颜守道奏：'近都两猛安，父子兄弟往往析居，其所得之地不能赡，日益困乏。'上以问宰臣，良弼对曰：'必欲父兄聚居，宜以所分之地与土民相换易。虽暂扰，然经久甚便。'右丞石琚曰：'百姓各安其业，不若依旧便。'上竟从良弼议。"恢复兄弟聚居的大家族，是不合时宜的，所谓"各安其业"即指析居析种的个体家庭。

女真族在世宗时"聚居聚种""析居聚种"的大家族已经解体，被析居析种的小家庭所代替。金熙宗对屯田军实行"计口授地"在此前。可见女真族"计口授地"不是适应本族析居析种出现的，应是金熙宗在汉制改革中，仿中原屯田而定的一项措施。"计口授地"有利于推动女真族田制的变革，及析居析种的小家庭出现，"计口授地"为女真族向封建制转变打开了一个突破口。世宗于大定二十一年正月谓宰臣："更当委官阅实户数，计口授地，必令自耕，力不瞻者方许佃于人。"二十二年对此想以聚种约束之，但毫无成效，结果是"猛安谋克户不自种，悉租于民"[20]。计丁授田成为发展官田出租的重要途径。

（二）"计口授田"与土地所有制变化的关系

在实行"计口授田"以前，各族的社会情况不同，有的是从氏族制转化而来的，有的是从游牧封建制转化而来的，有的是从奴隶制转化而来的。但是有一个相同点，即都是私人所有制发生后，破坏了氏族的土地共有制，破坏了游牧的土地公有制和破坏了奴隶制的土地国有制的情况下，发生"计口授田"的制度。拓跋族是在氏族制解体中出现"计口授田"制；契丹族是在游牧封建制向以农业为主的封建制转化中出现"计口授田"制；女真族是在汉制改革中出现"计口授田"制。

"计口授田"，在私人土地所有制的封建关系的强烈影响下，由氏族的土地共有制向封建的私人土地所有制转化，其转化的途径有两个：一是由国家占有土地实行"计口授田"；一是通过"计口授田"的农民依附私人地主转化为私人地主依附农民。女真族出现的"计口授地"大致经过了以下的发展变化过程：

第一，女真族奴隶制的土地是国有，由国家通过牛头地的办法把土地分到各家族。一耒牛、二十五口分得土地四顷田亩有奇。家族所占有的人口多则分得土地亦多。金熙宗时在内徙猛安谋克屯田军中实行"计口授地"。"计口授地"与以耒牛、口二十五为单位的授田制度不同。这个时期虽受封建制影响，其内部私人土地所有制并不明显。因而"计口授地"的家族，完全可以采取用奴隶的剥削方法进行土地经营，但它为一家一户的个体生产者的产生创造了条件。

第二，随着土地私人所有制的出现和发展，由"聚居聚种""析居聚种"向"析居析种"的发展，由奴隶制的土地经营向出租的转化，"计口授地"便完全摆脱奴隶制的束缚，"计口授地"伴随私有制急剧地发展起来。"计口授地"成为由奴隶制发展为封建制的重要途径。

　　金世宗时一方面整顿猛安谋克，但按牛头地制分配土地的办法已经破坏，"计口授地"空前发展起来。一方面对猛安谋克户"计口授地"；另一方面又对汉人"计口授田"。《金史·食货志》："大定二十七年，随处官豪之家多请占官地，转与他人种佃，规取课利。命有司拘刷见数，以与贫难无地者，每丁授五十亩，庶不至失所，余佃不尽者方许豪强验丁租佃。"把拘刷来的官田，"计丁授田"给无土地的困难户，是金代安定生产的一项措施。

　　第三，金章宗明昌、承安间，女真猛安谋克变成封建国家的屯田军。为保证猛安谋克户仍实行"计口授地"，《金史·食货志》承安二年："旧令，军人所授土地不得租赁与人，违者苗付地主。泰和四年九月定制，所拨土地十里内自种之数。每丁四十亩，继进丁同此，余者许令便宜租赁及两和分种，违者钱业还主。"这时的"计口授田"成为封建社会内部解决土地问题的常制。

　　"计口授田"是与作为封建基础的个体经济联系着的，在封建时代只要有国家的官田存在，只要有大批农民失去土地，国家为保证农民被束缚在土地上，"计口授田"即随时可以实行。但它在不同时期所起的作用是不同的。

（三）"计口授田"与"中华一体"的关系

　　"计口授田"作为各民族向封建制变革中的普遍途径，它在"中华一体"中从各个方面起作用，促进各族的经济联系加强。

　　第一，接受中原封建经济的影响，以"计口授田"招徕中原人到各族地区从事开垦，发展民族经济。前燕时有大批中原汉人川流不息地迁去，"流入之多旧土，十倍有余"。记室参军封裕谏："高选农官，务尽劝课，人治周田百亩，亦不假牛力。力田者受旌显之赏，惰农者有不齿之罚。"[21]北魏拓跋珪把大批有农业生产经验的汉人等迁其地"计口授田"。唐末中原汉人多入契丹，阿保机接受幽州人韩延徽的劝教，使来归的汉人不再逃走，"筑城郭，立市里，以处汉人，使各有配偶，垦艺荒田。由是汉人各安生业，逃亡者益少。"㉒契丹对汉人采取"分地"与组织个体家庭（定配偶）以安置来降汉人，对行汉制、发展本地区经济起了重要作用。

第二，对本族及其他北方部族实行"计口授田"，以改变各部族经济为封建经济。拓跋鲜卑实行"分土定居"就是这样的一种重要措施，对有农耕经验的汉人等和对原来基本上是畜牧的牧民采取分别的办法，目的是实现封建制。金代"计口授地"实行猛安谋克屯田内，包括契丹、奚人在内，对促进在经济上与"中华一体"也起了重要作用。满族"计丁授田"，包括满、汉人丁，对保留汉族的封建制以及促进其本族由奴隶制向封建制过渡，也起了重要作用。在共同的"计丁授田"中加强了经济上的联系。

第三，"计口授田"不仅促进这些民族向封建制转化，而且"计口授地"也与当时全国经济发展的趋势相联系着。在"天下一体"的时期，中原封建土地私有制不断发展和土地集中，农民失去土地，于是先后出现限田、占田。北魏统一北方，实行"计口授田"，这种授田制同限田、占田以及租庸调制结合起来，便成为封建国家解决土地的一种重要形式。均田制就是这样出现的，成为封建社会前期从北魏到唐所实行的重要土地制度。到封建社会后期土地所有制关系发生了一定变化，"计口授田"只能在各族向封建制过渡中起着更重要的作用，而由国家干预调整土地所有制的结构，像推行均田制那样的田亩授受制度已不复出现。

把"计口授田"作为北方民族封建化的一个途径提出探索，主要是想从北方民族的社会性质变革中，看他们是怎样从不同的社会起点进入封建社会的；他们是怎样的经由社会性质的变革，达到各民族所欲实现的变本族社会为中原的封建制度的。从其发展变革中看，虽然实现封建化情形不全相同，但都受当时中原封建制度发展的影响和制约，与中原有着不可分割的关系。从北方民族建立封建制看，是慕中华、走中原发展道路的结果，绝不是对立的结果。

注：

①②《晋书》卷108《慕容廆载记》。

③《魏书》卷113《官氏志》。

④《魏书》卷28《和跋传》。

⑤《晋书》卷113《苻坚载记上》。

⑥《晋书》卷124《慕容宝载记》。

⑦《晋书》卷127《慕容德载记》。

⑧《新五代史》卷72《契丹传》，中华书局，1974年。

⑨张博泉：《辽金"二税户"研究》，《历史研究》，1983年第2期。

⑩关于金、元的驱丁、驱口的身份、地位，看法不一，我写了一篇有关"驱"的身份、地位问题的论述文章，见张博泉：《金代"驱"的身分与地位辩析》，《晋阳学刊》，1988年第2期，此不多述。

⑪⑫⑬《北史》卷94《高丽传》。

⑭《隋书》卷81《高丽传》；《旧唐书》卷199上《高丽传》；《周书》卷49《高丽传》。

⑮《魏书》卷2《太祖道武帝纪》。

⑯《魏书》卷3《太宗明元帝纪》。

⑰《北史》卷80《贺讷传》。

⑱《辽史》卷37《地理志一》。

⑲《史记》卷68《商君列传》。

⑳《金史》卷47《食货志二》。

㉑《晋书》卷109《慕容皝载记》。

㉒［宋］叶隆礼撰，贾敬颜、林荣贵点校：《契丹国志》卷1《太祖纪》，上海古籍出版社，1985年。

第七章　北方民族心史探微

心史是属于思想意识的范畴。南宋郑思肖有诗集《心史》。国内外对我国北方民族的研究也多涉心史的内容。民族心史就其含义来说，就是研究民族的思想意识发展变化的过程和特点，以及诸民族思想意识发展变化的总趋势。从民族的心史研究各民族如何结合为"中华一体"，这不仅是历史上曾发生过的事实，对现实也具有重要意义。

结合当前对北方民族的研究，心史研究的重点应是诸民族的共同心理、共同思想、共同心境，以及历史上出现的共同心愿。在对这些问题的研究中，势必涉及主体民族与非主体民族的关系问题。

一、共同的心理素质

民族的研究最基本的是马克思主义的民族理论与我国历史的实际相结合。我们这里所研究的北方民族，既不是现代资本主义民族，也不是社会主义民族，而是在历史上出现于不同历史阶段的不同的民族共同体，有的是属于原始时代的民族共同体，有的是属于古代的民族共同体。由于我国是个多民族国家，特别是秦朝统一后形成"天下一体"的统一的多民族国家，而至元朝又发展为"中华一体"的统一的多民族国家。在众多的民族共同体之上，又形成一个以汉族为主体包括各族在内的中华民族。这是我国民族发展的实际。构成民族共同体的诸要素，对于历史上的不同民族共同体的研究都是适用的，只有发展的情况与程度的不同。

作为各族的统一的共同体的中华民族，不是各族的简单复合，同样需要有共同的心理素质为依据。北方各族与中原汉族以及其他族的联系与结合为一家，首先是通过经济、政治、文化的联系，结合为"天下一体"的不可分割的政治联合体。各族"殊俗殊域""殊俗同域""殊域同俗"，但还没有形成共同的心理素质和统一的中华民族。

北方民族的共同心理素质，是指中华民族各族所具有的共同心理素质。这样的心理素质是历史形成的。民族心理的变化，取决于民族意识的觉醒，在奴隶制时代由于少数民族被视为"禽兽"，不可能促使各民族的意识觉醒，只能处于卑贱的地位。在我国历史上民族意识的觉醒发生于奴隶制的解体和封建制的产生时期，此后经历了不断的发展过程，终于形成中华民族所共有的民族心理素质。

在奴隶制时代，少数民族和奴隶一样不被当作人，而视为"禽兽"，当时是"礼不下庶人，刑不上大夫"。就民族而言，则是"礼不下四夷，刑不上华夏"，以华夏为尊、为贵，以夷狄为卑、为贱。孔子就是根据这个原则以周礼作为华夷之分的标准，行周礼者为华，不行周礼者为夷。《论语·八佾》："夷狄之有君，不如诸夏之亡也。"这种"贵中华，贱夷狄"的思想，对后来产生了重要影响。《史记·孔子世家》有这样一段记载：

"会齐侯夹谷，为坛位，土阶三等，以会遇之礼相见，揖让而登。献酬之礼毕，齐有司趋而进曰：'请奏四方之乐。'景公曰：'诺。'于是旄旌羽袚，矛戟剑拨，鼓噪而至。孔子趋而进，历阶而登，不尽一等，举袂而言曰：'吾两君为好会，夷狄之乐何为于此！请命有司！'有司却之，不去，则左右视晏子与景公。景公心怍，麾而去之。有顷，齐有司趋而进曰：'请奏宫中之乐。'景公曰：'诺。'优倡侏儒为戏而前。孔子趋而进，历阶而登，不尽一等，曰：'匹夫而营惑诸侯者罪当诛！请命有司！'有司加法焉，手足异处。景公惧而动，知义不若，归而大恐，告其群臣曰：'鲁以君子之道辅其君，而子独以夷狄之道教寡人，使得罪于鲁君，为之奈何？'"

孔子执礼为言，说明孔子的礼是别诸夏、夷狄，而齐诸臣竞以夷狄之道教景公，景公应诺，可见四方夷狄之乐已为诸夏之国所习用。实际上在春秋时民族迁徙很厉害，诸夏之国内多有夷狄杂居，奴隶制的礼已经破坏，因而在民族的心理上已发生了新的变化。

第一，礼已下四夷。《左传》："仲尼学官于郯子，既而告人曰：'吾闻之，天子失官，学在四夷，其信也。'"《后汉书·东夷传》则曰："东夷率皆土著，喜饮酒歌舞，或冠弁衣锦，器用俎豆。所谓中国失礼，求之四夷者也。"这一变化正与过去"礼不下庶人"，而后来礼可下庶人是相同的。

第二，孔子主张用礼来区别诸夏与夷狄的不同，但是他提出仁同样可以用之夷狄。《礼·中庸》载孔子说："仁者人也。"在孔子看来人只有贵贱之别，仁可用于夷狄，是夷狄已始被看成是人。

第三，《礼·曲礼》："四海之内皆兄弟也，君子何患乎无兄弟也。"四海是指夷狄之所居，那么夷狄同是兄弟，孔子欲居九夷，并且说："君子居之，何陋之有？"

第四，《论语·卫灵公》："有教无类。"梁代皇侃《论语义疏》谓："人乃有贵贱，宜同资教，不可以其种类庶鄙而不教之也。教之则善，本无类也。"古代习称种族为种类，孔子的"有教无类"思想提出的"类"似应包括诸夏以外的夷狄。春秋时秦尚被视为"戎狄"，楚被视为"蛮夷"，不属诸夏。孔子弟子中有秦人秦祖、壤驷赤，楚人公孙龙、任不齐、秦商。另有狄黑，狄是春秋狄国后之姓，可能是狄人。

第五，夷狄入居中国，与华夏融合为华夏，戎人立国与中国相同被称为中国。由于华夏文化的影响以及礼下四夷，在四夷中也出现了有礼乐与无礼乐之分。《扬子法言·问道》："或问：'八荒之礼，礼也，乐也，孰是？'曰：'殷之以中国。'或曰：'孰为中国？'曰：'五政之所加，七赋之所养，中于天地者为中国。过此而往者人也哉？圣人之治天下也，碍诸以礼乐，无则禽，异则貉，吾见诸子之小礼乐也，不见圣人之小礼乐也。'……"这里依然是以礼为中国与四夷之划限，但已分为两种情况，即"无则禽，异则貉"。被视为"禽"的是无礼乐的，而貉则有礼乐而是异于中国的礼乐，即小礼乐之邦，而中国才是大礼乐之邦。

由于民族意识的觉醒，给民族的心理带来了新的变化，夷人之国可变为诸夏，诸夏人亦可变为夷人。秦、楚于春秋时被视为夷蛮，而到战国则为诸夏国。华夷可以相互转化，这是民族心理素质的重要变化，但还停留在少数民族的华夏化阶段，而仍保留着本族的俗，尚不能视为中国或中华。

秦、汉、魏、西晋，有不少民族进入中国的郡县地区为中国人，在五胡十六国时相继在北方建立中国的封建割据政权，接着统一为北朝。这是又一次重大的民族意识变化时期，最重要的表现是在共同心理的结合上，各族提出在保留异俗的情况下，行中国制度，同为中国，同为中华，这是民族意识的又一次重大的变革运动。

对我国诸民族的起源向有二说，一是天生的华夷两种，"非我族类，其心必异"；二是夏、商、周同源说。此为华夷同源立论，因而匈奴、诸戎与华夏同源，《史记》的作者司马迁便是这样看的。此说虽不合实际，但他是适应诸民族的心理要求而出现的，对促进北方民族共同心理素质的加强和发展起了积极作用。这种心理的出现也有一定的依据，即中原民族有的变于夷狄之中，华夷族本身就是多源的，在中原的有夷、有戎、有狄，也有蛮融合其中。到五胡十六国时，北方民族的意识发生了重大变化，加速了北方民族共同心理状态的形成。这种思想发生很早，《左传》襄公十四年戎子驹支说："谓我诸戎是四岳之裔胄也。"匈奴刘元海时，刘宣等"方当兴我邦族，复呼韩邪之业"。刘元海说："夫帝王岂有常哉！大禹出西戎，文王生于东夷，顾惟德所授耳。……吾又汉氏之甥，约为兄弟，兄亡弟绍，不亦可乎！且可称汉，追尊后主以怀人望。"①华夷皆可为帝王，因华夷有共同的"德"，都是天授有德者。慕容自称是有熊氏之苗裔，高瞻是中州大族，慕容廆抚其心说："奈何以华夷之异，有怀介然。且大禹出西羌，文王生于东夷，但问志略何如耳，岂以殊俗不可降心乎。"②提出华夷虽俗不同，但"志略"相同，华夷有着共同的祖源而且有着相同的"志略"，于是有共同的心理依据。氐人自称是有扈氏之苗裔，羌族自称是有虞氏之苗裔。匈奴赫连勃勃，自称"朕大禹之后，世居幽朔"，"我之皇祖，自北迁幽朔，姓改姚，音殊中国"，提出要"复大禹之业"③。这种变化是一种思潮，和当时北方诸族入主中原有关，随着这种思想而来的，不分民族皆以先王的后裔自居而成为中原主，这是对旧的民族意识的一次重大冲击，随着北朝的出现而更加巩固了。王通的多民族的中国和中华史观便是在这之后出现的。

民族意识和心理的变化直接影响唐对"天下一体"的统一的多民族国家内的民族关系的处理。五胡十六国和北朝时期，还没有把其统治内的民族都变成中国，仍是按中外划分，分华夷。到封建社会后期的辽、金时，才把各族共同纳入中国，汉族与各族同为一家，辽与北宋，金与南宋也是一家，是在一家中两朝，是在一家中分不同族。从秦汉以后，经过"华夷之辨"以及对华夷问题的争辩，逐渐地朝着华夷同风、华夷一体的新方向转变，变夷为夏和在夷夏同风中把各族包括在中华之内，是历史发展的趋势，华夷再也不是"天下一体"内的中外之分，而是"中华一体"中的民族之分。它已不再是过去的华夷的旧观念，而是经过变化和再发展的新观念；作为华夷区分的礼也不再是旧礼，而是包括各族的礼俗在内的新的礼制体系。儒家的思想到辽、金时作了极大的修正，主要表现在以下几个方面。

第一，在历史上华夷之分是很严的，石勒虽认为少数民族可以为"中州主"，但仍分胡、汉。到辽时已自视为中华，《松漠纪闻》记载道宗说："上世獯鬻，猃狁荡无礼法，故谓之夷。吾修文物彬彬，不异中华。"提出了"华夷同风"。金朝被视为华，而赵秉文提出有"公天下之心"的均可称汉，金代女真人与汉人为一家自不在夷之例。

第二，辽、金时礼只指仪礼，而且把单纯的汉族礼变成包括契丹、女真礼俗在内的新礼。礼成为各族通用的礼，这是同风的含义，但礼只是仪礼，各族均可有自己的礼俗，不同的礼俗统一在一个礼的体系中。中原礼被认为与女真礼俗同出自然，是相通的，保留民族礼与当时在政治上提倡朴实是联系在一起的。

第三，在历史上以汉为正统、为中华已成过去，而辽、金立国同是对中原正统的继承，是合法的中国和中华。

辽、金不仅是政治上的统一中国，也是民族的统一中华，只待元朝统一全国，则由各族共同心理素质所组成的统一的中华民族便产生了。北方民族的共同的心理素质的形成，是中华各民族结成为中华民族的要素之一。

二、共同的思想基础

心史包括思想，民族思想属于民族心理上的问题，共同的思想形成是构成中华民族思想的基础。作为中华民族的各民族有各族共同的思想，也有本族的具体思想。北方民族的共同思想都是从中原民族接受过来的，并把它变成中华民族的共同思想。

　　北方民族在统治的过程中，学会和掌握了汉族的统治思想，这是北方民族进入中原行中国制度所必备的条件，也是成为中国或中华民族的统治民族的重要条件，通过思想的传播，对各族在文化上的心理素质的改变也起了同样的重要作用。就北方各民族的民族共同体的形成看，其中作为各部族发展核心的部族思想和法制，对各部族的俗统一起了重要作用。而作为中华民族的主体民族汉族的思想和制度，同样地对各族起到了这样的作用。

　　从中原汉族的思想看，在封建社会中起主导作用的是儒家思想。儒家思想中的天命观、仁政和中庸已为北方民族的统治者所掌握，他们把在中原建立政权和进行统治看成天命归于有德。天命自西周以来已不是上帝，而是一种以德为内容的新的客观观念论，它对于人有绝对的主宰作用，人要符合天命即得修德，有德者得天下。石季龙与张敬、张宾及诸将佐百余人劝石勒称尊号，石勒曾下书说："孤猥以寡德，忝荷崇宠，夙夜战惶，如临深薄，岂可假尊窃号，取讥四方。昔周文以三分之重，犹服事殷朝；小白居一匡之盛，而尊崇周室。况国家道隆殷周，孤德卑二伯哉！其亟止斯议，勿复纷纭。自今敢言，刑兹无赦。"后以"天纵圣哲，诞应符运"，"天人系仰"，"请依刘备在蜀、魏王在邺的故事"[④]，石勒乃许，于是作了"中国帝"。石勒次子大雅，受经于杜嘏，诵律手续咸，石勒以为"今世非承平，不可专以文业教也"。使之学兵书，击刺。石勒谓徐光曰："大雅悒悒，殊不似将家子。"光说："汉祖以马上取天下，孝文以玄默守之，圣人之后，必世胜残去杀者，天之道也。"[⑤]石勒听了甚是欢喜。石勒志在书轨统一，当然希求有文治之日。石季龙废石勒子大雅，称尊号，他下书说："朕闻道合乾坤者称皇，德协人神者称帝，皇帝之号，非所敢闻，且可称居摄赵天王，以副天人之望。"因以德居天下，因之德是计量得失的尺度，冀州八郡发生大蝗灾，司隶请坐守军。石季龙说："此政之失和，朕之不德，而欲委咎守宰，岂禹、汤罪己之义邪！"[⑥]

慕容氏得天下也同样是以天命论说教的。慕容暐时，慕容恪、慕容评请求致政，慕容暐说："夫建德者必以终善为名，佐命者则以功成效。公与先帝，开构洪基，膺天明命。"又慕容德上书于慕容暐："先帝应天顺时，受命革代，方以文德怀远，以一六合。"⑦

氐族苻氏建立前秦，其对天命之说运用的最为完全。苻坚祖洪，从石季龙迁邺，家于永贵里。父苻雄，母苟氏尝游于漳水，到西门豹祠祈求生子，夜间梦与神交，生坚，苻坚就成了神生的奇儿。其伯父人关，梦天神派使者朱衣赤冠，命拜坚为龙骧将军，此号是坚之祖所曾授，今又"神明所命"受给坚。及雄子苻生被坚所废，太原薛赞、略阳权翼说坚："今主上昏虐，天下离心。有德者昌，无德受殃，天之道也。神器业重，不可令他人取之。愿君王行汤、武之事，以顺天人之心。"⑧坚深以为然，纳为谋主。苻坚"颇留心儒学"，他以天道修德为天命的内容，提出统一和把各族为一家的思想，他说："今四海事旷，兆庶未宁，黎元应抚，夷狄应和。方将混六合以一家，同有形于赤子。汝其息之，勿怀耿介。夫天道助顺，修德则禳灾，苟求诸己，何惧外患焉。"⑨苻坚的统一思想包括对南朝的统一，他在群臣会议上说："吾统承大业，垂二十年，芟夷逋秽，四方略定，惟东南一隅，未宾王化。吾每思天下不一，未尝不临食辍铺。今欲起天下兵以讨之，略计兵仗精卒，可有九十七万，吾将躬先启行薄伐南裔，于诸卿意何如？"苻坚许诸臣"各言其志"，所论各有异同。因讨论无结果，乃与苻融商议，融亦以为不可，最后只好苻坚一人独断，以达到"混一六合"，"建大同之业"⑩。苻坚南伐戎卒六十余万，骑二十七万，计八十七万。但淝水一战，全军溃败。苻坚"变夷从夏"，占有天下三分之二土地。苻融自以为自己是戎族建国，自觉理亏，而苻坚在位帝王上打破了旧的观念，他说："帝王历数，岂有常哉，惟德之所授耳。汝所以不如吾者，正病此不达变通大运。刘禅可非汉之遗祚，然终为中国之所并。"⑪在历史上他第一次以北方民族做出统一天下的尝试，虽然失败，但影响极深。苻坚，从生到做龙骧将军，到做王，到欲统一天下，都贯穿着天命论的思想，而又欲合诸侯为一家，皆为赤子。苻坚在历史上，首先展示了由少数民族统一全国的蓝图。

五胡十六国是中原各民族政权的封建割据混战，都在打着"天命"旗号互相争夺之外，也继承了儒家的仁政思想，但始终没有形成较完整的北方民族统治的仁政思想体系，也没有出现这方面有代表性的皇帝。在封建社会之初被颂为仁政代表的是汉代的文景之治，文景之政成为封建统治者理想的政治模式。冯跋是鲜卑化汉人，他曾下书说："武以平乱，文以经务，宁国济俗，实所凭焉。"[12]他们也曾提出以德取天下，以德治国，一般讲这种思想发生在当时封建化较深的族中。苻坚说："为政之体，德化为先。"[13]仁政是当时统治者的理想政治，姚苌时古成洗说："愿布德行仁，招贤纳士，厉兵秣马以候天机。"[14]苌知之大悦。姚兴留心政事，儒风大盛，姚兴以冲不仁杀，以李嵩"仁孝之举"依之，以张泉"宜修仁虚己"纳之。姚泓说："不务仁恕之道，惟欲严法酷刑，岂是安上驭下之理乎？"[15]吕光时，刑法峻重，参军段业进曰："严刑重宪，非明王之义也。"吕光说："商鞅之法至峻而兼诸侯，吴起之术无亲而荆蛮以霸，何也？"段业回答："明公受天眷命，方君临四海，景行尧、舜，犹惧有弊，奈何欲以商、申之末法，临道义之神州，岂此州士女所望于明公焉！"[16]吕光于是崇宽简之政。

德是从纯上帝的主宰中摆脱出来的，"敬德保民"的思想出现后，在一定程度上重视人事。以德得天下，也以德治天下，德治的思想到孔子与仁结合为仁政德治。五胡十六国时在中原建立的政权也继承了这种思想，但还没有建立起适应北方民族建立王朝所需要的主张。为实现仁政德治的方法便是中庸。这种思想也被北方民族政权的统治者所继承。中庸是对辩证法的片面理解和应用，它的片面性主要表现在互相对立的事物不能转化，企图永远维持在相对稳定之中。《礼·中庸》："执其两端，用其中于民。"中庸方法用之仁政德治上即是"事取其中"，有损有益，不能过，也不能不及。孔子所讲的中是"时中"。《礼·中庸》："君子之中庸也，君子而时中。"时中，允许在大的阶段中有不同损益，而不能根本变革。在当时提"政在宽猛之中"，"刑罚失中"，都属于中庸的问题。

五胡十六国统治者继承中原儒家思想，此后在北方建立政权的民族继续继承和发展，最后形成适于对全国各族进行统治的思想。只有这样才能将本民族和其他族纳入统一中国与中华民族之中，成为各族共同联系在一起的主体思想。到辽、金，特别是金时已基本形成。

三、共同的心愿所集

同为我国"天下一体"中的民族，有着千丝万缕的联系。在古代史书的记载中，由于民族的偏见，充满着对北方各民族的诬蔑、歧视和敌对的观点。北方民族与中原的华夏（汉）族的经济、政治、文化不可分割的联系有长期历史的渊源。构成华夏族的主体部分是夏、商、周族，夏、商、周非出一源，华夏族是来自多源，而它后来在发展中也源源不断地由各族补充，注以新的血液。曾记得侯外庐在长春讲学时曾说："汉族是由滚雪球形成的，是多血缘的，就民族共同体看，也多以华夏为主体融合而成。"华夏的经济、政治、文化的创造都是各族的功绩，是为步入先进的族所共有。正因为这样它对各族有极大的吸引力，如诸星之与北斗，《论语·为政》："为政以德，譬如北辰，居其所而众星共之。"《旧唐书·高丽传》裴矩、温彦博说："且中国之于夷狄犹太阳之对列星，理无降尊，俯同藩服。"自战国以来又常把中国与四夷比作人体与四肢的关系，又比作兄弟的关系，都是在讲不可分割的联系。因为中华是由各族所形成的，四夷与中原血脉相通，夷变夏，夏变夷是常见的。历史发展的主流是各族向心中华，而反动的民族史观是拒夷为华，斥夷于外，宣扬"蹈仁义者为中寓，肆凶犷者为外夷"[17]。其实华在其处于与夷相同的历史阶段时都是夷。在历史的发展中，由于各族联系的加强，由于民族间的迁徙、调动和融合，共同的心理素质、共同的思想加强，变夷为夏是各族的心愿，中华为各族心愿所集。各民族向心中华，而他们沿着历史的发展，一步一步地实现了他们的心愿，走上"华夷同风"、同是中华的道路。

（一）发展变化的四个层次

北方各民族向心中华和成为中华的一员，经过了四个发展的层次，而这四个层次体现了北方各民族的心愿。

第一个层次，华夏中国居天下之中心，是物质文明发展精华所在，在经济、政治、文化上与诸夷有内在的联系。"天下之人，应之如景向"[18]，包括"四方之国"内"天下归心"[19]。这是北方民族向心华夏，归心华夏，接受华夏的政教的影响时期。从历史来看北方各族从其开始就走上与中原融合和归心中国、归心华夏的道路上来，构成以中国为体、四夷为肢的一体关系。自夏、商、周以来，北方诸族即宾于王门，视华夏为上国。晋成帝时，肃慎视中原为大国，朝贡于石勒[20]。北朝时勿吉以中原为"大国"来使[21]。隋时靺鞨尊隋为"内国"，愿得长为奴仆[22]。北朝时，契丹与群狄奉北魏为"天府"，"心皆忻慕，贡献交市"[23]。接受华夏影响，归心华夏，这是发展中的初级层次。

第二个层次是第一个层次的进一步发展，即在北方各族与华夏接近后，在频繁交往中，产生慕华风，接受中原文物，用之于本族之中。如慕容鲜卑，其初"风俗官号，与匈奴略同"，后用燕代最为流行的步摇冠，涉归时，"于是渐慕诸夏之风矣"。慕容廆时"教以农桑法制，同于上国"[24]。东北的诸夷人，"或冠弁衣锦，器用俎豆"[25]。隋时靺鞨，"居之柳域，与边人来往，悦中国风俗，请被冠带"[26]。唐时则"请唐官"，渤海则照搬唐制建立渤海国。"匈奴好汉缯絮、食物"，汉与之通关市，往来长城下，在匈奴游牧经济地区建中原式城市农业据点㉗。后入郡县"与汉人杂处""与编户大同"㉘。柔然首领"社仑学中国立法，置战阵，卒成边害"㉙。阿那瓌"心慕中国，立官号，僭拟王者"㉚。突厥"愿通中国"。周文帝遣使相通，其国皆相庆曰："今大国使至，我国将兴也。"㉛甚至东突厥"思改旧俗"，也请隋朝帮助㉜。唐太宗时铁勒十一部皆来灵州，"愿归命天子，请置唐官"，其渠长"以唐官官之，凡数千人"㉝。由此可见，"慕华风"，倾心华夏，改变本俗，请唐官，接受华夏风俗，是北方民族的心愿。

第三个层次是第二个层次更高一级的发展，即进入中原行汉制的时期，这是从五胡十六国开始。由少数民族作中国皇帝，把华夷同纳入中国之内为中国，在不同程度上保留汉制与胡制的并存，这是北方民族史上一个重大变化，标志着华夏文化不只是汉族的文化，也变成了各族的文化，各族都有权继承和发展它。但这时基本上还是分中外、分华夷的，还没有把所有的"天下一体"中的夷狄，同纳入统一的中华民族之中。

第四个层次，是"华夷同风"，各族同为中华民族的时期。"华夏同风"的要点，是"华"变成各民族的共同称谓，原来的汉与华为同一义，现在汉是华中的主体，夷是专指与汉不同族的华中的各少数民族。这些少数民族在元统一为中华民族之一后，其族称便随着固定，逐渐以固定的名称被纳入中华民族，这是北方民族心愿所集的结果，也是发展的最高层次。

（二）统一的多民族的中华民族的出现

由各民族所组成的中华民族，在辽以前的封建社会前期还不完全具备这个条件：

第一，当时还是"天下一体"，分中外，居在中国的为中国民族，在边境的仍为四夷。当时北方民族在中原建立的政权，都按照这种方式对待中原的民族和边境的民族，民族的区域设置还没基本统一。

第二，当时的民族居于统治地位的主要是汉族，"贵中华，贱夷狄"的思想还占主要的地位。进入中原建立政权的民族他们还往往以夷自视，在制度上往往是分治，没有出现包括各族在内的统一的政治体制。也就是说没有解决民族制度分离现象。

第三，华为各族的思想还未确立起来，对华、汉还没有什么新的解释，以儒作为全国各族统一道统还没最后建立起来。

到封建社会后期的辽、金，情况发生了很大的变化，更有利于向统一的包括各族的中华方向转化。

第一，辽、金在北方统治，统一的京府州县制扩大，特别是金把直接管辖地区都置于京府之下，变契丹、女真兴起之地为内地。不再以中外划分，而视各族同为一家。

第二，契丹人已把自己看成中华，赵秉文释汉，有公天下之心的皆可称汉，实际上是说女真人也可称汉。

第三，辽、金时皆以儒为国教，是各族共同的信仰，共同的道统。以此作为基础，不分地域，不分民族，同是中州人物，都是华夏道统所维系的族，华夏制度补充了各民族的内容，成为新的华夏制度的体系。

北方民族欲成为全国的统治民族，把各族部纳入统一的中国和统一的中华民族中，他们不仅要改变少数民族不能作中国皇帝的传统观念，而且还要把自己和各族都变为中华；不仅照搬、模仿和沿用中原制度，还要把只作为汉族一个族的制度变成多民族的制度；他们不仅是作中国皇帝，而且还要依照政治发展的理想，建立适合于对多民族实行统治的政治规范和具有这种多民族特点的统治者。

在变夷为夏的北方民族中，他们所要建立的政治无不受过去政治思想的影响和当时的社会政治的影响。在五胡十六国时主要是以先王的政治号召，实际所行的是汉以后的魏晋制度，刘元海时，陈元达欲元海"近模孝武、光武之美"[34]。刘曜也是"欲远追周义，近纵光武"[35]。慕容廆的前燕，依魏制。汉、魏、晋制度是他们现行的依据，而先王是他们的追求。

北朝的制度亦多因魏晋。辽多因唐制，金继辽、宋之后是制度的新开创时期。金海陵把唐以来三省制改革为一省制，金朝在官制改革中把各族的制度结合到一个统一的体系之中，其中由原来的女真制、契丹制成为以汉制为主的包括各种制度在内的新的金制。这样把原来只适于汉人的中原制度，变成适用于各族的制度。

金朝完善了孔子以来的政治理想，而且出现了多族统治的代表人物。由孔子提出的政治理想图是"小康"社会。《礼·礼运》记载的小康中六君子是禹、汤、文、武、成王、周公，也就是夏、商、周三代"盛世"，而以周成康为典型。到封建时代，被称为"盛世"是汉、唐，即文景之治和贞观之治。这些治就是北方民族建立王朝的政治理想。从五胡十六国到金以前，北方民族政权中的皇帝可称的有苻坚、魏孝文、辽圣宗，他们谁也没有为统一的中华提供典型，而能称为北方民族政权中盛世典型的是金世宗、章宗，而尤其是以金世宗为代表。文、景及唐太宗都是"天下一体"时的"盛世"代表，还不是"中华一体"时的代表。金世宗则是"中华一体"时的"盛世"代表。他的标志有几条：

第一，是行仁政。仁政是儒家政治理想的核心，阿鲁图《进金史表》："非大定之仁政，不足以固百年之基。"

第二，是把金世宗和历史上的典型的治世帝王相比。刘祁《归潜志》："议者以为有汉文景之风。"《元文类》卷三十二王磐《大定治绩序》："有周成康、汉文景之风。"《静修文集》卷五《金太子允恭墨竹诗》："金源大定始全盛，时以汉文当世宗。"

第三，《金史·世宗纪》赞："当此之时，群臣守职；上下相安，家给人足，仓廪有余，刑部岁断死罪，或十七人，或二十人，号称'小尧舜'，此其效验也。"南宋李心传《建炎以来朝野杂记》乙集卷十九："雍（金世宗）为人仁厚，不用兵，北人谓之'小尧舜'。"《朱子语类》卷123："葛王（金世宗）在位，专行仁政，中原之人称他为'小尧舜'。（朱熹）曰：'他能遵行尧舜之道，要作大尧舜也由他。'"

第四，《金史·宗雄传》："世宗即位，凡数岁辄一遣黜陟之，故大定之间，郡县吏皆奉法，号为'小康'。"

金世宗所获得的"盛世"君主的赞词可以说是较多的。作为少数民族出身的皇帝，他最重要之点是为后来统一的中华进行统治，树立了一个榜样。就这个意义讲，金世宗、章宗为统一的包括各族在内的统治定下了规模，这在我国政治史上是个重大的变化。

（三）统一的中华民族的民族构成

统一的中华民族与统一的多民族"中华一体"的国家是同时出现的。统一的民族与国家同时出现，"天下一体"的统一的多民族国家是与华夏国家的统一同时出现的。统一的中华民族的民族结构发生了新的变化，这主要是与"天下一体"时的汉唐比较而得出的。

第一，统一的中华民族的结构的最基点不是分中国的汉族与四海的夷人，而是"华夷无间，抚宁如一"，"无间远近，一视同仁"[36]。

第二，对民族进行新的调整，《元史·世祖纪》十："女真、契丹同汉人。若女真、契丹生西北不通汉语者同蒙古人；女真、（契丹）生汉地，同汉人。"《辍耕录》记载元代汉人八种：契丹、高丽、女真、竹固歹、术里阔歹、竹温、竹赤歹、渤海。汉人不是以中外划分，而是以习俗相同重新划分。元朝把汉人分汉人及南人，钱大昕："汉人、南人之分，以宋、金疆域为断。"

第三，元朝把全国民族分为四等，蒙古人、色目人、汉人、南人。清朝分为满、蒙、汉三等。汉人分隶属八旗的汉军与普通的汉人，民族等级划分，不是别华夷，分中外，而是从政治地位划分的。

第四，元朝为统一各族于一义之中，改变过去国家"不以义而以制称"[37]。把全国取一于一义，变夷狄为"内地"，以体现天下一家之义。举国同域同义这是统一的中华民族出现的重要条件，也是各族构成的新内容。

第五，全国性的民族大杂居，不分中国，不分四海，都出现了民族杂居，这是民族的地域构成的重大变化，这样全国性的民族大杂居，也是从元开始的。

各民族向心中华，变全国为中国，变各族为中华，是各民族的心愿所集。

四、向心与离心的辩证观

在对北方民族及其所建立的政权的研究中，经常碰到向心与离心的关系问题。我国是多民族的国家，特别是秦以后是个统一的多民族国家，在分华夷、分中外的情况下，华夏是发展的重心，各族对中国华夏存在着向心与离心，而各族发展为统一的中华民族时，中华成为各族的共同的重心，中外的概念转化为我国（中华）与国际的民族的国家的中外。由四方的民族向心中国、向心中华，到同心中国、同心中华，这是历史合乎规律性的运动。正因为如此，研究北方民族心史，不能不讲向心与离心。

（一）如何看向心与离心

向心与离心是两种截然不同和相反的力量，在历史上都是存在的。向心与离心存在的条件是"天下一体"的多民族国家，作为其先进部分的中国和华夏的经济、政治、文化，对北方各民族有着吸引力，各族对中国和华夏也有着向心力，在吸引与向心两种力量的作用下，北方民族自北而南地向中国和华夏靠拢，产生一种规律性的向心运动。中国与华夏由于其与夷狄的风俗不同，经济、政治、文化不同，对北方民族也有排斥和离心的力量，与中国、华夏矛盾，产生一种规律性离心运动。这两种不同的运动，便出现统治者的不同的逻辑，一是民族联合，一是民族分裂；前者主张不分华夷一律平等，变夷为夏，后者主张"贵中华，贱夷狄"，斥四夷于荒服。一般地讲，向心力来自统一，即合一；离心力来自对立，即分裂。在统一时期有不合同的因素，在分裂时期也有合同的统一的因素。当旧的统一不符合历史的要求时被新的统一所代替，分裂则出现两个大的统一之间，是旧的统一的解体和新的统一出现之间的一个过渡阶段。民族的统一是把不合时宜的分裂因素取消，发展分裂中存在的统一的积极因素。从发展的总趋势看，离心力所起的作用是暂时的，不持久的，而向心力是受着当时最先进的和最积极的力量所吸引，因而是主要的。向心与离心不单是北方民族自己所能决定的，也有属于重心的中国和华夏对他们起什么作用的问题，是吸引还是排斥。

向心与离心不仅存在夷狄之与华夏、四海之与中国间，也存在于各民族的内部。在各统一的民族共同体形成中，都有向心和离心，而其中有着一个占着主导地位和核心的力量吸引着各部族，而这个核心也有排斥力量，即以新排旧，使那些守旧者的离心力量被消除。女真族在形成统一的女真民族中，是以完颜部的先进制度为核心吸引诸部，同时也有反对女真法制的而与完颜部离心，但最后是诸部的合力克服了离心力，完颜部的制度变成各族的制度，终于摆脱部族分散状态而形成统一的民族。在这中间各地方由氏族部落统一为诸部族对女真统一民族的形成起了中间桥梁作用。向心对女真族来说是积极的代表历史发展趋向的因素。

向心是我国各民族形成统一中华民族的力量。形成高于各统一民族之上的各民族的中华民族，不是中间环节的部族所能起到作用的，而是要有足以形成中华民族的各个统一的民族出现。这些民族、部族的核心是华夏，华夏以先进制度和以核心的力量吸引各民族、部族，当各民族、部族变夷为夏，具有相同的华夏文化的各族结合为华夏，他们对来自于华夏文化对立离心的力量的克制能力就更大，由于向心力的作用，以及华夏文化的吸引和催剂作用，而且不是原来分华夷的汉族，而是变夷为夏的族把他们联系于中华民族之中，其离心力更小些，他们接受已被纳入中国的族的某些习俗，成为中华的成员。各民族由向心中华，发展为"同系中华民族"。统一的中华民族形成后，无分中外，由"天下一体"时的一家，变成"中华一体"内部的一家，向心力转化为各族的民族同心力。

（二）向则两利，离则两弊

向心与离心不仅表现在夷狄之向心中华，边境向心中国上，也表现在中原的民族，离心于中原而向心于夷狄上。所谓向心和离心都是发自本民族的本愿，是由多种原因造成的。由于中原的吸引和催剂，在北方民族的向心运动中促进了其民族的发展乃至历史的飞跃。从北方民族的向心看大致有两种不同的情况，一是作为边境的民族和政权向心于华夏和中国；一是进入中原热心于华夏和中国。

作为边境的民族和政权向心华夏和中国，是通过多种形式表现出来的，而最常见的有以下几种：

第一，是臣附朝贡。朝贡是互利的，它是建立在主从关系之上的，朝贡是最为一般的和普遍的形式。

第二，是互市。即慕中华财物和中原也需要从边境民族那里交换所必需的物品，而互市，如汉与匈奴通关市，与乌桓岁时互市。开互市是中国与四海诸族经济贸易的重要形式。

第三，是接受中原的封号。这是在政治臣服最重要的统属关系。

第四，是请汉官。唐时的黑水鞑靼等皆向唐请官，使臣服关系更加发展。

第五，是接受中原在其地建制和请求中原在其地建城造屋，以达到自愿的易俗目的。

第六，招收汉人，用汉人在其地发展经济文化。匈奴利用汉人在草原建起城市，契丹用汉人建城，分市里。

　　北方民族由于向心，通过各种形式求得本民族的发展与振兴。居住在中原的汉人也因剥削和压迫过重，离心于中原王朝，把北方民族地区作为自己的第二故乡，向心夷地，纷纷逃难。他们把边境视为"乐土"。

　　随着历史的发展，变边境民族为中国民族也成为历史的一种趋势。自夏，商、周以来北方民族不断入居中土，由边境民族变为中国民族。殷武乙时"东夷寝盛，遂分迁淮、岱，渐居中土"[38]。西周时由于夷狄入居中土，形成夷夏错居，犬牙相间，华夏国内有夷狄，夷狄国内有华夏。入居中土的族，有的与华夏同化，有的为臣庶，散为编户，有的聚居为邑。匈奴原是在北边境上与汉为南北的政权，南匈奴自愿请求臣附，有五千余落入居朔方诸郡，与汉人杂处，"与编户大同"，魏晋又有大批匈奴入居塞内，与汉人杂居。乌桓、鲜卑，自东汉以来也相继入塞。除匈奴外，西北尚有"杂虏"入居中原，关中"戎狄"几占一半，丁零、柔然、突厥，从北朝至唐入居中原的也不少，居于灵州、振武、凉州、朔州、幽州等境内。至于各族人中原建立政权，随着政权而入中原者更不计其数。

　　元朝第一次在历史上建立"中华一体"的统一的多民族国家，原南宋地区汉人称南人，原金地区的汉人、契丹、西夏、渤海等统被称为汉人。元又把中原汉人往北迁，在土拉河汉人有十余万家，在和林、应昌、镇海、谦州的新兴城镇及草原都有被迁汉人聚居。草原上牧人十分之七是汉人俘虏。在威宁、宁夏等都有被迁汉人垦种和屯田，东北边地又多有汉人流住。而蒙古及诸色人在中原乃至云南等地落户。各族人民在"中华一体"中，互相杂居，在生产与阶级斗争中结成血肉的联系，不可分割。

　　从元朝开始，蒙古已成为一个较稳定的民族与汉族共同发展，其他的族也多成为较稳定的族而发展，虽然民族的互相融合还在以不同形式进行，但已不能继续使这些族消失，而以汉族为主体结合成统一的包括各族在内的中华民族。他们从元朝起有的作为较稳定的民族存在，如蒙古、回回等；有的是元以前已形成的民族如汉族、藏族；有的在元代氏族部落基础上又重新发展出现的民族共同体，如元女真后来发展为满族；有的虽未发展为新的民族共同体，但作为一个族称而被延续下来。

从历史发展看，各民族向心中华是历史的主流，"向则两利，离则两弊"。当各族发展为一个中华民族时，互相依存，互相联系，则更是"合则两利，分则两伤"。民族的统一，民族的进步，民族的繁荣，是国家富强的根本保证。

（三）炎黄子孙都有一颗中国心

《我的中国心》这首歌唱出了当前各民族的共同心愿。首先享受这颗中国心的当然是中华各民族。中国心对各族来说是他们的共同心意，它象征着各族人民光芒四射的太阳，万国顷心，"皆同捧日心"。在历史上不知有多少族融合在这个中国心中，史载："当成周者，南有荆、蛮、申、吕、应、邓、陈、蔡、隋、唐；北有卫、燕、狄、鲜虞、潞、洛、泉、徐、蒲；西有虞、虢、晋、隗、霍、杨、魏、芮；东有齐、鲁、曹、宋、滕、薛、邹、莒；是非王之支子母弟甥舅也，则皆蛮、荆、戎、狄之人也。非亲则顽，不可人也。"㊴

以上分两类：一是诸夏之国；一是蛮夷之国。诸夏之国分周同姓国：蔡、隋、唐、卫、燕、虞、虢、晋、霍、杨、魏、芮、鲁、曹、滕，即周王的"支子母弟"，异姓甥舅之国：申、吕、齐为姜姓，陈为妫姓，宋为子姓，薛为任姓。蛮夷之国：狄、鲜虞、潞、洛、泉、徐、蒲、隗为赤、白狄及其他诸狄；莒已姓为东夷；荆蛮芈姓为南蛮。此诸蛮夷已和华夏族错居，虽未与华夏融合，但已错居中国。

随着民族变边境民族为中国民族，变夷为夏，便同是中国，同是中华，中国心成为各族共同的心。各族共同的心都凝在中国和中华上。

第一，先王成为各族所共享，先王的事业由各族所继承，先王的土地包括各族在内，各族都是先王封内的臣民，同配享先王先祖的民族，也把本族中的人物包括在内。

第二，各族都以共同的文脉作为自己的文脉，皆有所宗，各族中的文人都成为中国的文人。

第三，各民族都以炎黄为自己共同的族源，称炎黄子孙，这种观念产生较早，而在历史发展中逐渐形成。《汉书·魏豹、田儋、韩信传》"赞"："炎、黄、唐、虞之苗裔，颇有存者。"在历史上不同源的族已同流在一起，不断地形成一种共同的心理素质。周人与夏不同源但是同流，夏是三代文明的开创时期，周人就曾自称是夏，《尚书·君奭》："惟文王尚克修和我有夏。"

这就是后来华夏三代同源说的张本。到春秋时，出现"华"，华夏便成为中国的统治民族之称。随着民族的发展变化，非华夏族也提出是华夏族的后裔和苗裔的问题，这样越演越大。《国语》所述族之先有二，一是炎帝，一是黄帝。黄帝姬姓，炎帝姜姓。《史记》又出现一个系统的一元的民族起源说，把三皇、五帝、三王一元化。中原的族人被流窜四方为夷狄，都是黄帝之后。这种思想对后来进入中原的族影响很大。不少的族也想在血缘上说是华夏的后裔，对他们变夷为夏起了重要作用。

封建社会后期，由汉族为主统治中原的历史，转化为以少数民族为主统治中原的历史。情况已发生了变化，夷狄皆为先王的后裔再也起不了那么大的作用。而是各族各有各族的源，各族都可与汉族有平等地位继承中原文化，在同一的道统下成为中华。他们是作华夏和华夏文化继承的多民族子孙，而不是血缘上的汉族先世的共同子孙，正因为如此，炎黄子孙是就各族结合为一个中华民族而说的，不是就血缘说的。各民族都是中华世代相承的子孙，都是"中华一体"中的兄弟民族，都有着一颗中国心。这是研究北方民族心史的重要内容。各民族的心属于中国、中华民族，中国、中华民族也属于各民族。

注：

① 《晋书》卷101《刘元海载记》。

② 《晋书》卷108《高瞻载记》。

㊱《明太祖实录》卷53，洪武三年（1370）六月丁丑条。

㊲《元史》卷7《世祖纪四》。

㊳《后汉书》卷85《东夷传》。

㊴［周］左丘明：《国语》卷16《郑语》。

第八章　北方民族与政权对物质文明和精神文明的贡献

　　北方各民族在我国历史中，都不同程度地对物质文明和精神文明的发展做出了贡献。在物质文明和精神文明的发展中，既有继承又有发展，既有因袭又有创造，总是后来居上，后人超过前人。民族与政权的发展史，也就是物质文明和精神文明的发展史。

　　对北方民族和政权的物质文明、精神文明的研究，应当掌握这样几个最基本点：一是统一的多民族的思想；二是作为我国物质文明、精神文明创造的主体部分是汉族及其所建立的政权，即使是由少数民族在中原建立的政权，也是以汉族为主体，以华夏文化为核心；三是物质文明与精神文明的发展创造是多族的，而且互相影响，都曾不同程度地做出贡献；四是物质文明与精神文明的创造是历史的积累过程，总是或多或少地提供了前人所未曾有的东西。

一、辽以前对物质文明与精神文明的继承与贡献

我国的封建社会分前后两个时期，前期从战国到隋、唐，后期从五代、辽到明、清。由于前后两期北方民族和政权的地位不同，对物质文明和精神文明的继承和贡献也不相同。辽以前大致可分为三个时期：秦、汉、魏、西晋是氏族部落及地方政权时期，此时北方民族主要是在边境，作为氏族部落及地方政权而存在，进入中原的也多为郡县编户。五胡十六国及北朝是在中原建立封建割据及前期北朝的时期，此时不仅在边境有氏族部落及地方政权，而且出现了北方民族在中原建立的中国政权。隋、唐是"天下一体"的统一的多民族国家的再建，结束了南北朝的分立，各民族的政权只存在于边境，在中原建立的民族政权暂时被打断了。

第一个时期，由于北方民族及政权主要在边境，进入中原的被中原汉族王朝奴役和剥削，没有取得以政权的形式发展的地位，对中原只是接受影响，慕华风和学习中原的文化，是以本民族的物质文明和精神文明为主发展的时期。因此，还不可能直接掌握中原文化，行中原的封建制度。但不等于说这个时期无贡献，由于社会形态的不同、地域以及风俗的不同，他们各自在本地区的发展和发明中，也显示了北方民族的进步，而中原的一些发展有的就出自北方民族的贡献。如畜牧业的发展，马的驯养和使用，马镫等工具的发明，穹庐毡帐的利用，毛织技术的发明，奶制品的加工制作，严冬室内的取暖，好弓和名皮以及具有民族、地方特点的文化艺术，都不同程度地丰富了当时我国文化的宝库。

北方有丰美的草原、树海和山谷峻岭，有肥沃的平原。居住在这里的各族从事着以畜牧、农业、射猎为主的不同生产。但是，不管从事畜牧业还是农业，骑射都是他们所长。早在秦以前，"胡服骑射"，就为中原所习。北方民族善于驯马和用马。马的品种和用途较为广泛。马分各种颜色，而且有珍奇畜种，如匈奴的橐驼、驴骡、駃騠、駒騄、騨騄等，夫余也盛产名马。中原的驴是从北方民族传入的。匈奴出产"秭裘""罽

帐"，还能制作一种被称为"径路"的宝刀，即蝴蝶展翼状的青铜短剑。能制造"马革船"。高句丽有"貊弓"，鲜卑有"角端弓"，出产名裘。挹娄特产有"石砮楛矢"，"挹娄貂"。匈奴的骑射技术与中原不一样，上下山坡，出入溪涧，中原的马不如他们；在险道倾斜处，一边飞驰，一边射箭，中原的箭兵不如他们[①]。中原的胡豆、胡床、胡笳、胡琴，也都从北方民族传入。

第二个时期，最大的变化是北方民族变边境民族为中国民族，变边境政权为中国政权。一是属于边境的民族和政权，一是属于中国的民族和政权，就其政权看是由封建割据政权发展为北朝。由于北方民族在中原建立政权，行中国制度，继承了中原的物质文明和精神文明。五胡十六国时，因为还没有统一，各民族间进行无休止的战争，还不可能出现北方生产的全面恢复和发展，社会的经济残破极为严重，虽然一些政权也注意生产，但所收到的成绩有限。

这个时期对物质文明和精神文明的创造极不显著，可称者甚少。《邺中记》记载石勒时有指南车、司里车，又有舂车木人，"行十里成米一斛"。磨车"行十里磨麦一斛"。当时锦署织工能织造近20种花纹的锦。后秦的姜岌，发现在月蚀测量月的位置，以推得太阳的位置，又核算到冬至日太阳的位置。方法相当准确，他实测得冬至点的位置在斗十七度[②]。苻坚部将窦滔妻苏若兰，年23岁，窦滔守襄阳，若兰留在家里，用五彩丝织成一幅锦字回文诗，凡841字。按各种读法，可得各体诗200余首。窦滔得诗，叹称"妙绝"。因此把善歌舞的宠妾赵阳台送走，迎苏若兰到襄阳。武则天称之为《璇玑图》，撰文说："纵横反复，皆得文章（诗），其文点画无缺，才情之妙，超古迈今。"[③]苏若兰生平所著文诗5000余字，只此图奇妙得传。她是个有影响的女诗人，当然也是善织锦的能手，而所织回字文不仅是珍品，也是以织锦写成的绝妙的诗稿。

北方各族进入中原建立封建割据民族政权，推动了北方儒家思想和经学的发展和兴盛。北方各族的贵族子弟多学儒家的经学，提倡儒家的思想和经学，并为此而著述。匈奴刘元海"师事上党崔游，习《毛诗》《京氏易》《马氏尚书》，尤好《春秋左氏传》，《孙吴兵法》略皆诵之，史汉诸子，无不综览"④。刘聪"究通经史，兼综百家之言，《孙吴兵法》，靡不诵之"⑤。《晋书·卜珝传》记载，卜珝是匈奴后部人，少好读《易》，被郭璞所称许，郭璞见而叹道："吾所弗如也。"北方各族统治者多习儒学经史，并用心提倡和保护儒学，建立太学。石勒本人不曾就学，但亲临大小学考试诸生经义。慕容廆，设学校，览政之暇，亲临听讲，"路有颂声，礼让兴矣"⑥。慕容皝每月亲临考试优劣，亲造《太上章》，以代《急就》，又著《典诫》15篇，以教胄子⑦。苻秦时文教尤盛，留心儒学，苻坚亲临太学，考诸生经义⑧。

北方民族入中原建立政权之始，就大兴儒学，主要是为摆脱当时社会上层玄学的束缚，与下层士大夫结合，发展实用的经学。此为北方民族后来的政治发展方向的规定起了重要影响，对以儒学为各族所共同信奉的道统也起了重要影响。

北朝是封建割据政权的更高层次的发展，与南朝并峙，中国文化分南北两大支发展。北朝的物质文明和精神文明的发展在某些方面超过了以前的朝代。

第一，后魏贾思勰著《齐民要术》，是目前我国现存最早、最完整的一部农书。在书中记载了我国劳动人民在生产中所取得的宝贵经验和巨大成就。介绍了农田、收种方法，各种谷物、果树和树木的栽培方法，家畜、家禽和鱼类的饲养方法，食品的制作方法。所载农业生产工具有三脚耧、两脚耧、一脚耧、蔚犁、长辕犁。记载了有关轮种、选种、深耕密植、全苗、保苗等经验。还记有多种多样的播种与繁殖方法，已知采用苗圃育苗和移苗的方法，以及采用嫁接法。反映了当时农业科学技术发展的新成就和新水平。

第二，北魏时，晁崇，辽东襄平人，善天文数术，太武时，崇创造浑仪⑨。齐张子信用浑仪在海岛实测许多年，发现太阳的视运动不均匀，发现"日行在春分后则迟，秋分后则速"⑩。此一发现对历法的改进意义甚大，为定朔的进一步研究提供了良好条件。

第三，信都芳，少明算术，兼有巧思，精心于算历。后为安丰王延明召入宾馆，江南祖暅因先于边境被获，在延明家，旧明算历，后祖暅还，留诸法授芳。上党李兴业撰新历，自以为长与赵㲀、何承天、祖冲之三家，芳难之，私撰书名《灵宪历》。"算月频大频小食必以朔，证据甚甄明。每云：'何承天亦为此法，而不能精。《灵宪》若成，必当百代无异议者。'"书未成卒⑪。信都芳的《灵宪历》，当有超过何承天的地方。

第四，在北朝已出现圆钢，也叫作灌钢，即烧生铁成溶液注入熟铁料中的炼钢法。北齐綦毋怀文"造宿铁刀，其法烧生铁精，以重柔铤，数宿则成刚；以柔铁为刀脊，浴以五牲之溺，淬以五牲之脂，斩甲过三十札"⑫。

第五，北朝油漆工艺亦相当发展，在《齐民要术》中专论述漆器，尤其叙述了延长漆膜耐久性和保护方法。指出："盐醋浸润，气彻则皱，器便坏矣。"讲到漆器遇潮湿则易生霉，须于盛夏连雨季节"一曝使干"，利用日光紫外线杀菌。又说"朱本和油，性润耐日"，这都是极为精到之见。

第六，北魏时侯文和，"为要舟水中立射"⑬。以水力作用的机械轮轴技术也广为应用和发展。在洛阳景明寺内，"碨、砣、舂、簸，皆用水功"⑭。

第七，北朝时的纺织业很发展，其工巧优于南朝。《颜氏家训》卷1《治家篇》："河北妇人，织纴、组紃之事，黼黻、锦绣、罗绮之工，大优于江东也。"北齐官僚毕义云家在兖州北境，"家有十余机织锦"⑮。可见民间手工业发展的规模。

北朝在精神文明的发展创造方面已取得相当的成就。北朝文学上的成就突出表现在民歌形式的创作上。其代表著作是《木兰辞》和斛律金的《敕勒歌》。《木兰辞》中的花木兰，表现出妇女的英雄气概和高洁的道德。范文澜说："北朝有木兰诗一篇，足够压倒南北两朝的全部士族诗人。"⑯《敕勒歌》本是鲜卑语，被译成齐语，"敕勒川，阴山下，天似穹庐，笼盖四野，天苍苍，野茫茫，风吹草低见牛羊。"元好问极为推崇《敕勒歌》，"慷慨歌谣绝不传，穹庐一曲本天然。中州万古英雄气，也到阴山敕勒川。"⑰

北朝时期有两个大文士，一是王褒，一是庾信。他们原是南朝人，梁亡到西魏做官。庾信超过了南北两朝的众文士，他上集六朝精华，下启汉人风气，可和屈原、宋玉启汉相比。宇文泰令苏绰作大诰，是唐古文运动的正式起点，在文学史上也占有一定地位。郦道元的《水经注》的出现，标志着地理志的写作进入一个新阶段。其他如杨衒之的《洛阳伽蓝记》，颜知推的《颜氏家训》，也都是历史上的名著。

北朝佛教艺术发展的水平也相当高。如敦煌的魏窟、云冈石窟、龙门石窟、麦积山石窟、义县万佛堂、炳灵寺石窟，等等。

这个时期思想的重大变化，是民族意识上的新觉醒，只有汉族是中国、是华夏的思想，正在向多民族的中国、多民族的华夏转化。

第三个时期是隋、唐。隋、唐是继南北朝统一后发展起来，物质文明与精神文明的创造，对我国封建社会前后期起着承前启后、继往开来的作用。隋、唐物质文明和精神文明的发展，为后来两宋及辽、金的发展奠定了共同的基础。

二、辽、金的物质文明与精神文明

辽、金与宋为南北朝，辽、金时的北朝是隋以前的北朝更高一级的发展。隋以前称为前期的北朝，辽、金称为后期的北朝。辽、金与宋同是对中原王朝的合法继承，但由于划分为南北两朝，物质文明和精神文明便分为南北两大支发展，而这里涉及一个问题，即辽、金与宋在物质文明和精神文明发展中的地位及其关系问题。

（一）如何看待辽、金、宋在发展两个文明中的地位与作用

从总的方面看，南北两朝共同继承和发展了我国的物质文明和精神文明。南北两朝的政治地位的不同与发展物质文明、精神文明的地位不能等同；作为南北朝的统治民族与其作为主体的民族不能等同。因此在政治上虽然北朝居于宗主地位，而作为发展我国物质文明和精神文明的主体仍是汉族。从这个意义讲当时发展我国物质文明和精神文明的主导方向在南朝，不在北朝。正因为这样，客观地研究宋在发展物质文明和精神文明的地位与作用，是我们全面认识问题的基础。

对宋朝物质文明、精神文明发展水平及其地位的估计，不仅是国内问题，也是个国际性问题。宋朝对我国物质文明、精神文明的发展是空前的，它的发展高出于盛唐，高出于当时的辽、金，也高出于世界。在历史的研究中把盛唐看成是顶点，此后便是走下坡路，其实是不对的。从岁课看：铜，唐时每年岁课为60万斤，北宋每年已达2000余万斤。铁，唐时每年岁课为200余万斤，北宋已达800余万斤。在文化艺术的发展上也超过唐。

宋朝的发展水平高出于世界，火药、指南针的应用和活字印刷术的发明都在宋朝，均早于世界其他国家。北宋沈括《梦溪笔谈》被称为世界上独一份，是我国科学史中的里程碑。李诫《营造法式》是世界上最完备的建筑学著作，被称为中国古代的建筑宝册。宋慈《洗冤集录》是法医学的

重大发展，欧洲把法医学应用到法律裁判上比我国晚400年左右。秦九韶《数书九章》是数学方程式论上的重大贡献，并提到多次方程式的解法，比意大利鲁飞尼的发现早八百多年。其"大衍求一术"算法，被欧美称为"中国剩余定理"。杨辉《开方作法本源》即巴斯噶三角形，欧洲发现比我国晚近四百年。沈括提出以节日定月，不管月亮朔望，去闰月，实行阳历，用十二月令为一年。比英国萧纳的历法早900年。杨忠辅制定的统天历，以365.2425天为一岁，和地球实际绕太阳一周的周差只差26秒，大致已与世界通行格里哥里历一周期相似。宋时蜀盐井用机械（唧筒）吸盐卤比荷兰早770多年。由此可见，宋代文明的发展，居于世界的高峰。

宋朝发展我国文明有更为有利的条件。唐朝是封建社会前期的盛世，它为后来的发展提供了条件，特别是唐末的农民战争为后来文明的发展开辟了道路。宋朝统治者为促进社会文明的发展采取了一些重要的政策和措施。宋朝处于当时国际形势中比较好的条件，当时的中亚、欧洲、南洋、日本、朝鲜等都需要我国的产品，国内商业城市经济也空前发展起来。

从宋朝本身看，与辽、金的情况不同，也决定了宋在当时能在发展物质文明和精神文明中处于优势。宋是由汉人建立的政权，发展物质文明和精神文明的主体是汉人，他们对中原文明的继承和发展不需要经过辽、金那样的曲折过程。因此，宋朝在文明发展中一直保持优势。

从历史发展的趋势看，需要在过去发展基础上有更高的发展，超过唐朝保持世界领先的地位，宋朝在这方面所做出的贡献超过辽、金。从另一方面看，以中原文化为核心，由汉族所掌握的文化向多民族、多地区发展，促进统一的包括各族在内的中华文明的发展和提高，有更多的族成为中原先进文明的发展者和创造者，则辽、金处于优势。辽、金，特别是金朝在发展物质文明和精神文明上超过了过去在北方建立的政权，承唐继辽、宋直起，开创了统一的包括各族在内的发展中华文明的新趋势，繁荣了我国物质文明和精神文明。

（二）辽、金的物质文明和精神文明

辽、金是我国历史上两个重要的朝代，在北方民族政权的发展史上第一次把北朝提高到南北两朝的宗主地位。辽、金相比在发展上也有不同，辽朝占有汉人的地区比金小，只有燕云地方，在北面占有的地区也没有金大。更确切地说，把北边各民族纳入府州的范围与金相比还有限。辽是在唐后北方民族封建割据的基础上统一，与金不同。金朝兴起后，先后灭亡当时的北南两个王朝，占有原辽及北宋的北部地区，金有辽及北宋发展的基础，要比辽雄厚得多。辽朝一直实行南北面制，而金至熙宗时就开始打破南北面的界线，制度更加统一，在我国历史上最早把三省制发展为一省制。辽是在我国封建社会后期之初开创的南北朝，受过去北方民族胡、汉分制的影响还比较深，而金朝的情况已发生很大变化，更有利于沿着中原制度变革的趋向发展。

辽朝在发展物质文明和精神文明上做出了自己的贡献。

第一，辽代农业发展的最突出贡献，是在北方开垦出众多的新农、业区和半农半牧区。辽在胪朐河（今克鲁伦河）屯田，在镇州（今鄂尔浑河上游）、今海拉尔等地发展农业。辽海地区，当时有"编户数十万，耕垦千余里"[18]

第二，辽代的牧业特别繁荣，"羊以千百为群，动以千数，每群牧者才二三人而已"[19]。牧业的发展也推动了汉族等，"蕃汉人户，亦以牧养多少为高下"[20]。

第三，辽代的镔铁刀，精良著称于世，工艺水平很高。自川州生产的帛，以礼物被带到宋，被宋誉为"佳品"。辽代制瓷业技术水平很高，其主要功绩是结合契丹生活发展，最驰名的是鸡冠壶，形制多种多样，姿态百出，别树一帜。辽代马鞍制造，被称为"天下第一"，"他处效之，终不及"[21]。

第四，辽代医学也有很大发展，其理疗法相当进步，一是意疗，即精

神疗法；二是降热疗法；三是麻醉法；四是人体防腐法。

第五，行均《龙龛手鉴》，是我国音韵文字学中一部自成体系而富有创新精神的佳作。

第六，辽代绘画艺术，亦多为世所称。画家有耶律倍、胡瑰、萧瀜等。胡瑰现存有《卓歇图》《蕃马图》《还猎图》。耶律倍的画被宋收入秘府，传世有《射骑图》《射鹿图》。萧瀜的画，传世有《花鸟图》。法库叶茂台辽墓中出土两件完整轴画，即《山水楼阁图》《竹雀双兔图》。

第七，辽代建筑引人瞩目，工艺精巧，风格独特，为世所罕有。辽宁义县奉国寺大殿是我国最大的佛殿，蓟县独乐寺观音阁，是木结构楼阁的杰作，应县木塔是现存最古、最大的木塔。

第八，辽代雕塑艺术达到当时的最高水平，山西大同华严寺塑像，被称为佳品，其艺术水平超过了宋晋祠中的圣母塑像。

第九，辽代诗人文人很多，特别是契丹女诗人萧观音，他写《君臣同志华夷同风应制》诗，颂扬中华一体，"华夷同风"。她有一首七绝："威风万里在南邦，东去能翻鸭绿江。尽怪大千俱破胆，那教猛虎不投降。"其倾心于统一的心情和华夷同风的历史趋势，充分反映了多民族的中国发展心愿。他所写的《回心院》10首也颇有影响。

金继辽及北宋而起，对物质文明和精神文明的发展所做出的贡献超过了辽，自树立于唐、宋之间，几与当时的宋齐趋。

第一，金初以北宋姚舜辅的纪元历为底本，由杨级编成大明历，世宗大定二十年赵知微又重修大明历，其贡献一是对太阳视运动的计算中初步用了内差法三次差的公式；二是对日月蚀蚀限的计算运用了几何方法。这是天文计算方面的一个重要进步。金代的影仪、简仪，可能为后来郭守敬造简仪、景符所据。明昌间张行简造星丸漏，较为新颖。后来元都城用的碑漏，也是星丸漏的一种[22]。

第二，金在数学上发明了天元术，并传播于平阳、太原、东平、真定等地，其算法已被应用到校定地理及河防著作中。李冶根据金末的数学著作《洞渊测图》，又集天元术的大成，写出《测图海镜》。

第三，金代火器的制造与应用已相当发展，金在后期与宋、蒙古的战争中不断制造新的火器，如铁火炮、震天雷、飞火枪。火炮以铁为外壳装制，形状如匏，而口又小。"震天雷状如合碗，顶一孔，仅容指"[23]，"所爇围半亩之上"[24]。说明金人利用火药的技能已成熟。

第四，金代铁器制造业有很大发展。金朝后期由于禁铜加严，以铁作为原料而铸工艺品得到比较充分的发展，在山西南部各地和石家庄人民公园中的许多铁狮，从其技术看超过北宋水平。金朝已能铸造大型铁制用具，在今西安市小雁塔所藏章宗时所铸大钟二万斤，被称为"雁塔晨钟"。

第五，金代造船技术也有某些发展和提高。蔡珪在《撞冰行》中写一种专用于撞冰的船舶，是近代破冰船的雏形，也是造船业的一种新创造。张中彦发明一种新的曳船下水的方法，"召役夫数十人，治地势顺下倾泻于河，取新秫秸密布于地，复以大木限其旁，凌晨督众乘霜滑曳之，殊不劳力而致诸水"。张中彦还创造了在林区山峰间架设木架滑道以运集木材的新技术。这是唐、宋以来所不能解决的难关，而"中彦使构崖驾壑，起长桥十数里，以车运木，若行平地"[25]。这是森林采伐史上的一个新创造。

第六，金代桥梁和建筑技术也相当发达。金代中都城宫殿建筑，工巧无遗力。《日下旧闻》卷29《宫室》引《海陵集》："其宫阙壮丽，延亘阡陌，上切霄汉，虽秦阿房、汉建章不过如是。"金中都的许多建筑吸收了唐、宋建筑艺术的精华，并且直接影响后来明、清两代故宫。太原晋祠中的献殿为金大定八年所建，梁架建筑很有特色，整个大殿形似凉亭，显得格外利落空敞。卢沟桥建于章宗时，是今河北最长的桥，其技术的高超和幽美，驰名中外。

第七，金代平水印刷术已达到很高水平。其雕版技术可与南宋临安的佛经扇面相媲美。平水印刷有优美的版画，绘图人像极为精细工致，生动活泼，体态风韵神出。绘刻的精巧胜于南宋临安贾氏宅人所刻佛国禅文殊图赞，为百年后元建安余氏所刻全相平话三国志附图所不及，可与明刻传奇相伯仲。金代版画已开始由对佛教的雕绘变为对人物的雕绘，是元刻平话附图及明刻传奇附图的先声。

第八，金代医学有长足的发展，开我国医学史上一代之风。金代名医辈出，著作甚丰，其影响人的有成无己、马丹阳、刘完素、张子和、张元素、李杲、窦汉卿等。金代医学富有强烈的革新精神，开展百家争鸣，推陈出新，金元四大家中有三家属金。

第九，金章宗时的《董解元西厢记》是我国戏剧史中的佳作，被誉为"北曲之祖"。胡应麟称赞说："精工巧丽，备极才情，而字字本色，言言古意，当是古今传奇鼻祖。"这是我国历史上首次出现的长篇组曲，是一部古典戏剧中带有典范性的作品。

第十，山西繁峙县岩山寺金代壁画，与传世的宋画中的精品不相上下，它比永乐宫绘制的年代尚早一百五十八年，是我国建筑壁画中的双璧。赵城的经藏被发现后，惊动中外，在做工上可与宋精品媲美。金代雕砖艺术水平亦相当高，有的是金代的精品。金代的王庭筠的书法在宋四大家之外别树一帜[26]。

第十一，金代文学成就也很高，有出自各族的代表文人，王若虚创修辞学和文例，元好问的成就高出于当时南北文人，其论诗，开评诗的新派别。

第十二，金代的儒、释、道的"三教合一"是一种重要趋势。

第十三，金代民族思想的发展，是形成以汉族为主体的统一中国和中华的思想基础。

金朝在发展中是个有贡献的朝代，有不少制度由金完成统一，也创建了一些新制度，为我国的民族进一步统一在中华之中做出了努力。

（三）辽、金在发展两个文明中的特点

辽、金时历史已发生很大的变化，这种变化对辽、金在中原的统治

是有利的。从民族思想意识的变化看，在五胡十六国及北朝后，隋朝的王通第一个对我国统一多民族国家与民族及其所建立的政权重新加以总结和认识，肯定在中原的北方民族及其政权是中国民族和政权，把他们划入先王之民和先王的土地之内，充分肯定他们的地位和作用，这是对传统的民族观一次最深刻的批判。唐统一全国兼容各族的政策，对北方民族也有启发，唐朝的制度也是辽、金统治者所推崇和遵循的。宋继唐发展起来的高度文明，也是金朝发展的基础。

辽、金是由契丹、女真族建立的政权，它继承了中原文明的发展基础，其主体仍然是汉族。因此，行汉制是他们保证中原文明发展的重要决策。行汉制与本族的制度是矛盾的，而契丹、女真不仅要作统治的民族，还得取得掌握中原先进文化的民族，这样就要对本族的制度进行一系列的改革，变夷为夏，把本族发展为先进的民族之一，与汉族一起共同发展华夏文明，这是历史发展所需要的，也是在中原进行长久的统治所需要的。在辽与金的发展中都培养了本族这种掌握先进文化的人物。

辽、金发展华夏文明的另一个特点就是要用中原文化发展本族的文化，提高本族的物质文明和精神文明。其方式可以是多种多样的，最常见的方式就是直接采用，照学、照搬和照用。其次是把中原的先进文明与本族的情况结合，用先进的技术、先进的制度和思想提高具有本族特点的文明。如契丹人结合本族中的游牧生活，用先进的瓷器技术制造本族需要的鸡冠壶。女真族用女真文的经史教育本民族，成立女真学校，用女真文开科取士。用先进的技术建造有本族特色的建筑。或者是发展本族有用的东西，加以提高，使之纳入先进的文明体系之中，在发展中与汉族取得了共同提高和发展文明的条件和基础。

辽、金王朝发展华夏文明，由两个方面的条件所决定，一是要在中原汉族建立的王朝发展的基础上继承，并在物质文明和精神文明的发展中有新的提高，在这方面它与同时存在的南宋相比是不利的。二是要继承北方民族王朝的传统，即发展包括本族在内的多民族的文明发展途径，在继承中原华夏文化传统的同时，变华夏文明为多民族的文明。由于辽、金继承了过去的北方民族的意识与思想，在这方面对辽、金则是有利的。这是时代赋予辽、金发展文明的一个带有时代趋势的特点。

金朝继辽之后，消除了南北面制，实行统一的制度，金代物质文明和精神文明发展的一个最大特点，即各族的文明都结合在一个统一的文明体系之中。各族的文明汇合成整个中华的文明。

三、元统一后的物质文明和精神文明

元朝结束了我国历史上的"一家两国"的时代，进入一个统一的全国性的"中华一体"的新时期。元朝是我国统一多民族国家发展的一个重大的转折，它的作用如同秦结束"前天下一体"而为"天下一体"一样，又开创了一个由"前中华一体"到"中华一体"的新纪元。就北方民族政权发展来说，又是北方民族由北朝步入统一国家，作为全国的统治民族的开始。

元与秦出现的两个统一的新开端，有不同的特点。秦朝的建国者虽原属西方戎族，但它在统一诸夏前已成为诸夏国之一，蒙古则不然，是以蒙古的身份统一全国的，成为全国的统治民族。秦是在诸夏国分裂的情况下统一六国，统一后仍沿着"前天下一体"分华夏，隔中外；元朝统一，是合南北两个中国为一个中国；一个中华。金与南宋都为元创造和奠定了较好的条件和基础。一般地讲，金为元在制度上、民族思想上提供的条件多些，而南宋在发展物质文明和精神文明方面提供的条件多些。元是集中这两个方面的优势，促进了元朝的空前统一和物质文明与精神文明的发展。

（一）元朝在发展两个文明中的有利条件与不利条件

元统一金和南宋，在发展物质文明和精神文明上，既有有利条件，也有不利条件。

从有利条件看：

第一，金与南宋为元朝统一后的发展所提供的条件和基础比过去任何一次大的统一都更为雄厚。元朝可以集中金与南宋发展的优势，兼其所长发展和提高物质文明和精神文明。

第二，元朝的统一是空前的，疆域的扩大，为汉、唐所不及。元朝的统一是继金、南宋两个中国，两个中华而统一，因为在统一的内容、结构上都发生新的变化。秦统一依然是分华夷、隔中外，唐统一也没有改变这种情况，但在内容上发生了一定的变化。唐把边境地区变为羁縻州，以与内地相区别，这是向内地的府州过渡的重要一步。元朝制度空前统一，把各族、各地区纳入统一的中国，这对促进全国性物质文明和精神文明发展是最有利的条件。

第三，汉族是我国的主体民族，是发展华夏文明的主力，而在发展中吸收更多的民族掌握华夏的文明，是共同发展华夏文明所不可缺少的。金在北方除汉族外，华夏文化水平发展较高的有女真族、契丹族、奚族、渤海族、兀惹族等。这些族人后来都与汉族一起入元。在元时又有一大批不同的族人掌握华夏的文化，成为当时华夏文化体系中的重要组成部分，其中有蒙古族、回族、维吾尔族以及其他众多族的人士。据陶宗仪《辍耕录》卷1，元有色目人31种。他们成为我国民族大家庭中的组成部分，接受华夏文化，成为典型中国式的文人。其中有回回人、汪古人、回纥人、维吾尔人、西域人等，有科学家、诗人、书法家、绘画家、雕塑家、建筑家、戏曲家等。他们不仅著述丰富，质量亦高。王士禛《居易录》卷2："元代文章极盛，色目人著作者尤多，如（马）祖常、赵世延、字术鲁孙、康里夔夔、贯云石、辛文房、萨都剌辈是也。"《华化考·文学篇》

引顾嗣立："有元之兴，西北子弟尽为横径。涵养既深，异才并出。云石海涯（贯云石）、马伯庸（祖常）以绮丽清新之派，振起于前，而天锡（萨都剌）继之。清而不佻，丽而不缛，真能于袁（桷）、赵（孟頫）、虞（集）、杨（维桢）之外，别开生面者也。于是雅正卿、达兼善、乃易之（贤）、余廷心（阙）诸人，各逞才华，标奇竞秀，亦可谓极一时之盛云。"这些士人与原金北方士人结合，最有利于元朝由各族共同发展中华文明，这是过去任何一个朝代所不能比拟的。

第四，元朝的统一加强了国内经济文化的联系，各民族进一步结合在一起，各民族、各地区的经济、文化的发展，更加丰富了人民的物质文化生活。这是各民族、各地区加强经济文化联系的基础，也是促进整个中华物质文化发展不可缺少的条件。元朝统一不仅继承了北方金朝发展物质文明和精神文明的基础，由于诸色目人被纳入统一的中国、中华之中，他们的物质和精神文明的创造也丰富了中华的文明。

第五，元朝灭亡金、南宋后，有原来的城市和商业发展的基础，特别是统一后，把整个沿海地区连接在一起，沟通了西北、东北、西南的对外交通，对外贸易有着极大发展的有利条件，对沟通对外的经济文化交往也极为有利。元朝对外交往有着国内较为完备的交通作为基础，元代的驿传制较为完备，陆路交通，南北海运、漕运也十分发达。

第六，元朝对发展经济文化采取了各项措施，特别是对边疆的民族地区采取了有利于社会发展的措施，对物质文明、精神文明的发展在政治上也得到一定的保证。

元朝发展和提高物质文明和精神文明的有利条件是主要的。但也有不利的条件，这与蒙古统治所采取的不利措施有关，因而好的基础和条件不能充分发挥作用。但从总的方面来看，元朝还是发展而不是倒退。

（二）元代的物质文明和精神文明

元朝是我国历史上第一次出现的统一的多民族的"中华一体"的国

家。这样的国家出现一直没有引起研究者给予足够的重视，元朝落后的帽子是经过对元史的全面展开之后，才逐渐地被撕毁，重新肯定元朝的历史地位、发展和贡献。

元朝在发展我国物质和精神文明方面的贡献突出地表现在两个方面：一方面是把过去分中外、分南北的局面结束了；另一方面，是多民族的继承和发展中华的物质文明和精神文明，保持我国在世界发展中居于领先的地位。

第一，元朝在全国边疆地区屯田，北达漠北，南至海南，全国屯田120余所。棉花的种植推行于全国，发明了收荞麦用的推镰，创造了既能播种又能下粪，具有两种功能的耧车。明代青花瓷的基础奠定于元。王桢创造一种木活字印刷，还有锡活字、铜活字，铅活字则至明时出现。元朝还发明了套色印刷术。

第二，郭守敬编制的《授时历》，使用时间达363年之久，是我国历史上使用时间最长的一部历法。它同国际上通用的公历（格里哥里历）的一年周期相同，但早300年。《授时历》应用了招差法（差数法）推算太阳、月亮以及五星逐日运行的情况，比欧洲早近400年。元朝在天文学上的成就，闻名世界。

第三，朱世杰的《四元玉鉴》，总结出四元高次联立方程组的求解方法，而且提出了消元的解法，刊出了高次差的内插公式。欧洲数学直到16~17世纪才达到这点，比我国晚300年。

第四，元朝写出农业科学专著十多种，其中最主要的有三种：一是元政府编的《农桑辑要》，二是王桢的《农书》，三是维吾尔人鲁明善编的《农桑衣食撮要》。《农桑辑要》概括和代表了当时中国北方农业发展的水平，《农书》则打破了南北畛域，体现了"中华一体"，标志着当时农业发展的新水平和改革创造的精神。《农桑衣食撮要》为元代农业百花园增添了新的异彩，标志着元代农业在各族中的共同进步和发展，是多民族的共同贡献。这三部书出现在统一的元朝，充分反映了时代的特点。

第五，元代机械制造很发达，具体反映在王桢的《农书》之中。卷18有连二水磨，卷19有水转连磨，西欧于17世纪出现一个水车转二磨。卷19有水转大纺车，西欧水力纺纱机是1769年阿克莱发明的，比我国晚456年。在水排图中绘有长方形木风箱（木扇），西欧在16世纪有简单木风箱，稍后才有长方形木风箱。从农业生产工具种类看，汉刘熙《释名》载有12种，北魏《齐民要术》载有30种，而《农书》收古今农具达105种，多创自宋、元间。至明的《农政全书》则无新的发现。黄道婆新发明了纺棉工具。

第六，郭守敬作"七宝灯漏"，每当朝会，陈设在大明殿，其中钟鼓皆应时自鸣，是我国"自鸣钟"的开始。元末詹希元制作"五轮砂漏"，其制造已与近代钟表原理基本一致。

第七，元于至元十六年，进行一次大规模的纬度测量，在28个观测站举行。地理纬度从北纬15°到65°。结果在陕西行省、河南行省、中书省直辖地的14个观测点，用纬度值来比较，平均误差在半度以内，其观测的程度已相当精细。元朝还曾组织人对北极和南沙群岛进行天文测量。

第八，元至元十七年，元世宗命女真人蒲察都实第一次有计划地勘察黄河源。这次勘察没有达到黄河的穷源，只到达黄河源以下的星宿海和鄂陵、札陵二湖。这次勘察对地形、水系、植被、动物、人口、聚落分布均有记录，后由翰林学士潘昂霄从都实之弟阔阔处得到勘察详情，撰成《河源志》一书。

第九，元朝的医学在宋、金的基础上也有进步。朱震亨创滋阴派，为金元四大家之一。他批评北宋《和剂局方》是"集前人已效之方，应今人无限之病"，反对墨守成规。危亦林的"用麻药法"麻醉全身，是世界上用麻醉治病的较早记录。骨折复位之悬吊复位法，也是世界上最早的创造。

第十，元代的文学艺术继宋、金之后又有发展。其主要成就是戏剧（元曲）和小说，关汉卿写过60多种杂剧，现存15种，明初贾仲明称其为"黎园领袖"。王实甫的《西厢记》为杂剧发展为传奇开辟了道路，被称为"传奇冠"。《水浒传》和《三国演义》，被列入今天世界小说之中，其声誉不言而喻。

（三）元代两个文明的地位与特点

有人认为元朝是蒙古统治，社会的发展迟滞乃至逆转，元朝在物质文明和精神文明上没有什么新的发明创造。实际上元朝的发展从整体上超过宋、金，为宋、金所不能及，仍然保持世界发展中的领先地位。蒙古由后进走向先进，是飞跃的进步。中国由南北对峙发展为统一，把各族、各地区统一在"中华一体"之中，也不是逆转而是前进。

元朝对我国乃至物质文明、精神文明的创造，具有开创性的特点。

第一，元朝的统一，既消除了历史上分华夷、分中外的中国与边境的隔阂，也消除了中原南北朝和边境的若干政权与中原王朝并存所造成的隔阂，中原与边境皆为内地，皆为中国。元朝发展物质文明和精神文明的最大特点，是把各族和各地都纳入中国，这是真正的"海内既一，于是内而各卫，外而行省，皆立屯田，以资军饷"[27]。这时的中外含义不同，是在同制度下的中原与边境的不同，因而同为中国做出贡献，这个特点在过去是实现不了的。

第二，元朝是以蒙古为统治民族，在各民族中仍以汉族为主体，还有众多的兄弟民族组成一个民族大家庭。就阶级关系来讲，各族人民是主体，是物质文明和精神文明创造的决定性力量，中华民族文化的核心仍是华夏文化，而在发展华夏文化中，在全国范围内形成一支包括各族在内的知识分子队伍。蒙古族之所以在发展中能承担统治民族的责任，不是由于他们的"野蛮""落后"，而是由于他们已进入中华之林，掌握了先进的文化。蒙古著名的散曲家有杨景贤，著杂剧18种，其《西游记》是后来吴承恩《西游记》小说的重要组成部分。阿鲁威也是著名的蒙古散曲作家。元朝著名蒙古诗人有慕颜铁木、聂镛、朵尔直班、阿荣、伯颜，而英宗、文宗、顺宗也都能作诗，书大字。蒙古族的书法家有脱脱、也先贴木儿、别儿怯不花、普花贴木儿、道童、拔实、松璧、那海、沙剌班、笃列图、悟良哈台、朵尔直班等。绘画家有和礼霍孙等。蒙古族阿荣"尤深数学"，保八"精易理"，著有《易源奥义》1卷、《周易原旨》6卷。

元代女真人李直夫（女真姓蒲察），世称蒲察李五，著杂剧12部。还有奥敦周师、蒲察善长等。绘画家有赤盏希曾。回回人的科学家有赡思，著作繁富，有文集30卷。札马鲁丁制造天文仪器7种。诗人有萨都剌，著有《雁门集》，也是作曲家。丁鹤年，有《鹤年集》。高克恭，艺术家。此外伯笃鲁丁、买闾、哲马鲁丁、别里沙、仉机沙等，也都是诗人。作曲家有马九皋、其曲有"清逸阔达"之称。汪古人马祖常是文章家、诗人，被称为"中原硕儒"。西夏人余阙是经术大家。回纥人丁野夫以元曲著称，长于画山水人物。畏吾尔人中对中国古籍研究最深的有贯云石、廉希宪、廉惠山海牙、阿鲁浑萨理。画家有边鲁。天文历算家有阿鲁浑萨理。契丹人有耶律楚材、耶律铸。兀惹后裔有张孔孙。

元朝把全国各族文人纳入一个统一的文化系统中做贡献，这是一个最大的特点。

第三，元代物质文明和精神文明的发展是空前的，在实际应用与发展创造中出现更新的情况，对我国封建社会后期的发展向近代的推移做出了新的贡献，最明显地表现在：其一，注重科学技术的实地观测和勘察，如组织大规模的天文观测，黄河源的实地勘察，都是前所未有的壮举。其二，打破封建传统，发展对外水陆交通，沟通东西方科学技术和加强文化往来，宴请外国学者，招徕西方传教士和旅行家，出使西方，著作介绍当时西方世界的情况。把我国的罗盘指南针、火药、印刷术、纸币传入西方，引进西方的医学、天文、数学、地理、历法、炮术、仪器、机械等。其三，元代的发展有向近代科学推移的倾向，如生产技术更趋向科学化，工具的革新与机械程度的提高，以求省工，提高生产效率。如发明多功能的新式耧车，在耧车上装置施肥用具或耧车后配上砘车，在江浙发现代替手耘足耘的耘荡。利用水利的机械程度也大为提高。其四，在文学艺术的创造上的多民族、多地区风格的结合，也是个新出现的发展趋势。

第四，元朝在发展物质文明和精神文明中还有一种情况需要重新认识。元朝把全国划分为四等人，即蒙古人、色目人、汉人、南人。蒙古人是元朝的统治民族，地位最高。色目一词见于《唐律疏义》，是指各种类的意思，也就是说是个多族称谓，金称诸色人。元代色目人共31种，他们入居中国，接受中国文化的成为中国的民族，包括唐兀、乃蛮、汪古、回回、维吾尔、唐里、钦察、阿速、哈剌鲁、吐蕃等。汉人指原金地区的汉人、契丹人、女真人、渤海人、高丽人等。南人是金对宋人的称谓，元时指南宋的汉人以及其他族人。由此可见色目人、汉人、南人是包括众多族的总称，这是按地域与族结合办法把各族纳入不同的等次之中，完全打破了依据华夷、中外划分的方法。

元朝是建立在民族和阶级压迫之上的，民族的歧视和阶级的压迫，阻碍了社会的发展，这是元朝在物质文明和精神文明发展创造中的阻力，使之不能得到更充分的发展，但绝不是没有发展，没有新的发明创造。元朝被明朝代替后，基本上是继承了元而发展，并没有改变统一的多民族的"中华一体"国家实质。至清由满族统一，都是沿着元朝而发展的，在发展中巩固了统一的中国与统一的中华，各族都为此而做出了贡献。

四、北方民族的地位与贡献的关系

北方民族的历史地位与其对物质文明和精神文明的贡献有很大的关系。作为"天下一体"时期的民族与政权，其所起的作用与贡献是不相同的，在边境与在中国，其作用与贡献也不相同。北方民族及其所建立的政权对我国物质文明与精神文明发展的贡献主要表现在两个方面：一是发展和改变本族的地位，发展和提高本民族的物质文明和精神文明；二是作为我国的一个成员，发展和提高各族所共有的华夏文明的水平。作为前一种贡献在本族产生的那一天就已开始，而作为后一种贡献，则是在成为中华的民族和建立中国的政权之后。这两个方面的积极作用结合在一起，情况就发生更大的变化，特别是成为统一的中国与中华之后，一方面是作中国的民族发展提高本民族的文明，作为一个民族而存在；另一方面，接受中原文化，与其他各族共同发展提高共同的华夏文明，作为中华民族的一个成员而存在。共同的中华民族文化把各族结合在一起。

从我国北方民族和政权在继承发展华夏的共同文明中，可以看出这样几个问题：

第一，北方民族的地位是不断转化的，地位的提高与北方民族对物质文明和精神文明的贡献是适应的，地位越高其贡献亦越大。由地方民族和政权转化为中国的民族与政权，是其地位转移的重要标志，随着地位的转移，民族意识的觉醒，其地位也就随之而提高，被视为"非我族类，其心必异"的四夷现在转为编户，和汉人一样拜师学习经典，和汉人一样，要作中国皇帝，和汉人一样尊先王、行中国法。由封建割据政权，发展为北朝，由南北对等的北朝，到不对等的北朝，最后成为全国的统治民族。地位的提高过程，也就是对中华文明学习和贡献越来越大的过程，也就是成为中原先进民族的过程。

第二，北方民族生活在自己建立的政权中，由于其地位不同，其对中华文明的发展所做出的贡献也不同。一般地讲，居于统治民族受教育的机会多，所起作用大些。元代的回回属于色目人，地位高于汉人和南人，在元时贡献较大，明、清时的回回文人和诗人在数量上比元时多，但在文坛上有很高地位的，如萨都剌、丁鹤年、马九皋那样的人物几乎没有，在艺术家中达到高克恭的也不多见。这主要是因为地位下降，受压迫加重，再加上史书记载已很难分汉、回，贡献也不易分清。

第三，北方民族建立的政权与汉族建立的政权，相比较而言北方民族对传统"正闰观"持反对态度，强调华夷不分，反对"贵中华，贱夷狄"，即以中原华夏文化作为全国的文化，但也努力于保持本族的特点。汉族政权往往持"非我族类，其心必异"的观点，排斥少数民族，总是想办法把他们斥之于中国之外，因而入中原的族多数被融合，汉夷难分，即使从姓氏上可以探其族属，但也多被视为与汉人无异。从这个事实看，汉族政权很难把各族纳入"中华一体"之中，而少数民族政权随着历史的发展，由中原封建割据政权到北朝，再由北朝统一全中国，而把各族纳入"中华一体"之中。这个趋势元代理学家许谦从事实中意识到："中国（汉族）之治不可复兴。"事实正是如此，辽以后在中原居于统治地位的不是汉族，是北方民族，明之出现是继元，也难复兴过去"天下一体"时汉族的统治地位和统治的模式。

第四，北方民族进入中原，首先是变边境民族和政权为中原民族和政权，其次是变夷为夏。最后是行汉制，这是向心中华的运动合乎规律的发展过程。

少数民族由被统治民族变为统治民族，是民族自身和国内民族关系发展变化的结果。少数民族对我国的统治不是历史的灾难，也不能说给历史带来的都是消极的东西。少数民族在历史上所完成的任务，有的是中原汉族所难以胜任的。如对边境的开发、行汉制于边境，变边境为中国，变各族为中华。所有这些通过各民族自己的实践，要比汉族强加给他们顺利得多。这不是民族运动的反动，而是历史的趋势使然。

历史事实证明，祖国的缔造，中华物质文明和精神文明的发展，是各族共同完成的。因此，民族统一，国家统一，民族团结，国家团结，民族进步，国家进步，是各族人民的共同愿望，反之是各族人民所共同反对的。

注：

① 《汉书》卷49《晁错传》。

② 自然科学史研究所主编：《中国古代科技成就》，中国青年出版社，1978年，第43页。

③ 范文澜：《中国通史简编》（修订本第二编），第344页。

④ 《晋书》卷101《刘元海载记》。

⑤ 《晋书》卷102《刘聪载记》。

⑥ 《晋书》卷108《慕容廆载记》。

⑦ 《晋书》卷109《慕容皝载记》。

⑧ 《晋书》卷113《苻坚载记上》。

⑨ 《北史》卷89《晁崇传》。

⑩ 自然科学史研究所主编：《中国古代科技成就》，第45页。

⑪ 《北史》卷89《信都芳传》。

⑫ 《北齐书》卷49《綦母怀文传》，中华书局，1972年。

⑬ 《魏书》卷91《术艺传》。

⑭ ［北魏］杨炫之著，范祥雍校注：《洛阳伽蓝记校注》卷3《景明寺》，上海出版社，2011年。

⑮ 《北齐书》卷39《毕义云传》。

⑯ 范文澜：《中国通史简编》（修订本第二编），第522页。

⑰ ［金］元好问：《遗山先生文集》卷11《敕勒歌》，商务印书馆，1937年。

⑱ ［宋］李焘：《续资治通鉴长编》卷27，宋太宗雍熙三年正月戊寅条。

⑲ ［宋］苏颂著，王同策等点校：《苏魏公文集》卷13《北人牧羊》

《契丹马》，中华书局，1988年。

⑳［清］厉鹗：《辽史拾遗》卷13《兵卫志上》，中华书局，1985年。

㉑［宋］太平老人：《袖中锦》，载［清］曹溶辑：《学海类编》集余四记述，江苏广陵古籍刻印社，1994年。

㉒蔡美彪等著：《中国通史》（第七册），人民出版社，2008年，第542页。

㉓［明］何孟春《余冬续录摘抄》卷5《外篇》，商务印书馆，1937年。

㉔《金史》卷113《赤盏合喜传》。

㉕《金史》卷79《张中彦传》。

㉖［金］王庭筠：《金王庭筠书重修蜀先生庙碑·说明》，文物出版社，1980年。

㉗《元史》卷100《兵志三》。

第四编　中华一体丛谈

第一章　历史上的"一家两国"与"一国两制"

　　"一家两国"和"一国两制"是历史上的问题，而且"一国两制"也是个现实问题。"一家两国"是封建割据的产物，就民族政权发展的层次来说，"一家两国"又是统一的中国以前的产物。历史上的"一国两制"和今天实行的"一国两制"有本质的区别，不可同日而语。对历史上"一家两国"和"一国两制"的研究，既涉及理论问题，也涉及事实上的问题。

一、两种不同的历史观

　　在对待"一家两国""一国两制"的研究中有两种不同的历史观：一是统一多民族国家的观点，一是分裂的民族排斥的观点。两种不同的历史观会得出截然不同的看法。

　　研究"一家两国"，"一家"是看问题的根本点；"一国两制"，"一国"是看问题的根本点。因此研究"一家两国""一国两制"最根本的前提就是统一多民族的国家，也就是民族的团结，国家的统一。如果离开这个根本点，就不是讲"一家两国""一国两制"。

我国从秦、汉开始就形成"天下一体"的统一多民族国家，统一是主流，时间也最长。统一与分裂都是发生在一个统一的多民族国家中，因之统一是最根本的条件。"天下一体"包括中国（中原）与四海（边境）两部分，有的是在中原地区的汉族政权的分裂，如东汉后的三国（魏、蜀、吴），三国依旧是统一多民族国家内的三国。五胡十六国是各族分裂为多政权的中国，其族是中国的族，其政权是中国的政权。南北朝也是统一多民族国家分裂为两朝，是"一家两国"。作为南北的"一家两国"有两种情况，匈奴与汉是"一家两国"，但不是南北朝，南北朝是"一家两国"发展的另一种形式。所有这些分裂的政权，都发生在"天下一体"之中，都属我国政权。"一国两制"发生在一个政权内部，也是以政权的统一作为前提的。

封建社会前期"天下一体"的统一多民族国家与封建社会后期"中华一体"的统一多民族国家，是前后发展的不同，表现的形式和民族构成也有不同，但都是统一。

不同的理论观点都有它历史发展的依据，而理论正确与否是由这样几个方面来规定和区别的。统一的观点，是总结历史发展的主流，是总结历史上多民族思想的精华，是总结多民族共同发展的趋势；分裂的观点，是继承历史上的非主流，是继承历史上传统的"正闰观"，是强调民族方面的分割对立的反动趋势。这仅是就两种观点的侧重而言，而统一的多民族观点，又必须是辩证地观察统一与分裂的关系。统一和分裂是对立的统一，统一有不同形式的统一，分裂也有不同形式的分裂，分裂为更大的统一准备条件，统一也包含着不统一的因素。历史发展的总趋势和主流是统一。

在统一的多民族国家中提出"一家两国""一国两制"，有无理论上的根据？我认为主要有三点：一要掌握和运用事物发展的对立统一的规律，这是自然、社会和思维的普遍规律，也是研究"一家两国""一国两制"最基本的理论依据。一个国家在统一的母体中，可能暂时分裂为两个或两个以上的政权，而最后复归于统一。一个国家在同一性的条件下，不采取外部对抗的形式，把本来是互相对立的制度完全可能共存于一个统一体中。二要掌握和运用事物发展不平衡的规律。不平衡的规律性运动，既可从两个根本不同的国家间表现出来，也会在一个统一的国家内或者是在某一个非统一的政权内表现出来。在一个统一国家内的各民族和各地区的发展都是不平衡的，不平衡是事物发展差别的依据，当矛盾着的双方势力达到均衡时，暂时尚不能归之于一种制度中，不能由一个政权统一另一个政权时，就会暂时出现均衡的政权的并存，或者是出现南北势力暂时均衡中的对峙，即南北朝，或者是在一个政权内两种制度的并存，一旦打破了均衡又复归于统一。

在一个统一体内，不平衡的事物，或对立的两个政权，由于他们有着共同的利害关系，有着共同的一家的观念，可以通过和平方法解决，这就是和议，一国内实行两制也是和平解决，这有利于稳定局势和求得更大的发展。在阶级社会中，有不同性质的和，也往往是不对等的。辽与北宋、金与南宋和议虽是不对等的，但在"与民休息"中，对双方也曾起过一定的稳定作用。这是通过和议解决统一多民族国家内的国与国问题，或者是解决国家内部的不同制度问题。三要掌握统一的趋势和特点，这是看问题的根本出发点。没有统一是我国历史发展主流的观点，没有统一多民族国家的观点，就无法正确说明历史上的"一家两国"和"一国两制"的真相。

我们这里讲的是历史上的"一家两国"和"一国两制"，因为它的含义完全是从历史事实中概括出来的，绝不是主观的臆测和虚构。历史上"一家两国"是根据双方的势力均衡乃至通过和议的形式，共同承认是"一家"。南北朝是由"一家"分裂出兄弟或伯侄的亲属国家，在对等或不对等的关系中各自行使本地域的管理权，其不对等的隶属关系主要是通过贡纳来实现。正因为如此，由双方共同确定为"一家"的原则，有着共同奉行的道统，行中国制；用和平的手段解决争端，南北均为正统。其特征是"一家两国"，有着共同承认的南北一体（一家）的特征，其主体的民族是汉族，主体的制度是中原制度，允许各自的特点的存在。

"一国两制"不同于"一家两国"，是在一个国家的统一领导下，在不同的民族和地区实行两种或多种制度，两制不一定是两种不同的社会制度，也可能是在不同族间同一社会制度的不同形态。表现的形式也可能不相同，但不管是什么样的差别，其最高的权力归国家。其特征是同属于一个国家内的社会结构，带有多制复合的特点，其中有一个主导的制度，即是汉制。"变夷为夏"，由边境民族和政权变中国（中原）的民族和政权，废本族旧俗行汉制，这是个规律性发展过程。

在对历史上出现的"一家两国"和"一国两制"的研究中，有两种不同的历史观所得出的结论是不相同的。持我国是个统一的多民族国家，在于从统一的多民族国家分析多民族的发展以及"一家两国""一国两制"产生的根源，有利于加强民族的团结和国家的统一；持相反观点的，把历史上暂时出现的分裂当作主流，宣扬南北对立，民族分割，把历史上出现的"一家两国""一国两制"，作为北方民族与政权对汉族和汉族所建立的政权对抗的依据。两种不同的历史观，反映着两种不同的观察历史的立场、观点和方法。

二、"一家两国"与"一国两制"的历史及其特点

历史上的"一家两国"和"一国两制",究竟是从什么时期开始的?它发展的层次、类型和采取的方式如何? 是个值得深入研究的问题,特别是"一家两国"和"一国两制"产生的历史及其特点尤需深入研究。我国自古是个多民族国家,"一家两国"和"一国两制"都有它发展变化的过程,不过在不同的时期其情况也有所不同。

历史是有规律的发展过程。在奴隶制时代,中原的民族与四周的民族构成"前天下一体"的国家。"一家两国"是以中原王朝和地方国或中原割据的诸侯国并存的形成表现出来的;"一国两制"是在一个统一王朝中并存两种或两种以上的不同制度。这里又可分为几种情况:

第一,周天子管辖的诸侯国不同制,是因地因俗而治。《左传》定公四年记载,分康叔殷民七族,而封于殷墟,"皆启以商政,疆以周索"。政用殷制,法则用周制。又分唐叔怀姓九宗,而封于夏墟,"启以夏政,疆以戎索"。政用夏制,法用戎法。商政、夏政与周索、戎索是两种不同的制度。

第二,《荀子·正论》载古王者之制说:"故诸夏之国同服同仪,蛮夷戎狄之国同服不同制。封内甸服,封外侯服,侯、卫宾服,蛮夷要服,戎狄荒服。甸服者祭,侯服者祀,宾服者享,要服者贡,荒服者终王。日祭、月祀、时享、岁贡、终王,夫是之谓视形执而制械用,称远近而等贡献,是王者之至(制)也。"并认为楚、越是属于时享、岁贡、终王的,都受制于汤、武。这里的"服"是指服事,在服事上虽有差别,但都是"服",是相同的;但在仪(制度)上诸夏与蛮、夷、戎、狄不同,是异制。这就是说在王者所管辖的区域内,有着统一的服事关系,同时也实行两种不同的制度,即"一国两制"。

第三,《周礼·秋官·大司徒之职》:"掌建邦之三典,以佐王刑邦国,诘四方。"旧注,典义为法,诘义为谨。又载:"一曰刑新国用轻

典，二曰刑平国用中典，三曰刑乱国用重典。"新国是辟地立君之国，因其民尚未习于教，用轻典。平国即承平守成之国，用常行的法（中典）。乱国指篡弑叛逆之国，用重典。三典即区别对待不同的国，因势而治，是行之于王者的管辖之内。从表面看是用法的问题，但其中有未习于教与习于教的区别，也涉及制度的不同问题。

从战国到西晋，情况发生了重大的变化。秦、楚在春秋时还不被看成诸夏，视为戎、蛮，到战国已取得诸夏国的资格，并由取得诸夏资格的秦统一。秦、汉、魏、西晋时期，北方民族还不曾在中国（中原）立国，而是在"天下一体"的边境地区立国。汉、魏、西晋出现的属国、都尉，都是因俗而治的两种制度。匈奴也是两制，本族的制度与汉制并存。

十六国到北朝，是"一家两国""一国两制"的重大变化时期，即在中国（中原）出现了由少数民族建立的封建割据政权，接着又第一次在中原出现北朝。

在中原建立汉国的刘渊是匈奴人，实行胡、汉分治的两种制度。刘渊死前以刘聪为单于，置单于台于平阳西①。刘聪时，"置左右司隶，各领户二十余万，万户置一内史，凡内史四十三；单于左右辅，各主六夷十万落，万落置一都尉"。又"置御史大夫及州牧"②。左右司隶及内史皆中原官制。单于台是与统治汉人的尚书台并列的统治六夷的机构。州牧设在直接统治区域之外，主要是为怀安新附者而设。刘曜"置单于台"③，石勒以宏为大单于④，也都是实行胡、汉分治的办法。

前后燕主要推行魏晋制度。诸军营户是以鲜卑贵族形成的一种制度，营户不属于州郡，隶于军营，主持军营的是王公贵族，营户又叫军封。后燕慕容垂罢军营分隶郡县。姚秦有不属于州郡的镇户。赫连勃勃在其统治内不立郡县，以军镇统户。北魏时成为边镇制度。

北魏统一北方为北朝，北朝是中原民族封建割据政权高一级的发展层次。拓跋珪推行"一国两制"，对鲜卑实行本族制度，对汉人保留封建制，对北边归附部族保留其原有制度。北魏称鲜卑贵族的姓氏为"国姓",称汉族地主的姓氏为"郡姓"。北魏起初虽在北方行本族制,但很快就向封建制转化,没有经过奴隶制发展阶段,北魏初采取王畿、郊甸划分法,形似国、野之分,实际行的封建屯田制⑤。北魏实行军府制度,荫附户不隶守宰。杂户、营户是农奴,本族封建制与原有封建制并存,封建制与北边各族旧有制度并存。

隋、唐是汉族再建的统一的多民族的"天下一体"国家,同样实行"一国两制"。在中国(中原)实行道、府、州、县制,在边境的民族地区实行羁縻州制。唐时在边境上也存在地方的民族政权,渤海臣属于唐,渤海也实行"一国两制",一方面是中原的唐制,另一方面保存着本族的制度。唐制是渤海居于主导地位的制度,实际上是在地方出现的中国型的地方民族政权。

封建社会前期的"一家两国"和"一国两制",使各族和各族所建立的政权同处于一个"天下一体"或政权之中。在一个统一的"天下一体"之中,各族互相来往、互相接触、互相迁徙、互相融合,促进了中原和地方的发展。"一家两国"既产生于民族间,也产生于一个族内,它的根本前提是"一家";"一国两制"则主要产生于一个政权内,是由于社会发展不平衡规律决定的,它不产生于同一族的同一社会经济形态中。

辽朝及其以后的"一家两国""一国两制",是由前期继承下来的,并有新的发展。此后再也不曾出现像五胡十六国和五代十国那样多民族政权割据的历史时期,虽分割不能制止,但作为一个历史时代不复存在了。所存在的主要有南北朝和统一的中国这两种形式。这两种形式与前期相比也不同,后期的南北朝出现了主从关系,后期的统一是"中华一体"的统一多民族国家。

先讲"一家两国"的变化问题。在历史上被称为南北两国者不一定都是南北朝,匈奴与汉分南北,但不是南北朝⑥。南北朝是继北方民族在中原建立封建割据政权后出现的,是由封建割据的民族政权发展为北朝。

辽、金与宋为南北朝。辽太宗大同元年《责问汉刘知远书》:"汝不事南朝，又不事北朝，意欲何所俟耶。"[7]辽与宋和盟，称宋为南朝，自称为北朝，南北朝的关系的实质是"一家两国"。兴宗重熙十二年《答宋仁宗书》："今两国事同一家。"[8]道宗咸雍十年《致宋帝商地界书》："讲好以来，互守成规，务敦夙契。虽境分两国，克深于难知，而义诺一家，共思于悠永。"[9]又寿昌五年："肇自祖宗开统，神圣贻谋，三朝通五世之欢，二国敦一家之睦，阜安刀宇，一垂及百年。"[10]金与宋的往来始于"海上之盟"，互称两朝。天辅七年《答宋主书》，与书同封《白札子》："虽贵朝不经夹攻，而念两朝通和，实同一家，必务交欢，笃与往日。"南宋回书云："惟两朝吊民伐罪之举，振古所无；而万世讲信修睦之诚，自今伊始。用坚盟载，永洽邻欢。"[11]此时金尚未代辽而与宋为南北朝的关系，及灭辽实际上已取得原辽与宋为南北朝的历史地位。金灭北宋是对北朝的扩大和发展，而金对宋的战争也以嗣正统自居，"今皇帝正统天下，高视诸邦，其惟有宋，不可无主。"[12]金代替辽与宋为南北朝，"义同一家"。

辽、金与宋为南北朝、"一家两国"，是此前北朝的继承和发展，标志着民族关系和地位的新变化，是向后来由北方民族统一全国和成为全国的统治民族的过渡，也是此前南北朝发展的高级形式，使我国由封建社会前期以汉族为主统治中原的历史，发展为封建社会后期以少数民族为主统治中原的历史。

再讲辽、金时期的"一国两制"问题。辽朝实行"一国两制"。其方针是因俗而治，因地制宜。其特点是官分南北面，而北面官中又分南北院。北面治契丹部族，南面治汉人州县。契丹实行的"一国两制"，是以南北面为特点包括其他制度在内的。辽朝建于封建社会后期之初，在它以前有北方民族在中原建立的封建割据政权、北朝实行"一国两制"的经验，有唐朝实行"一国两制"的直接影响，这是辽实行"一国两制"历史上的条件与依据。从辽朝本身看，社会发展是不平衡的，是其实行"一国两制"的自身条件与依据。辽朝的北面是多种制度的复合与结合而形成的。其中有契丹新形成的头下军州制、斡鲁朵制，部族制以及灭亡渤海后的东丹国的州县制。

辽太宗占领燕云十六州后，"兼制中国，官分南北，以国制治契丹，以汉制待汉人。"⑬"辽国官制，分南北院（面）。北面治宫帐、部族、属国之政，南面治汉人州县、租赋、军马之事。因俗而治，得其宜矣"。⑭契丹北面官制分北南院，治北面事，是军与政之分，与南北面不同，南北面是契丹与汉人之分。辽圣宗时，契丹北面的北南枢密院在职掌上发生了变化，北枢密院治北面契丹，南枢密院治南面汉人。这种变化不仅与当时封建化有关，同时也把权力更加集中到契丹手中。辽朝实行南北面的"一国两制"，不是建在北面的奴隶制和南面的封建制上，而是建在北面的农奴制、部族制与南面的封建制上。辽代北面的头下军州是受唐州县制影响，退一步说也受渤海影响，而渤海本身行汉法，是仿唐制而建的。

金朝建国后对被征服的地区推行本民族的猛安谋克制，用猛安谋克组织渤海人、汉人、契丹人、奚人等。同时因地设万户府路、都勃董路和军帅司、都统司路，以统各路的猛安谋克，这是金后来北面官制构成的基础。金占领辽南面汉人地区后，北面是女真族的猛安谋克制，南面是汉人的州县制。占领北宋黄河以北地区后，又沿宋制，这样在南面汉人地区又有辽制、宋制的不同。金太宗天会四年设尚书省，即把这两种制度统一。南面汉人地区由都元帅直接管理，当时中央的最高统治机构是国论勃极烈制。金熙宗改革，推行汉官制度，废国论勃极烈为三省制，废除南北面制为统一的制度，这样作为北面官制的猛安谋克便成为与地方州县平行的组织。猛安谋克与州县两种制度统一在同一制度之下。到金章宗明昌、承安间，随着女真族封建化的完成，猛安谋克的性质发生了变化，作为封建的军事屯田组织而存在，"一国两制"基本上成为一同一制。

元朝是我国封建社会的重大发展时期，经过南北朝的过渡，终于形成包括各族、各地区在内的统一的中国。元朝结束了历史上南北朝、"一家两国"的历史，也结束了封建割据作为一个时代出现在历史上；元朝结束了划分中外，各民族与政权间的隔绝状态，形成空前统一的"内地"；元朝结束了南北政权称伯称侄，用大量货币来换取和平，在政治分主宗与臣服的关系，形成"胡、汉一家，胡君主宰"⑮的新的统一局面。

从元开始"一家两国"的历史结束了，但"一国两制"依然存在。元朝以本部为中心，设行省和宣政院，并建立四个汗国。以本部为中心的中书省是元朝直辖区，而岭北行省则是一种特殊的区域，由宣政院管辖的吐蕃，是一种民族区域自治性质的设置，汗国是元朝内部封国制度。元朝并没有把全国各族的制度统一为封建制，也是因俗而治，实行一国多制制度。

明、清是对元的继承和发展，如明在东北实行都司、卫所制度，清在东北及伊犁实行特别的区域管理，都属于"一国两制"的性质。

元朝形成统一的中国和统一的中华之后，民族与国家发展的总特点是统一，民族的分裂与国家的分裂，是对统一的反动。由于社会发展的不平衡，因俗因地制宜的"一国两制"则仍有利于民族的团结和国家的统一，作为国家统一之下一种特别的制度而存在，一旦条件成熟则统一于全国同一制度之中。

三、"一家两国""一国两制"与政统、道统的关系

研究历史上的"一家两国"和"一国两制"，最根本的就是政统、道统与各族、各政权的关系，这是统一多民族国家中的核心问题。

政统，是指适于我国多民族的特点，符合于我国多民族发展的政权统治的授受系统。道统，是指适于古代发展的学术思想的授受系统。春秋

是民族融合的重要时代，其重要表现是融合为一个以华夏政治、文化为核心的体制。从民族区域发展看，黄河流域的中原文化在发展，而四周诸民族区域的文化也在发展。春秋在华与夷的区别上，主要是从饮食、衣服、发饰、语言和风俗习惯的不同。《左传》襄公十四年记载，戎子驹支说："我诸戎饮食衣服，不与华同，贽币不通，言语不达。""华"的概念出现，无疑的是我国民族意识上的一件大事。

从民族起源来说，"华"是由来自不同的民族的先进部分，经过长期融合而形成的。最早步入文明的夏族、商族、周族后来成为"华"的主体部分，战国的秦、楚、吴、越乃至徐戎、姜戎、淮夷、蜀人、庸人等，也都先后包括在"华"的概念中。这就是所谓三代同源，秦、楚、吴、越以及北方诸民族同源的历史依据。其实它们不同源而是同流。

在封建社会初期，形成了封建的历朝授受的政治与学术思想的政统和道统。政统至少包括国体、政体、政区、国教、政治思想和纲领等。国体，在封建社会前期是以"天下一体"而表现出的统一的多民族国家的体制。政体，是指政权构成的形式，即封建的中央集权的专制主义国家。政区，主要分成中国（中原）与四海（边境）两部分，中国实行郡县制，四海是氏族部落制和地方政权制。国教，尽管各朝所定不同，但实际上起着作用的是以儒家的教义为教。政治思想和纲领也是以儒家的思想为主。从汉朝开始建立王朝更替嗣统的德运说，并形成以武力取天下，而以文治国的思想。政统是以先王为政治蓝本，以儒家思想为主兼容其他而形成的。道统是以五经六艺为本，以儒学的授受为正宗而形成的。这两种系统，是以盛世的致治作为颂扬的楷模。

我国封建时代的政统和道统，随着国家的发展变化和民族关系的发展变化，在内容上不断充实、发展和更新，其民主精华部分，是其发展、更新的活力所在。民族思想的进步和精华在于它的多民族性，比如中国（中原），由最初中原居住的华夏族（汉族）进而包括进入中原的各族在内，政权也由不包括少数民族政权到包括在中原建立的民族政权，这样中国的含义也就变成多民族的。四海原指边境的少数民族地区，后来也包括从中原迁去的汉族，政区的划分在民族的构成上也就发生了变化。随着民族分布的调动和迁徙，在中原有更多民族和政权成为中国（中原）的民族和政权，他们继承和发展中原的经济、政治和文化，成为中原人和政权的组成部分。在发展中，中原不断地吸收少数民族及其文化，边境的少数民族更不断地吸收汉族及其文化。这样中华民族文化的精华——华夏文化，便成为各族的共同文化，是各族共同发展创造的财富。

政统、道统与北方诸族和政权有着不可分割的关系。在封建社会前期的"天下一体"时期，中原的政统、道统，越来越成为多民族的。这一时期大致经历四个阶段而与中原发生着关系。第一个阶段是作为"天下一体"中的边境的氏族部落，接受中原的教化，隶属中原，被纳入"天下一体"之中。其中也有几种情况：一是与中原郡县邻近的族，接受和使用中原文化，在中原大礼乐之邦外，成为小礼乐之邦；二是在小礼乐之邦与荒远之间的族，他们受中原文化教化不深，但也是不断地受到中原影响；三是受中原文化影响很少的荒远的氏族部落集团。第二个阶段，在边境地区出现了各族建立的地方民族政权，他们开始以政权与中原发生关系。这些政权是按本族的方式建立起来的，但都不同程度和以不同方式受中原制度的影响，如在匈奴部落奴隶制社会中，插花式的出现以汉人为主的城市，而夫余、高句丽的种族奴隶制，颇受殷、周奴隶制的影响，其文化也多接受中原影响。第三个阶段是边境的民族和政权转化为中国（中原）的民族和政权的阶段。他们由接受中原的影响和封号，经由慕华风，仿中原制度，直接在中原继承中原的政统、道统而建立封建割据的政权。第四个阶段是在前一时期发展基础上建立北朝，北朝与南朝共同在继承中原的政统、道统中发展。随着这种变化，在边境的地方民族政权也开始按中原封建政权的模式，改造和建立自己的政权（如高句丽、渤海），对中原继续保持臣属关系。

由地方的民族和政权转化为中原的民族和政权，是北方民族发展的一个飞跃。五胡十六国时期的北方民族政权，他们与汉族合作并在汉族的帮助下，以中原的政统、道统的继承者自居，行中国制度，建立中国政权，此时中原的政统、道统对他们来说，已不再是接受影响和教化，而是直接掌握在手的问题。

刘元海都于离石，后迁左国城，晋永兴元年（公元304年）称汉王。刘宣曾劝元海"当兴我邦族，复呼韩邪之业"。元海则说："善。当为崇冈峻阜，何能为培塿乎！夫帝王岂有常哉！大禹出于西戎，文王生于东夷，顾惟德所授耳。今见众十余万，皆一当晋十，鼓行而摧乱晋，犹拉枯耳！上可成汉高之业，下不失为魏氏。虽然，晋人未必同我，汉有天下世长，恩德结于人心。是以昭烈崎岖于一州之地，而能抗衡于天下。吾又汉氏之甥，约为兄弟，兄亡弟绍，不亦可乎！且可称汉，追尊后主以怀人望。"[16]刘元海从历史上、理论上以及与汉的关系上，找到了继承中原政统、道统的依据，他主张尊汉，绍兴汉业，设汉官制。

晋太兴二年石勒称赵王，咸和三年称赵天王，行皇帝事。石勒把自己看成是中原政统、道统继承者。他在宴高句丽、宇文屋孤使者时，喝醉了酒，他问徐光："'朕方自古开基何等主也？'对曰：'陛下神武筹略迈于高皇，雄艺卓荦起绝魏祖，自三王以来无可比也，其轩辕之亚乎！'勒笑曰：'人岂不自知，卿言亦以太过。朕若逢高皇，当北面而事之，与韩、彭竞鞭而争先耳；朕遇光武，当并驱于中原，未知鹿死谁手。大丈夫行事当磊磊落落，如日月皎然，终不能如曹孟德、司马仲达父子欺他孤儿寡妇，狐媚以取天下也。朕当在二刘之间耳，轩辕岂所拟乎！'"[17]群臣皆顿首称万岁。

慕容涉归迁邑于辽东之北。"渐慕诸夏之风"。慕容廆"教以农桑法制，同于上国"[18]。他对高瞻有一段话，其中"且大禹出于西羌，文王生于东夷，但问志略何如耳，岂以殊俗不可降心乎"[19]。其义是各族均可成为中原主，不因民族的不同而有差异，主要是看"志略"。

苻坚时，薛赞、权翼对坚说："'今主上昏虐，天下离心。有德者昌，无德受殃，天之道也。神器业重，不可令他人取之。愿君王行汤、武之事，以顺天人之心。'坚深然之，纳为谋主。"前秦苻坚行汉制，"吾今始知天下之有法也，天子之为尊也"[20]。

南凉秃发乌孤，其先与后魏同出。秃发乌孤说："帝王之起，岂有常哉！无道则灭，有德则昌，吾将顺天人之望，为天下主。"[21]

夏国赫连勃勃，对从姚兴处来奔的王买德说："朕大禹之后，世居幽、朔，祖宗重辉，常与汉、魏为敌国，中世不竞，受制于人。逮朕不肖，不能绍隆先构，国破家亡，流离漂虏。今将应运而兴，复大禹之业。"[22]

北方民族进入中原成为中原人，在中原建立政权成为中原政权，作为中原的"一家两国"或"一家多国"出现，而最根本的问题是他们对中原政统和道统的继承。而继承中原的政统和道统，他们从各方面立论有与汉族同样的资格成为中原的君主，摆脱少数民族不能称帝王的旧的传统观念。他们从历史上证明华夏族来源于不同的族，"大禹出于西羌，文王生于东夷"，来自不同族属的均可成为华夏。他们自称是古先王的后人，如赫连勃勃称是"大禹之后"；他们从姻戚和结盟关系证明有权成为中原主，如刘元海称是汉室之甥，汉与匈奴约为兄弟，"弟亡兄绍"是合理的。他们以天命观为理论依据，不分民族，有德者皆受天命为皇帝，行先王的宏业，顺天人之望。帝王之起无常，在汉族内部是这样，在民族间亦理应如此。在这种重大的变化中由各族结合成一个中华的思想在孕育和发展着。这种思想是在少数民族和汉族合作中发展起来的，到隋朝的王通又加以总结，这是对传统正闰观的有力批判。

辽、金、元、清所建立的政权，都是中国的王朝，都是对我国历史上的中原的政统、道统的继承。契丹耶律阿保机建立契丹国，太宗时改为辽。《契丹国志·契丹国初兴本末》："原其立国，兴自阿保机，至耶律德光而寝张。……中国帝王名数，尽盗而有之。"这完全是从传统的正闰观看问题。阿保机作中国皇帝，在他看来是天之有德者嗣为继统。他说：

"上天降监，惠及烝民。圣主明王，万载一遇。朕既上承天命，下统群生，每有征行，皆奉天意。"[23]他称帝是"天人所与，若符合契"[24]。

辽把自己所建立的政权看作中国政权，因以天命嗣政统，以儒学作为中国道统。《辽史·义宗倍传》："太祖问侍臣曰：'受命之君，当事天敬神。有大功德者，朕欲祀之，何先？'皆以佛对。太祖曰：'佛非中国教。'倍曰：'孔子大圣，万世所尊，宜先。'太祖大悦，即建孔庙，诏皇太子春秋释奠。"神册三年五月，"诏建孔子庙、佛寺、道观"。四年八月，阿保机"谒孔子庙"，而"命皇后、皇太子分谒寺观"[25]。以此表示在三教中对儒教的重视。元时许衡说后魏、辽、金皆"行汉法"[26]。辽把自己看成与华夏无异，辽道宗时汉人讲《论语》，至"夷狄之有君"，疾读不敢讲，道宗则说："上世獯鬻、猃狁荡无礼法，故谓之夷。吾修文物彬彬，不异中华，何嫌之有？"[27]因为"华夷同风"，视少数民族建立的政权为'僭伪'，少数民族为"异类"的观点已不为具有先进民族思想的人所取，就是北宋也不得不承认与辽是"一家两国"的关系。

金继辽、北宋之后，在继承中原的政统和道统上，其思想更加发展。金朝女真族统治者自视为中国王朝的继嗣者，金初在与宋共同承认为"一家两国"的前提下，把对宋战争看成是统一战争，正统天下[28]。海陵王反对贵中华、贱夷狄的思想，提出能实现统一的都可以为正统。金朝以历朝致治为楷模，在政统上继承唐、宋，"盖欲跨辽、宋而比迹于汉、唐"[29]。在道统上强调正宗之传，金把孔子抬高到与宋相等的地位。元好问《中州集》把各地域、各民族出身的人物，不分民族同视为中州人物，其依据即有着相同的中原道统。金朝不仅继承中原的政统和道统，而且出现发展中原政统和道统的典型皇帝，被史称为"小尧舜"的金世宗，时"以汉文当世宗"[30]。后来被当作封建帝王学习的榜样加以颂扬。

元时行汉制，继承了中原的政统和道统。元时汉人的含义更加广泛。元朝做的是中国皇帝，其方针是"祖述变通"。祖述就是继承，变通就是改革。元世祖忽必烈即位诏书提出："稽列圣（祖宗）之洪规，讲前代

（唐、宋）之定制。"③郝经也说："以国朝之成法，援唐、宋之故典，参辽、金之遗制，立政安民，成一代之法。"②元朝的功绩在于把南北统一，在同一政统、道统下，把各民族、各地区统一为中华民族和中国。

清朝与元一样，从历史上消除"天下一体"中的华与夷的中外之分。《热河志》乾隆《杂咏》诗小注云："从猎蒙古王公：内扎萨克四十九旗，又喀尔喀四部及四卫拉特，并青海等部各扎萨克，不下百余旗。我朝中外一家之盛，实史册所未见云。"但作为一个统一的中国，并没有彻底消除分裂割据的因素，特别是在帝国主义入侵后，这种破坏的力量为帝国主义分割中国所利用。实行统一的政统和道统，并不是说一国之内的民族差异和制度的不同不复存在，这是元、明、清继续实行"一国两制"的依据。它的存在与"一家两国"对统一所起的破坏作用不同，有利于民族的团结和国家的统一。

从我国历史上的"一家两国"和"一国两制"的实际发展来看，都是统一多民族国家内部的问题。由以汉族为主包括各族在内而形成的政统和道统，是多民族的，在催剂各民族进入先进民族的行列，以及各族被纳入"中华一道同轨"之中曾起重要作用。这个历史证明，南北对立论和北方民族文化与中原汉族文化对抗的观点，是一种不符合中国实际的理论。

注：

①⑯《晋书》卷101《刘元海载记》。

②《晋书》卷102《刘聪载记》。

③《晋书》卷103《刘曜载记》。

④⑰《晋书》卷105《石勒载记下》。

⑤马长寿：《乌桓与鲜卑》，上海人民出版社，1962年，第268页。

⑥见本书第三章"南北朝正义"。

⑦⑧⑨⑩陈述辑校：《全辽文》，中华书局，1982年，第7页、第27页、第39页、第47页。

⑪⑫［金］佚名：《大金吊伐录》卷1《白劄子》《南宋回书》《回劄子》，商务印书馆，1939年。

⑬⑭《辽史》卷45《百官志一》。

⑮［明］火原洁、马沙亦黑：《华夷译语·诏阿札失里》。

⑱《晋书》卷108《慕容廆载记》。

⑲《晋书》卷108《高瞻载记》。

⑳《晋书》卷113《苻坚载记上》。

㉑《晋书》卷126《秃发乌孤载记》。

㉒《晋书》卷130《赫连勃勃载记》。

㉓㉕《辽史》卷2《太祖纪下》。

㉔《辽史》卷73《耶律曷鲁传》。

㉖《元史》卷158《许衡传》。

㉗［宋］洪皓：《松漠纪闻》，载李澍田主编：《长白丛书》吉林文史出版社，1986年。

㉘《金史》卷38《礼志十一》；［金］佚名：《大金吊伐录》卷1。

㉙《金史》卷12《章宗纪四》。

㉚［元］刘因：《金太子允恭墨竹诗》，《静修先生文集》（卷五），中华书局，1985年。

㉛《元史》卷4《世祖纪一》。

㉜［元］郝经：《立政议》，载［元］苏天爵编：《元文类》卷14。

第二章　历史上的俗与域

在北方民族及其所建立的政权史的研究中，经常涉及俗与域的关系。民族与民族政权的"殊俗殊域"如何走上"同风同域"，这是了解我国历史上统一的多民族国家的一个重要问题。过去对这方面的研究是忽视的，尤其是对各族俗与域的发展及其关系的研究，更是忽视。对民族俗与域的研究，有助于加强对"中华一体"形成的认识，是研究我国民族及其所建立的政权史的重要组成部分。

一、俗域观

民族的俗与域是长期历史中存在的问题，因此对俗与域就会产生不同的看法，这种不同的看法就是俗域观。

俗，指各民族在社会历史中长期形成的风尚、礼节、习惯等；域，指各民族所居的区域。不同的族有着不同的俗，也有其不同的居住区域，但俗与域不是不变的，原来不同俗和不同域，由于民族间的接触、交往与迁徙，而互相影响及至互相错居、杂居，甚至由"殊俗殊域"变为"同俗同域"而互相结合在一起。由于社会经济、政治、文化发展不平衡，其先进部分首先发展和强大起来，并以其先进的制度影响并统一各族，形成一个统一的民族，有着相同的俗与域，而那些还没有被统一的族，仍保留着原来的俗与域并与之发生关系，这就是后来形成的"中国"与"四海"的"天下一体"的民族与区域划分的基础。

民族的俗与域，随着社会的发展而变化，最早的区域概念是州，州源于冰河期后，在洪水退后所出现的人们居住的陆地。这时的州还是指人们居住的地方，还不具有行政区域的性质，后来逐渐形成的行政区域，肇始于虞舜，而完成于禹。春秋时的《齐镈钟》："咸有九州，处禹之诸。"《左传》引西周《虞人之箴》："芒芒禹迹，画为九州，径启九道。"传世有夏之九鼎，"远方图物，贡金九牧"①，九牧即九州之长。州是当时的行政区划，在州居住的为"同俗同域"，在州中心（邦畿）之外的为方国。《诗·商颂·长发》："洪水芒芒，禹敷下土方。"土方，于卜辞中尚见，为方国名。州是由氏族制社会的州发展演变而来，这样的国家是凌驾诸部落之上的，对于部落制所能给予的改变很少，其奴隶制是部落奴隶制，即成部落地把被征服者变为奴隶，而这些被征服的部落又多从事牧业生产，《楚辞·天问》："有扈牧竖。"洪兴祖《补注》："启伐灭之，有扈遂为牧竖也。"夏朝只能在其中心地区发展农业，而大多是部落奴隶，当时的特点是变"公天下"为"家天下"，是奴隶制的最初始阶段。但从氏族制社会因袭下来的州，现已成为地域性的行政区域的划分。

商朝承袭夏的九州建立国家，也就是"奄有九有"②，九有，即九州。但商在发展中形成了与夏不同的特点，有中土及四方土之分。所谓"正域彼四方"的方，即方国。商朝的突出特点是"建邦"，邦称封、称作，由"家天下"发展为"邦天下"。邦与城，上与社密切相关，邦就是城邦，是城邦制的国家。邦之疆界以林木、树枝划分，即邦之间的封树，因称之为封邦。诸城邦又由邑所构成，已进入了以农业生产为主的城邦奴隶制。城邦奴隶制是由部落奴隶制到国野之分的奴隶制中间出现的。

西周的奴隶制，由邦发展为国，国与野分离，统治者居于国中，被统治者居于野中，国中征服者为君子，野中被征服者为小人，具有明显的种族奴隶制的特点。西周时统治之根本是国和家，《孟子·离娄》："人有恒言皆曰天下国家，天下之本在国，国之本在家。"注："国谓诸侯之国，家谓卿大夫家也。"由国家构成天下统治的"中国"，由诸臣附诸部族构成天下的四方，《诗·大雅·民劳》："惠此中国，以绥四方。"四方之外为四海（四夷），《孟子·梁惠王》："欲辟土地，朝秦、楚，莅中国而抚四夷也。"天下是高于"中国""四方"四海的最大政治区域概念。

夏、商、周不同俗，是由殊俗走向同风，最后融合为一个俗，这就是周礼，周礼成为区别华夷的标准。夏有夏礼，商有商礼，周有周礼，三者是因袭损益的继承关系，是后来华风形成的三个主要来源。各方的部族与夏、商、周不同俗，在发展中由于这些部族与夏、商、周族接触，以及在这三个族统治的时期不断地行教于这些族中，因而便出现三种情况。其一，是地处偏远，只接受夏、商、周俗的影响，基本上是本部族的旧俗；其二，是其族有一部分入居中国，起初保留本俗，后来同俗于夏、商、周，另一部分仍在原地保留着旧俗。商时的东北夷有一部分渐居中土，而另一部分仍是"宅是嵎夷，曰乃旸谷，巢山潜海，厥区九族"[③]。楚之祖先也是"或在中国，或在蛮夷"[④]。其三，是进入中国后俱化于中国俗中。

在战国以前，俗与域的发展经历了三个过程。

第一个过程，由不同俗的部落结合为小的"同俗同域"的部族，亲近的部落职盟的出现为这种分散的部族迈出了第一步。然后再由不同俗不同域的分散的部落结合为一个"同俗同域"的统一的民族和国家，庞大的军事部落联盟的出现为统一的民族迈出了第一步。这时在各部族乃至地方的各部族的小的联盟中出现两个核心的力量，而这个核心力量的族以本俗行教于其他诸部族，如"尧教乎八狄"⑤。"舜西教乎七戎"⑥。"禹攻曹、魏、屈骜、有扈，以行其教"⑦。这个教，就是在氏族社会中产生的与氏族制旧俗对立的新俗，把各部族同化于这个教中，形成一个同俗的统一区域，夏民族也就在历史上出现了，把在氏族中长期孕育着的国家雏形发展为真正的国家。

第二个过程，即以夏、商、周三族为统治民族，在历史上出现三个"同俗同域"的国家，并与不同的俗和不同域的族并存，形成"天下一体"之内的由中州、中土、中国、方国与四海所构成的国家体制。

第三个过程，经过夏、商、周的发展，由民族名称的不统一、不固定，向比较固定的名称转化。华的观念的出现，改变了过去不统一、不固定的民族称谓的历史，冲破了民族的窄小观念，把具有同俗的夏、商、周民族统括在华的观念之内，而其他一些俱化了的族也属于华，标志着当时在民族意识上所发生的新觉醒。也正因为这样，华族是汉族的前身，有了华的观念才有区分华夷的新的标准与依据。

华的观念出现以后，区分华夷的重点转向俗的方面来，而不是区域的不同。《论语·宪问》："微管仲，吾其被发左衽矣。"《孟子·滕文公》："今也南蛮䴃舌之人。"《左传》襄公十四年："我诸戎饮食衣服，不与华同，贽币不通，言语不达。"《庄子·逍遥游》："宋人资章甫而适诸越，越人断发文身，无所用之。"俗的不同既可在中国、四方与四海间，但同样亦可在同域内。《吕氏春秋》卷25《似顺论·处方》："卫庄公立，欲逐石圃，登台以望，见戎州，而问之曰：'是何为者也？'侍者曰：'戎州也。'庄公曰：'我姬姓也，戎人安敢居国。'使夺之宅，残其州。晋人适攻卫，戎人因与石圃杀庄公，立公子起。"戎州是在卫国中的戎人所聚居的一个邑，邑在卫国都城附近，当与卫人同域殊俗。西周后的春秋战国时期，已有不少族人变夷为夏，而中山国是众狄中的鲜虞于春秋末的改称，据刘向《说苑·权谋》记载，其国有君、诸卿、大夫、士，有百官之制，与诸夏国无异，因之《谷梁传》称之为"中国"。

各族同以天下为家，互相迁徙，少数民族杂居中原，华夏族入居边境，夷变夏，华变夷，这是民族俗域变迁的最大特点。

秦统一以前的民族俗域的发展，为我国后来民族俗域的分布格局奠定了基础，为由奴隶制向封建制转变提供了最有利的条件。

第一，在春秋战国之际，由奴隶制向封建制转变中，提出了"天下一体"的中国（中原）与四海（边境）、华与夷分布的新格局。四海这个词的出现较早，初指王畿和诸侯方国以外的地区，而作为真正意义的中外两个层次区域的划分当在春秋战国之际，特别是四海的区域观念已与战国地理观念的扩大分不开。

第二，在春秋战国之际出现新的行政区域划分的郡县，郡县居住地方为中国（中原），郡县以外为四海（边境）。《尔雅·释地》："九夷、八狄、七戎、六蛮，谓之四海。"

第三，作为俗的内容之一的礼仪，在春秋时出现了礼与仪的分离。在阶级关系上打破了"礼不下庶人，刑不上大夫"的陈规，提出礼可下庶人，少数民族亦可有礼，"中国失礼，求之四夷"[8]。可知，少数民族所建立的政权同样可以成为礼义之邦和中国。"夷狄之有君，不如诸夏之亡也[9]"已发生动摇。

第四，适应封建制统治所需要的"贵中华，贱夷狄"的俗与域的区别的理论，已在此时形成。

俗与域是互相关联的两个问题，但由于历史观的不同，对俗与域产生两种截然不同的看法。一种从"贵中华，贱夷狄"出发，认为华夷"殊俗殊域"是天经地义的。"夷狄之与华夏，所生异地，其地异，其气异矣；气异而习异，习异而所知所行蔑不异焉"[10]。"为天分气，为地分理，以绝夷于夏，即以绝禽于人，万世守之而不可易，义之确乎不拔而无可徙者也"[11]。所以夷不能变夏，夏不能变夷，中国是华夏的中国，夷狄不能入居，夷狄入居塞内，"使与民杂居，而祸烈矣"[12]。因此死守这个信条，反对夷狄习华俗，入居塞内。这是历史上反动的俗域观。与之相反的还有另一种看法，认为夷狄也是人，俗可变，域也可变，夷狄入中国，用华俗，行汉制都可为中国，反对"贵中华、贱夷狄"，主张"华夷无间"，"与中夏之人抚养无异"⑬。这是历史上进步的俗域观。

在奴隶制时代，奴隶主不把被剥削的奴隶、民族当作人，视为"禽兽"，反动的俗域观是与奴隶制的民族统治相适应的。在奴隶制与封建制的交替中，这种反动的民族俗域观动摇，而新的封建剥削者仍坚持这种反动的俗域观以维持民族的统治，而在民族不断错居、杂居，乃至被统治民族地位提高，进步的俗域观便越来越起重要作用，"天下一体"的"殊俗殊域"，便为"中华一体"的"同俗同域"所代替。统一的中国、统一的中华应运而生。

二、俗域类型的划分

我国从秦朝开始进入"天下一体"的统一多民族国家的新时期，在秦朝以前俗域发展的基础上，北方民族与政权的俗域的发展也进入了一个新时期。

俗域发展的类型与时俱增，概括起来主要有民族型与政权型两大类。民族型与政权型的区别主要是政权，没有建立政权的为民族型，建立政权的为政权型。

民族型，是指那些未曾建立过政权，或者是还没有建立政权之前只作为一个族而存在，并臣服于中原王朝或北方民族政权的族。属于民族型的各族，由于社会发展情况不同、经济类型的不同，其俗域也不相同，有各种各样的差别。

民族型的俗，一般讲是在其社会发展中长期形成的，俗本身既有变化又与周围邻族交往和互相影响、互相学习，再加上同被称为一个族，实际上是由不同的发展情况乃至不同的族结合而成的，俗的构成也有差异。入居中原与不入居中原的差距则更大。

属于游牧经济类型的乌桓、鲜卑，其语言、习俗相同。以畜牧为主，兼射猎，居穹庐，食肉饮酪，衣毛毳。其习俗"妻后母，报寡嫂，死则归其旧夫"。俗贵兵死，敛尸以棺，"有哭泣之哀，至葬则歌舞相送"，有以犬护死者神灵归赤山之俗。婚俗，男方先略女通情，然后以牛、马、羊畜为聘，婿随妻还家，执仆役一二年，"妻家乃以厚遣送女"⑭。鲜卑与乌桓不同的，是婚姻先髡头，以季春月大会在饶乐水上，饮宴毕，然后配合，是通过赶会，而完成男女自由选择对偶的婚制。后来的契丹、奚、地豆于、霫都属于游牧类型的族。契丹、奚的经济生活大体相同，契丹"其俗颇与靺鞨同。好为寇盗，父母死而悲哭者以为不壮，但以其尸置于山树之上，经三年之后乃收其骨而焚之。因酹而祝曰：'冬月时，向阳食；若我射猎时，使我多得猪鹿'。"⑮其衣服与室韦同。霫，《通典》谓："风俗与突厥略同。"《旧唐书》谓："略与契丹同。"

属于混合的经济类型有勿吉、室韦、乌洛侯等。勿吉"其国无牛，有车马，佃则偶耕，车则步推，有粟及麦、穄，菜则有葵"。有盐池，多猪，嚼米酿酒，善射猎。编发，男以猪皮制衣，女则布裙，穴居。婚俗，"初婚之夕，男就女家，执女乳而罢，便以为定，乃为夫妇"。"俗以人溺洗手，面头插虎豹尾"。"其父母春夏死立埋之，冢上作屋，不令雨湿，秋冬以其尸捕貂，貂食其肉多得之"⑯。室韦"颇有粟、麦及穄，唯食猪鱼，养牛马"。"夏则城居，冬逐水草"⑰。大夫被发，妇人盘发，衣服与契丹同，造酒食瞰，与靺鞨同俗。婚俗，"二家相许，婿辄盗妇将去，然后送牛马为娉，更将归家，待有娠乃相随还舍。妇人不再嫁，以为死人之妻难以共居。""部落共为大棚，人死则置尸其上，居丧三年，年唯四哭"[18]。乌洛侯"夏则随草阜畜牧，多豕，有谷麦"，"好射"。其俗穿地为室，绳发皮服，风俗多与靺鞨同，靺鞨有乐，乌洛侯乐为箜篌，"木槽革面而施九弦"[19]。

属于以农业为主的经济类型，有羌、氐等。羌族在西汉前还处于游牧阶段，汉武帝开河西四郡，羌人内附，与汉人杂居于郡县，由慕汉文化，变游牧民族为农业民族。氐族于汉武帝立武都郡后，部分散居凉州关中一带。219年曹操迁武都氐五万余落于关中扶风、天水，此后相继率民户归附于汉、魏。氐人能织布，善种田，畜养豕、牛、马、驴、骡。姓如中国之姓，衣服尚青绛，其妇人嫁时着衽露，其缘饰之制有似羌，衽露有似中国袍。皆编发。多知中国语，其自还于种落间，则自用氐语，其嫁娶与羌相似[20]。

从民族俗的类型看，秦朝统一后，一般地讲游牧型的居在北方，东北西部草原地区东胡系的族亦多属此。混合的经济类型在东北东北部，属于东胡的有的部族也属于此型。以农业经济为主的类型，在东北则为秽貊或与之有关的族，但已多数是建立政权，未列入民族型，西戎系的羌、氐也属于此型。当然更边远还有以渔猎为主的氏族部落。从秦到西晋，有的在中原为中国人，有的在边境为四夷。但是有一条是可以肯定的，他们不都是游牧民族，其俗亦不同。一般讲属于同一族系的俗多相同或相似，但也互相影响、互相渗透。

从民族区域的分布看，有边境型与中国（中原）型两种。

属于边境型的，有的是边境型的族，如肃慎以及东胡的室韦等都是以边境的民族出现，其俗属边境族的俗。有的是边境的地方政权，如夫余、高句丽、豆莫娄。夫余、高句丽属秽貊系，其俗有本族的地方族的特点，也杂有商、周的俗的特点。夫余、高句丽、豆莫娄都是以农业为主的地方政权，豆莫娄的俗又多与夫余、高句丽相似。

属于中国（中原）型的，他们有一个共同的特点，即变边境族为中国族。有的是作为族出现在中国境内，有的是由族发展为中国政权。这个历史是从西晋末开始的，其政权类型相继出现的有中国封建割据政权，有北朝，有统一全国的政权。

由北方民族进入中原后所建立的中国政权，是以中国汉族的俗为核心的多俗并存，可以说，这是共同的特点。就俗来说，出现了几种不同的情况，通常讲有三种：

一是继续保留本族的俗。五胡十六国的前赵胡、汉分制，本族之俗与汉俗并存于一个政权之中。北朝分前期的北朝与后期的北朝（辽、金）。北魏的拓跋族在保留本俗与学习汉俗之间存在着矛盾。《魏书·序纪》："始祖闻帝（太子）归，大悦，使诸部大人诣阴馆迎之。酒酣，帝仰视飞鸟，谓诸部大人曰：'我为汝曹取之。'援弹飞丸，应弦而落。时国俗无弹，众咸大惊，乃相谓曰：'太子风采被服，同于南夏，兼奇术绝世，若继国统，变易旧俗，吾等必不得志。不若在国诸子，习本淳朴。'咸以为然。"在此后很长时间，拓跋族的守旧分子以保旧俗而反对行汉俗。到孝文帝迁都洛阳，进行改革，仍遭到守旧分子的反对。孝文帝改革虽然加强了汉制的施行，但留在北边的拓跋族仍保其本族的旧俗。辽朝正式提出因俗而治，设南北面制度，北面保契丹旧俗，南面用汉俗。金初不改易本族之俗，后占领原辽的南面汉人地区后，踵辽南北面制，至熙宗汉制改革，但也没有使女真之俗绝迹，而是与汉俗结合在一起。保留本族的俗与保留本族的制度是联系着的。

二是由于两种制度的接触，在两种制度的互相作用下，出现一种混合的组织，是由两种俗的结合而形成的。辽代的头下军州制度便具有这样的特点。

第一，头下军州是契丹族的头目制与中原州县制的结合而成；

第二，头下军州是国家的土地与头下主私人所有的私城的结合；

第三，国家收租与头下主食税制的结合；

第四，节度使由国家任命，刺史以下官由头下主从部曲充任相结合。

头下军州是种特殊的形式，其俗也是特殊的。

三是变本族的为中原的俗，变夷为夏，全面地实行中原制，把本族的俗乃至其他族的俗，纳入王朝的统一的体制之中，形成以汉俗为主的多民族的俗的新体制。这是统一的中国和中华出现的必要条件。如此，各族人民在"中华一体"中有共同的道统，有共同的礼俗，也有各族所喜爱的自己的俗。

不管民族型的俗，还是政权型的俗，都不是以北方的游牧和中原的农业划分的。北方民族有的是游牧，有的是从事农业；也不是以边境和中国划分的，有的民族在边境，有的在中国，边境有中原汉人，中原也有北方少数民族。从俗看也不是截然分开的，在北方民族中流传中原的俗，在中原也有各族的俗，由一种俗变为另一种俗，是同社会的变革分不开的。由于新俗与旧俗的矛盾与斗争，有不同的情况，在中原的汉族内部存在，在各族内部也存在。在北方各族的俗的矛盾与斗争中，新与旧之间的矛盾与斗争有的纯在本族内进行，如女真石鲁时的新旧斗争即属于此。也有的是由于受中原先进的俗的影响，出现保守本族的旧俗与学习汉俗之间的斗争，这也是在本族内部进行的。也有的是在进入中原以后，由于不同的族俗的接触而发生的矛盾与斗争，由此可见，作为我国的北方民族，既有改革本族旧俗的斗争，也有学习先进与反对落后的斗争，在北方民族中社会的改革进步是他们的方向。历史发展事实证明，不仅进入中原的民族把他们的族变成中国族，政权变成中国的政权，而且在边境的地方政权，如高句丽、渤海，也尽力把自己建成"中国式"的地方政权。在这样的历史发展中，最后结合成一个统一的中国和统一的中华。

三、俗域发展的层次

民族的俗和域是有层次的发展过程，而不同的层次又与当时历史的发展的总趋势联系着。民族俗域发展的层次，从我国历史发展的全过程看，大致可分为四个层次，即"殊俗殊域""殊俗同域""殊域同俗"和"同俗同域"。这四个层次有连续发展和互相衔接的关系，但不是说，在一个时期只有一个层次存在，对过去存在的层次毫无保留，也不是说各种层次没有交错。只是从发展的总趋势上，看这四个层次发展的必然关系，即如何由"殊俗殊域"而走向"同俗同域"的。

在我国的奴隶制和封建制确立之初，这四个发展层次已不同程度地出现，既出现了中国与四夷的不同俗和不同域的关系，也出现了诸夏国内交错居住的不同俗的各族；既出现了殊域同俗的政权，也出现了众多的族同俗于一个诸夏国之内的情况。但是这种发展，到秦朝统一之后，还没有条件建立一个"同俗同域"的"中华一体"的国家，而仍然是分中外的"殊俗殊域"的"天下一体"的统一多民族国家。秦朝是由被视为戎蛮之邦的少数民族的国家发展为诸夏国之一，并统一诸夏之国各周边的族，把过去多民族的"天下一体"的国家统一为统一的多民族"天下一体"国家。由秦朝开始步入新的"殊俗殊域""殊俗同域""殊域同俗"和"同俗同域"的四个层次的再发展、再开创的新时期。

不同俗的族居住在不同的域中，而"天下"是当时最大的域。在天下中又划分为中国与边境两个部分，各族分别居住在中国与边境。

"殊俗殊域"的主要标志是华夷殊俗、华夷殊域。与中国不同俗的民族的政权居住在边境；汉族及其政权在中国。这就是"天下一体"区分中外的依据。中、外同在一体之中。从秦到西晋，从主要方面看，诸夷主要居住在边境，也有部分族入居中国为编户。由各民族所建立的政权，如夫余、高句丽、匈奴在边境内。这个时期的特点还没有出现进入中国建立的政权，所以我们把这个时期看成是以"殊俗殊域"为主的时期。但是各族已先后入居郡县，或为之立属国、都尉，或使之为编户，为向"殊俗同域"的转化创造了条件。

"殊俗同域"是"殊俗殊域"的进一步发展，即进入中国的各族相继建立封建割据政权，实行胡、汉分治，不实行胡、汉分治的政权，都不同程度地保留本族的俗。北魏也是实行南面汉制，北面鲜卑制，辽朝则是更为明显地实行南北面制。但是此时的殊俗不是出现在边境，同在中国，因此属于同是中国中的不同俗。它不同于"殊俗殊域"时期，最为明显的不仅是以族入居郡县，而且是以中国的政权形式出现了。因此，把这个时期称之为"殊俗同域"的时期。

"殊域同俗"是继"殊俗同域"之后出现的，它同样不是作为单一的形式而存在和发展的，是出现在"殊俗殊域""殊俗同域"依然存在的时期。从西晋以后出现的封建割据政权和北朝都属于中国的政权，由于这些族还不能在建立政权时取消本族的俗，因而殊俗在一个同域的中国之内是不可避免的，但是作为社会的主体民族仍是汉族，文化仍是中原文化。随着历史的发展，中原的制度对地方影响越来越大，地方也越来越需要用中原制度，于是在地方出现了与中国相似或完全仿照中原而建立的"中国式"的封建政权。由于政权仍在边境，而政权性质与中国同，这是"殊域同俗"的时期。"殊域同俗"的政权出现在北朝的北周和唐时，其政权的代表是已完成封建制变革的高句丽和仿唐而建的渤海。

"殊域同俗"的高句丽与渤海也不尽相同。就殊域而讲，高句丽是变郡县为蛮貊之乡，也就是变郡县为边境。渤海在边境地区，但由于唐时普遍地实行羁縻州制，把渤海纳入唐的边境上的府州中。从俗来看，高句丽、渤海都曾进入封建制，是与中国同俗，在同俗中亦有殊俗，但与中国同俗是主要的，因此称之为"殊域同俗"。

"同俗同域"是经过三个以上发展层次之后出现的。这里讲的"同俗同域"是指在逐渐取消中外之后而出现的，而且是全国性的。唐朝仍分中外，即中国与边境，但是唐朝确是我国一个承前启后的历史时期，《大唐创业起居注》卷上，唐高祖说："隋末自顷离乱，亡命其多，走胡奔越，书生不少，中国之礼，并在诸夷。"这是走向同俗前的重要条件。唐普遍在北边少数民族地区建立府州，也是使各族走向同域前的重要一步。

辽、金是在我国封建后期之初出现的北朝，由于辽、金相继兴起，辽、金两个政权经过不同的形式和改革步骤，使全国的制度基本统一，把各族的俗纳入王朝的统一礼俗的体系之中，变契丹、女真兴起之地为内地，特别是金朝自海陵后实行一元化的尚书省制，把各地区和民族统一在京府之下，章宗时又变猛安谋克为封建的屯田军，把各族礼俗统一在金礼之中，"同俗同域"便历史地在辽、金时提出，主张"华夷同风"。辽代的萧孝忠《驰禁东京毡马奏》："且天下以四海为家，何分彼此，宜驰其禁。"[21]辽末卢彦伦召军民谕之："契丹、汉人久为一家。"[22]萧孝忠乞并二枢密为一奏："一国两枢密，风俗所以不同，若并为一，天下幸甚。"[23]辽道宗懿德皇后萧观音，有《君臣同志华夷同风应制诗》："虞廷开盛轨，王会合奇深。到处承天意，皆同捧日心。文章通谷蠡，声教薄鸡林。大寓看交泰，应知无古今。"[25]举国同风同域是当时政治的盛治蓝图。金朝在"同俗同域"上比辽更迈出了一大步，金朝把各族的不同制统一于金制之中，把各族不同礼俗统一于金礼之中。在金代同俗的基础上以同一的道统把各族联系在一起，用统一的区划把各族结合在一个域之中，在"同俗同域"的基础上，允许各族有自己的风俗习惯，但这种风俗、习惯只是同俗中的差别。

这就是说，原来以族俗、族域来分别民族的中外的标准，变成"同俗同域"内区别民族不同的标准。这样俗域就有着两重意义，一是"中华一体"的各民族的同俗同域，而不是"天下一体"时分中外的俗域关系；二是在"中华一体"中各族间尚存在的俗域差别。这时的俗发生在一个统一的中国之中，本来来自少数民族的俗，可能变成通行的，本来来自汉族的俗，为各族所通用。职官服制的不同，不再作为民族的不同而成为朝服、便服的不同，其性质发生了变化。辽、金还是以北朝的形式"同俗同域", 到元则进一步发展为全国的"同俗同域"。元朝是我国历史俗域新开创时期,秦只能完成"天下一体"的统一多民族国家,而元开创了"中华一体"的统一多民族国家。秦继过去把民族分中外,而元继辽、宋、金,不分中外,基本上确立了统一的多民族的"同俗同域",华风成了各族共同的风,华域成了各民族的域。各民族同是中国,同是中华民族,由于同俗同域,在各族间形成了合则两利,分则两伤的民族唇齿相依为命的关系。

俗域发展的四个层次,第一个层次的"殊俗殊域",是对过去历史的直接继承,它带着旧的浓厚的民族歧视的色彩,主张民族分中外,仇视民族内徙,认为中原之祸在此。"殊俗同域"和"殊域同俗",是在民族的俗域新变化中出现的,"殊俗同域"发展的趋势是"同俗同域"。在发展中,实际上有不少族与中国俗融合了。"殊域同俗"发展的趋势也是"同俗同域"。只有经过"殊俗同域",各民族才能成为中国族,其政权成为中国的政权,他们在后来发展中才能成为先进的一员。只有经过"殊域同俗",在地方的民族和政权在发展上才能进入先进民族的行列,渤海人后来在辽、金两个王朝中起作用,说明了这个问题。华夏——汉族的发展,从其源头看是多源的,由多源而同流,在后来的历史发展中也是多源多支的,渊源不断地与华夏——汉这个主流汇合而为同流。俗域的发展经过不同的层次,把各族结合成一个中华的整体。各族的来源也是多源而汇成流的,都与华夏这个主流相通,由多流的俗汇成中华之俗,由多流的域汇成中国的域。

四、"中华一体"中的俗域

由区分民族华夷的俗变成统一的俗，由区分天下中外的域变成统一的域，是各民族在统一多民族国家中走上"同俗同域"的重要原因。它是在长期的历史中形成的。"同俗同域"这是就中华民族形成而言，各民族以汉族为主体、以中原华夏文化为核心，形成一个包括各族在内的统一的俗的体系，形成一个包括各族在内的统一的设置和统一的疆域，各民族均以先王的道统为合法继承者，中国变成了各族的中国，中华变成了各族的中华。从另一方面看中国和中华民族是由多民族构成的，各民族还都有自己所崇尚的礼俗，中外的华夷之分被打破了，但"中华一体"之内的地域的差别仍是存在的，这样各地方的人民又有对地方的俗的崇尚。中华民族的特点不是各族融合为一个汉族，而是多民族。作为国家的疆域仍分中原与边疆。民族的相对聚居与大分散是这个时期民族布局的特点。

俗有中华各民族共同的俗，有民族的俗与地方的俗，起着主导作用的是各民族的共同的俗，民族的俗和地方的俗，成为共同的俗的组成部分。

辽、金皆以孔教为国教，由此而确定国家的礼俗，契丹族的礼俗纳入统一的辽礼之中，金朝的女真族、契丹族的礼俗也被纳入金礼之中。元朝的礼也是包括蒙古以及原契丹、女真的礼俗在内的。宋礼是对唐礼的继承，而辽、金礼的特点变成多元的多民族的共同的礼。这是礼制内容和构成的新变化。到统一的中华时，俗在各族和各地仍保留有它的特点，这就是丰富多彩的民族的地方的民俗风情。

不同的俗在统一中华中保留，因而到统一的中华形成以后，在实行统一的制度之中，也有因俗而治的特别的区划问题，也就是说仍存在"一国两制"的问题。元朝把南北统一为一个中国，以中原本部为中心建立行省制，与此同时设宣政院以统领吐蕃，是民族区域性的设置，但它已不同于过去分中外时期的臣服的民族，而已被纳入统一的国家政令之中。国师、帝师由皇帝任命，宣政院使往往由宰相兼任，副院使则由皇帝推荐僧人担任。宣政院以下机构皆由朝廷规定，元朝的法令是全国通行的法令。

元朝在云南行郡县制"钦惟世祖皇帝天戈一指。尽六诏之地皆为郡县，迄今吏治文化侔于中州，非圣化溥博何以臻此"[25]。元朝于云南置土官，土官职类有7种之多，土官受命于朝廷，自治居其地，官职世袭、承袭，权限多从"本俗"，土官是元朝形成统一中国过程中，建立的一种民族区域的特殊的组织形式。

明朝于东北设都司卫所，也是因内地与边疆之不同、民俗不同而设。《全辽志序》："我国家混一幽夏，奋有万方，穷陬遐壤，咸置长吏，星分棋列，遍于寰宇，乃辽独剙去州邑，并建卫所而辖之都司，何哉？边鄙瓯脱之俗，华夷杂糅之民，迫近胡俗，易动难安，非可以内地之治治之也。"但明时东北所设都司，受统于山东布政使司（行省），是山东布政使司属下的特别管理区域。政令一统于中央。明朝也因元于民族地区置土官，和军民府、土州、土县，设官如府州县，"皆因其俗，使之附辑诸蛮，谨守疆土"[26]。

清于中央设专门管理民族事务的理藩院，于内外蒙古、青海、新疆、东北等民族地区设将军、都统、副都统，于西藏设办事大臣、唐古特官及达赖、班禅等。并沿明在一些少数民族地区设土官，土官由所在省区的都、抚或将军、大臣直接管理。

在辽朝统治时辽内部契丹与汉人为一家，辽与北宋为一家，金朝统治时猛安谋克女真户与汉人为一家，又与南宋为一家，但这时尚分南北两朝，及至元朝，蒙古与汉人等为一家，成为一个中国，清朝满族与汉、蒙、藏、回等族为一家，成为一个中国。统一为一家的中华民族，有相同的习尚，有统一的领土，这就是中华民族的"同俗同域"。

注：
① ［周］左丘明：《春秋左传》卷10《宣公三年》。
② 程俊英译注：《诗经译注》商颂《玄鸟》。

③《后汉书》卷85《东夷传》。

④《史记》卷40《楚世家》。

⑤⑥〔清〕孙诒让注疏:《墨子间诂》卷6《节葬》,中华书局,2001年。

⑦许维遹注疏:《吕氏春秋集释》卷20《恃君览》,中华书局,2009年。

⑧《后汉书》卷85《东夷传》。

⑨杨伯峻译注:《论语译注》卷3《八佾》。

⑩⑪⑫〔清〕王夫之:《读通鉴论》卷14、卷7。

⑬《明太祖实录》卷53,洪武三年六月丁丑条;卷26,吴元年十月丙寅条。

⑭《后汉书》卷90《乌桓传》。

⑮《隋书》卷84《契丹传》。

⑯《魏书》卷100《勿吉传》。

⑰《魏书》卷100《失韦传》。

⑱《隋书》卷84《室韦传》。

⑲《魏书》卷100《乌洛侯传》。

⑳《三国志》卷30《魏书》,引王沈:《魏略·西戎传》。

㉑㉓《辽史》卷81《萧孝忠传》。

㉒《金史》卷75《卢彦伦传》。

㉔〔辽〕萧观音:《应制和君臣同志华夷同风诗》,载〔辽〕王鼎:《焚椒录》,中华书局,1991年。

㉕〔元〕李京:《云南志略辑校》,云南民族出版社,1986年。

㉖《明史》卷76《职官志五》,中华书局,1974年。

第三章　历史上的和与战

　　和与战是研究北方民族政权史所回避不了的一个重大问题。在封建时代，由于"尊华贱夷"思想的影响，不能正确认识和解决和与战的是非问题。后来由于外国帝国主义入侵，国难深重，大敌当前，为激发全国各族人民爱祖国、反对外来侵略的斗志，曾把少数民族在历史上入据中原比作外来侵略，称汉族建立的中原王朝为"祖国"，少数民族所建立的王朝为"外国"。就当时讲，其用意不可过多非议，但这种观点从性质上混淆了两种不同情况的战争，即国内战争与外国入侵的战争。这种观点一旦与历史上传统的"正闰观"结合，不是消除其影响反而加重其影响。有的也主张少数民族与政权是我国境内的民族与政权，但在和与战的问题上不能摆脱"尊华贱夷"传统观念的影响，从此出发引申出少数民族只是以野蛮战争、野蛮压迫、残酷掠夺、无情摧残为务的野蛮动物。在研究北方民族中，对那些曾在历史上做出不同贡献的族，持有这样的观点，当然是令人反诘的。今天研究北弇民族史应当对过去的观点进行检讨，统一到马克思主义思想原则上来，真正地统一到统一的多民族国家上来，侧重地看一看少数民族求进步，热心学习中原文化，向心中华，以及他们做出的贡献是非常必要的。

一、历史上的两种和战观

在历史上对北方民族及其所建立的政权存在着两种不同的观点，两种不同的观点是两种不同的和战观产生的理论基础。两种不同的观点有它共同的一面，也有不同的一面。在封建时代，两种观点同以"天下一体"为据，不管两种观点争论得如何激烈，都没有导致居住在四海（边境）的民族不属于"天下一体"的问题。从汉到唐中间变化很大，特别是唐提出要对中华、夷狄"爱之如一"①唐对入居的外国人（色目人）放榜取士，岁取二三人，"亦谓之膀花"。②尽管如此，当时还都以"天下一体"讨论对四夷的和与战的问题，其分歧的基本点是以武力统一，还是以王道统一，是安外作为根本，还是安内作为根本，是灭国为郡县，还是存亡继绝，不改变其原来的制度。围绕这些问题的争论，出现了和与战两种不同的观点，基本点还是"夷不乱华"。

《盐铁论》的《结和》《和亲》就是围绕汉与匈奴的关系讨论和与战的问题。政府方面的代表御史大夫桑弘羊主张战，"以武折而不以德怀"，四夷内侵，就需要动用武力，不主张"修好，结和亲"，认为匈奴无信，"百约百叛"，和议不可靠。民间代表文学（读书人）主张和，认为"以大御小者王，以强凌弱者亡"。"王者中立而听乎天下，德施方外，绝国殊俗，臻于阙廷"。把和看成是不变的"夫两主好合，内外交通，天下安宁，世世无患"③。

随着历史的发展，外变为中，中变为外，夷狄入居中国，"夷狄之乱中华"④是社会的严峻问题。对进入中原建立封建割据政权的争战，也分出两种截然不同的看法，一种认为是作中国皇帝，是继先王的基业，是对中原制度的继承，是由各族进行统一四海的战争，这种思想也被当时北方民族建立者所掌握和企图统一⑤。另一种看法是"窃号中壤"，"胡人利我艰虞，分镳起乱"⑥，于是深恶痛绝地大骂："彼戎狄者，人面兽心，见利则弃君亲，临财则忘仁义者也。投之遐远，犹惧外侵，而处以封畿，窥我中衅。"⑦

隋、唐统一，又恢复了"天下一体"的统一大国。对四夷是战还是和，依然有两种不同的主张。一种主张战，用武力统一；一种主张和，不改变民族地区的制度。在主张以战统一各族中，对被征服的民族如何处置也有两种意见，魏征反对以内地处之。"宣遣发河北，居其旧土"。他说："匈奴人面兽心，非我族类，强必寇盗，弱则卑伏，不顾恩义，其天性也。秦、汉患之者若是，故时发猛将以击之，收其河南以为郡县。陛下以内地居之，且今降者几至十万，数年之后，滋息过倍，居我肘腋，甫迩王畿，心腹之疾，将为后患，尤不可处以河南也。"温彦博主张处于河南之地，从其所欲，"河南、河北，任情居住"，"收居内地，教以礼法"，置府州。杜楚客反对处之河南，也反对置府州，不许突厥近逼中华，他说："夷不乱华，前哲明训，存亡继绝，列圣通规。臣恐事不师古，难以长久。"⑧而太宗卒用彦博策。

历史发展到辽、宋、金时，情况发生了深刻变化。当时天下的格局已不是一体之内隔华夷、分中外，而是南北两个王朝、两个中国如何互相防御和共处问题；从其总趋势看是如何实现全国统一为一个中国、一个中华的问题。和与战主要发生在金、辽，辽、金与宋，金与蒙古之间。此时由于出现辽、金与宋的相持，在中原封建割据国家的战争已成为过去，"天下一体"的统一的多民族国家也成为过去，而南北朝已不再是无从属关系，分疆划界，已发展为争夺对方的宗主权和趋向全国统一的新时期。在新的形势下，和与战的内容和形式具有新的特点。

从战来看，有的是一方对另一方的主动进攻，有的是一方对另一方的防御和反攻。作战的主张，有的是以和议佐战功，有的是以战佐和功。从和来看，有的是牺牲本政权的利益屈膝求和，以退让求和，有的是以和作为再进攻的准备。和与战的思想得到了充分的发展。

元朝实现统一的中国之后，南北朝随着历史的统一也从历史上消失，而统一全中国的和与战成为最基本的形式。但不是说分裂与战争不再存在，而分裂已不能再像过去成为一个历史的阶段。

从"天下一体"时期的和战观，到"中华一体"时期的和战观的转变，有其深刻的历史原因。

第一，从民族关系的变化看，封建社会前期与后期有明显的不同。封建前期的民族构成基本上是分中外的，民族间的中外隔绝现象基本没有消除，唐朝也基本上以这个观点处理民族，只是发生了不少新的情况。封建后期基本上改变了前期民族构成的情况，多数民族被纳入"中华一体"之中。民族发展不平衡，从封建前期看，中原民族已不只有汉族，还包括其他入居中原的民族，前期进入中原的民族基本上走与汉族融合的道路，在统一时期作为一个民族存在于统一政权中的能力很弱。后期则不同，不仅在中原保持民族的不同特点，而且把不同特点的边地民族，也在统一制度下成为中国民族，各民族的杂居程度大为增加。在中原多有少数民族，在少数民族地区也多有汉人，民族的杂居，是消除中外的决定因素。前期民族发展的趋势，还没有条件成为一个统一中国，隋、唐的出现说明了这个问题。后期首先出现南北的两王朝，其特点是不分中外。而元统一后，不曾因为明朝的出现改变这种情况，而明朝在元的基础上使统一的中国又有新的发展。

第二，从民族地位的变化看，在封建社会前期，以汉族为主统治中原。后期则以北方民族为主统治中原。前期北方民族由中原封建割据政权发展为北朝，但北朝没有发展为宗主的地位，也没有由北朝发展为全国王朝。

第三，从民族意识的变化看，在封建社会的前期，主要还是"贵中华，贱夷狄"的思想占有统治地位，对传统的"正闰观"批判得还很不够。后期从各方面批判"贵中华，贱夷狄"，辽朝自称自己是中国，是中华，金海陵提出统一天下的均可为正统，统一不必由宋，金朝也有资格。他的诗写道："万里车书一混同，江南岂有别疆封。"⑨他以统一全国作为自己的愿望。共同的中华民族意识增强了，不仅把本政权内的各族人看成是一家，南北朝也同是一家。

历史条件的变化，在和与战的问题上，便转向统一与维护旧的和战观之间的斗争。两种不同的和战观，导致不同的结论与后果。持"中华一体"的统一的多民族观点的，把辽宋、金宋的和战看成是国内的事，因而不管是哪个王朝得胜或失败，不管是哪个民族为中原的统治民族，都不涉及中华民族危亡或中国灭亡的问题。相反，持宋为"祖国"，辽、金为"外国"，就会以宋代替全国，以汉族代替中华民族，宋亡祖国亦亡，宋亡中华民族亦亡。这种不良的后果和汉人是中国人，少数民族不是中国人难以区别。历史上的两种和战观，在"天下一体"时还都承认同在王封之内，而在"中华一体"时，再用过去的观点看中外，就改变了它的性质。

二、对和战要作具体分析

在北方民族发展中，以金、宋的和战最为典型。因此，重点地结合这个时期的情况，对和战作些具体分析。

和与战同其他任何事物一样，是辩证的统一。毛泽东同志在《矛盾论》中写道："因为在阶级社会中战争与和平这样矛盾着的事物，在一定条件下具备着同一性。""战争转化为和平"，"和平转化为战争"。对和与战这对矛盾着的事物不应片面地理解和应用，和与战既互相矛盾着，具备着同一性，又可互相转化。因此在战时有和，和时有战。在和与战的交替发展中，"和"孕育在战中，"战"又孕育在和中，和战在一定条件下具备同一性，又在一定条件下可以互相转化。正因为这样，对历史上的和战，都应作具体分析，不能一概而论。

　　和战史有它发展的规律性，研究它不能凭人们的主观愿望和个人的好恶来随意进行解释。金宋战争同国外帝国主义入侵的战争是两种情况不同的战争，这里不存在中国民族遭到外来侵略和反侵略的问题，只存在着国内民族间与政权间的兼并与反兼并问题，而且这种兼并是相互的。在历史上，不管是中原汉人建立的王朝对少数民族用兵，还是少数民族对中原汉人建立的王朝用兵，都是国内的战争，它同汉族内部分裂成两个政权的不同之处在于，前者是民族政权间的战争，后者是一个族内政权间的战争。如果说这样的战争也可称为侵略和被侵略的话，那也只能是"国内"的。

　　现以金、宋和战为实例，对金、宋和战中的一些具体问题作如下的认识与分析。

　　当金初大规模向宋用兵进行掠夺时，对宋来说战与不战，投降和反投降，是革命人民、进步势力同反动派的根本区别。但当金宋议和后，金宋已成为南北对峙的两个封建王朝，这时在和平相持中发生的战争，从主要方面看已不是初期的掠夺与反掠夺的战争，而是究竟由谁消除分裂实现南北统一的问题。统一对于金宋是平等的，主要看谁具有这种统一的条件与基础。

　　和有不同的和，和在不同时期与不同情况下所起的作用也不相同。在阶级社会中，和与战一样，战是当时统治阶级的政策，和也是统治阶级的政策。在金宋和战中，有这样几种不同时期的不同情况的和。

　　在金宋战争时期，一方是主动进攻，另一方则是被动的抵抗。从主动进攻的金方看，可能出现这样的和，即以和作为整个战争的辅助手段，这种和并不放弃主动的进攻，以和作为战与战之间喘息和休整的时机，是以和佐助战的成功，这种和是一种积极进取的战略措施。此外，在一个大的连续战争之后，为涣散对方，迫使宋朝投降，减少战争的消耗，议和后暂时北撤，目的是为割地划界，缴纳贡赋，以巩固战争的成果，这种和是再次发动战争前的准备。从宋朝看，在敌强我弱的情况下，缺乏一贯的长久对策，过低估计自己，过高估计对方，不是在抗击中消灭对方的有生力量，发展壮大自己，相反，涣散自己，矛头对内，惧人民甚于惧敌，在金军的压力下，丧魂破胆，屈膝求和，这就是以徽宗、钦宗为代表的反动的和。总之，金是以和求进取，宋是以和谋退让，最后招致灭亡。

在金宋处于相持阶段时，双方的和也因情况不同而有不同。

从金朝看，由于战局的变化，已有利于宋，而不利于金，金为巩固既得的战果，自动由战转为和，其前后出现三种不同情况的和。一是以挞懒为首的退让的和，这一派从其保守的立场出发，主张在保持宋的臣属地位下，把河南、陕西地还宋，并与南宋交通贿赂，求得南北议和。二是以宗干、宗弼为代表的和，他们是以和作为今后进取的时机，反对将河南、陕西地还宋，是在保持河南陕西地的情况下与宋议和，这是金朝改革派所主张的积极的和。这种和的主张并不放弃将来对南宋进行统一的长远打算。三是世宗从守成出发所主张的和。世宗的和已放弃长远统一的打算，他从守成出发对南宋的防御还是注意的，如向宰臣们说："朕闻宋军自来教习不辍，今我军专务游惰，卿等勿谓天下既安而无豫防之心，一旦有警，军不可用，顾不败事耶。其令以时训练[10]。"这种和在与民休息、发展北方生产上有积极的意义，即所谓"大定讲和，南北称治"[11]。世宗的和由于不能同社会改革、开创统一大业结合起来，因而其和所能发挥的积极作用是有限的。

从南宋看，主和的情况也不相同。一是以宋高宗为代表的和，是徽、钦二宗的和在新的情况下的延续，这种和是投降的，把宋强金弱的反攻战机断送了，既无整顿改革的措施，又无图强之意，幸图苟安。二是以秦桧、史弥远等为代表的所主张的和。这一派是在金宋相持阶段到来或金宋对峙中出现的，他们同皇帝的屈膝求和或苟安图和密切联结在一起，他们早已把统一抛到九霄云外，进行黑暗统治和打击进步势力，是当时最反动的和。三是以宋孝宗为代表的和。孝宗"即位之初，锐志恢复"，但符离战败，满足于金世宗的让步，"改臣称侄，减去岁币"，"天厌南北之兵，欲休民生"。"以定邻安"[12]，与金和平共处。至于宁宗战和两端，更不足可取。四是积极的有远略的和。高宗时韩世忠数上疏，论不当议和，高宗赐以手札说："十余年间，民兵不得休息，早夜念之，何以为心！所以屈己和戎，以图所欲，赖卿同心，其克有济。"[13]韩世忠在复奏中对如此讲的图强进取的和是赞许的，然而语出高宗乃是一种蒙骗。

在当时宋朝如果能利用自己的优势，即使不能一时收复中原，则与民休息，以和图强，改革内政，发展进步势力，打击反动势力，声援北方人民的抗金斗争，待时机成熟统一北方，也是有可能做得到的。这样的和就不能看是消极的，反动的，而是一种求发展、求进取的积极的和。像这样有见识的人大有人在，而在当时"恢复之志不可忘，恢复之事未易举，宣甄拔实才，责以内治，遵养十年，乃可议北向"[14]的人，却被那些"不量国力，浪为进取"[15]的人所不允。

在金宋相持的持续阶段，无论是金还是宋，用战统一对方都比过去更加困难，都有自己不可克服的矛盾。金宣宗时，术虎高琪以"广疆土"为由鼓动南伐宋，当时胥鼎上书，共讲六条理由认为不可。从金方面看，"军马气势视旧才十一"，器械已多损弊，军无素练，人民困惫，被迫而起，妨误农时。从宋方面看，泰和和好之后，"练兵峙粮，缮修营垒，十年于兹"，宋与金为世仇，倘收复旧疆，洗雪前耻之志，并可利用金内部人民反抗，"阴为招募，诱以厚利，使为向导，伺虞而入"。从蒙古方面看，必将乘隙南下，则三面受敌，首尾莫救[16]。

南宋北伐统一，也是不可能的。乔行简讲南宋当时规恢进取，亦有不少困难。他说："臣恐北方未可图，而南方已先骚动矣。"[17]乔行简在南宋不是消极的主和者，他认为"规恢进取，必须选将练兵，丰财足食，然后举事"，要对社会进行一番"更新"，为"混一区宇"而出师一定要事力可继。这一"识量弘远"而又主张中原可恢的人[18]，言宋不具备"混一区宇"的条件与基础，不能视为无进取、无可为的反动之和之徒。

金宋双方由于都走向衰落，不具备统一的条件与基础，因而由金与南宋来统一全国已成为不可能。在蒙古进入中原后，直接威胁着金，也间接威胁着南宋，但在当时金宋继续采取敌对政策，不可能联合起来，并各自做出极大的让步，所以金宋和战不过是在苟延残喘中求生存。这主要是由于双方的统治者的极端腐败所造成的。宋蒙联合灭金，标志着蒙古代替金与南宋南北对峙的开始。此后，蒙古与南宋之争，如同金代替辽与宋之争一样，是国内两个政权之争。蒙古战胜南宋，标志着南北对峙的形势已失去存在的条件，蒙古是继辽、一金之后在历史上结束南北朝而建立统一的全中国，在功业上超过了金和南宋。同时蒙古的统一，也将北方少数民族统一北方的历史，推进到统一全中国的阶段。这样的历史的发展，正是多民族的历史发展变化的结果，从统一的多民族的整体上看，不是倒退，而是空前的大发展。

三、谈与和战有关的理论运用问题

对我国北方民族及其所建立的政权的研究，毫无疑义地取得了进展，在史事以及理论的研究也有所突破，纠正了过去研究中的一些不正确的倾向与看法，这都是我们今天再研究的基础。

在对北方民族及其所建立的政权，同中原汉族及其所建立的政权的和战关系的研究中，有些重要的理论和观点被应用，有的是很好的、有的则很不好。后者，不是这些理论的本身问题，而是在运用中出现的缺陷，从其观察问题的前提、得出的结论和产生的后果来看，都不是可取的。如正义战争与非正义战争、先进生产方式与落后生产方式、侵略与反侵略、抗战与卖国等问题。这些问题的运用都应是有前提的，不能离开我国多民族发展的国情及其总趋势，不能受旧的"贵中华，贱夷狄""非我族类，其心必异""夷不乱华""窜以荒服，同乎禽兽"的反动观点的约束与摆布来观察民族与政权间的和战关系。

（一）研究民族与政权间的和战关系的前提是统一的多民族国家

统一的多民族国家，有三种不同的理解：一种认为从秦朝开始就是个统一的多民族国家；一种认为秦以后还不能称为统一的多民族国家，统一的多民族国家应从元朝算起；一种认为在我国历史上不曾存在统一的多民族国家，统一的多民族国家是现代的事。认为古代只有汉族在中原建立的政权是中国，其他都是外国。其中的最后一种意见，是旧的传统观念的承袭，这种观念在我国历史上占有统治地位的时期是在辽以前，只有宋主要继承这种观念，但也遭到司马光、王安石等人的抨击。就这种观点而言，在古代也不曾把各少数民族排斥在"天下一体"之外，只是认为不应成为中国的民族和政权。因此，最后一种意见是陈旧的，在古代众多的民族变边境民族和政权为中国的民族和政权情况下，这种观点也不是进步的。

前两种观点，共同的特点都承认历史上存在统一的多民族国家，只是形成的时间不同。史学家对统一的多民族发展的历史研究，取得重要的看法，一是承认我国是多民族国家，特别是从秦开始是统一的多民族国家；承认进入中原的民族是中国的民族，在中原建立的政权是中国政权，因而中国的含义发生了变化，包括在中原的民族和国家。但对若干问题并没有解决，如秦以后没有进入中原的民族和政权，是不是属于统一的多民族国家之中，高于中国、四海的最大的国家概念是什么？在提不出这个国家的构成的特点时，也就有人认为秦以后不是统一的多民族国家。如在什么时候各边境民族被纳入统一的中国之中？因为对这个问题研究不够，有的研究辽以后历史仍沿用对辽以前历史的看法，不能从事实上说明辽以后在向统一的中国发展，因此，仍认为宋是中国，辽、金不是中国，研究这段历史，承认统一的多民族国家，但在分析统一的多民族关系时，仍从"贵中华，贱夷狄"出发或受其束缚，因而出现在研究中理论与实际的矛盾。对元朝的历史变化认识不足，只是一般讲元的统一，好像元统一是汉、唐的重复。区分不开秦与元两个统一的不同，但同是统一的多民族国家。还应区别：封建时代的统一的多民族国家、近代资产阶级所要实现的统一的多民族国家和社会主义统一的多民族国家有本质的不同，这是由其社会性质决定的。

统一的多民族国家是研究民族与政权之间和战的前提。具体讲，"天下一体"的统一的多民族国家是研究秦至唐之间和战的前提，"中华一体"的统一的多民族国家是研究辽至清时的和战的前提。有了这个前提，不管是统一的王朝中的中外关系，还是分裂时的封建割据，或南北朝和战，都属于"天下一体"或"中华一体"内部的问题，它同外国入侵时的和战性质根本不同。有了这个前提也就容易区分国内与国外的关系，也就容易区分国内的藩附与国外藩附的不同，防止混淆这两种性质不同的藩附关系。有了这个前提，也就容易对不利于我国统一的各种理论的识别，容易和历史上传统的"正闰观"划清界限，总结和发扬我国历史上优良的民族传统。

（二）对几种观点的剖析

研究和战问题的最根本的立场、观点和方法是马克思主义。但由于观察问题的前提和方法不同，同样的理论和观点也会达到不同的效果。对和战问题的研究中即曾存在着某种不良的倾向，必须予以廓清和剖析。

与和战史研究有关的几个重要观点曾被片面地理解和运用，得出令人不能信服的结论性看法，这虽然是反映在某些著作中，但不能说没有消极影响。当然所指的结论性看法，有的是用文字表达出来，有的是渗透在内容的描述中。

第一，正义与非正义的战争问题。以正义与非正义研究北方民族及其所建立的政权的战争，这是正确的。因为同是我国的民族也有是与非的区别，但也有的战争是各统治集团间的权力争夺，无义战可言。如五胡十六国时的战争，各族封建国家的割据兼并，其性质是与东汉末、三同时期的分裂混战性质相同的，一是汉族内部的割据战争，一是以少数民族政权为主有汉族政权参加的割据战争。有的是南北两朝的战争，有的是一方对另一方或多方的统一战争，也有的是在一个政权内被压迫的民族的反抗斗争。作为被压迫的民族的反抗斗争被认为是正义的已无问题，各统治集团间的割据兼并战争，属于非正义战争也没有问题，如所谓"春秋无义战"即属于这类性质。问题是南北朝的战争，以及在各种形式中出现强者的统一战争，是以正义、非正义，还是以其所起的历史作用加以评定？金与宋的战争，是外来民族和国家对宋的入侵？还是金代辽为北朝后与宋进行的南北朝战争？金与宋是从和开始还是从侵战开始，金对宋的战争是掠夺，还是统一？或者两者兼有之？这都是应当研究的。但是有一条结论性的看法是不能成立的，即不研究金对宋战争发展的过程与变化，不研究战与和在一定条件下的转化，而认为金宋战争金永远是非正义的，宋永远是正义的。也有的认为金朝"始终处于战争状态"。这就是说金朝对宋侵略战争在100余年内是始终不断的，在100余年内没有出现"战争转化为和平""和平转化为战争"。这实际上忽视了金朝在百余年中也有比战争时期时间更长的和平发展阶段。

第二，是先进的生产方式与落后的生产方式问题。这是研究和战关系涉及落后的民族发动战争所引起的社会破坏问题。先进与落后是民族社会发展不平衡的反映。研究在和战中先进生产方式与落后生产方式的互相作用，是必要的。这种作用是互相的，而战争时期与和平发展时期其情况也是不相同的。如果从民族间的离心力看问题，也就是说从民族对立看问题，而且把它绝对化了，就没有互相转化和先进对落后的吸引和催化剂作用。只好认为，野蛮的民族只是破坏，被征服的民族只是接受破坏。从女真族及其所建立的政权看，它是在不断地飞跃发展，由氏族制变为奴隶制，再由奴隶制变为封建制。从景祖为完颜部长（1038年）到章宗明昌、承安间共162年，而在这162年间就完成这么多的历史重大变革，女真族是在飞跃，不是落后，而且在变革中有的是超宋朝的，如建立单一的尚书省，就是从金朝开始的。从女真族与中原先进制度的关系看，这个族的先世就慕中华，向心中华。唐朝建立中国式的地方民族政权，金初就热心学习中原文化，恢复北方生产，在同一历史时期中任何王朝也未出现被称为"小尧舜"的皇帝，而金独有之。正因为如此，认为金始终处于摧残破坏的看法，就抹煞了在金朝的发展中也有恢复发展和繁荣时期。

第三，对中国、祖国、中华民族的理解问题。到辽、宋、金时期，中国、中华民族包括南北两个王朝，南朝为中国、中华民族，北朝亦为中国、中华民族。以宋为中国、中华民族，以辽、金为外国，视其为夷狄这是辽以前"天下一体"时期隔中外、分华夷，夷不乱华时的观念。祖国，就现在的理解是指世籍所隶的国家，凡先世所居或者是自己所生的国家则为祖国。因此祖国应包括一个国家内的不同民族在内，它不因政权分裂或居住地域不同而有所改变。在对我国历史上和战史的研究中有的把祖国和中原汉族建立国家等同起来，把中国、中华民族、祖国与宋等同起来，如岳飞是"热爱祖国""捍卫祖国"，"中国人民敬仰岳飞"，岳飞"是一个竭尽全力抵抗外来民族压迫的民族英雄"，"中华民族英雄岳飞"。有的更直截了当地说，宋是中国，辽、金不是中国。从这样的观点出发，就会出现和外来侵略者签订"卖国和约"，出卖祖国的"汉奸"，抗战和卖国投降的问题。中华民族的各族人民都反对外来民族的压迫，都要用反抗的手段解除这种压迫。他们赞成平等的联合，而不赞成互相压迫。中华民族是包括各族的中华民族，不是汉族的中华民族。视汉族为中国、中华民族、祖国，那么这个中国、中华民族、祖国金时就亡了一半，元朝时全亡，怎么又会有今天的包括各族在内的中国、中华民族、祖国的存在？看来用"天下一体"时的分中外的模式研究辽以后的历史是药不对症的。

以上所举的三个问题，头两个问题是对马克思主义理论的运用，但所得出的结论是不正确的。第三个问题，所用的是历史上的"正闰观"，所得出的结论更是不对的。他们都对历史的研究产生过不良影响，后果是不好的。

（三）从通史的内容看后果

在通史中还没有对北方民族及其所建立的政权给予应有的历史地位，没有从整体上反映我国多民族发展的规律性与特点。有的通史虽然也承认我国是个多民族国家，但在讲北方民族入主中原，在中原建立政权与王朝，成为中国的统治民族的历史时，往往是用野蛮落后的侵略、野蛮落后的统治来讲这些民族。战时是野蛮落后的侵略，和时是野蛮落后的统治，这就是讲北方民族时的基调。具体地表现在：

第一，野蛮落后讲得多，进步改革讲得少。这样用野蛮落后掩盖了这些民族的历史发展、进步和改革；用野蛮落后宣扬掠夺、屠杀、摧残和破坏；用野蛮落后渲染了民族间的敌视与隔阂。

第二，战争讲得多，文治讲得少。这样讲的结果，对北方民族进入中原行汉制，以汉制进行的改革讲得少，战后社会的恢复讲得少；北方民族政权统治时期的成就和贡献讲得少，都以野蛮落后为由，一概否定。

第三，民族的矛盾斗争讲得多，联合、合作与结成一体讲得少。这样讲的结果，各族人民心向中华，慕华风、学习先进不讲；各族人民如何在联系发展中结合为中国和中华不讲；各族统治者之间联合、合作、各族人民间的友好和兄弟般的关系讲得很少。

无论从历史上看，还是从当前看，都有一个如何巩固和发展统一的多民族国家各族人民历史的共同繁荣问题。在阶级社会中，只能是阶级的民族平等关系，不可能有今天的民族平等；在阶级社会中，只能有阶级的统治下的统一的多民族国家，不可能有今天这样的统一的多民族国家的大发展。但历史的研究有一个根本的马克思主义原则，就是对历史上的战与和，也要结合国情研究，不能离开我国是个统一的多民族国家这个大前提。

四、和与战的时代特点

和与战有它发展的过程与规律性，和战出现在不同的历史发展时期，因而具有明显的时代特点。为了说明不同情况和不同时期的和与战发展的时代特点，以匈奴与汉、前后南北朝、元后和与战为例进行比较分析，可从中了解和与战发展的趋势。

（一）匈奴与汉的和与战

匈奴是我国北边一个强大的民族，匈奴及其所建立的政权，属于"天下一体"的统一的多民族国家的边境民族与政权。《盐铁论》记载两派对匈奴问题的争论中，都肯定了这种关系。卷八《诛秦》大夫曰："中国与边境，犹肢体与腹心也。夫肌肤寒于外，肠腹疾于内。内外之相劳，非相为助也？唇亡则齿寒，肢体伤而心惨怛。故手无足则肢体废，无边境则内国害。昔者戎狄攻太王于邠，逾岐、梁而与秦界于泾渭，东至晋之陆浑，侵暴中国，中国疾之。今匈奴蚕食内侵，远者不离（罹）其苦，独边境蒙其败。"大夫的理论源于荀子的"天下一体"思想，分天下为中国、边境，是腹与肢体不可分割的一体关系。又卷九《险固》文学曰："王者博爱远施，外内合同，四海各以其职来祭。"卷八《和亲》："四海之内皆为兄弟也。"文学的理论源于孔子的"天下一体"思想，分天下为中国与四海，中国之华夏与四海的夷狄，是一家中的兄弟关系。匈奴是"天下一体"中的边境民族，其政权是边境政权。同是"天下一体"，是统一的多民族的国家内的边境的民族，匈奴与汉是一体之内的和与战关系。

匈奴与汉的和与战的发展过程，是两国、两族的兄弟关系逐渐深化的过程，反映着当时边境民族与政权发展的重要关系，是较为典型的，反映着作为"天下一体"的边境发展的一种趋势。

第一个过程，是从匈奴南侵到与汉和亲，也就是由中外的中国与边境的入侵与反入侵的关系发展为中国与边境的"一家两国"的关系。

在汉高祖时，匈奴屡次南下，七年围高祖于平城的白登山，汉使刘敬使匈奴与之结和亲之约，直至武帝发动对匈奴战争前，基本上处于和亲的阶段，和亲与"通关市"相结合，在政治上结成南北一家的关系。和亲关系的缔造的方式是和约，形式上无从属关系，互为兄弟，实际上汉成为匈奴变相的纳贡国。和亲还是按中国与边境的划分，各守疆界。汉承认匈奴与自己为两国，实际上是对"夷狄之有君，不如诸夏之亡也"的否定。

第二个过程，是从汉武帝对匈奴发动战争到匈奴接受汉的领导，这种关系一直延续到匈奴分裂为南北以前。第二个过程与第一个过程不同，汉对匈奴，主动进攻，变和为积极的战略防御与进攻；匈奴呼韩邪终于接受了汉的领导地位，接受所赐玺，奉正朔。呼韩邪归汉是匈奴与汉和战史上发展的重要阶段。当时匈奴附汉同样是以和约形式表现出来。汉遣韩昌、张猛与匈奴结盟，约曰："汉与匈奴合为一家。"[19]汉与匈奴"合为一家"，是匈奴降为汉统一领导下的藩国，已不是一家两国，匈奴合于汉，与汉为一国。这是匈奴自愿与汉联合，打破了过去夷狄"不受正朔"的传统旧观念。

第三个过程，从匈奴分裂为南北匈奴，南匈奴附汉，到匈奴入居塞内。东汉南匈奴称臣于汉，受玺，奉正朔，与西汉同。南匈奴附汉入居塞内，缘边各郡均有匈奴人分布，如《晋书·匈奴传》记载："匈奴五千余落，入居朔方诸郡，与汉人杂处。"此即指南匈奴。这些南徙入郡县的匈奴，后来受地方官管理，同于编户，成为中原人，与汉人同属中国，"处夷狄于荒服"的传统观念也被打破了。

匈奴与汉和与战的三个过程，是匈奴人由边境的民族变中国的民族过程，反映了边境民族发展的趋势与特点。

（二）前后北朝与南朝的和战

北朝分前期北朝与后期北朝。前后期北朝与南朝同是中国，是一家两国的关系。但由于前后期历史发展的情况不同，前后北朝与南朝的和与战也有不同。前期的北朝是发生在"天下一体"之中，后期的北朝发生在"中华一体"之中；前期的北朝基本因袭"天下一体"分中外、分华夷，后期北朝不分中外、不分华夷；前期北朝对南朝没有取得宗主的地位，后期北朝已取得宗主的地位。但前后期北朝与南朝的和与战，同发生在中原的南北，与匈奴和汉的和与战情况不同。前后期北朝与南朝的战争均属一方统一另一方的统一战争。前后期北朝最终要与南朝一起合为一家，走向统一，与匈奴及汉不同，不是北方边境政权与中原政权合为一家，仍分边境与中国，而是南北两个中国合为一个中国。

前期北朝与南朝开始于439年北魏最后灭亡北凉。北魏是在前秦苻坚南下灭东晋失败后北方分裂中发展起来的，并统一北方与南朝为南北朝。南北朝开始后双方都曾发动灭亡对方的战争。但由于双方势力均衡，都不曾成功，但北魏却占领宋的淮北、淮西地区。经过南下和北伐的争战之后，北朝（北魏、北齐、北周）、南朝（宋、齐、梁、陈）基本上处于南北和平相持的阶段，除有局部的、规模较小的战争外，没有出兵南下、北伐统一对方的战争。及至北周地占三分之二，欲统一南方，但为国戚隋文帝所篡，继北周之基业南下统一陈，改为隋，再次出现"天下一体"的统一的多民族国家。

后期北朝辽，占领燕云汉人地区后与北宋为南北朝，辽、宋交战，最后结成澶渊之盟，其最主要的是确立了宗主地位，此后长期相持，很少战争。金继辽后与宋为南北朝，出现了金与宋更为复杂的和与战关系，呈现出金宋和战史中的不同发展阶段。金宋接触不是从战开始而是从和开始，金对宋也不是始终处于战争状态。有和有战，由和转化为战，又由战转化为和，战中有和，和中有战。

金、宋和与战有其发展过程的阶段性，大致可以划分为三个阶段，而这三个阶段有其发展的连续性及其在不同阶段所发生的变化和特点。金、宋和战发生在后北朝时期，正因为如此，在很大程度上可以看出后期北朝向统一中国发展的趋势。

第一个阶段，是从金宋联合开始。当时金之灭辽大局已定，很快即将反辽战争发展为灭辽的统一战争。辽人马植向宋献计"联金灭辽"，收回辽所占去的燕云地区，这个计策对宋趁机捞取旧地有利；但从金朝看，与宋联合对加快实现灭辽的方针也是有利的。金灭辽后，已代替辽在北方的统治，宋允许将向辽朝贡的银绢转而与金，金朝地位从此发生变化，与宋为南北朝，并已成为受贡国。当时无论是女真贵族，还是原辽的部分汉人，都要求金朝把统一辽的战争扩大为南下灭宋的战争。太祖既定燕，从约以与宋人，左企弓即献诗："君王莫听捐燕议，一寸山河一寸金[20]。"刘彦宗"谓宗翰，宗望曰：'萧何入关，秋毫无犯，惟收图籍。辽太宗入汴，载路车、法服、石经以归，皆令则也[21]。'"时立爱上表："乞下明诏，遣官分行都邑，宣谕德义。他日兵临于宋，顺则抚之，逆则讨之，兵不劳而天下定矣[22]。"这表明在辽地的汉官僚是按中原天子"定天下"的要求，策划和鼓动金朝南下灭宋的。

金宋战争一开始就具有两重性：从主要方面看是女真奴隶主贵族的掠夺战争，从次要方面看也有统一战争的因素。前者是女真族奴隶制及其向外掠夺性质决定的，后者是由于金已代替辽取得北朝的地位和原辽汉人官僚集团的"定天下"大一统要求决定的。金太宗更改太祖时的盟约，把南下灭宋作为国策，在战争中执行一条明确的"以和议佐攻战"的战略进攻方针，即以战为主、以和为辅，最后达到灭宋的目的。

当时的形势是金强宋弱，金朝的有利因素多于宋，战争暂时对金有利，对宋不利。金朝虽然有较多的有利条件，但不能持久，相反，不利因素对金来说是无法克服的。主要是：金初进行的主要是非正义的掠夺战争，激起北方汉人民普遍的英勇抵抗，使金朝的进军受到极大的挫折与牵制；金朝落后的奴隶制，对宋高度发展的先进制度有不可克服的缺点，其征服的能力是有限度的；金朝在统治上继承辽南北面制度，同时也无法从根本上改变北宋旧制，这就出现多种制度的并存。所以它的发展和扩大只能完成比辽时更大的南北对峙局面，其人力、物力还不具备统一全国的条件，原辽时期的发展也没有为它在这方面提供更广泛的基础。从宋朝看，政治腐败，内部不统一，反动派当权，北方人民以及忠义军的反金斗争，由于在当时不能形成一支独立自主的有统一领导的战斗部队，由于宋朝统治者执行"内守虚外""斥地与敌"的反动方针，得不到宋朝的实意支持，他们的斗争最多使金不能完全占有宋地，并在客观上为南宋王朝再建创造了条件，起了挽救南宋王朝的作用。金宋战争发展的结果，将以两个政权的相持而告终。

第二个阶段，从金宋相持形势的到来开始。在这个阶段开始，金宋力量对比发生变化，即由金强宋弱转化为宋强金弱，但由于宋朝没有把优势发展为战略反攻，并进而取得战局的全胜。因此，最后是以力量均衡，而进入两个王朝相持的和平发展阶段。

天会八年（1130），宗弼（兀术）渡江蹙宋主于海上，是金对宋战争发展的顶点，也是由战向和转变的开始。从金朝方面看，这种转变表现在：其一，宗弼回江北后，以自己的实践经历与教训，认为一时难以灭亡南宋，需要等待时机，宋朝衰弱，再大举灭宋，主张暂与南宋和好。其二，在这一年里，立刘豫，把刘豫政权作为金宋间的一道屏障，并利用它作为侵宋工具和挡箭牌，避免和减少金与南宋的直接接触。其三，在军事上，由过去的全面进攻，改为对东南采取守势，对西北采取攻势，把主力放在秦陇地区，以便夺取陕西五路，然后再由陕入四川，顺流而下，造成对南宋迂回包围的形势。其结果"金人尽攻击之术，宋人极抗御之能"[23]。其四，从南宋内部进行破坏与瓦解的工作，派秦桧归宋，扶植主和势力，打击抗金将领，以促使议和的实现。其五，金朝为巩固在北方的统治地位，采取积极措施，改革内部，打击和削弱主战的宗翰一派，废除女真旧俗，实行汉官制改革，开科举士，组成新的汉人官僚集团。这说明金朝根据金宋形势的变化，已采取积极的对策，意味着金宋战略相持阶段的到来。

随着相持阶段的到来以及金宋两个封建王朝的对峙，金朝便着手进行全面的汉官制的改革，变金初的奴隶制政权为与南宋相等的封建政权；改过去敌视汉文化为尊汉文化；变过去的战时掠夺、奴役为"太平之世"的"当尚文物"的"致治"[24]。在这种重大的社会变革中，金朝内部便出现和与战以及主和内部之争，改革与守旧之争，对中原汉人的统治是依靠原辽汉人官僚集团，还是依靠新附宋人官僚集团之争，是多种制度并存，还是实行统一的封建中央集权制之争，等等。这是女真族继太祖阿骨打进行的奴隶制革命之后又一次重大的社会革命的开端。金朝为保护从宋手中取得的权益和巩固在北方的统治，便适应情况的变化采取"以攻战佐和议"的方针，即以和为主，以战为辅，以促议和的达成，并在和中求恢复发展。由战略的进攻转为战略的防御，是女真族的新势力在战胜旧势力的斗争过程中取得的。金宋和成，标志着金宋两个封建王朝对峙局面的最后形成。

金朝把战略进攻转为战略防御，亦即由战转为和，其初并未放弃统一南宋的打算，宗弼临终遗行府四帅书云："今契丹、汉儿侍吾岁久，心服于吾。大虑者，南宋近年军势雄锐，有心争战，闻韩、张、岳、杨各有不协，国朝之幸。吾今危急，虽有其志，命不可保，遗言于汝等，吾没后，宋若败盟，推贤用众，大举北来，乘势感中原人心，复故土如反掌，不为难矣[25]。"因此，宗弼示以和、战两手准备，如和不变，则待将来宋衰时再举而灭亡。这是为金朝规定的一项积极而又全面的战略措施。从后来的发展看，海陵、世宗都没有把和以及统一南宋的战争结合起来，而是片面地搞战与和，因而没有使这一战略思想以实现，在海陵南伐宋失败后，世宗从消极方面转而为对宋的长期防御。从宋朝方面看，符离战后也基本上把战略的部署放在和上。这就是金之所以与南宋在相持阶段能较长时间得以维持下去的原因。金宋两个封建王朝的相持，构成金宋和战史中的一个阶段。

第三个阶段，是章宗后相持的持续阶段。金宋相持的持续，是金宋在和的时期消极防御发展的结果，而相持持续的历史原因，是双方各自在和的对策中沿着封建的腐朽而衰落，在谁也征服不了谁的条件下，继续维持其相持末日的到来。从金朝方面看，其"盛极衰始"起自章宗明昌、承

安之际，"至于卫绍，纪纲大坏，亡征已见。宣宗南渡，弃厥本根，外狃
余威，连兵宋、夏，内致困惫，自速土崩。哀宗之世无足为者……区区生
聚，图存于亡，力尽乃毙。"[26]宋人亦云："况今虏酋庸懦，政令日弛，
舍戎狄鞍马之长，而从事中州浮靡之习，君臣之间，时趋怠惰。"[27]从南
宋方面看，"南渡以来，大抵遵祖宗之旧，虽微有因革增损，不足为轻
重有无"[28]。"宋至理宗，疆宇日蹙，贾似道执国命。度宗继续，虽无大
失德，而拱手权奸，衰敝寝甚"[29]。"外之境土日荒，内之生出日繁，权
势之家日盛，兼并之习日滋，百姓日贫，经制日坏，上下煎迫，若有不可
为之势"[30]。金与宋相比，金之困境尤甚于宋，"况彼有江南蓄积之余，
我止河南一路征敛之弊，金北有蒙古，宋可乘时而击之"。但由于"宋人
孱弱，畏我素深，且知北兵方强，将恃我屏蔽，虽时跳梁，计必不敢深
入"[31]。

金宋双方持敌视态度，而金宋在战略防御的问题上，又都发生着偏
差，金对宋一直采取轻视态度，就是在金朝已临灭亡时的哀宗犹说："宋
人轻犯边界，我以轻骑袭之，冀其惩创通好，以息吾民耳"。[32]而宋则孱
弱，畏金素深，这种轻敌、惧敌，使双方丢掉在防御中求统一，而使相
持得以在衰弱中持续。最后终于先后被蒙古统一，金宋相持的持续，以蒙
宋联合灭金而结束。

（三）元以后的和与战形势

元朝统一以后，形势发生前所未有的变化。一是元朝统一后像五胡
十六国和五代十国的封建割据和兼并的时代不再重现了。分裂割据只是发
生在两个统一王朝的末期和初期，不构成一个阶段。二是前后期的南北朝
不再重现。这说明元统一以后维系中国统一的力量加强。

在"天下一体"时出现的几次大的统一，一是在封建割据中的强者
统一中夏诸国与各民族，如秦的统一；一是由内部的反对势力推翻前一王
朝的统一，如汉、唐；一是从北朝内部篡位后而统一南方。当时的北方民

487

族所建政权发展的最高形式是前北朝，没有形成统一全国的力量。"中华一体"时的情况发生了变化，一是被臣服的民族兴起结束南北分裂统一全国；一是参加农民战争，把农民战争转化为统一战争，推翻前一王朝。这个时期，在三次大的统一中有两次是被臣服的民族统一，说明少数民族已成为全国的统一的主要力量。不管是如何统一，都是变全国人民为编户。

元朝统一后我国的发展仍是统一，统一依然是历史发展的趋势，这是国家统一与民族统一所需要的。

五、对和与战中的人物评价问题

对和与战问题的研究，不可避免地涉及对各族的人物评价问题。而所涉及的人物是很广的，战时有战时的人物，和时有和时的人物。和与战的问题不仅是指战时的主战与主和的问题，也包括和时期与战时期的和与战思想及其人物。但是一般所研究的主要是与主战、主和相关的人物。关于和与战中的人物评价和其他问题一样，首先应当肯定建立民族政权和王朝的民族都是国内民族，他们都有自己民族有贡献的杰出人物，都有自己民族的英雄。

对此，不仅不能用封建的"尊华贱夷"的传统观念看问题，就是片面用马克思主义的某一观点并在运用这种观点时带上民族偏见，同样不能处理好和与战史中的人物，比如以正义与非正义作为评价人物的标准，而且又认为汉族永远是正义的，少数民族永远是非正义的，就会导致英雄人物全在汉族一方，少数民族一方则无英雄人物可言。北方民族在当时多是处于发展、改革与进步的民族，有他们顺应历史发展并做出贡献的杰出人物，况且随着形势的变化，特别是两个封建王朝南北对峙后，已不能再用初期的掠夺与被掠夺的正义与非正义战争来看问题。这时战争已转化为由谁来统一的问题。

再如以所处生产方式之不同作为人物评价的标准，认为汉族生产方式是进步的，少数民族生产方式是落后的。应当承认落后民族对先进民族的征服会造成生产的破坏，甚至会出现历史上的暂时逆转。但如果把少数民族看成是没有变化的，北方生产在整个朝代中都处于民族的掠夺破坏之中，以此评价人物，也会失之偏颇。少数民族同汉族一样也是由最初的落后状态转化为先进的，看不到少数民族在这种变革中的人物所起的进步作用，是不实际的。在我国历史上民族间的先进与落后之分，是社会发展不平衡在民族间的表现，先进带动与影响后进，后进则学习与接受先进影响，这是我国多民族国家发展的一个重要特点，也是中华民族的各民族发展所不可少的，这已成为一种带规律性的运动。

当然，在阶级社会中，这种发展和进步要付出牺牲与代价，不用说各族间，就是在一个族内的每一发展与进步，何曾不付出牺牲和代价。不应当因为少数民族生产方式曾落后过，就把他们民族中的杰出人物与英雄人物一笔勾销，使他们在人们的心目中永远是被丑化了的野蛮、落后、屠杀的魔鬼。也有的用后来"爱祖国"和反对中华民族以外的民族入侵，作为评价人物是非的标准。把中原汉政权看成是"祖国"，把少数民族看成是外来侵略，爱中原汉族政权和保卫中原汉族政权就是爱"祖国"和保卫"祖国"。

这种评价人物的标准，不符合我国是个多民族国家的特点。中华各民族建立统一国家是几千年来的事，断非是今天才有的，也不是因为现在这些族属国内而硬往古代套，谈不上教条公式。南北对峙是统一的分裂，但统一全国，中华民族的汉族有份，其他民族也有份，万不该把蒙古、满族的统一看成是外来民族灭亡全中国，否定汉族以外的国内民族及其所建立的政权是国内的，在事实上不符合我国实际，在实践上也是有害的。按照这种观点评价和战中的人物，就容易以民族划线，只要是中原汉王朝中的人物，不管在什么情况下的战都好，主战者都是英雄，只要是和或者汉人在北朝内做事，不管对历史曾起过什么样的作用，就是"卖国"和"汉奸"。只要是少数民族，不以在什么时间和什么情况下用兵，都是"侵略"，不管是什么样的和也都是坏的。这样看问题的方法，运用起来当然省事，但不能说明和战史中的许多问题。在评价人物上以民族划线，不是历史唯物主义，不利于民族间的团结与发展。

对和战中的各政治集团及其主要代表人物的评价，主要要看他们对社会生产力起什么作用，他们所采取的各项措施是对当时社会发展起促进作用还是起阻碍作用。不以他出身于中华与否来评价人物的是非功过。这不等于说国内民族间已无民族界限可分，更不是说国内民族不会分裂两个或两个以上的政权，就是汉族自身还会分裂，何况各族间。问题是不能以此为由把本来是国内的民族视为外来的民族与政权。

在金宋和战中，涌现出各自不同的代表人物，其中议论比较多的有以下几种不同情况的人物。

宗弼（兀术）与岳飞是金宋两个王朝相持阶段突出的两个人物。这两个人在当时两个王朝的斗争中都表现出他们的才干，都是中华民族史上值得称赞的英雄人物。宗弼的才华远不及岳飞，但他的才能在金朝能得以全面施展与发挥，却胜过岳飞。宗弼是在女真族军事以及军事作战中成长起来的将领，他曾在南北相持阶段到来的新形势下，对扭转当时金朝的局势起过重大作用。宗弼是女真族新兴的改革派中的重要人物之一。他为在斗争中与南宋取得议和，做出了极大的努力：他主张变过去以战为主、以和为辅的对宋方针为以和为主、以战为辅的新方针，这是他已认识到由金强宋弱已转变为宋强金弱做出的决策；他以积极的行动参与汉制改革，注重起用宋人，并积极打击与铲除旧势力，消除来自各方面的反对势力，为改革顺利进行扫清道路，他是改革家宗干的积极支持者和助手；他在废刘豫后，"诸军悉令归农"[33]，除去刘豫弊政，减轻赋税徭役，"民始苏息"[34]，"人情大悦"[35]；在宗弼掌权时，"皆取当时治有声迹者"[36]为郡县守令，所以"吏清政简，百姓乐业"[37]；宗弼把与南宋议和同恢复发展北方生产结合起来，宗弼在上宋高宗书中说："本朝偃兵息民，永图安义[38]，""既盟之后，固当使民各安其业。"[39]

从北方经济恢复的实际情况看也正是如此；在宗弼掌权时，对女真猛安谋克实行"计口授地"的屯田制度，这是女真族由牛头地向封建个体经营转变的重要一步；他善于发现和利用南宋的内部矛盾，利用南宋反动派急于求和的心理，并加强政治、军事上的攻势。宗弼上宋高宗书："今兹荐将天威，问罪江表，已会诸道大军，水陆并进，师行之期，近在朝夕，义当先事以告，因遣莫将等回，惟阁下熟虑而善图之。"[40]又与秦桧书云："汝朝夕以和请，而岳飞方为河北图，且杀吾婿，不可以不报，必杀岳飞而后和可成也。"[41]宗弼议和的基点是放在收回河南、陕西地的基础之上。金宋疆域的最后奠定，是宗弼的主要功力。

岳飞确是抗金的汉族英雄，他在宋强金弱的形势下，掌握战机，接连取胜，并提出许多好的主张，但在南宋没有改革，没有铲除反动势力，内部不团结，反动派当权，打击残杀进步势力的情况下，岳飞的才能不仅不能全面发挥，反遭残害，使南宋失去主动反攻而最后取胜的战机。两个英雄人物由于所处的情况不同，结局是不相同的。岳飞是在封建规范中成长起来的正面人物，在他身上表现出许多值得中华各族珍视的精神财富。岳飞除因当时南宋最高统治者反动使他不能成功外，本身也有弱点。他的"精忠报国"和《满江红》词，其中就有着非积极的因素，使他不能越过封建规范的束缚做出更大的事业来。

在金宋相持阶段到来后，也都有自己的主和的反面人物，这就是挞懒与秦桧。挞懒与秦桧是金宋相持阶段的产物。秦桧开始主张抗金，后随迁到金作挞懒的"任用"[42]，又随军南下为参议军事、随军转运使。《大金国志·宣宗纪》记载孙大鼎奏言："天会八年冬，诸大臣会于黑龙江之柳株（一作林），陈王兀室，忧宋氏之再隆，其臣如赵鼎、张浚，则志在于复仇；韩世忠、吴玠则习知兵事，既不可以威服，复结怨之已深，势难先屈，阴有以从，遂纵秦桧以归。"此云出自陈王兀室（希尹）之计。《大金国志》卷六："归秦桧于宋，用粘罕计也。"罗大经《鹤林玉露》谓：桧"北迁，情志遂变，诏事挞懒。及兀术用事，阴与秦桧，纵之南归，使主和议。"[43]此又云纵桧南归者为兀术，皆不可信。《宋史·秦桧传》："盖桧在金廷首倡和议，故挞懒之使归也。"

天会八年，是金宋战争变化的关键一年。宗弼回江北后，主张不再对南宋用兵，宗翰反对，而挞懒时为左监军，也"诮其无功，欲再侵江南，兀术辞之"[44]。挞懒公开表示，"再侵江南"是假的，其目的是在乘机诋宗弼，以掩盖其背着金朝"密主和议"[45]的活动。在此前，秦桧、王伦就在金"唱为和议"，而挞懒与他们暗中策划，天会八年纵秦桧南归，十年又遣王伦归宋。由此可见，在金廷内部首先搞和议的秘密活动的组织者是挞懒，而秦桧、王伦的放归就是挞懒一手策划的。这个密谋和议集团的理论是"欲天下无事，南自南，北自北"[46]。挞懒在汉制改革中属于守旧势力之一，他所主张的和是与金朝改革势力所不相容的。挞懒主张废刘豫是把河南、陕西地交还给南宋；挞懒为实现他的议和主张便联合当时的守旧势力宗磐等，以与改革派对抗；挞懒的和，是苟且偷安、不求进取的退让的和，他继续在北方实行虐政。秦桧是挞懒纵归后在南宋内部搞议和的，秦桧的和是屈膝投降的，是当时南宋最反动势力的代表。

在金宋相持局面业已形成后，在金宋都曾出现想统一南北的人物。在金朝的代表人物是海陵，在南宋则是韩侂胄。二人想统一是一样的，二人的结局也是相似的。海陵是女真族的改革家，他继熙宗之后继续坚持改革，他接受了中原皇帝的民族平等和混一天下的大一统思想，但他发动的统一南宋的战争是不合时宜的，当时金朝虽已改革还不具备统一的条件与基础。特别是他一意孤行，把统一变成暴政，这是他自取灭亡的重要原因。韩侂胄不是改革家，他在南宋没有进行大的改革，更没有铲除阻碍统一的反动势力，北上统一也是难以成功的。在历史上不是什么样的统一战争都是好的，都能成功的，海陵功不补过，而韩侂胄在战与和的问题上，无足称赞。

在金宋相持阶段形成后，打破南北对峙的局面造成全国的大统一，是历史发展的趋势所需要的。为此首先不是以战与不战判断是非，而是富强还是不富强，改革还是不改革，铲除阻碍统一的反动势力还是容忍其继续掌权，必须在力量对比上超过对方，并具有足够的利于己而不利于彼的条件，要有足够的财力、物力，不能在过分损伤民力并靠对人民竭泽而渔的办法进行统一，如此无不失败者。

我国是一个统一的多民族国家，中华各民族在历史上都有自己的光荣历史，都曾为统一的多民族国家做出不同的贡献。应对各族的历史与人物进行研究，要使他们知道自己的民族都有杰出的人物，都是值得骄傲的。特别是少数民族，史学的研究有责任肃清历史上给他们留下的自卑感，给他们加上的种种污词。汉族中的历史人物，为冲破封建正统观念的束缚，可以把曹操等人物提出讨论，为冲破民族间的正统观念的束缚，为何不可把少数民族中的人物提出讨论？这样做不是有害，而是有利于中华各族人民，不仅从自己族的人物中，也可以从其他族的人物中，吸取营养，激发民气，鼓舞斗志，奋发图强，为发展捍卫祖国统一，振兴中华做出重大的贡献。

注：

① ［宋］司马光：《资治通鉴》卷198，唐太宗贞观二十一年五月庚辰条。

② ［宋］钱易：《南部新书·丙》，中华书局，1958年。

③ ［汉］桓宽：《盐铁论》卷8《结合》《和亲》。

④⑥《晋书》卷101《载记序》。

⑤见《晋书·载记》。这种统一的思想以苻坚最为强烈。

⑦《晋书》卷101《载记序》。

⑧［唐］吴兢编著：《贞观政要》卷9《安边》，上海古籍出版社，1978年。

⑨［宋］徐梦莘：《三朝北盟会编》卷242《炎兴下帙一百四十二》，绍兴三十一年十一月二十八日丙申条，引张棣《正隆事迹记》。

⑩《金史》卷8《世宗下》。

⑪《金史》卷109《完颜素兰陈规许古传赞》。

⑫《宋史》卷35《孝宗本纪赞》。

⑬［清］毕沅：《续资治通鉴》卷121，绍兴八年金天眷元年十一月辛丑条，中华书局，2012年。

⑭《宋史》卷398《丘崈传》。

⑮《宋史》卷398《宇文绍节传》。

⑯《金史》卷108《胥鼎传》。

⑰⑱《宋史》卷417《乔行简传》。

⑲《汉书》卷94下《匈奴传下》。

⑳《金史》卷75《左企弓传》。

㉑《金史》卷78《刘彦宗传》。

㉒《金史》卷78《时立爱传》。

㉓张宗泰：《鲁严所学集》卷5《论宋臣韩世忠、吴玠吴璘》，文海出版社，1975年。

㉔《金史》卷4《熙宗本纪》。

㉕㊳㊴㊵㊶［金］完颜宗弼：《上宋高宗第一书》《上宋高宗第五书》《与宋秦桧书》，载［清］张金吾编：《金文最》卷53。

㉖《金史》卷18《哀宗本纪赞》。

㉗［宋］陈亮：《中兴论》，载《陈亮集》卷2，中华书局，1974年。

㉘［宋］陈亮：《上孝宗皇帝第一书》，载《陈亮集》卷1。

㉙《宋史》卷46《度宗本纪赞》。

㉚《宋史》卷173《食货志上》。

㉛《金史》卷109《许古传》。

㉜《金史》卷17《哀宗本纪上》。

㉝［明］冯琦编，陈邦瞻纂辑：《宋史纪事本末》卷67《金人立刘豫》，中华书局，1955年。

㉞《金史》卷17《范拱传》。

㉟《金史》卷77《刘豫传》。

㊱［金］王寂：《拙轩集》卷6《先君行状》，中华书局，1985年。

㊲《金史》卷63《熙宗悼平皇后传》。

㊷［宋］宇文懋昭著，崔文印校证：《大金国志校证》卷6《太宗四》，中华书馆，1986年；《宋史》卷365《岳飞传》；［宋］岳珂著，王曾瑜校注：《鄂国金佗稡编续编校注》稡编卷8《行实编年五绍兴十年》，续编卷21《百氏昭忠录卷五》，中华书局，1989年。

㊸［宋］宇文懋昭著，崔文印校证：《大金国志校证》卷6《太宗四》。

㊹［宋］宇文懋昭著，崔文印校证：《大金国志校证》卷27《兀术》。

㊺《金史》卷79《王伦传》。

㊻《宋史》卷473《秦桧传》。

第四章　历史上的"内向"与"外向"发展问题

　　"内向"与"外向"是研究地方史中的一个重要问题。"内向"是由于多元事物在一体中的中心部分的凝结力、吸引力和外部的向心力相结合而形成的一种"内向"发展的运动；"外向"是由于多元事物在一体中的中心部分的扩散力、传播力和外部的吸收力相结合而形成的一种"外向"发展的运动。在这两种运动的过程中，内外在一定条件下是可以互相转化的，由外变内也由内变外。一般地讲，"内向"的发展，由边远到中心，由弱逐渐增强；"外向"的发展，则由中心到边远，由强逐渐减弱。"内向"运动是一种主要的占主导地位的运动，最后使一体内的内外发展为统一的内，由分内外的多元一体国家发展为不分内外的多元一体国家。"内向"与"外向"有一体内与一体外的区别，这是两种不同性质的内外，应当在研究中加以区别。古代的内外与今天的内外也有性质的不同，也应严格加以区别。

一、历史的大环境

环境对于一个国家来说，有不同层次的区域周围的情况和条件，这种环境的情况和条件，既包括地理环境也包括社会环境。环境与人类的观念和行为有密切的关系，它对于环境的利用、改造和决策正确与否直接相关。大环境是指本国的一体环境及其与一体环境以外的关系和联系，不是就一国内而言。从我国古代社会的具体情况看，大环境是多层次构成的，由内及外，它包括内中环、内外环和外外环三个不同的层次，而每一层次的内部情况和条件也不相同。社会的文化环境，关系到文化的质和能量，而这种能量与环境构成有历史的必然的联系。无论是历史的环境还是当代的环境都应作多层次的分析和研究。历史的环境的构成是研究"内向"与"外向"发展的条件和依据。

历史的大环境是长期发展形成的，这个大环境天赋独优，有利于我们的祖先活动和发展，成为世界上闻名的文明古国之一。下面着重从几个方面阐述与大环境的构成有关的问题。

（一）历史的大环境的结构

历史的大环境，是把当时的"天下国家一体"的整体放在周围的大环境中来讲的，因此它的构成有内外之分。内有两重意思：一是一体内的内，也就是中国九州；二是一体内的外，也就是边境四海。如果把一体内的中外都看成是内的统一体，则在一体之外的外，就是指邻国。我国古代是在大环境中存在和发展，对周围的邻国和更远的国家，是在历史的发展过程中，不断地与之发生接触、交往和联系。历史的大环境的结构主要分为三个层次，即内中环、内外环和外外环。

内中环，系指"天下一体"的中国（中原）地区，一般地讲是由三个层次所构成，其中心区是京畿，是中国中的中国。其次是四方诸侯国地区，后来为郡县或州县地区。最后是边郡地区，也就是与四海相邻的地区。边郡是中国（中原）的边境，不是一体的边境。

内外环，系指"天下一体"的四海地区。古时在观念上把四海分为几个区域范围。《说苑·辨物》："八荒之内有四海，四海之内有九州（中国），天子处中州而制八方耳。"贾谊《过秦论》则说："秦孝公有席卷天下，包举宇内，囊括四海之意，并吞八荒之心。"此分中国之外为四海、八荒。《淮南子》的记载："九州之外有八殥（四海），八殥之外有八纮，八纮之外有八极（八荒）。"分八殥、八纮、八极三个层次。这都是依据远近和文化发展不同而讲的，并非是实际的划分，而实际上的划分是中国九州的设制地区和四海不设制的地区。

外外环，系指"天下一体"以外，与一体内的外相邻的地区，这个地区也叫"荒外"，即"八荒"以外地区。《南史·顾琛传》："太祖宴会，有荒外归化人在坐。"

（二）文化结构的层次与特点

从文化环境看，不同层次环境的文化发展是不同的。内中环的京畿地区是文化发展的中心，是当时经济、政治、文化发展的核心，对其他地区的发展起着影响、制约和规定的作用，是"天下国家一体"的最高统治者君主所在地。并以此为中心构成其四方诸侯国的文化区，由京畿、四方构成一个共同的文化发展的中国（中原）。内外区是与中国不同制的文化区，一般地讲，接近中原的发展较快，而愈远其文化愈落后，甚至长期处于原始社会的不同历史阶段。由于文化发展的水平及质的不同，因而各种文化所能发出的能量也不同，互相间所起的作用和地位也是不同的。这就产生在文化上的吸引、汇聚和交融，民族的迁徙，四周的民族向心于中原。表现在多元一体内的中外的差别是不同制、不同伦和不同俗，而表现为多元一体的一致性的是同服，同服把一体内的中外在服事关系上结成一体。

（三）地方的发展对于环境的改观

地方受制于中央，接受中央的领导，但地方的发展不是消极和被动的，它的发展直接影响大环境的改观。如地方的经济、政治和文化的发展，民族的兴盛和社会形态的变革，对自然的利用和改造都使环境的结构发生变化。地方的发展不仅会改进地方环境的结构，也改变一体内的中外环境的结构。春秋时的楚强了，并成为地方发展先进的核心的部分，虽然自己和中原都称之为"蛮夷"，但其周围的诸蛮夷则视之为华夏。匈奴在北方兴起，与大汉为南北，为一家，在一体内形成南北两个大的统一体，加速了后来北方民族发展的步伐，进而入主中原建立北朝，由中外一家的两大统一体，发展为在中国内的两个中国的统一体。地方的民族发展和进步，破坏了旧的观念，也破坏了旧的环境内的格局，重新再组织，再结合，变夷为夏、变外为内，是改造旧的分华夷、分中外的多元格局为不分华夷、不分中外的多元格局的一个过程，统一的中华民族的多元一体就是在这个进步和变化中实现的，统一的中国和中华，是各民族在发展中所选择出的共同发展道路。地方发展也改变和加强了与外的联系和发展，变中外环为内中环，而与邻国发生关系，这种关系越发展，发展边境和沿海地区也就越加必要。

二、历史的"内向""外向"与类型

历史上的中与外，虽然与今天有本质的不同，但同样可以看出当时不同类型间的关系，同样可以看到不同社会类型间的影响和转化，这种不同的转化关系对于今天仍有着足以借鉴的作用。

（一）内向与内型、内外向与内外型

从当时的大环境看"内向"的问题，有两个方面：一是多元一体内的外，内向发展和内型化的问题。从当时讲，外落后于内，一体内的内向和内型化，是由落后的社会生产方式向比自己进步的社会生产方式方面转化，因为在当时还没有比中原更高层次的进步的社会对他们有吸引和催剂，他们自己也没有建立这样的社会制度。二是一体外的内向，即一体外的民族和国家受我国中原物质和精神文化的影响而对我国产生的一种内向作用。前者是属于一个国家内的问题，后者则是属于与邻国的问题。这是两种不同的内向，由此而产生的藩附关系也是两种不同的关系，应当从事实上加以区别。

1．一体内的外内向与内型

在一体内的外内向的内型发展是一个共同的带有普遍性的趋向，也可以说是一种规律性的向心运动。正因为如此，内向运动是一种主要的运动，它影响和规定其他的一体内的发展和运动。

内向运动是有条件的，这个条件不是单方面的，而是双方面的。最主要的条件是在一体内的内外环境中，有一个发展水平最高和足以影响、制约周围环境发展和改变的中心，这个中心是以华夏（汉）族为主体，以中原为中心，以华夏文化为核心的。这个中心的形成是多元的、多地区的，它是起源于多地区的族的文化精华的汇聚和融合，它对于多元的族来说，是你中有我，我中有你，有着千丝万缕的血肉联系。

其形成也有地理环境的条件，从当时的大环境看，北、西、南三个方面的地理形势，都以黄河中下游为内向辐辏之地，外环是沙漠、草原、高山峻岭，居于这个自然环境中的民族缺乏向外发展的条件，而是依据地理的形势和条件向中原地区迁徙和移动。我国古老的文明起源是多元的多地区的，西和西南的羌戎人，南方的蛮夷人，北和西北的狄人，东和东北的夷人，都在各地有他们古老文明的开创历史，他们先后向中原汇聚，经过

不断地接触、斗争和交融，孕育了中华民族的摇篮。在这里以羌戎为主体形成了统一的夏民族，以东北夷为主体形成了统一的商民族，以西北狄为主体形成了周民族，最后以夏、商、周族为主包括其他族人，又形成了华夏族。

华夏族的出现还是分散的不统一的，但它与过去族称更替出现还没有统一的称谓时相比，却是个重大的进步，也是民族意识发展中的一大觉醒。在当时已提出了明华夷、"内诸夏而外夷狄"，建立统一的以华夏为中心的"天下一体"的多元一体的格局问题。华夏成为当时各民族发展的主体，其文明也成为当时发展的象征，成为四周各民族内向和所景仰的内结的强大力量。从文化发展看，对四周各民族所起到的中心作用主要表现在两个方面：一是他的先进的经济文化所具有的吸引力，使四周文化落后的族向内靠拢，"向心中华"，"慕华风"，"心慕中国"，这是一种比较普遍的民族心理和愿望。二是先进的经济文化对于周围各族的发展变化有着催剂的作用。这种作用是通过对中原先进生产经验和技术的引进；通过汉人民向其地的迁徙；特别是用中原制度或者是入居中原，促进其社会的变化和内向的发展。

内向运动不都是进入中原地区，也可以在原住地区不动而向内向发展。内向发展不是一个层次、一个方式和一个途径。内向发展不是都融合或一元化于汉族，其最高的层次是一个中华民族内的多族，一个中国内的多俗、多制，是一个中华民族的统一，一个中国的统一。发生在一体中的外内向运动的形式是多样的，有的是内向服事，不改变其原来的生产方式；有的是接受中原的设制，变蛮貊之域为衣冠之乡；有的是仿中原制度建立与中原为"车书一家"的同轨的地方政权；有的是进入中原郡县地区，与汉人杂处，变为中原编户；有的是在中原行中国制度建立中国的封建割据政权或王朝。所有这些都是内向的表现形式。

内向运动的结果，是内型的民族和政权的出现。内型的民族和政权，有在一体内的中外之别，即进入中（中原）而出现的内型和在外（四海）

而出现的内型的不同。前者可以称之为内内型，后者可以称之为外内型。
例如五胡十六国时在中原的少数民族建立的政权和拓跋族在中原建立的北
朝，都属于内内型。渤海国是在边境（四海）地区建立中国型的地方政
权，即属外内型。内内型的民族和政权的发展，是由内内型的封建割据的
政权发展为北朝，又由北朝发展为全国统一的王朝，都是由进入中原的少
数民族为统治民族建立的，其民族是中国的民族，其政权是中国的政权。
外内型的民族和政权的发展，是由中国型的地方政权发展为在地方出现的
中国型的王朝，而与当时中原的南北朝并存，如辽、金与宋为南北朝时与
之并存的西夏和西辽王朝。

　　2．一体内的内外向与外型

　　一体内的内外向，是指中原文化向四周少数民族地区由内（中原）向
外（边境）的发展、扩散和传播。这种由内而外的外向扩散、传播，因地
区的远近而有不同。内外向的运动也是通过多种方式而实现的，例如中原
汉族人向边境地区迁徙，中原王朝向边境地区开拓，中原的经济文化向边
境地区的传播等，都使中原的文化不断地外向运动。

　　从另一方面来说，内外向的运动，又促进了地方的内向运动的发展。
内外向的运动要通过其内因起作用，由于其内部发展的条件和依据不同，
不可能完全把外型变成内型。作为与中原不同制的外型，从社会发展的形
态看，有原始社会类型、奴隶制类型、封建制类型；从经济的发展看，有
以原始的采集狩猎为主的类型，有以游牧为主的类型，有以游牧、农业并
重的类型，有以农业为主的类型；从民族共同体和政权看，有氏族部落的
类型，有部族制的类型，有统一民族的类型，有地方政权的类型，有与中
原的多王朝并存的中国王朝的类型。外型是发展进步的，有的变外型为内
型，有的保有本族的政治和经济的特点，作为与内型不同制的类型存在和
发展。外型也不断地兼容内型作为其发展的补充，而且在发展中不断接受
中原的影响和中原的制度。他们由"天下一体"的中外不同制，最后变为
"中华一体"内的本同制，与中国、中华"一道同轨"，"华夷同风"，

同为中国，同为中华。

从历史发展看，中原民族与文化向边境的外向发展，主要是促进外变内，而内变外是个别的。外与内接触对内的发达的文化没有足够的克服能力，而相反地被中原发达的文化所催剂和克服。外与内接触后，一般的是行中原制度，也有的在本族与中原制度的互相作用下产生的一种混合的新制度，最明显的是契丹的头下军州制度，也有的曾想把本族的制度强加给比他们进步的汉人，但都不能成功。中原制度在发展中已变成多民族共同奉行的制度。

（二）外外向与外外型

外外向是区别一体内的内外向而提出的，即一体以外的外向发展。在古代世界文明中有五处古文明发展的中心，我国的黄河中下游地区是世界古文明的中心之一。以此为文化传播和发展的摇篮外向发展，形成一体内文化发展的核心区（中原），以与周边的地区形成内向与外向发展的关系。但是文化的传播并不以此为限，往往是通过传播的重要推动力量——交通，而向发源国家的以外地区扩散和传播，形成包括发源的国家在内的世界性的文化区。东亚文化区，是受我国古老文化的影响和传播而形成包括朝鲜、日本等地区在内的文化区。我国与这些地区形成"内向"与"外向"的文化交流的亲密关系。就我国的文化来说是外外向运动，就这些邻国来说，是从外部内向而接受我国的文化影响，而成为一体之外的外外型的文化发展的类型，他们是有着共同的古代文化传统的不同国家。

（三）由以内向为主向以外向为主的转移

在古代的世界大环境中，由于中国长期处在科学文化的领先地位，自称是天朝大国，以文化高度发展吸引着邻国向内学习。外外向的发展和联系与内向的吸引和联系相比，内向是主要的，主要是因为有当时先进的文化作为内向吸引的核心。到近代，中国沦为半殖民地半封建社会，被卷入资本主义世界的市场中去，国际的大环境变了，中国的地位也变了，经济文化的发展落后了。当时在世界上处于领先地位的是发达的资本主义国家。中国的传统的古老制度在新的世界大环境中落后，不能有效抵抗外来的侵略以及新的经济文化思潮的袭击。中国先进的分子开始觉醒，并认识到世界文化发展的中心在西方，不在东方，由内向聚集开始转向外向的学习，于是向西方寻求真理，找救国自强之路，把学习的重点转向西方。

开始是一些具有先进思想的中国人，经过千辛万苦向西方国家寻找真理，如洪秀全、康有为、严复和孙中山。在当时，只要是西方的新道理的书都看，向日本、英国、美国、法国、德国派遣的出国留学生之多，达到了惊人的程度。在当时认为西方资产阶级民主主义文化能够救中国，"要救国，只有维新；要维新，只有学外国"，那时西方资本主义国家是进步的，日本人学习西方很有成效，中国就想向日本学习，以日本作为重点派遣出国留学生。当时不学俄国，因为中国当时认为俄国落后，这是19世纪40年代到20世纪初向西方学习的情形。

"十月革命"胜利，在世界上出现了第一个社会主义国家，使中国从学习西方的幻想和迷梦中惊醒过来，中国的先进分子，从"十月革命"的道路中找到救中国的真理，开始走俄国人的路。经过俄国人的介绍找到了马克思主义，找到了社会主义的道路，找到了共产党，找到了人民民主专政。中国人在由内向向外向学习的转移中，终于明白被认为西方资本主义文明能救中国，结果救不了中国，被一些反动派认为共产党、社会主义不能救中国，结果救了中国。西方资产阶级学说不产生在中国，资本主义社会不产生在中国，资产阶级政党也不产生在中国，是从西方学来的。马克思主义不产生在中国，社会主义不产生在中国，共产党也不产生在中国，是从俄国学来的。这两者都是外向学习，结果一个不能救中国，一个能救中国，这是在世界的大环境中外向学习自我选择的结果。中国人民在革命的斗争中选择人类的最先进的理论马克思主义，选择比资本主义更优越的社会主义制度，不是简单地照搬和移植，而是结合国情的再创造，这就是马克思主义中国化和具有中国特色的社会主义制度。

三、开放、引进、创新与历史

我国古代的中华文明的产生和发展不是单元的,而是多元起源的精华的汇聚成为一个文明很高的古代的文明兴起的文化区。它对内的凝聚力和对周围的吸引力很强,对外的扩散力和传播力也很强,在其内向和外向的发展中不仅影响着外部,也从外部引进作为一种新的养料丰富和发展自己。把我国古代文化看成是僵死的不发展的是民族虚无主义的一种表现。我国古代的封建制,由于自然经济占着主导的地位,主要表现为经济发展的封闭性,但随着商品经济的发展和活跃也有它外向发展和吸收的一面,不断地从外引进新养料加以消化和消融,变外为内,再造自己的文明的发展。在我国古代的历史上,每一次大的发展无不与外向的发展相连。

历史是过去,但对今天仍有借鉴的作用。中华文明的发展史,从历史看可以分为不同阶段。在文明的兴起和发展的初期,以黄河中下游为中心逐渐地形成一个以华夏文化为主的与一体内的外发生交流和融合关系的"内向"与"外向"发展的历史。在这以后又不断打破一体内的中外交融,扩大到外向的文化交流。对一体外的文化交流史,也就是对外开放的历史。下面根据史学界研究的成果,概括为开放、引进和再创造三个方面进行分析。

(一)对外开放

封建制度是一种封闭性的制度,但在封闭中也有开放。开放的本义就是不受封闭、禁令的限制允许对外来往,这在古代是同样存在的。古代存在两种不同性质的中外,因此也就有两种不同情况的对外开放。在封建时代也允许有出有入,在出入中,中与外建立经济文化的关系。封闭对于统一的多民族国家的发展是不利的,汉朝曾对外通西域,通夷貊,通南蛮,使当时有很大的发展，但也曾一度关闭玉门关，放弃西域，结果被北匈奴的残部所征服，"弃西域则河西不能自存"，在一体内实行中外的封锁关闭政策不利于统一，也不利于中西文化的交流。在历史上对外开放主要表现在：

1. 对外建立外交关系，互相派遣使臣来往，加强政治上的互相了解和经济文化上的交流。

2. 开放首都和内地。汉时西域诸国贵族子弟多到长安来学习汉文化，称其国王之子为侍子，得到朝廷更多的优惠待遇。唐时长安是个开放的城市，是各国文化交流的中心，收外人寄寓，收容外来学生留学。在内地允许外来商人做买卖，提供居住条件，允许建邸、店。

3. 开放边境和沿海地区。汉代的永昌是当时在西南新开发的一个城市，在那里兴修水利，垦田，设学校。交趾也是在边境上新开发的地区，教居民耕种方法，修城郭，穿渠灌溉，规定嫁娶礼，制衣服冠履，设学校，教授文字和经籍。永昌是天竺、大秦等国通商的大城，而交趾也是当时对外的重要基地。在沿海地区也出现商业发展的城市和对外商港，允许留外来商人居住。

4. 开设陆路和海道交通，是推动外向发展的一种动力，汉张骞通西域和明郑和下西洋是历史上的伟大创举。

5. 在对外文化传播中，我国对世界文明的发展也是有巨大贡献的，突出表现在造纸、火药、指南针的对外传出与影响上。

（二）引进兼容

我国古代是个有着优秀文化传统的文明大国，对外引进的能量也是相当大的。从经济上看主要是从外引进土特产，同时也引进了科学技术。外国的佛教、伊斯兰教、祆教、摩尼教、景教等都传入我国。佛教传入后，与儒、道合称为三教。外国的语文、文学、艺术、历算、医学等也都传入我国。

就世界的文明发展来说，不分中外，不分国家大小和强弱，都各有长短，各有不同的贡献，因而在发展中总是互相影响，互相帮助，取长补短。我国古代的文化曾在世界上是领先的，但也有自己的不足和短处，也有外国有而我们没有的。在古代从外国引进的东西不少，与我国的传统文化兼容为用。

（三）援引创新

对外国的好东西要引进，也要经过借鉴、参与和改进创新。对外国的东西，应是创造性地使用，而不是简单地照搬，立足于本国，外为中用，变外为内，这在历史上也是有迹可寻的。

1. 借鉴

从东汉起佛法传入中国，促使学人对佛经的翻译开始借鉴梵音。到唐朝又以吐蕃语文作为梵语文和汉语文之间的桥梁，又进一步应用于对汉语音韵学的研究。陆法言《切韵》、孙愐《唐韵》建立起汉语韵母系统，守温建立起声母（三十字母）系统，比南北朝时的反切大为进步。后来经宋人《广韵》增为三十六母的完整体系。外国拼音文字传入，推动了汉语音韵学的发展。明末徐光启、李之藻等都积极同人华传教士合作，翻译西方数学、天文、水利、机械等知识以为借鉴。

2. 参与改进

参与是指外来学者直接参与对我国旧有之学的改进。在唐时，天竺的历数家瞿昙罗、迦叶波、鸠摩罗三家来长安，而瞿昙罗一家对唐历法的改进参与最多。他在唐高宗时制经纬历，同麟德历参行。唐玄宗时，瞿昙悉达著《开元占经》，并且还把天竺的"九执历（唐称九曜）"介绍到我国。

3. 合理吸收

对外国的吸收，要建立在自己实践的基础上，不迷信他国，合理地吸收。僧一行的大衍历，是根据自己的实测制造的，在大衍历中合乎太史令校对灵台候簿的有十之七八，而九执历只有十之一二。他破除了对印度天竺历的迷信，这是对外国吸收的最可贵精神，盲目崇拜，全盘照搬，不结合本国实际的采用是有害的。

4．援引创新

韩愈的道统论在我国历史上是个新开创。韩愈是反佛的，他的反佛却以佛教的法统说建立了他的道统说。道统说是为说明：佛有法统则儒有道统；佛之法统起自释迦牟尼，道统则起自尧舜，比佛还长；道统是正统，佛是从西夷传入。其目的是为巩固儒学的地位。佛被视为外教，后来则成为国教，王通、柳宗元援佛人儒，以加强儒学的理论性，由旧儒学发展为新儒学，到宋便发展为理学，援引佛学充实儒学，使儒学发展了。

5．变外为内

外国传来的东西，可以结合本国的情况变外为内，如佛教长期被看成是外来教，互相斗争，到唐时的禅宗就变为具有我国特点的佛教，儒吸收佛，佛也吸收儒，促进了佛教的发展，也促进了封建时代治国的统治思想的儒学的发展。从西域、西南亚诸国传人的音乐，到唐时便与汉族的传统音乐融合在一起，成为唐乐。

在阶级社会中，由于阶级的立场、观点的不同，对待外来文化的态度和选择是不相同的。例如对外来的乐舞，当时的统治阶级为满足他们腐败淫靡生活的需要，提倡他们所喜爱的胡腾、胡旋、柘枝，想以外来的乐舞压制、排挤本国富有民族传统的乐舞，相反地对外来乐舞中的能够鼓舞人们斗志的泼胡、泼头则加以禁断。所以当时有见识的人从中逐渐清醒过来，对此颇为不满，如唐大诗人白居易在诗中写道："天宝季年时欲变，臣妾人人学圆转。"从此可以看出，传人外来的东西不能离开本民族的优秀文化，不能对外来有用的拒而不吸收，而风行那些不健康的东西，这就是历史的启示和对现实所能起到的作用。

第五章　历史上服与制的几个问题

　　服与制是相关联的两个问题，由服与制构成国家的政体结构和在政治上的领属问题。服是个同一的一体概念，制是个分异的多元概念，由不同制结成一个同服的"天下一体国家"。服与制是随着政体构成的变化而变化，因而研究服与制的发展和变化是了解"中华一体"的发展和变化的一个重要内容。

一、服与制的关系问题

　　服即服事，天下所有被臣服的诸部落、邦国都服事于"君天下"的最高统治者君主。《论语·泰伯》："三分天下有其二所服事殷。"《四书逸笺》引丛说："《禹贡》五服之内所封诸侯，朝贡皆有时，以事天子故曰服事。"服是同一的，即天子所辖的"溥天之下"的中原之国和四夷之国同服事于天子。制亦称仪，即制度。制的含义是多方面的，就朝代讲，因历史的发展变革，各代制度不尽相同。就同一朝代讲，是"视形执而制械用"，在同一时期王者之制也是不同的，此即《礼记》所载："广谷大川异制，民生其间者异俗，器械异制，衣服异宜。"制之于中外、华夷之间是不同制的。中原之国有相同的制度，四夷之国有不同于中原的制度，这两种不同制皆受制于"王者之制"，"王者之制"是高于不同制之上的制，天下为一，四海为家，皆服事于天子，这是"天下国家一体"的服与制的统一而不可分割的关系，因此"一体观"是了解同服异制的基准。

作为同服的服事与不同制的制在历史上是存在的，同我国自古是个多民族国家密切相关。对历史的研究是不断地在认识上深化的过程。从我国的历史实际看，是由王制下的多制一体国家发展为君主制下的单一制的一体国家。前者为"天下一体"，后者为"中华一体"。

服与制是阶级统治在政治上的需要。服与制产生于原始社会的末期，随着国家的确立，服与制也就确立了，但由于在原始社会的解体中会出现不同的发展奴隶制的途径，因而服与制也就有不同的特点。

从同服和不同制的产生和形成来看，是受社会发展不平衡的规律的制约和规定的。当中原进入奴隶社会时，四周的族还处于原始社会的不同发展阶段。作为"君天下"的最高统治者，还无法把中原制度建立在中原以外的四海地区，因而对臣服的四周的地区采取"因俗而治"的办法，即不改变其原有的制度，确立同服和不同制的臣服关系。马克思在《政治经济学批判》一书中指出："或者是让原来的生产方式维持下去，满足于征收贡纳。"这种受贡与纳贡的关系即服事的关系："让原来的生产方式维持下去"，就是"因俗而治"的不同制。不同制的地区和族都通过贡纳服事而同一起来。由此而确立起来的同服不同制的贡纳制，对"受贡国家"来说，它体现着在财产关系上"当作直接的统治与奴役关系"的国家存在[①]。同服不同制的中国与四海，也正是这样的国家一体的体现。

从"天下一体"的政体的产生和结构来看，服与制的关系也是不可分割的。"天下一体"的政体是"天下国家一体"，由君天下、国诸侯、家大夫而构成一体。作为"君天下"的最高统治者国君（后王或天子），是由原来部落联盟的最高首领转化来的，诸侯国是由原来部落联盟时地方的诸部长转化来的，家大夫是由原来的氏族家族长转化来的，四海夷狄即原来臣属于部落联盟下的四周的氏族部落。奴隶制经由部落奴隶制、城邦的种族奴隶制和家族奴隶制的不同阶段把天下分为王畿、四方诸侯国和四海夷狄的不同区域，王畿与诸侯国同行中原制度，四海夷狄则保留本制，但由同服确定了"天下一体"的统治与臣服的关系。

从国家的政权结构来看，在奴隶制时代是王权制下的多制一体国家。这样的国家的政权结构不是单一制，而是把民族分为中国诸夏与四海夷狄两大类，在这两大类的民族及其所居住的地区是不同制的，即中国的奴隶制度和四海的氏族部落的制度，由中国与四海的不同制联合为一个"天下一体"的整体。从中国的王畿和诸侯国看，又分都、鄙和国、野；从四海的夷狄看，由于历史发展的不平衡和民族的不同，在制上也是有差异的。这种差异既表现在社会的经济、政治和文化制度上，也表现在地域的远近上。特别是阶级和等级、亲疏、贵贱的存在，使表现为服的内容的贡纳制也有所区别，而不能齐一。国家的政权结构和阶级、等级的结构，对古代的服与制起着重要的规定作用，了解服与制的形成不能离开这一点。

在奴隶制时代的服与制，是由奴隶制"天下一体"的政体结构和国家的政权结构的统治需要制定和确立起来的，其最基本的最实际的内容是同服不同制。把握了这一点，就可以认同服与制都是存在的。

服与制后来被封建制所继承和改造，以适应封建统治的需要。封建社会前期仍是分华夷、分中外的，但作为"天下一体"的政体结构与奴隶制时代相比发生了重大变化，即由君天下、国诸侯、家大夫变成君天下、国郡县、家编户；由王畿、四方诸侯国、四海夷狄变成中央、地方郡县、四海夷狄。正因为如此，在封建社会前期仍是同服不同制。但由于郡县制代替了封国制，就中国九州来说，服事的内容已与奴隶制不同，由贡纳制发展为赋税制。就四海夷狄来说，服事仍主要表现为贡纳制，而作为"天下一体"内的四海地区民族除以氏族部落臣服服事上，更出现以地方民族政权对中原王朝的臣服服事。到唐朝更发展为在四海夷狄地区设羁縻州，而以羁縻州的新设置向中原王朝臣服和服事。

到封建社会后期，开始从"君天下"的多制同服向"君中国"的单一制的同赋税发展，羁縻设置成为州县制的一种补充而存在。最后经过改土归流，补充形式的设置也变成单一的制度。从全国来看，是一个单一制多民族的一体中华。由以贡纳制为内容的服事向以赋税为内容的发展过程，也就是由多制同服的"天下国家一体"的统一国家向"中华一体"的统一国家发展过程。

服的发展变化是由制的发展变化决定的，而制的发展变化是由经济基础决定的。对于四海夷狄的设置与受制的问题向来有两种不同的看法：一种是从不同制出发，不从一天下、天下之制都是王者之制整体看问题，以四海夷狄不是中原制度，因称四夷"不受制"。一种是从同服不同制全面地看问题，把天下看成是一个整体，中原与四海的制都是王者之制，认为在制度的设置上是不必求齐一的，在一体中不同制的地区和民族都对王者服事，而服事也是有等差的，不能因为与中原的制和日祭、月祀不同，就认为是对王"不受制"。

从历史上看，在四海夷狄地区，由贡纳制和不改变其原有的生产方式到设羁縻州乃至州县，都是建立在统治与臣服的关系之上，都是受制的问题。研究历史上的服与制，就是要研究不同时期的服与制的发展变化，研究由同服不同制到同赋税同制的发展变化过程。历史的民族是经过不同时期对中原王朝臣服受制为一体中的一员的，不是由中原的郡县制作为标准来决定他们是否属我国的民族，他们是否被纳入郡县只能说明是否已由外变内、由夷变夏成为一体内的中国民族；而服事和受制则是决定他们是一体内（边境）的民族还是一体外的民族。不同制而同服的民族都是"天下国家一体"内的民族。外有两种不同性质的外，一是一体内的外，一是一体外的外，臣服也有两种不同性质的臣服，一是一体之内的臣服，一是一体之外的臣服，两者应在研究中加以分别。

二、服与制的构成问题

服与制的构成主要是讲在不同时期服与制的内容结构及其社会的功能和作用。

（一）古代的服与制

服与制是既有区别又互相联系的两个内容。古文献记载中有五服、六服、九服。《尚书·益稷》："弼成五服。"《禹贡》记载五服为甸服、侯服、绥服、要服、荒服。《周官》："六服群辟，罔不承德。"此六服即《康诰》中的侯、甸、男、邦、采、卫。蔡沈注："六服诸侯之君。"据此六服是指四方诸侯国君，不包括畿内和四海夷狄在内。《周礼·夏官·职方氏》记载，九服为侯服、甸服、男服、采服、卫服、蛮服、夷服、镇服、藩服。九服主要指四方诸侯国君和四海夷狄，不包括王畿在内。

《荀子·正论》较详细地记载了服与制："故诸夏之国同服同仪（制度），蛮夷戎狄之国同服不同制。封内甸服，封外侯服，侯、卫宾服，蛮夷要服，戎狄荒服。甸服者祭，侯服者祀，宾服者享，要服者贡，荒服者终王。日祭、月祀、时享、岁贡、终王，夫是之谓视形势而制械用，称远近而等贡献，是王者之至（制）也。"

荀子所讲的服与制，是"王者之制"，也就是古制。他以五服为框架，综合五服、六服、九服的内容，概括了服与制的主要内容。服与制，特别是服事，在政治思想上的综合和构思，同历史的真实总是有距离的。

荀子所讲的服与制，基本上分为两大类，即诸夏之国和蛮夷戎狄之国。诸夏之国同服同制，蛮夷戎狄之国同服不同制。这是观察古代分华夷、分中外以及华夷、中外在一体中两制或多制而又同服的基本点，也是"内诸夏而外夷狄"的理论基础。

荀子所讲的服与制的具体内容是："封内甸服。"封内即王畿之内，甸服即服治王田。"封外侯服"，侯即候，侯服在甸服之外担任斥候。

"侯、卫宾服"，是指侯服以外为中国以内的地带，包括侯圻、甸圻、男圻、采圻、卫圻等。宾服即按时进贡，朝见天子。"蛮夷要服"，在卫服之外为蛮服，又外为夷服。要服，即用文教加以约束，使之服从。"戎狄荒服"，指要服以外的边远地带。荒服之义为"荒忽无常"。

荀子的五服为甸、侯、宾、要、荒。"封内甸服"即畿甸，按王畿地方千里，畿内以五百里为一服，应缺甸服以外的侯服（即侯畿）畿内实应为二服。"封外侯服"似指王畿内甸服以外的侯服（侯畿），是指王畿中的内外，"侯、卫宾服"，指王畿外"诸侯之君"，的六服，即侯、甸、男、邦、采、卫。宾服指四方诸侯国，属中国之中的中国（王畿）以外的中国地带。"蛮夷要服""戎狄荒服"，即《周礼》之蛮、夷、镇、藩四服。这样畿内二服，四方诸侯国六服，四海蛮、夷、戎、狄四服，见于记载者为十二服。

古代服的内容是分层次（服数）和范围（里数）的，其名有异，但它的存在的依据和基础是"天下一体"的正畿、四方诸侯国、四海夷狄。以王畿、四方诸侯国构成中国，为礼乐之邦；以四外的四夷为四海，为非礼乐之邦。以此而建立起来的服事制度，其服事的关系是依距王者统治的中心之近和远而依次减弱。在奴隶制时代的服事制度，同当时社会的尊卑、亲疏、贵贱、等级是分不开的，反映了这个时期的特点。

（二）羁縻与服、制

羁縻一词出于《史记》，它同古代的服与制一脉相承，而在封建时代又有新的发展，成为中原王朝对待边境民族和地区所采取的一种重要措施和思想。《史记·司马相如传，难蜀父老檄》："盖闻天子之于夷狄也，其义羁縻勿绝而已。"《索隐》用华夷为人禽之分的观念解释："言制四夷，如牛马之受羁縻也。"《新唐书·李密传》："辽水之东，朝鲜之地，《禹贡》以为荒服，周王弃而不臣，示以羁縻达其声教，苟欲爱人，非求拓土。"此以羁縻释古时中原王朝与荒服夷狄的关系。

羁縻制在封建社会时期，是由分华夷、分中外的羁縻制发展为不分华夷、不分中外的羁縻制。从内容上看，前后期既有相同点，也有不同点。

从相同点看：

1．羁縻制主要是对四夷，即边境地区的民族。这些民族对中原王朝都有着不同程度和不同形式的服事与臣服关系，也就是受制于中原王朝，成为"天下一体"中的重要构成部分。

2．羁縻制建立的原则是不改变其原有的生产方式，不管是处于氏族部落制还是奴隶制、封建制，其社会的组织和生活习俗不予改变。

3．羁縻制均受制于"君天下"的最高统治者皇帝，服事于天子，其首领都由其本族担任，中原王朝对其加以封册或任命，接受中原王朝的王封。

4．其臣服服事主要是以朝贡作为纽带来维系。朝贡在政治和经济上都起到维护一体的联系和发展的作用，密切了在一体内的民族和地域的关系。

在封建社会的前期，这种羁縻制是直接从奴隶制中原对四海夷狄的服与制发展而来的，虽经过封建的改造，但其承袭关系是很明显的。随着历史的发展，由分华夷、分中外的"天下国家一体"的国家发展为不分华夷、不分中外的"中华一体"的国家，因而羁縻制也相应地在发生着变化，出现了新的特点：

1．羁縻州进而发展为土官、土司，它具有两重性质：一是受政令于中央，二是本族自治，由过去一体中的外变成一体中同内的藩篱。《西园闻见录》记载："羁縻制驭，实中国之藩篱也。"其与中央的关系如同古代中国的王畿与诸侯列国的关系，内与外实际变成内地与边疆的新关系，他们自视是朝廷的命官，是国家守土之臣，而其人民也认为是朝廷的子民。

2．"因其疆域"设制，把臣服的部族以节度使、属国的形式纳入统一的中国王朝内，由朝廷划置任命，直接受中央的管辖。

3．各族士兵要接受中央王朝的征调。如宋代各羁縻州士兵成为其乡兵之一种，在汉夷杂居地区其兵由各族成分组成。辽金也把境内民族组成军队，其边境军也由各族成分组成。

羁縻制是古代的服与制在封建时代的政治体现。羁縻制是个有层次的发展过程。第一个层次是氏族部落、地方政权受制于中原的时期。这个时期继承了古代的服与制的制度，不改变其社会的制度与习俗，受中原封册，朝贡于中原。中原王朝为对边境民族、地区管理，在中央和地方设制，管理地方民族事宜，但在当时分中外的情况下，还没有形成中外两种郡县制，也没有把边境纳入中国之中。

第二个层次出现在唐朝，把第一个层次的羁縻氏族部落和政权发展为在边境民族地区普遍设羁縻州，出现中原与边境两种不同的府州制。羁縻州是对羁縻制的发展，是仿汉武帝设郡县的精神建立起来的。羁縻州一方面通过设置加强了中央对地方的权力；另一方面保持本族地区的自治权。它的特点是"贡赋版籍，多不上户部，然声教所暨，皆边州都督、都护所领"②。即中央不征收贡赋，内部事务自治，但必须受边州都督、都护领导。羁縻州没有改变分中外，它是在"天下一体"时新出现的高于羁縻氏族部落和地方政权的层次。第三个层次，出现在"前中华一体"时期，即在王朝统治地区设道或路，把羁縻州纳入统一的道或路之下，把分中外的旧格局改变为在统一政令下的内地与边疆的不同。第四个层次出现在统一的多民族的"中华一体"时期，进一步把羁縻州制发展为土司制度。

元代土官职类有七：一是行中书省土官；二是宣慰司土官；三是宣抚司、安抚司、招讨司土官；四是路总管府土官；五是府官，即土知府；六是州县及秩如下州的长官司，即土州官；七是土巡检、土千户、土酋吏之类③。土官皆由其酋受委任，其职世袭，土官的承袭、权职多从本俗。土司一方面保持原来的朝贡；另一方面向朝廷缴纳赋税，签军从征，治道立站，"悉收其地为郡县"。成为统一中国内的设制，受命中央，有一定自治权，为全国编户。明承袭了元的土司制度。

（三）服制的观念与功能

服制的观念是一种重要的政治观念，这种观念是臣服与服事在政治上的表现。在奴隶制时代，主要表现在朝贡，这与王、诸侯国和四夷构成的体制与诸侯国、四夷对王的臣服与服事的关系是分不开的。到封建社会，诸侯国变为郡县，朝贡变成了赋税的关系，而以朝贡为内容的服制主要保留在中原王朝与四夷的统治与臣服的关系上，古代的服演变为以服事为内容的羁縻制。

服制的功能直接表现在不同制的民族对中原王朝的臣服，尊中原王朝为大国，尊中原王朝的最高统治者为天子。服制的功能起着维系边境与中原一体的作用。服制的功能是发展变化的，它在不同的历史时期，能够体现政体构成的变化和国家结构的变化，及其自身在臣服的形式和服事关系的变化。服制在历史上是由于对最高统治者臣服和服事而产生和发展的，因而服制是识别一体内与一体外的标准，即使是在封建时期也同样用古代五服的观念看民族和国家。例如：北魏时的高句丽与百济，《魏书》卷一百记载："夷狄之于中国羁縻而已，高丽岁修贡职，东藩之冠。"高句丽被视为是四海五服之内的民族，而百济则被视为是"在东隅处五服之外"的民族。服与制是研究古代历史的重要内容之一。

三、外制与内制的发展问题

服有外服、内服，制也有外制、内制。在"内诸夏而外夷狄"的一体民族的格局中，是"诸夏同服同仪（制）"、蛮夷戎狄"同服不同制"。在中国华夏有中国华夏的制，在四海民族有四海民族的制。中原的制有的在中原，也有的设在四海边境民族地区；四海民族的制有的在四海边境，也有的因入居中原而在中原。制在一定条件下是可变的，由于中原对外的传播、影响和四海对中原的向心作用，外制通过不同的方式和途径向内制转化，主要表现在：变外为内、在外从内和入内从内上。

（一）变外为内

变外为内，即通过中原向外发展改变四海夷狄地区为中国，主要是通过"开边启土"来实现的。"开边启土"通常是以武力征服，使原来四海民族地区变为内地，变外制为内制。春秋时，诸列国为强大自己，实行"开边启土"的政策，吞并诸夷狄的土地。晋国提出启土的政策应从外部和内部两个方面来看：从臣服于晋的狄来看，当时已由游牧发展为农牧定居，其政治组织从氏族部落发展为部落联盟，也就是进入原始社会的末期，正在向阶级社会转变，这对其本族来说是个巨大的进步，但这种进步却与晋国的发展相矛盾。从晋国来看，要求向外扩大土地，而且当时所鼓吹的思想是"尊周室，攘夷狄""内诸夏而外夷狄"，于是，当时有人对晋献公说："狄之广漠，于晋为都，不亦宜乎？"④意思是说，晋行启土之策，在狄广漠之内建立都邑，开边启土，变外为内是应当的。后来在封建社会也奉行攘夷扩土和建郡县的政策，变外为内。

"开边启土"，不只有武力征服，也还有其他的手段，变外制为内制。春秋时，戎狄处于农牧的初期，"戎狄荐居，贵货易土"。晋国就曾利用戎狄"贵货易土"的弱点，自献公、文公以来便奉行"和戎易土"的政策，即"予之货而获其土"。⑤把戎狄驱逐出原来居住地区，变其地为晋国农田。这种以货易土的政策，也是一种"开边启土"的政策。

"开边启土"政策，就是由中原王朝对边境民族地区实行的变外地为内地、变外制为内制的政策，开边的过程也就是变外为内的过程。这个过程不是骤然能实现的，而且开边与设制是联系着的。秦始皇、汉武帝通过开边变边地原有制度为郡县。唐变边境为羁縻州，宋因之，元设土司，明因之。明更以"流官"为正官，"土司"佐之。永乐十一年明朝出兵削除思南、思州两大土司势力，改其地为贵州布政使司，采取了内地行省的机构设置，但在民族聚居的地方也设长官司（土司），在府以下也参用土官⑥，但变外为内是一种趋势。

（二）以外从内

以外从内，是指在边境的民族通过自身的发展要求变其本族之制为内制。大致可分为以下几个类型：

1. 变夷从夏型。以外从内的变夷从夏型主要发生在边境地区，即在本族发展的基础上，接受中原制度的影响，在本地方发展为中国式的政权。例如：秦、楚、吴、越、中山，都是先后在原地区发展起来的，到战国时秦、楚和中山都属诸夏。再如：唐代的渤海国，是在中原以外仿唐制而建立的中国式的地方民族政权。渤海灭亡，契丹因渤海行汉法，不改变其制度，设东丹国。辽金时渤海仍作为一个族存在，元时同被视为汉人。渤海是较为典型的在边境出现的变夷从夏的政权。

2. 借外从内型。借外是指少数民族借用外来的汉人，在其居住的地区垦土以从内制的类型。在中原战乱时期，中原汉人为逃避剥削和压迫，往往有众多的中原汉人把相邻的民族地区视为"乐土"，逃亡到那里去，而当地少数民族中的上层人物，为改变本地区的落后面貌和得到汉人的帮助，也往往采取招徕安抚的政策，使他们按照中原的生产方式生活下去，变原来的本族旧制为内制，这是少数民族借外以求社会变革的重要措施。例如：慕容涉归迁邑在辽东之北，"于是渐慕诸夏之风矣。"慕容廆又迁至徒何之青山，再迁至大棘城，"教以农桑法制，同于上国。"又时"两京倾覆，幽、冀陷落，廆刑政惟明，虚怀引纳，流亡士庶，多襁负归之。廆乃立郡以统流人……于是路有颂声，礼让兴矣。"⑦便是外借归附之中原汉人的生产和帮助以从内的。契丹之初，在其地也是采取这种办法。辽时之奚人地区是借汉人发展起来的。中京地区"耕种甚广"，"皆汉人佃奚土"⑧。

3. 纳土从内型。纳土从内，即自愿向中原王朝纳土地，比内地郡为王民。《宋史》卷四九三《蛮夷传》："而南江之舒氏、北江之彭氏、梅山之苏氏、诚州之杨氏相继纳土，创立城砦，使之比内地为王民。""于是安化上三州及思广洞蒙光明、乐安峒程大法、都丹团黄光明、靖州西道杨再立、辰州覃都管骂各愿纳土贡赋。"又卷四九五："熙宁间，以章惇察访经制蛮事，诸溪峒相继纳土，愿为王民，始创城砦，比之内地。"纳土为王民，一是纳出土地；二是创城砦；三是输贡赋，这样便由羁縻州直接变为比于内地的编户。

在少数民族地区，变外制为内制是通过多种方式和途径实现的。这样的过程也就是变分华夷、分中外为统一的多民族的"中华一体"的过程。

（三）入内从内

入内从内，即边境的民族进入中原以变夷从夏和变外制为内制。边境民族入居中原的情况不同，有的是自愿内附被安置在边郡地区，与汉人杂处。如：南匈奴自请臣服，汉朝"割并州北界以安之。于是匈奴五千余落入居朔方诸郡，与汉人杂处"。"其部落随所居郡县，使宰牧之，与编户大同，而不输贡赋"⑨。东突厥在启氏可汗时，"率领部落保附关塞，遵奉朝礼，思改戎俗。频入谒见，屡有陈请。以毡墙毳幕，事穷荒陋，上栋下宇，愿同比屋。"隋炀帝"令于万寿戎置城造屋以居之"⑩。有的是被迁入郡县内地的。曹操大破乌桓在柳城，"其余众万余落，悉徒居中国"⑪

入内从内，比起前两种来说不是在其居住的原地区从内，而是进入中原以后从内的。不管自愿或非自愿入居中原，也不管他们在制上是部分中原化或全部中原化，他们已被视为中国人，也就是郡县内的人。他们是在中原通过与汉人杂居而逐渐汉化，通过学习中原文化而成为儒生，并通过建立政权而不断改变和提高其地位。这个时期在中原建立政权和北朝的民族，主要是接受华夷同源说，自附其族出自先帝先王之后和行中原制度而取得中国和华人的地位。后来进入中原的女真和蒙古则不同了，他们的民族意识增强，认为不分民族能够统一和有着同一的文脉、道统者皆为正统，行中国制即是中国。他们对发展本民族的自树能力增强，视本族与汉等族同是华，并开创性地创本族的文字、办本族文字的学校、设本族的科举。把中原的华夏文化作为各族所共有的文化，发展和提高本民族的文化。他们入内从内，变夷从夏，成为中国和中华的一个成员，在以汉族为主体的民族、以华夷文化为核心的文化中，各个民族的发展都不同程度地做出了贡献，丰富了中华民族的文化宝库。

注：

① ［德］马克思：《资本论》（第三卷），第402页、第1030页。

②《新唐书》卷43下《地理志七下》。

③ 杜玉亭：《元代云南的土司制度》，载《元史论集》，人民出版社，1984年，第512~526页。

④ ［周］左丘明：《春秋左传》卷3《庄公二十八年》；［周］左兵明著：《国语》卷7《晋语一》。

⑤ ［周］左丘明：《春秋左传》卷10《襄公四年》；［周］左丘明：《国语》卷13《晋语七》。

⑥《明史》卷316《贵州土司传》。

⑦《晋书》卷108《慕容魔载记》。

⑧ ［宋］苏颂著，王同策等点校：《苏魏公文集》卷13《牛山道中》。

⑨《晋书》卷97《匈奴传》。

⑩《隋书》卷3《炀帝纪上》。

⑪《后汉书》卷90《乌桓传》。

第六章　历史上的"汉化""华化"与应用问题

　　在历史上存在着汉与华和汉化与华化的问题。汉，是由朝代之称发展为单一的民族之称；华，是由华（华夏）族之称，发展为多民族之称。因此，汉与华、汉化与华化不仅在认识上应当加以区别，就是在应用上也不能以汉代华和以汉化代华化。在历史上不是在任何时期和任何的条件下，其他民族都汉化于汉族，也不是在任何时期和任何的条件下，汉化都是各民族发展的愿望和趋势，他们的愿望是与汉族平等地在一个民族的大家庭中，自强不息，朝着共同繁荣的道路发展。

一、从两种不同的民族观谈起

　　在历史的发展中形成了两种不同的民族观，这两种不同的民族观对汉与华、汉化与华化持不同的观点。在整个封建社会中，两种民族观同属于封建统治者民族观的体系和结构。他们在对待民族的问题上，有着不同的思想和内容，但是都主张华与夷、中与外为一体。一是主张分华夷、分中外的"天下一体"的民族国家；一是主张不分华夷、不分中外的"中华一体"的民族国家。这两种民族观反映在理论上，就是"华夷正闰之辨"与反"华夷正闰之辨"。"天下一体"与"中华一体"是两个不同的时期，有着不同的特点。历史的发展是后者超越前者，它在发展中为统一的多民族的国家在思想上奠定了基础。

　　"华夷正闰之辨"，是在诸华夏族产生后为捍卫和维护诸华夏族的利益和地位，防止夷狄的侵扰和破坏而出现的，它在维护华夏文明、强化华夏的思想和意识方面起了积极的作用。这种思想后来被封建地主阶级所接受，并加以改造成为封建的"华夷正闰之辨"的思想体系和结构，并且在其思想中还保留着奴隶阶级的民族意识。他们以礼义为标准，把华夏族（汉族）看作是有礼义文明的民族，把夷狄看作是无礼义文明的民族；以人禽的观念对待华夷，视华夏（汉）为人，夷狄为"禽兽"；他们鼓吹贵中华，贱夷狄，内诸夏，外夷狄，夷狄不能入居中国（中原），夷狄不能乱华，夷狄不能在中国（中原）做皇帝；夷狄只能行夷制，不能行中原的制度，如果入主中原和按中原建制和称号，便认为是"僭伪""犯上"，以华夏（汉）族政权为正、夷狄政权为闰，反对变夷为夏，变外为内，主张"继绝世"，不许变夷狄地区为郡县，主张尊王攘夷。并且认为这是"天经地义"，万事不可变移的道理。

　　持与"华夷正闰之辨"相反的民族观，不以旧传统为据，而是以不同时期的民族发展和关系的新变化为据，对待历史上的民族问题。他们最初也保留着奴隶主的一些旧意识，但后来逐渐地摆脱这种意识所给予的影响，形成与"华夷正闰之辨"相对立的封建的民族思想体系和结构。他们认为礼义对于华夷是可变的，夷狄有礼义也可以为华夏，并从历史和思想家的论述中找到了依据。历史记载，禹生于西羌，文王生于西戎，舜生于东夷，夷狄与中原合符节，同样可以成为"圣人"。他们看待民族的着眼点，不管是出于华夏，还是出于夷狄，主要是依据他们的"志略"而定。

并从历史上寻找夷狄与华夷为同祖同源，都是先帝先王的后裔，都可以行先帝先王的制度，居住在先帝先王的土地上，后来竟提出华夷居地不同，如同一个土地内的籍贯不同。

以人禽别华夷，是从奴隶主阶级那里继承下来的，随着历史的发展，人的观念在发生变化，产生天子是天下一家中父母的观念，中国失礼求之四夷，夷中也有君子和仁人。从五胡十六国、北朝到隋、唐，人禽的观念动摇了，提出了夷狄也是人的新课题来。唐太宗提出对夷狄应爱之如一，同是一家中父母与赤子的关系，正式提出"夷狄亦人"[①]。"贵中华，贱夷狄"，内诸夏，外夷狄，裔不谋夏，夷不乱华，夷狄不能做中国皇帝，是"华夷正闰之辨"的重要思想，但是这种思想也逐渐被历史所否定。一些民族入居中国（中原）建立封建割据政权和北朝，做中国皇帝。他们反对传统的神权思想，把德提高到各族之上，甚至提到天帝之上，主张夷亦可为正体、正统，以华夏（汉）为正统的正闰观念遭到了批判，反对在民族间，分你我，分彼疆我域，能统一天下者即正统，即中国皇帝。主张变夷从夏，变外为内的"统一的中国"，反对"春秋大一统"的分华夏、分中外的"一统天下"。

两种不同的民族观，经历了长期的争论和斗争的过程。如西汉盐铁会议围绕匈奴两派所展开的争论，南朝宋顾欢的《夷夏论》和北朝谢镇之的《析夷夏论》、朱昭之的《难夷夏论》、朱广之的《谘夷夏论》、释慧通的《驳夷夏论》等，虽是围绕崇佛与反佛斗争，但直接关系"夷夏之防"与打破"夷夏之防"的问题。

唐太宗、唐高宗时，围绕高句丽之争也反映了这种斗争。后来发生的正统与反正统之争和清初的"华夷之辨"与反"华夷之辨"，到清世宗时达到极点。这种长期的过程，也就是以多民族为华代替以汉族一族为华的过程。最终如金代大文学家和史学家元好问所主张的不分中外、不分华夷都是中州和中州人物的"中州一体"的思想。南宋家弦翁说："故壤地有南北，而人物无南北，道统文脉元南北，虽在万里外皆中州也。""广矣哉！元子之用心也。夫生于中原，而视九州四海之人物，犹吾同国之人",反对"同室蕃篱,一家尔汝",他坚信自己的话:"数百载之下,必有谓余言为然者[②]。"这是从南宋人中发出的一统的中国、中华的声音。事实表明,这时已由过去以汉族为中国、中华,变成以各民族为中国、中华。汉是一个族之称,而中华是包括各族的总称。

二、华与汉的演变过程

对于华、汉的研究近多年来已取得重要成果,如贾敬颜的《汉人考》,陈连开的《中国·华夷·蕃汉·中华·中华民族——一个内在联系发展被认识的过程》。华与汉的发展变化的过程:在北朝以前是中原华夏族的形成和从华夏族到汉族的形成时期;而北朝以后,即转向汉族已成为一个与其他民族相等单一的民族称谓,因而华由过去单一的华族到中原的多族的华;再发展为全国的华。如果这样的理解不误,那么就应当研究华与汉的出现及其发展演变的过程,以及其所含的内容的变化,从中识别华夷的关系及其地位的变化和互相联系而又区别的关系。

(一)华与汉的发展和演变的层次

华与汉作为民族的称谓出现,华在前,汉在后。春秋时始形成不统一的诸华夏民族和政权。华的称谓是高于原来夏族、商族和周族的称谓,是夏、商、周三个民族和其他民族的多源融合为诸华夏族。后来诸华夏在各地合并其附近尚未发展为华夏的诸夷狄,到战国时便形成七国土地连片的诸华夏及其国家,最后由秦统一为一个中国九州的华夏族。这是由不统一的华夏发展为统一的中国九州的华夏。

从秦、汉经三国到西晋，基本上是秦统一后的华夏族的发展，也基本是一个比较单一的族称，但由于四周的民族进入中原，又经过在中原变夷从夏，特别是五胡十六国和北朝在中原的出现，在中国九州出现了多民族和政权，他们已都参加了中国或华夏的行列中，以华夏和先帝先王的后裔自居，行中国制度，变夷为夏，保留本族的名称，因此在中国九州由原来较为单一的华夏的称谓，上升为高于一个族称谓的各族的共同称谓。在北朝展开对南朝所挑起的《夷夏论》的争论，打破了在中国九州的"夷华之防"。把原称华夏的民族同其他族一样成为一个单一的汉人的称谓。这是华夏由中国九州较单一的民族称，变为在各民族之上总称的发展变化过程。

在中国九州由汉一个族称华夏被打破了，于是对《春秋大一统》要旨的别华夷、分中外的"内其国而外诸夏，内诸夏而外夷狄"。③不能不加以改变，"《春秋》用夏变（于）夷者夷之，夷而进于中国则中国之"④华夷与中外的位置可变，名称也可变，承认了在中国的夷狄可以为中国、为华夏。但这仍是立足于中外说话的，实际在四海夷狄地区也出现变夷为夏的变化，到辽、宋、金、西夏时，已是不分华夷、不分中外皆称华了。这是中国九州的多民族的华夏变为全国的诸华夏的发展演变过程。

最后是把全国分裂的诸华夏统一为全国的华夏，华夏最后上升为全国各族的总称。

汉作为民族称谓出现在汉朝，就朝代而言的汉人，是指在郡县内的人；就汉与其他族人并举而言，是指在中原不同于其他族的汉族的称谓。汉王朝亡后，作为一个民族的称谓被保留下来，是指原来中国九州与其他族对言的汉人。据研究到北朝时汉人已成为一个与他族在中原的对等的一个单一的民族称⑤。这样虽然仍以旧称其为华夏，但华夷对称却逐渐为蕃汉对称所代替了⑥。

（二）华夷与蕃汉的多层次称谓

要了解华与汉的民族称谓的发展变化，还必须了解华夷对言和蕃汉对言的多层次的称谓，从中研究各个单一民族的有关问题。

在华夏族形成后，把当时的民族基本上分为华与夷两大类，而夷又依四方分为北狄、西戎、南蛮、东夷，总称之为四夷。在以地方称的每一夷中，又都包括不同系统语族的氏族部落、部族集团乃至民族，而每个语族的氏族部落、部落集团乃至民族都有其民族的名称。随着历史的发展，过去的华夏的观念不断地成为在中国九州的多民族的称谓，进而发展为全国的多民族的称谓。华夷对言逐渐地被蕃汉对言所代替，华的称谓上升为全国各族的总称谓。蕃汉，即把当时全国的民族分为蕃与汉两大类，在两大类的民族中，除有其民族的单一称谓以外，还有非单一的包括各族在内的称谓。这时的蕃汉之称，不能单纯地理解为是华与夷的区别。其称谓的层次顺序是：最高称谓是华夏，汉族自称为华夏，契丹、党项、女真等也自视是华夏，所以当时的中国和华夏的观念既不是中原汉族一个民族的观念，也不是中原多民族的观念，而是包括"天下一体"时的中外华夷在内的总观念。

有人认为"诸夏"在北朝时已包括中原的鲜卑等族在内，那么在辽、宋、金、西夏时，则应把自称是中国、华夏以及被视为中原列国的地方民族政权，都看成是"诸华""诸夏"。在华夏的总观念下把全国的各民族分为"蕃汉"，而蕃又有"中华一体"内的蕃和"中华一体"之外的蕃的不同。汉，有的是单指汉族为汉；也有的不是单指汉族人为汉。作为多民族称的汉，大致可分为：

1. 从礼义法制上看，把与本族不同而在礼义法制上多与汉族人相同的统被纳入蕃汉之分的汉中去，辽代的蕃汉民户和蕃汉军中的汉，应包括"治渤人一依汉法"[⑦]的渤海人等在内。

2. 从地域上看，如金朝把原辽境内的汉人、渤海人和契丹称为汉人。元朝时又把金境内的人统称为"汉人"。这里的"汉人"称谓，不是单一的汉族的称谓。

3. 赵秉文在《滏水文集·蜀汉正名论》中说："有公天下之心宜称

曰汉。"这个汉不是汉族的单称，也不是指某一方，而是从王朝承授系统上讲"汉"，这个汉应具有中原正统王朝的意思。

从广义的"汉"的称谓讲，汉不是单一的民族称谓，在被称为"汉"之中，还有不同的民族。而包括在广义中的"汉"的汉族，自有他与渤海人、契丹人等不同的本族的称谓。就汉人而言，其纯指汉族者，如张砺对契丹主说："砺，汉人也，衣服饮食与此不同"⑧。

当时国家在各种法制规定中需要分别民族者，则汉人与契丹人、女真人、渤海人等，往往分开对待，如"契丹与汉人""猛安人与汉人""汉人、渤海人""汉户及契丹"等的"汉人"即指与其他民族相区别的单一民族称谓的汉人。同是原来中原的汉族人，当时的统治阶级为了进行分而治之，又往往把他们在地位上分开进行种族统治，如金分汉人为"燕人""南人"。元在划分四等人时，把原金及南宋境内的民族分为汉人、南人，并把不是汉人者包括进来。清朝把民族分为满、蒙、汉三等，也把汉人分为普通的汉人和隶属于八旗的"汉军"。元、清把民族分等，是把其以前王朝统治下的民族（包括汉族在内）划分在当时居于统治地位的民族之下，并采取分而治之政策，实际上被称为汉人、南人中的各民族仍是作为一个单一民族而存在，都有他们自己的族称。

（三）"蕃汉"对称代替"华夷"对称的意义

从历史的变化中，分析从"华夷"对称到"蕃汉"对称的变化，其意义是很明显的，不仅是称谓的变化，也反映了民族关系的重大变化。

1. 由"华夷"对称到"蕃汉"对称，反映了民族观念的变化。"华夷之辨"的要点是别华夷，贵中华，贱夷狄；"内诸夏而外夷狄"，视夷狄为"禽兽"，"不与誓约"；"外而不内，疏而不戚，政教不及其人，正朔不加其国"⑨。"华夷""正闰"看成是不可移易的。但由于夷狄入居中国，夷狄在郡县内与汉杂居，于是出现"胡汉""越汉""夷汉"等夷狄与汉人杂居的对称，而"蕃"是综合胡、越、夷等而总称之为

"蕃",到唐时于四夷地设羁縻府州,视其为"编户",因而"蕃汉"便广为应用。职官、兵制、户籍、人民分称为"蕃汉";国分称为"蕃汉";文化、制度习俗亦分称为"蕃汉",皆是人,是一家中的父母与赤子关系,视蕃汉"如一",打破了原来"华夷之防"的旧观念为"何蕃汉之限"⑩的新观念。

2．以"蕃汉"对称代替"华夷"对称,是本着华夷皆人的新的关系,处理"蕃汉"间的问题,突出表现在用蕃人以及通过"蕃汉"结盟的方式解决民族间的问题。处理"蕃汉"用人问题,主张不限民族,量才而用。唐武宗命李德裕造秦汉以来,中原以外以仕中国、功绩显者三十人作《异域归忠传》。唐末孙光宪《北梦琐言》卷五记宣宗、懿宗时崔慎猷论时事云:"近日中书,尽是蕃人。"唐之大官多用蕃人,而武将尤多,半皆蕃人。唐用蕃人直接影响后来。依"华夷之辨"的思想,华夷与夷狄是"不与誓约"的,汉与匈奴盟贾谊认为是首足"倒悬"⑪,但唐时却把蕃汉结盟看成是解决一体内民族的"和好""如一"的一种重要的方式。

3．"华夷"对称,是拒夷于中原之外的,而称蕃之后,蕃可在中国九州,而且还可在中国九州接受一体内的四海民族的政权派人和学习中原制度,"外而不内,疏而不戚,政教不及其人,正朔不加其国"的旧民族关系被新的民族关系代替了。中原王朝与各族政权结成一家内的亲戚关系,政教也及各国,渤海与唐"车书本一家",各民族政权也称正朔。与此同时对海外诸蕃也采取门户开放、楚材晋用政策。

三、谈"汉化""华化"与"交融"

现存对民族关系史的研究中，对于"汉化""华化"以及"交融"的研究，也有必要作正确的理解，在认识上应当符合我国多民族的历史实际，同时对汉化、华化和交融也应作多层次的理解。

（一）"汉化"与"华化"问题

"汉化"是就作为民族专称的"汉"而讲的，"汉化"就是汉族化，也就是其他的民族汉化于汉族之中。"汉化"只有到汉朝出现后汉人既是汉朝的人称，同时也是汉族人的称谓。到北朝时汉的称谓已成为单一的族称。汉族人，是由原来的华夏族发展而来的，因而有相当长的一段时间，汉与华在含义上基本是相等的。但是到在中原的各民族已都被现为中国、中华时，华的含义也就不只指汉族，而与汉族同居在中国者，统被视为华夏、中华。

中华指原来中原汉族居住郡县地区，而在中原的其他民族仍被看成是"非我族类"，仍与汉对称，所以就民族言这个时期汉就是华。但当少数民族在中原建立政权和北朝后，他们据有中原的土地，以"中华正统"自居，而"中华朝土"也就包括在其王朝下的汉人、鲜卑人、乌桓人、匈奴人等士人在内。所以"中华"已包括在中原和各民族的人，各民族在中原同是中华而族不同。汉化是指与汉族不同的民族，逐渐消失其本民族的特点而汉化于汉族之中，是由一个族化于另一个族，而不是以一个族与汉族同存于中华之内。到统一的中国时，以统一的中国为中华，同是中华内的各民族，都以中华为其族的共同称谓，在中华内各族间有汉化，也有其他族化，甚至汉族人有的化于其他族中，汉化依然是指全国内的其他民族汉化于汉人者，则称之汉化。

华化，有不同历史时期的华化，在华夏族时，华化就是华化于华夏族中，与诸华夏同为华夏。但是到中原已成为多民族的中华、中夏时，华与夏的观念包括在华夏、中华内的各民族，"亲被王教，自属中国"，而又实行中原华夏制度，接受"衣冠威仪，习俗孝悌，居身礼义"⑫，皆为华夏。而且在同为华夏中保持本民族的特点，这些特点成为当时的中华的组成部分，他们是中华中的一员，是属华化而不是汉化。到以全同为中国、中华时，各民族与汉族"一道同轨"于中华，而汉族与其他族依然是多元共存的，这种结合于一个中华之中的各民族不能称之为汉化，而应同那些汉化为汉族者区别开来。

由"天下一体"发展为"中华一体"，在"中华一体"内部不分民族同是国人，而在同是国人中仍有不同的民族，各民族与汉族有汉化问题，汉族也有化于其他族的问题。各民族不管过去处于什么状态，由于统一中国的关系，而都一轨于中华之中。当时是以中华称全国，而不以汉称全国。契丹自视为华夏，而不称汉；金代女真也从不自称汉，而都自视是中华正统。

（二）交融问题

在历史上确实存在着交融和同一的问题，交融和同一在历史发展中不是少数民族都要交融于汉族之中，交融于汉族之中则进步，否则即不进步，把交融看是唯一的一种形式是不符合实际的。交融和同一还有另一种形式，即结合以及同一于一个中国、中华中。同视为中国、中华，但仍保其自身的发展，发展和壮大本民族的自树能力，成为中国、中华一个成员。在"前天下一体"时，有的民族在本地区变夷从夏，变外为内，与华夏为一体，进入中原的也多与汉族为一体中华。

在"天下一体"时期，居住在边境的民族有的还处于氏族部落阶段，有的已建立奴隶制或封建制，更有的作为一个族在蛮夷从夏，变外为内，建立中国式的政权，而进入中原的也增强了自树能力，在统一中原制度下出现了两种制度并存，但自树能力还有限而往往走与汉族交融的道路，北魏孝文帝的汉化政策便是这一时期的反映。在"前中华一体"时，民族交融仍在发展，但主要是各族结合为一个中国、中华，民族自树和发展本族的能力增强，为本族设本族文字的学校，设本族文字的科举，在与中原文化同一下主张存本族的俗、发展本族自身的文化。金世宗的反对本族人交融为汉人的政策，便是这一时期的反映，它影响了后来的蒙古和满族。这些民族尽管有的已与汉人无异，但仍能在历史上作为一族而结合在一个中国、中华之中。同一是作为各民族同为中国、中华的条件，自树是作为一个中国、中华中的各民族发展的条件。

历史发展到这个时期，不论是汉族统治者，还是少数民族统治者，以各种手段消灭其他族的政策都是反对的。应当允许各族有发展。当然不可否认在民族间有自我选择，即不受任何外力的强制，由一个族转化为另一个族。在统一的民族大家庭中做贡献。

"中华一体"，包括社会历史的各个领域都有其发展的共性和自身发展的个性，是有规律的发展过程。从发展变化中重新认识，研究一体与多元发展的关系。既要从同一方面看各民族结合为一体的不可分割关系，也要从不同方面看各民族在一体内作为一个民族成员的发展和进步，这就是我国至今为一个统一的中华民族的历史的依据。

四、关于"汉化""华化"的应用问题

基于以上对"汉""华"及"汉化""华化"的认识，对"汉化""华化"的应用谈几点原则性的看法：

（一）"汉化""华化"的应用当在"汉"与"华"的含义范围内应用。"汉"是指汉族的专门名称"汉"，"汉化"是指"汉族"与其他民族发生交融的关系，而其他民族又化于汉族之中，也就是说是在族与族之间发生的由一个民族变为另一个民族的关系问题。"汉化"的应用不能超此限界。"华"是指中国华夏族，也就是"诸华""诸夏"，在"汉"作为一个单一的民族出现于北朝，华已由过去华夏族演变为包括汉族、鲜卑族等在内的中原华夏，后来又发展为包括一体内蕃汉在内的华夏，也就是由以中原为华夏变为全国的华夏，华夏与汉便成两个不同含义的称谓。汉是单一民族的称谓，华是多民族的称谓。华化是由华夏族时，其他民族化于华夏族，到多民族为华夏时，其他各民族被统一于华夏中。他们以华夏文明为主和保有本民族的特点，他们是华中的一员，而不是汉族中的一分子。"汉化"是化于汉族中，民族随之消失，而"华化"是华化于中华一家中，民族仍保留而不消失。这就是"汉化""华化"及其应用的范围和限界。

（二）以上所讲的"汉化"与"华化"含义的范围。"汉化""华化"的应用也就在这两个不同范围中应用，不能把"汉化"说成是"华化"，混同"汉"与"华"的概念，也不能把"华化"说成是"汉化"。"汉"就是民族的称谓，而"华"有两重意义，从民族说是结合为一个中华内的各民族；从国家说是统一为一个中华内的国人，所以华既是指多族的中国，也是指中国内的各民族，就国家说是"中华帝国"，就民族说是中华民族。

研究问题和对汉化、华化的应用，首先应看当时国家和民族的统一构成的实体，而不应看名称的有无。在古代何曾有原始社会、奴隶社会、封建社会概念的出现，但用马克思主义的理论，从社会生产关系的结构分析，就可以称为是原始社会、奴隶社会、封建社会。那时还以朝代称，但已形成一个全国性的中国、中华，自己称中国、中华，他国也称是中国、中华，在这个统一的中国、中华内的人称中国人、华人。而在这个中国、中华中的民族称中国民族或中华民族有什么不可。"汉化""华化"在古代书中也是找不到的，但在历史中存在这样的实际问题，所以都用了。华夏本身是多元的民族形成的，又是多元的共同加入的。汉族也是多民族的混血，但汉族终究是与多民族在内的华有所区别。

（三）"汉化""华化"的应用在于研究。研究"汉化"，主要是研究在一体中有的民族，是怎样在不同情况下或多或少地化于汉族之中，当然也要研究汉族中的一部分汉人是怎样化于他民族之中。研究"华化"，主要是研究各民族是怎样形成一个中华整体的；在华夏成为高于汉民族等的中华民族之后，又是怎样由分中外的中国、中华发展为不分中外的中国、中华的；各民族在一个中华内，各民族又是怎样与汉族一起担负着共同发展华夏的文明的重任而做出贡献的。在研究中把"汉化"和"华化"应用于其含义的范围中研究，才能揭示出多民族的特点，对多民族的历史有全面的认识，从中识别到底什么是我国多民族发展的共同趋势。

（四）什么是我国各民族发展的共同趋势，从历史的发展实际看，不是各民族汉化为一个单一的民族和国家，而是各民族结合为一个华夏的共同繁荣的民族和国家，这是有程序的发展演变过程。由中原的诸夏族与四海夷狄联系的一体，发展为中原的多族的中国华夏与四海夷狄联系的一体；进而发展为全国分裂诸华夏，再发展为全国统一的多民族的一体。这是历史上的民族发展变化的总趋势，这个总趋势就是"并不分别"，视各族为"一体"，不仅对其本民族，而且对包括汉族在内的各族统一的一体逐步形成。

注：

①［宋］司马光：《资治通鉴》卷197，太宗贞观十八年十二月戊午条。

②［元］家铉翁：《题中州诗集后》，载［元］苏天爵：《元文类》卷38《题跋》。

③［汉］何休注，［唐］徐彦疏：《春秋公羊传注疏》卷15《成公十五年》。

④［宋］罗泌：《路史·国名记》，中华书局，1985年。

⑤贾敬颜：《"汉人"考》，《中国社会科学》，1985年第6期。

⑥陈连开：《中国·华夷·蕃汉·中华·中华民族——一个内在联系发展被认识的过程》，载费孝通等著：《中华民族多元一体格局》，第72~113页。

⑦《辽史》卷61《刑法志上》。

⑧《辽史》卷76《张砺传》。

⑨《汉书》卷94下《匈奴传下》。

⑩［宋］范仲淹：《范文正公文集》卷9《答赵元昊书》，商务印书馆，1937年。

⑪《汉书》卷48《贾谊传》。

⑫［唐］长孙无忌等：《唐律疏议》卷3《名例》。

第七章 对"征服王朝论""正闰观"的 剖析

    中国是个统一的多民族国家，毛泽东同志曾充分地给予肯定。他说："中国是一个由多民族结合而成的拥有广大人口的国家。"他又说："如果说，秦以前的一个时代是诸侯割据称雄的封建国家，那么，自秦始皇统一中国以后，就建立了专制主义的中央集权的封建国家；同时，在某种程度上仍旧保留着封建割据的状态。"①周恩来同志更明确地指出："中国作为一个统一的多民族的国家，是长期历史发展的结果。"这不仅是个理论问题，也是个历史实际问题，更是个现实的问题。

    对统一的多民族国家这个理论的论断，不仅是运用而且是个研究问题，历史上的传统"正闰观"和当前国际上流行的"征服王朝论"，是对这个问题的理解和研究的两大障碍。"征服王朝论"虽是后出，但它与"正闰观"有一脉相承的关系，因此从"征服王朝论"谈起，结合历史上的传统"正闰观"，进行互相比较，作为本书的最后结语。

一、"征服王朝论"的出现及其与"骑马民族征服王朝论"的结合

"征服王朝论",是对我国北方民族政权史研究的反动。在第二次世界大战后,无论是战胜国或者是战败国,他们都有对我国历史再研究的需求,从帝国主义侵略史学出发,在美国和日本的史学界出现一种反动的思潮,"征服王朝论"便应运而生。"征服王朝论"的产生有它的历史渊源,是帝国主义御用史学捏造的"南北对立论",在新形势下的继承和发展。这种理论是对我国历史上民族关系的恶意歪曲,它虽然在我国的史学界没有风行的基础,但它是与历史上的传统"正闰观"相通的。不能说没有影响,特别是从理论、事实上同这种理论划清界限还是很不够的。

由于历史上的传统"正闰观"的影响,在某些看法上达到与"征服王朝论"几乎难以区别的地步更值得我们重视。至今还有这样一种看法:统一的多民族国家是今天的事,在历史上是不存在的,研究古代史运用统一的多民族国家的观点是硬往古史上套,是教条主义。古代史就是分裂为多国,中国就是指汉族在中原建立的政权,用统一的多民族国家的观点研究历史,卖国贼、汉奸就不存在了。这是多么强烈的反应?辽、金不是中国、中华,宋是中国、中华,辽、金是对中国、中华的侵略,那么元朝统一中国,不就等于说中国、中华已亡在蒙古族之手,此后还有什么中国、中华可言?史学研究中的这种危险性,还在于我国少数民族也不属我国,它们由"天下一体"到"中华一体"还不是中国的民族,它们投靠帝国主义的分裂祖国活动,不就成为与中国、中华无关?为此,不能不迫使我们对"征服王朝论"进行考察,来辨别我同历史上民族关系的大是大非问题。

"征服王朝论"旨在分裂我们伟大祖国的民族和国家。"征服王朝论"是美国籍德国汉学家魏特夫提出来的,在《中国辽代社会史》中详细地讲了他的观点。他认为我国北方游牧民族征服汉人以后,建立游牧民族

的政权，出现了两个结局：一个结局是文化落后的游牧民族被汉族高度发展的文化所吸引，醉心于汉化，放弃了其本族的部落组织和生活方式，丧失了其原有的特点，被汉人所同化。在魏、晋、南北朝出现的政权，就属于这种情形，以北朝为典型，被称作"渗透王朝"。

另外一个结局，即没有被渗透，抵制汉文化的影响，保存自己的部落组织和生活方式，避免了被汉化的命运，被称作"征服王朝"，如辽、金等。魏特夫把我国历史分为两个系列、两种王朝，由汉人所建立的王朝，属于帝制王朝，由北方民族所建立的王朝，属于渗透和征服王朝。汉人是农业民族，北方民族是游牧民族。这就是魏特夫"征服王朝论"主张的提出，也是他基本的观点。

魏特夫的"征服王朝论"的特点及其基本的出发点，是为了分裂我国的民族，主张南北对立，就这点来看，并非是他的新发明，而是承袭了日本东方史学创始人——白鸟库吉的观点。白鸟库吉曾经提出过中国南北民族对立论，由此而划出北方游牧文化圈和南方农业文化圈。这就是说魏特夫的"征服王朝论"的理论渊源于白鸟库吉，是白鸟库吉的观点的发挥。

日人松田寿昌就曾根据白鸟库吉的观点加以发展，提出干燥的亚洲和湿润的亚洲，北方游牧民族是干燥的亚洲，中原汉人农业民族是湿润的亚洲。他的特点是用地理环境上的差别来说明历史上的民族问题。

魏特夫的"征服王朝论"就是以白鸟库吉的南北对立论，北方游牧文化圈和南方农业文化圈作为底本，加以发挥、充实和提高，形成比白鸟库吉更为系统的理论。他从游牧与农业、北方民族与中原汉民族的对立观点出发，提到两个系列的南北朝上来，形成帝制王朝与征服王朝的对立。

理论的提出是不可忽视的，一旦提出就会在不同的人们中发生作用。魏特夫的"征服王朝论"的理论提出后在日本曾产生影响。日本在第二次世界大战后，对中国史的研究一时失去了理论上的支柱。在战后江上波夫提出了"骑马民族"征服农业民族建立政权，与魏特夫的"征服王朝论"不谋而合。魏特夫"征服王朝论"问世以后，受到日本史学界许多人的赞同,像田村实造、村上正二、森安孝夫等纷纷著书,极力宣传这个理论。但在某些方面略有不同。

日本江上波夫提出的"骑马民族论",是指匈奴、契丹、蒙古,但当他看到魏特夫的理论之后,竟把女真、满族建立的政权也都看成是"骑马民族",实际上他所说的民族不都是"骑马民族",即属于不同游牧民族的类型。江上波夫为给自己解决这个矛盾,不得不把"骑马民族"分成两大类:一类是匈奴、突厥、蒙古,是纯粹的"骑马民族";另一类是畜牧、农耕、狩猎兼而有之,为渐进式的"骑马民族"。"骑马民族"的理论是蓄意制造出来的,日本本来就不是亚洲大陆上的民族,更不是游牧民族,江上波夫却别出心裁地把日本划入"骑马民族"。这究竟是为什么呢?他认为日本能吸收外国的东西,是开放性的社会,和"骑马民族"一样能够兼收并蓄。这实际上是为日本帝国主义征服中国寻找理论的依据。

日本得到"征服王朝论"后,经过改造,实际上与"征服王朝论"合流了,构成国际上风行的理论,危害性极大。最近几年来引起了我国北方民族史研究者的注意,也写了一些驳辩文章,但并没有从总体上进行清算。

二、"征服王朝论"的理论内容

"征服王朝论"是帝国主义御用学者制造侵略中国的形形色色理论破产后精心制造出来的,是帝国主义向外侵略史学僵尸的复苏。"征服王朝论"的理论观点是唯心主义的,形而上学的,离开我国统一的多民族国家的历史实际,采取实用主义的方法,随心所欲地下断语。

第一,"征服王朝论"理论的出发点是"南北对立论"。"南北对立论"是"征服王朝论"者观察问题的立脚点和基础，众多的问题都是从这里出发而派生出来的。"征服王朝论"紧紧围绕这个问题的中心大做文章，即北方民族是汉族王朝的对立者、征服者；北方民族和中国汉民族对立，不属于中国的民族。"征服王朝论"者讲对立、矛盾、斗争，同马克思主义的对立统一观点截然相反，他们从否定我国是个统一的多民族国家这个大前提出发，反对中国民族的统一，制造民族分裂、对立和对抗。这和我们所说的我国是个统一的多民族国家是长期发展的结果，统一是主要的，分裂是暂时的最后复归于统一是根本不相同的。犯有形而上学猖獗大病的人，就是否定统一体内部的事物，制造分裂斗争，有目的地从中夺利。"征服王朝论"者也采取这一手法，为帝国主义侵略、征服而服务。

第二，从"南北对立"出发，得出两种对立着的社会经济类型和两种对立着的民族的社会组织和生活方式，北方是游牧，南方是农耕；北方是游牧民族，南方是农业民族。把一个国家内的民族经济发展的社会分工，看作是对立物，否定民族杂居、错居，否定不同的社会经济的分工与经济类型的转化，把不是游牧经济的民族也派生进游牧民族中去，否定牧业区有农业，农业区也有畜牧业。

第三，从"南北对立"和南北社会经济类型、民族不同的出发，便划分出汉族政权的系列，如秦、汉、隋、唐、宋、明等；北方民族政权的系列，如辽、金、元、清等。其政治目的很名显，在否定我国是个统一的多民族国家的前提下，用系列划分的办法，达到北方民族所建立的政权不是中国政权的目的。

第四，从"南北对立"出发，得出北方民族的文化传统不来源于中国、汉族，是从西方或东北方来的。日本村上正二说，突厥、回鹘是受西方文化影响，后来的契丹、蒙古都继承了他们的政治、文化加以发展。森安孝夫则说，契丹文化来源于渤海，认为渤海对农业实行律令制，对狩猎实行间接统治的"二元性"国家，认为辽的南北面制即受渤海影响。"二元性"国家是从哪里来的呢？森安孝夫说，与渤海同时的日本是以律令制与氏族制为基础的二元性国家。所谓"东北方来"说，又是从日本来的。

从"南北对立"出发所得出的北方民族传统文化的来源，是对我国北方民族传统文化以及对北方民族与中原文化的关系的捏造和歪曲。首先他们没从北方民族是我国民族的重要组成部分这个大前提出发，而是从"南北对立"，北方民族不属于中国出发，这就失去了他们观察问题的依据。确实不错，北方民族不是一开始就成为中国的民族，这和当时我国的国家体制有关。

当时我国的国家总称不是中国，是包括汉族在中原建立政权的中国和四周（四海）兄弟民族在内的"天下"。"天下"是当时我国皇帝所管辖的国家的总称。荀悦的《申鉴·政体》曰："天下国家一体也。"作为我国地方民族政权的渤海是"二元性"国家。日本也是"二元性"国家，那么我国古代的国家为什么不可是"二元性"或"多元性"国家？所谓"二元性"无非是指一个国家内的中部文化发达地区和四周文化后进地区。由于一个国家中的民族和地域发展不平衡出现这种情况完全是合乎规律的。历史的研究不能超出所研究的范围——不能超过所研究的民族的内在依据不能超过这个族与它同属的国家各族特别是与当时作为主体的民族关系。

我国北方民族的传统文化起源于本族，不能说连自己的传统文化都没有就发展成为一个族，尽管他们吸收了与他们同时的相邻民族的文化和中原汉族文化的影响，他们的传统文化的来源于本族是不能改变的。作为一个族的文化来说不是不可变的，在我国历史上一些民族由于接受中原文化发展的影响"变夷为夏"是经常出现的，唐朝属下的渤海国，行唐制，契丹族的头下军州制度是本族的头目制与唐州县制结合而形成的。契丹族曾受突厥文化的影响，而更主要是受唐文化影响。突厥也是唐朝设羁縻州属下的民族，唐视其为编户，他不是外来民族，也不是没有本族的传统文化，而受什么"西方文化"影响。受影响不等于是本民族固有的文化来源。

由此可见，我同北方民族的文化传统外来说，一是否定本族文化，二是否定我国内部民族间的文化影响，特别是否定汉族的发达文化对北方各族的影响。其实质是想分割北方民族间的联系，特别是分割北方民族与中原文化的联系。

第五，从"南北对立"出发，提出了北方王朝是抵制汉文化的，鄙视汉族的文明。他们认为北方民族政权保存本族东西越多越好，越不用汉文化越好，北方民族成功的大小就由此来决定。他们说，不管农业民族有多大贡献，是被看成是下贱的被征服者，北方民族特别满意于他们的生活。

这是帝国主义者把仇视中国人民的情感强加给我国的北方民族，目的是想煽动北方民族对汉族的仇视。我国的北方民族从来是不愿受外国帝国主义摆弄的，他们有自己的民族情感，用列宁的话来说，就是"只要各个民族，住在一个国家里，它们在经济上、法律上和生活习惯上便有千丝万缕的联系"②。

我国历史上的北方王朝，无非是指隋以前的北朝和辽、金在北方建立的王朝，元与清是统一的中国，不能算作北朝。在我国建立北朝的民族有他们自己的民族情感，他们对中原汉族文化的态度由他们自己选择，他们是满意原来后进的生活，还是不满意他们原来的后进生活，也是由他们自己的情感来表示。以建立北朝的拓跋族来说，完全不符合"征服王朝论"者的判断。他们是不甘心于原来的落后的生活的，史书记载北方民族"心慕中国"，"慕诸夏之风"。拓跋族从始祖力微开始，依附中原，变革旧俗，走中原汉族文化发展的道路。在内部展开了"变易旧俗"，与保旧俗之间的斗争，"变易旧俗"就是改旧俗为中原的俗。桓帝（猗㐌）、穆帝（猗卢）时大批吸收晋人和慕容燕统治下的汉人，依汉官名任其职。从猗卢初开始筑城，"明刑峻法"，什翼犍时"始置百官，分掌众职"，官名多同于晋朝③。拓跋族由氏族制向封建国家的转化过程，也就是废旧俗为中原式的封建制过程。拓跋珪建立北朝，变游牧部落为分土定居的编户，自称是黄帝的子孙，作伏羲、神农的正统皇帝。这终究得不出他们抵制汉文化的结论。北魏孝文帝改革，不是保本族东西越多越好，越不用汉文化越好。北方民族在北方建立政权，崇尚中原汉文化，对本族旧俗是鄙视的，金朝的熙宗就是如此④。

第六，从"南北对立"出发，得出了荒谬的北方民族入侵是常态的结论。白鸟库吉就曾强调南北对立，南富北贫，决定由北向南入侵，认为在历史上对立是常态，统一是变态。这个观念不仅为帝国主义入侵中国制造舆论，而且把一部以统一为主的历史歪曲为侵略战争是常态的历史。这不需用什么高深的理论论述，只要看一看统一的实际就可以了解。在北方建立王朝的民族，绝不是以对立为务，他们都是想混一天下的，统一是各族的愿望⑤。

第七，从"南北对立"出发，认为北方民族对中原不是向心的，强调民族的反抗意识，否定各族有共同的民族意识，否定中原对各族吸引力和各族对中原向心力的作用，夸大了排斥力和离心力。历史的运动是有规律进行的，有主流与非主流，有顺流也有逆流，周良霄同志根据大量事实分析得出这样的看法："向心运动是历史的潮流，逆潮流的人总是少数。在一个绵亘两千多年的向心潮流中出现少量的变态和少数逆流现象是完全可以理解的。"⑥

"征服王朝论"的理论核心是"南北对立论"，以此为核心而构成它有系统的一系列的具体观点。这些观点围绕着一个目的，即分裂我国民族，分裂中国，并为帝国主义向中国侵略制造反动理论。

三、"征服王朝论"与历史上的"正闰观"

传统的"正闰观"是我国封建的产物，在整体上承认华、夷与中国、边境是同在"天下一体"之中，是属于一个统一的政体内部的事，"天下"是高于中国、边境之上的"天下国家",同属天子所管辖的区域,中外之分与华夷之分同属"天下国家"内的区域与民族的划分。"征服王朝论"是为帝国主义者侵略中国而说教的产物,在整体上否定我国是个统一的多民族国家,否定北方民族属于我国而且在历史上已结合为一个统一的中国、统一的中华,是汉族的中国与不属于我国的民族与政权的对立。因此,对"征服王朝论"与历史上的"正闰观"不能等同起来,要看到它们的相通之处,也要看到它们的不同。

在史学的研究中,对反动的"征服王朝论"应当很好地批判,同时也要肃清历史上传统"正闰观"的影响。对传统"正闰观"的批评与肃清,在历史上就有不少具有先进的民族思想的文人进行过反复的斗争,这些斗争发扬了统一的多民族的历史观。对目前还在流行的反动的"征服王朝论"的批判还很不深入。

为批判反动的"征服王朝论",就应当端正对北方民族与政权的认识,肃清传统"正闰观"的影响,树立我国是个统一的多民族国家的观点。我们过去对统一的多民族国家这个符合我国历史实际的观点研究得还很不够,往往在运用中很不自觉。既说我国是个统一的多民族国家,但讲起北方民族入主中原时,则又充满着敌视的情绪,又只把宋看成是中国、中华,辽、金成为外来的民族的侵略。是一个国家内的两个中国之争,还是外来民族对中国的侵略?如果运用分析抗日战争的理论和方法来分析我国内部政权间的关系,势必混淆两种不同性质的战争和相持发展的关系。

历史上传统的"正闰观",是以中原的汉族为华夏,以中原汉族建立的政权为中国,"贵中华,贱夷狄"的理论。这样的理论,作为封建皇帝唐太宗就持否定的态度,今天不彻底肃清它的影响,当然是不应当的。马克思主义史学的功绩就在于运用马克思主义的理论结合我国的历史实际得出,中国是个统一的多民族国家,是包括我国各民族在内的中华民族,各民族同是中华民族大家庭中的一员。试问,是什么样的统一多民族国家,是"天下一体"分中外、分华夷的统一多民族国家,还是不分中外、不分华夷的"中华一体"的统一多民族国家？如果是后者，那就需要肃清前者的影响，从历史的发展中了解统一的中国和中华是怎样形成的。

传统的"正闰观"在历史上是早已过时了的，在全国范围内，元朝统一后修辽、宋、金史，"各予正统"就宣判了它的死刑。传统"正闰观"的主要方面和它的特点表现在以下诸方面：

第一，"非我族类，其心必异"，是传统"正闰观"思想的出发点，这是"贵中华，贱夷狄"的剥削阶级的歧视少数民族的理论基础。其思想的要点在于分，不在于合。

第二，"明夷夏"，就是确定区分诸夏与夷的标准，孔子以周礼作为标准，行周礼的为诸夏，不行周礼的落后民族为夷。到了战国不再以周礼作为标准，而以地主阶级的礼义作为分别"华夷"的标准。

第三，"分中外"，是根据华夏与夷狄的区域不同划分民族的区域，华夏（汉）族居住的中原地区为中，称中国，少数民族居住的边境地区为外，即四海。华夏（汉）族居住的中原地区也叫中华，少数民族居住的边境地区也叫"四夷"。

第四，"等贵贱"，区别分华夷的礼就是为了"等贵贱"，因而以礼作为华夷区分的标准，也就有等贵贱的意思。华夏族是尊贵的，居于统治的地位，夷狄是卑贱的，处于被统治的地位。因为这种关系的确立在春秋奴隶制解体时期，被统治的民族和被剥削阶级的奴隶一样，被视为"禽兽"。进入封建社会后，关系虽然发生了变化，但封建贵族地主仍沿以最野蛮的"禽兽"视之。

第五，"定贡赋"，因为少数民族是服事于华夏族建立的王朝，规定少数民族以贡赋的方式朝于大国。

第六，由于有以上华夷间的严格区别，为了保证华夏的地位，提出"夷不乱华"和"尊王攘夷"的口号。这就是顺者抚之，不顺者讨之。抚之是施行"德政"，讨之是兴"义师"。

第七，传统的"正闰观"，反对少数民族入居中原为编户，反对少数民族入居中原建立政权，入居中原就是乱中国、乱中华，不承认他们合法的正统地位，把少数民族建立的政权看成是"僭伪"。

第八，对入中原的北方民族所建立的政权，不把它们列入正史的本纪，而列为载记。

第九，传统的"正闰观"为保持华夷和中外的关系不变，主张保持其旧有的社会状况不变，反对在少数民族地区建立郡县，反对变蛮貊之乡为衣冠之域，主张"绝世"。

第十，尽管有以上对待华夷不同的主张，而传统的"正闰观"不否定"中国""四海"同为"天下一体"，同是天子所管辖下的一个统一的天下，但反对华夷同是中国。

传统的"正闰观"随着民族关系的变化，随着少数民族相继入主中原，不仅入居中原的民族和政权变成中原的民族和政权，而且变全国的民族为中国，为中华。随着这种变化产生了与传统的"正闰观"对立的民族思想，而传统的"正闰观"在没有完成统一的中国与中华之前，只在汉族政权中比较顽固地保留着，但也在发生着局部的变化。

与传统"正闰观"不同的是"中华一体"的新的民族观。它的主要方面和特点是：

第一，虽则殊俗，志略相同。这种思想认为殊俗不是主要的，华夷之间有着相同的东西，就是"志略"，即有相同的兴华夏的心。从这点出发，强调民族间的合。

第二，反对民族间的习俗制度是不可变的，认为民族间习俗是可以互变的，入中国的就是中国。少数民族能够变夷从夏为华夏族。

第三，反对隔中外，主张民族杂居，少数民族在中原可以做"中国皇帝"，不分中外，同在一个统一的中国之中。

第四，反对"贵中华，贱夷狄"，反对"贵彼贱我"，主张华夷平等，华夷无间，同是国人。

第五，强调天命归有德者，认为德对于少数民族是不例外的。统治地位是可以改变的，周王室地位可以下降为列国。

第六，针对"夷不乱华"提出，统一天下的皆可为正统。

第七，反对把少数民族建立的政权视为僭伪，可视为列国，有公天下之心的取得政权与汉无异。

第八，批评"正闰观"，反对不把苻坚列入本纪，主张在中原建立政权的都属正统，列入正史，应把宋初时附录于辽之国史，反对《新五代史》把契丹列入附录。

第九，主张少数民族改变旧俗，行汉制度，推行州县制，统一全国制度，多种制度同存在一个统一中国中，实行"一国两制"。

第十，主张全国各民族各地区统一为中国，同是中华，一道同轨，在统一的中华之中。

上述两种不同的思想，在我同历史上都是曾经存在过的，一般地讲在"天下一体"的统一的多民族国家时期，前一种思想是主要的，在"中华一体"时后一种思想已取得主要的地位。前一种思想是落后的，过时的；后一种思想是进步的，顺应了向统一的中国和中华发展的历史需要。

统一的多民族国家是长期历史发展的结果，可以运用马克思主义的理论结合我国历史的实际得出这个看法。当然统一的多民族国家的理论所依据的实际，不是"天下一体"时的实际，而是由"天下一体"发展为"中华一体"的实际。掌握了我国统一的多民族国家发展的全过程，区分"天下一体"与"中华一体"的两种不同情况，就能对历史上传统的"正闰观"有个清晰的认识，同时也能对"征服王朝论"的实质加以识别。"征服王朝论"与"正闰观"不同，"征服王朝论"是出于分裂我国民族和国家的目的强加给我国历史的，与我国历史的真实相隔绝远。我们当前正处于一个史学研究的新开阔、新探索和新开创的时期，就更应当结合我国的实际研究前人所未研究或很少研究的问题。但是不能离开"中华一体"讲问题，不能离开马克思主义新史学发展的道路讲问题。这就是我们的看法和结论。

注：

①毛泽东：《中国革命与中国共产党》，《毛泽东选集》（第二卷），第622、624页。

②列宁：《论"民族文化"自治》，《列宁全集》（第十九卷），人民出版社，1959年，第504页。

③有关拓跋族建立北朝前的历史发展情况，请参阅韩国磐：《北朝经济试探》，上海人民出版社，1958年。

④《大金国志·熙宗纪》载熙宗"尽失女真故态"，他"视开国旧臣，则曰：'无知夷狄'"。参见宇文懋昭著，崔文印校证：《大金国志校证》卷12《熙宗纪》。

⑤《晋书·载记》有关各族所建政权欲混一天下的记载很多。

⑥周良霄：《我国古代北方民族发展与民族关系中的几个问题》，《民族史论丛》，吉林人民出版社，1980年，第303~327页。周文一些论据，曾被写此书时所参考。

附　记

　　《中华一体的历史轨迹》，初告完成，不揣谫陋，以之就教于读者和方家。兹录平时所为诗10首，聊表所想及著述之意。

　　命笔欣然访古墟，海东早已入华图。
　　殿池尽是唐文物，甓瓦犹存汉字书。
　　八角源流通弱水，三衢灼烁闪幽都。
　　千年史事人民创，不许妖氛蹈旧途①。

　　老岭鸭江古道通，集安城外正桃红。
　　崇碑文刻汉家体，大石陵封高氏风。
　　诸种亲连原是貊，一方崛起竟称雄。
　　悬车勒马终伺是，尽在天王一统中②。

　　正丽门前积翠晖，离宫犹在帝王非。
　　秦楼多少人民泪，禹域几添国事悲。
　　向日葵花承雨露，回春草木得生机。
　　中华一体新天地，细柳元戎巩汉基。

一统江山合万邦，全华争放百花香。

千年典籍皆从夏，万里车书尽向阳。

一宇华夷无内外，同伦天地绍尧唐。

宏图自古无疑处，正闰应从史册亡③。

辽金古迹晋为丰，善化华严宝殿雄。

北国江山囊汉土，中原文物杂夷风。

九州一统车书混，四海为家礼义通。

禹域文明同创造，高风共铸一炉中④。

萧家小女有遗篇，慷慨歌词万古传。

既是王师收广漠，何妨胡马度阴山。

文章已过夫余水，声教远扬不夜天。

举国同风心捧日，观音却是女中贤。

读史莫讥南北朝，幽燕云气北来高。

辽收易水尊高祖，金到江淮赞帝尧。

汉制行时夷变夏，尧风过处牧成苗。

江山一统谁中外，更看弯弓射大雕。

从北而南亦灿然，长城难隔一尧天。

辽为嗣统承元魏，金主中原启大元。

何必悲歌辽界水，更应高唱虞廷筵。

渝关从不分夷夏，同在中华一统间⑤。

变夷从夏亦宜然，一体华风海内传。

虽谓白沟为界水，难分青岭不尧天。

讹论谏协帝王旨，合撰书成国俗篇。

齐唱中华前进曲，后人几个让前贤⑥。

阔别新疆十一秋，依然难忘旧时游。

乌云迫境操战笔，瘴气弥天议出头。

一统河山分必败，千钧事业合方道。

今宵如赏天山月，同卜全华共九州⑦。

注：

①1973年9月，写于渤海上京龙泉府旧址。

②1978年随考古班同学至集安考古实习，并讲高句丽史，写于集安。

③以上二首，1983年7月写于承德避暑山庄正丽门。

④1983年10月，带研究生实习，写于大同市华严寺。

⑤以上三首，1987年9月写于辽迹考察中。

⑥1988年于黑龙江省博物馆，《观齐国王完颜晏墓出土文物书事》四首之一。

⑦1988年9月《和胡秋原韵》，原诗见《光明日报》9月27日头版。

读者须知

　　本书已接入版权链正版图书查证溯源交易平台，"一本一码、一码一证"。扫描上方二维码，您将可以：

　　1.查验此书是否为正版图书，完成图书记名，领取正版图书证书。

　　2.领取吉林人民出版社赠送的购书券，可用于在版权链书城购买吉林人民出版社其他书籍。

　　3.领取数字会员卡，成为吉林人民出版社读者俱乐部会员。

　　4.加入本书读者社群，有机会和本书作者、责任编辑进行交流。还有机会受邀参加本社举办的读书活动，以书会友。

　　5.享受吉林人民出版社赠予的其他权益（通过读者俱乐部进行公示）。